Digitale Kultur und Kommunikation
Band 3

Herausgegeben von
K.-U. Hugger, Köln, Deutschland
A. Tillmann, Köln, Deutschland
T. Hug, Innsbruck, Österreich

Ein wesentliches Kennzeichen gegenwärtiger Gesellschaft ist das Ineinandergreifen von digitalem Medienwandel und fortdauernden sozialen, kulturellen und kommunikativen Transformationsprozessen. Die Buchreihe „Digitale Kultur und Kommunikation" beleuchtet diesen Wandel aus sozialwissenschaftlicher Perspektive. Anhand ausgewählter interdisziplinärer theoretischer und empirischer Beiträge beschäftigt sich die Reihe mit der Frage, wie sich digitale Kultur und Kommunikation heute darstellt und welche Folgen daraus für die Individuen, das zwischenmenschliche Zusammenleben und die Gesellschaft erwachsen.

Herausgegeben von

Kai-Uwe Hugger
Universität zu Köln
Humanwissenschaftliche Fakultät
Köln, Deutschland

Theo Hug
Universität Innsbruck
Institut für Psychosoziale Intervention
  und Kommunikationsforschung
Innsbruck, Österreich

Angela Tillmann
Fachhochschule Köln
Fakultät für Angewandte
  Sozialwissenschaften
Köln, Deutschland

Christoph Eisemann

C Walk auf YouTube

Sozialraumkonstruktion,
Aneignung und Entwicklung
in einer digitalen Jugendkultur

Christoph Eisemann
Basel, Schweiz

Dissertation Pädagogische Hochschule Ludwigsburg, 2013

Digitale Kultur und Kommunikation
ISBN 978-3-658-06428-0   ISBN 978-3-658-06429-7 (eBook)
DOI 10.1007/978-3-658-06429-7

Die Deutsche Nationalbibliothek verzeichnet diese Publikation in der Deutschen Nationalbibliografie; detaillierte bibliografische Daten sind im Internet über http://dnb.d-nb.de abrufbar.

Springer VS
© Springer Fachmedien Wiesbaden 2015
Das Werk einschließlich aller seiner Teile ist urheberrechtlich geschützt. Jede Verwertung, die nicht ausdrücklich vom Urheberrechtsgesetz zugelassen ist, bedarf der vorherigen Zustimmung des Verlags. Das gilt insbesondere für Vervielfältigungen, Bearbeitungen, Übersetzungen, Mikroverfilmungen und die Einspeicherung und Verarbeitung in elektronischen Systemen.
Die Wiedergabe von Gebrauchsnamen, Handelsnamen, Warenbezeichnungen usw. in diesem Werk berechtigt auch ohne besondere Kennzeichnung nicht zu der Annahme, dass solche Namen im Sinne der Warenzeichen- und Markenschutz-Gesetzgebung als frei zu betrachten wären und daher von jedermann benutzt werden dürften.
Der Verlag, die Autoren und die Herausgeber gehen davon aus, dass die Angaben und Informationen in diesem Werk zum Zeitpunkt der Veröffentlichung vollständig und korrekt sind. Weder der Verlag noch die Autoren oder die Herausgeber übernehmen, ausdrücklich oder implizit, Gewähr für den Inhalt des Werkes, etwaige Fehler oder Äußerungen.

Lektorat: Stefanie Laux, Stefanie Loyal

Gedruckt auf säurefreiem und chlorfrei gebleichtem Papier

Springer Fachmedien Wiesbaden ist Teil der Fachverlagsgruppe Springer Science+Business Media
(www.springer.com)

Danksagung

Die Dissertation, auf der dieses Buch basiert, reichte ich im November 2012 an der Abteilung Medienpädagogik der PH Ludwigsburg ein. Sie wurde mit Unterstützung durch die Landesgradiertenförderung Baden-Würrtemberg realisiert.

Von allen Menschen, die mich auf verschiedene Weise unterstützten, danke ich zuallererst Prof. Dr. Horst Niesyto für seine engagierte Betreuung. Er hat mich herausgefordert und ermutigt und ist mir als Wissenschaftler wie als Mensch ein Vorbild geworden. Mein ganz besonderer Dank gilt Prof. Dr. Petra Grimm, die mir den Weg zur Promotion gewiesen und mich bis heute begleitet hat. Das gilt auch für Dr. Stefanie Rhein, der ich für ihre große Unterstützung in ihrer Funktion an der Hochschule und als Freundin danke. Eine besonders wertvolle Begegnung war die mit Prof. Dr. Angela Tillmann, der Mitherausgeberin dieses Buches. Ich danke auch allen Doktoranden der Abteilung Medienpädagogik für die unzähligen Diskussionen, die für die Schärfung der Gedanken unabdingbar sind, insbesondere Verena Ketter, Kathrin Schlör, Jan-René Schluchter, Michael Waltinger und Martina von Zimmermann. Benny Pock, Hanna Hinrichs und Tillman Sperle danke ich für die intensive gemeinsame Zeit im Lesesaal der Stuttgarter Landesbibliothek und Johannes Gönnner für seine Unterstützung und die Geduld, die er mir als mein Freund entgegenbrachte. Vincent Planel, du hast in unmittelbarer Nähe der ehemaligen Wirkungsstätte Pierre Bourdieus mein Interesse für die Sozialwissenschaft entfacht – dieser persönliche Zugang war ein wichtiger Grund, weshalb ich diese Richtung eingeschlagen habe. Gisela Goebes und Jan-David Smejkal, Ihr ward die „Geburtshelfer" meiner Dissertation, Euch dank ich für die kritische Durchsicht meines Textes. Allen Teilnehmern der Studie danke ich für ihre Offenheit und ihr Vertrauen. Doch mein tiefster Dank gilt meinen Eltern Susanne Ueberschaar und Bruno Eisemann, die mich zeitlebens in jeder Situation unterstützt und mir Liebe und Verständis entgegengebracht haben. Euch widme ich dieses Buch.

„Ist die soziale Welt auch weitgehend von den Menschen gemacht, so haben diese doch nur eine Chance, sie in ihrer alten Form niederzureißen, um sie dann neu aufzubauen, sofern sie über ein realistisches Wissen darüber verfügen, was sie ist und wie weit sie auf sie einwirken können – eingedenk ihrer Stellung in ihr."

(Pierre Bourdieu: Sozialer Raum und Klassen)

Inhalt

Abkürzungen..13

1 Hinführung..15

Teil I – Zum Thema

2 Annäherung und erste Aufarbeitung des Forschungsstandes..........23
   2.1 Das Social Web – Einbettung des Kommunikationsdienstes
       YouTube..24
   2.2 Erkenntnisse der Internet-Nutzungsforschung....................28
   2.3 Theoretische Grundlagen
       zur Identitätskonstruktion und Sozialisation.....................36
   2.4 Präsentativer Selbstausdruck als Forschungsgegenstand............45
   2.5 Genese der Forschungsfragen und
       Fokussierung auf ein zu untersuchendes Phänomen...............51

Teil II – Zur Konzeption

3 Methodische Konzeption der Studie..............................59
   3.1 Entscheidung für ein qualitatives Forschungsverfahren............59
   3.2 Methodologischer Bezugsrahmen Ethnografie....................60
   3.3 Methodologischer Bezugsrahmen
       Grounded Theory Methodology................................64
   3.4 Zugang zum Forschungsfeld und die Kommunikation zwischen
       Teilnehmern und Forscher.....................................74
       3.4.1 Online-Kaltakquise.......................................79

3.4.2 Online-Akquise auf Empfehlung oder mit Bezug
         zu anderen Personen....................................82
   3.4.3 Persönliche Offline-Akquise...........................83
3.5 Going Native !?...84
3.6 Kurze Falldarstellungen und Begründung des theoretischen
    Samples...88
   3.6.1 Tai, 15 Jahre..88
   3.6.2 Samir, 16 Jahre..91
   3.6.3 Phùc, 17 Jahre...92
   3.6.4 Maria, 18 Jahre..93
   3.6.5 Nils, 17 Jahre...95
   3.6.6 Michael, 15 Jahre..97
   3.6.7 Sarah, 15 Jahre..99
   3.6.8 Sylvie, 17 Jahre..101
3.7 Erhebungsmethoden und Datenkorpus........................102
   3.7.1 Episodisches Interview mit Surfphasen...................102
   3.7.2 Kurzfragebogen..106
   3.7.3 Beobachtung online und offline..........................107
   3.7.4 Kontextbezogene Videoanalysen...........................107
   3.7.5 Forschungstagebuch......................................116
   3.7.6 Datenkorpus...116
3.8 Auswertung in Anlehnung an die GTM.......................118

Teil III – Ergebnisse

4 Was ist *YouTube*?..123
   4.1 Unternehmensgeschichte und Geschäftsmodell..................124
   4.2 YouTube aus der Nutzerperspektive...........................127
      4.2.1 Nutzung ohne Anmeldung.................................128
      4.2.2 Zusätzliche Optionen bei der Nutzung mit Anmeldung.....129
      4.2.3 Möglichkeiten für Gestaltung und Selbstausdruck........131
   4.3 Nutzerdaten, Jugendschutz und Rechte der Nutzer.............132

5 Was ist C Walk?..135
   5.1 Herkunft und Bedeutung des C Walk...........................136
   5.2 Adaption durch Jugendliche..................................137
   5.2 Zur Bedeutung von YouTube 140

6 Raumkonstruktion, Aneignung und Entwicklung im C Walk auf YouTube 141

6.1 Theoretische Bezüge 146
    6.1.1 Aneignung 146
    6.1.2 Relationaler Raum 151
    6.1.3 Kräftefeld und Kapital 155
6.2 Erlebensraum C Walk – Konstruktion eines persönlichen, jugendkulturellen Sozialraumes 161
6.3 Das Kräftefeld des C Walk 171
    6.3.1 „Zeigen, was man kann" – das Prinzip des jugendkulturellen Kapitals im C Walk auf YouTube 173
        6.3.1.1 Tänzerische Fähigkeiten 174
        6.3.1.2 Jugendkulturelles Wissen und Informiertsein 178
        6.3.1.3 Medienproduktive Kompetenz und Bedienkompetenz 181
        6.3.1.4 Inkorporierung jugendkulturellen Kapitals 188
        6.3.1.5 Notwendigkeit des Darstellens inkorporierten jugendkulturellen Kapitals 191
        6.3.1.6 Institutionalisierung jugendkulturellen Kapitals 198
    6.3.2 „Connections helfen weiter" – soziales und virtuelles soziales Kapital 201
6.4 Zugehörigkeit und Vergemeinschaftung 208
    6.4.1 Beziehungsarbeit auf YouTube 209
    6.4.2 Freundschaften 223
    6.4.3 Gruppenzugehörigkeiten 234
    6.4.4 Gruppenzugangs- und Gruppengrenzen-Management 236
    6.4.5 Interne Struktur von Crews – das Delegationsprinzip 241
    EXKURS: Ritualhaftigkeit symbolischer Performanz – Beispiel eines Rituals der Beziehungsarbeit 244
6.5 Identitätsarbeit im C Walk auf YouTube 257
    6.5.1 Generierung von Anerkennung 257
    6.5.2 Orientierung am Beispiel der Geschlechterrollen 261
6.6 Dynamisierung von Aneignungsprozessen 287
    6.6.1 Aneignung über verschiedene Zonen hinweg 291
    6.6.2 Zugänglichkeit des Erlebensraumes 299
    6.6.3 Aneignung und Kompetenzerwerb 302

7 Zusammenfassung und Fazit –
Dynamisierung von Raumerweiterungs-, Aneignungs-
und Identitätskonstruktionsprozessen 305

Glossar 321

Literatur- und Quellenverzeichnis......................................325
   A Literatur sowie publizistische Quellen 325
   B Weitere Internetquellen 345

Abkürzungen

Bp.	Beobachtungsprotokoll
CC	s. „CHICAM"
CHICAM	Abkürzung für das Forschungsprojekt „Children in Communication about Migration"
CMC	Computer Mediated Communication (computervermittelte Kommunikation)
DFG	Deutsche Forschungsgesellschaft
GMK	Gesellschaft für Medienpädagogik und Kommunikationskultur
GTM	Grounded Theory Methodology
I.	Interview
JFF	JFF – Institut für Medienpädagogik in Forschung und Praxis, München
Kf.	Kurzfragebogen
Kb.	Kanalbeschreibung
MOO	s. Glossar, S. 323
MUD	s. Glossar, S. 323
Sp.	Surfprotokoll
G.	Gespräch
V.	Video
Va.	Videoanalyse
VC	Abkürzung für das Forschungsprojekt „VideoCulture"
Vs.	Vorstudie

Hinführung 1

*"Es scheint gegenwärtig so, als ob soziale Anerkennung
und gesellschaftlicher Erfolg unmittelbar verknüpft sind
mit der Fähigkeit, sich aufmerksamkeitserheischend
in Szene zu setzen."*
(Becker 2004, S. 414)

In der vorliegenden Studie lernen Sie die Jugendkultur C Walk kennen, die zu einem großen Teil auf der Videoplattform *YouTube* stattfindet. Es geht dabei, grob gesagt, um Bedingungen für jugendkulturelles Handeln und um seine Bedeutungen in einem Alltag, der online und offline stattfindet.

Im Herbst 2012 steht ein Buch auf Rang fünf der Spiegel-Bestsellerliste für Sachbücher, das von den Auswirkungen der Verbreitung digitaler Medien im Alltag der Menschen handelt: Manfred Spitzers „Digitale Demenz". Seine Grundaussage lässt sich folgendermaßen zusammenfassen: „Computer machen dumm. Dick. Süchtig. Einsam. Gewalttätig" – so die Synthese von Harald Staun (2012) auf www.faz.de. Die Publikation wurde sowohl von wissenschaftlicher Seite als auch von den Medien als minderwertiger, weil unwissenschaftlicher „Kulturpessimismus im Gewand der Naturwissenschaft" (ebd.) entlarvt, weil krude Thesen nicht belegt und ihnen entgegenstehende wissenschaftliche Erkenntnisse nicht beachtet werden.[1] Warum wird dieses Buch dann hier an so prominenter Stelle erwähnt? Weil sein Verkaufserfolg *an sich* symptomatisch für die Stimmungslage vieler Menschen in unserer vernetzten Mediengesellschaft ist. Pünktlich zur Fertigstellung dieser Studie unterstreicht allein die Existenz des genannten Bestsellers

---

1 „Digitale Demenz" von Manfred Spitzer 2012 wurde zuerst in der wissenschaftlichen Community, dann auch in Teilen der medialen Öffentlichkeit wegen seiner populistischen, nicht wissenschaftlichen Aussagen heftig kritisiert (s. zur Übersicht Gesellschaft für Medienpädagogik und Kommunikationskultur 2012; Initiative ‚Keine Bildung ohne Medien' o.D.).

die große Verunsicherung in der Gesellschaft bezüglich medialer und damit verbundener sozialer Veränderungen. Diese Verunsicherung muss, im Gegensatz zu Spitzers Publikation, ernst genommen werden. Sie ist bezüglich mancher Aspekte berechtigt – das zeigen differenzierte und fundierte Studien zur problematischen Nutzung des Internet durch Jugendliche (s. z. B. Welker et al. 2005; Schmidt et al. 2009, S. 17ff.). Doch es hilft nicht – und es wäre sogar gefährlich –, sich den Veränderungen durch die Entwicklung digitaler Medien durch eine strikt ablehnende Haltung zu verschließen, während der Alltag junger Menschen in Deutschland und in weiten Teilen der Welt immer mehr auch mit digitalen Medien und online stattfindet und während sich Kommunikations- und Vergemeinschaftungsprozesse zunehmend auf Communities im Social Web ausweiten. Das vorliegende Buch soll einen Beitrag zur Aufklärung und zum Verständnis des medialen Alltags junger Menschen in Deutschland leisten – nicht indem es allgemeingültige, für jegliche Online-Aktivität repräsentative Ergebnisse liefert; das ist aufgrund der Komplexität der Wirklichkeit und der Diversität von Mediendiensten und Medienmodi im Internet im Rahmen einer Dissertation, die mehr in die Tiefe vordringen soll als Breite abzudecken, nicht möglich, und solche, die Breite betreffenden Erkenntnisse liefert die quantitative Mediennutzungsforschung. Stattdessen wird *ein* Beispiel für *einen* Teilbereich des Alltags junger Menschen sehr genau beleuchtet, woran nachvollzogen werden kann, welche Bedeutungen aus der Subjektsicht hinter den jugendkulturellen Online-Handlungen in dieser spezifischen Jugendkultur stehen. Der Leser kann seine Erkenntnisse aus der Studie auf andere Bereiche des Alltags mit dem Social Web übertragen, sein Verständnis für ähnliche Praktiken unter jungen Menschen wird damit vergrößert.

Mit der Veränderung des Internet hin zum Web 2.0 und zu einem Social Web eröffneten sich in den letzten Jahren für den Einzelnen immer mehr Möglichkeiten, sich kommunikativ und mit medialen Produktionen öffentlich einem großen Publikum mitzuteilen. Rein technisch sind heute für eine breite Masse junger Menschen keine spezifischen medienpädagogischen Angebote dafür mehr notwendig: leicht bedienbare Soft- und Hardware ermöglicht es, sich „irgendwie" medial und mit eigenen Medienprodukten auszudrücken. Dabei spielen Online-Praktiken wie das Zeigen und Tauschen eine wichtige Rolle. Die Spuren und Artefakte, die Menschen dabei im Internet hinterlassen, eröffnen auch der Forschung tiefe Einblicke in bisher zum Teil nur schwer beobachtbare soziale und kommunikative Prozesse. Niesyto beklagte noch vor wenigen Jahren eine einseitige Konzentration medienpädagogischer Forschung auf rezeptive Aspekte der Mediennutzung und eine Vernachlässigung der Erforschung insbesondere von visuellen und audiovisuellen medialen Eigenproduktionen (s. Niesyto 2007a, S. 222f.). Im Jahr 2008 begann die Arbeit an dieser Studie, und die medialen Entwicklungen und damit einhergehende

1 Hinführung

Veränderungen im Alltag junger Menschen drängten geradezu dazu, an diesem Kritikpunkt von Niesyto anzusetzen. Der Fokus richtete sich bald ausschließlich auf den Mediendienst *YouTube*, der als die relevanteste Videoplattform im Alltag junger Menschen, die selbst Videos von sich einstellen, identifiziert worden war, und dann – innerhalb dieses Rahmens – auf die Jugendkultur C Walk. Diese Spezifizierung ermöglichte die Erforschung von Gruppenprozessen und der Feldstruktur, was mit einer Öffnung für alle möglichen Arten der Selbstdarstellung (bzw. Video-Genres oder Jugendkulturen) nicht möglich gewesen wäre.

Aber was genau ist die Jugendkultur C Walk auf *YouTube*?

Beginnen wir bei ihrem zentralen Handlungsort: *YouTube*, die inzwischen zum Google-Konzern gehörende Videoplattform, wurde im Jahr 2004 gegründet und erfreute sich schnell wachsender Beliebtheit (s. dazu ausführlicher Kapitel 4). Man kann, wenn man über einen Internetanschluss verfügt, den Mediendienst kostenlos nutzen: entweder um Videos zu betrachten oder um nach der Erstellung eines eigenen Kanals und der Anmeldung selbst Videos hochzuladen und mit anderen Nutzern zu interagieren.[2] *YouTube* ist unter jungen Nutzern in Deutschland die bekannteste und meistgenutzte Videoplattform im Internet (vgl. Busemann/Gscheidle 2012, S. 388). Die Nutzung von Videoplattformen wiederum stellt laut JIM-Studie 2011 unter den unterhaltungsbezogenen Internet- und Computernutzungsarten in der Gruppe der 14- bis 17-Jährigen die wichtigste, bei den 18- bis 19-Jährigen die zweitwichtigste Tätigkeit dar (vgl. Ebert et al. 2011, S. 35).

C Walk, abgeleitet von Crip Walk, ist in der Jugendsprache der Überbegriff für stärker ausdifferenzierte Straßentanz-Stile und eine entsprechende, weltweit verbreitete Jugendkultur. Sie hat ihre Wurzeln in den afroamerikanischen Ghettos der USA (insbesondere Los Angeles) der späten 1960er- bis frühen 1970er Jahre. Ganze Stadtviertel wurden von den bis heute existenten Gangs *Bloods* und *Crips* dominiert (s. Kapitel 5), die bestimmte Schritte als symbolisch-performative Zeichen der Erkennung und des Ausdrucks der Zugehörigkeit erfanden und diese bis heute praktizieren. Erst in der jugendkulturellen Ausprägung geht der daraus entstandene *Walk*, der Straßentanz, seine Verbindung mit der Videoplattform *YouTube* ein: Neue Stilrichtungen und jugendkulturelle Praktiken entstehen, die im Alltag der jungen Menschen mit der ursprünglichen sozialen Bedeutung des C Walk nicht mehr viel gemein haben. Mithilfe von Tutorial-Videos auf *YouTube* werden Schritte eingeübt, eigene Videos werden eingestellt, es wird verlinkt, bewertet und kommuniziert.

---

2   Das Abrufen bestimmter Inhalte erfordert die Anmeldung und die eigenverantwortliche Bestätigung des Alters (s. Kapitel 4); ansonsten können Videos ohne Anmeldung abgerufen werden.

Die vorliegende Studie ist von einer offenen, explorativen Annäherung an den Untersuchungsgegenstand geprägt. Einzelne Themenaspekte und Forschungsfragen wurden zu Beginn nicht endgültig festgelegt. Der Gegenstand wurde anhand von offenen Leitfragen (s. ausführlich Kapitel 1.2) Stück für Stück und mit Hilfe der im Forschungsverlauf zunehmenden Anzahl von Forschungsteilnehmern ergründet, um zu sehen, welche Themen sich im Feld tatsächlich als relevant erweisen würden. Die Studie liefert nun Antworten auf die folgenden Fragen:

1. Welche Eigenschaften kann *YouTube* als alltäglicher Handlungsort für junge Menschen haben? (Kapitel 4)
2. Wie wird in der Jugendkultur des C Walk auf *YouTube* sozialer Raum konstruiert? (Kapitel 6.2)
3. Wie und durch welche Kräfte wird das Handlungsfeld in diesem sozialen Raum strukturiert? Wie positioniert sich der Einzelne in diesem Feld? (Kapitel 6.3)
4. Haben die jugendkulturellen Praktiken eine Bedeutung für Aneignungsprozesse oder stehen sie ihnen eher entgegen? (Kapitel 6.3.1 und 6.6)
5. Findet im jugendkulturellen Handeln Vergemeinschaftung statt oder handelt es sich nur um das Knüpfen von oberflächlichen Kontakten, sodass evtl. sogar Vereinsamungsprozesse verstärkt werden? (Kapitel 6.3.2, 6.4)
6. Ist das Handeln im C Walk auf *YouTube* relevant für Prozesse der Identitätskonstruktion? Wenn ja: Inwiefern und wodurch werden sie gefördert bzw. finden Behinderungen statt? (Kapitel 6.5)
7. Quer zu diesen Aspekten geht es immer wieder um die Frage nach Funktion oder Dysfunktion des spezifischen jugendkulturellen Handelns auf *YouTube* hinsichtlich der Bearbeitung von Entwicklungsaufgaben.

Der Bericht zur Studie ist in drei Teile gegliedert: Im ersten Teil wird der Forschungsstand zum weit gefassten Thema aufgearbeitet und es werden erste theoretische Grundlagen erarbeitet. Allerdings handelt es sich um Aspekte, die bereits zu Beginn der Konzeption der Studie wichtig erschienen und dafür die Basis bildeten. Weitere Gebiete wurden später, im Laufe der Theoriegenerierung, erschlossen, als die empirischen Daten zeigten, dass darüber hinaus bestimmte Aspekte relevant sind. Diese theoretische Aufarbeitung findet sich erst an entsprechender Stelle im dritten Teil des Berichts. Diese, manchem Leser vielleicht unkonventionell[3]

---

3   Die Arbeit wurde in Orientierung an der Grounded Theory Methodology realisiert, die besonders im anglo-amerikanischen Raum sehr verbreitet ist. Dabei ist es nicht unkonventionell, dass eine theoretische Aufarbeitung jeweils verknüpft mit der eigenen Theoriegenerierung stattfindet.

erscheinende Darstellungsform verdeutlicht das Interesse des Forschers, offen an den Gegenstand heranzugehen, statt ihm ein fertiges Theoriegerüst überzustülpen.

Der zweite Teil stellt die Konzeption der Studie dar. Dort geht es zuerst um die Weiterentwicklung und neue Kombination erprobter methodischer Werkzeuge. Dann wird die Zusammensetzung des Samples[4] begründet, wobei auch die Studienteilnehmer vorgestellt werden. Dieses Kapitel vermittelt bereits einen ersten Eindruck vom Alltag der C Walkers auf *YouTube*.

Im dritten Teil werden die Ergebnisse der Studie präsentiert. Wo nötig werden weitere theoretische Grundlagen geschaffen, um Kategorien (s. Glossar, 324; s. a. Begriffsklärung in Kapitel 3.3), die aus dem empirischen Material heraus generiert wurden, theoretisch zu unterfüttern und die eigenen Erkenntnisse in den theoretischen Diskurs einzubinden.

---

4   Als Sample wird die Gesamtheit der ausgewählten Fälle bezeichnet.

Teil I
Zum Thema

Annäherung und erste Aufarbeitung des Forschungsstandes 2

Die Breite, in der im Folgenden der Forschungsstand zur Jugend-Medienforschung mit dem Fokus auf Internet- und Videoplattformnutzung dargestellt ist, resultiert aus der Offenheit, mit der die Arbeit begonnen wurde. Die daraus gewonnenen Erkenntnisse bilden den Ausgangspunkt für die erste Formulierung der offenen Forschungsfragen. Später werden diese an den zunehmend stärker eingegrenzten Untersuchungsgegenstand angepasst, bis die endgültige Fokussierung auf die Untersuchung des Phänomens des C Walk auf *YouTube* stattfindet. Um den Forschungsprozess nachvollziehbar zu machen, wird in diesem Kapitel der damals aufgearbeitete Forschungsstand so dargestellt, wie er zu diesem frühen Zeitpunkt erarbeitet wurde. Mit der angesprochenen Fokussierung auf das Phänomen des C Walk auf *YouTube* fand eine konzeptionelle Rahmung der ethnografisch konzipierten Studie in Anlehnung an die Grounded Theory Methodology (im Folgenden GTM) statt (s. Kapitel 3.3). Dieser Methodologie folgend werden nicht nur neuere empirische Forschungserkenntnisse, sondern auch theoretische Aspekte, deren Relevanz sich erst im Forschungsprozess erschloss, dargestellt – allerdings weiter unten, an den Stellen, an denen sie für die Generierung der eigenen theoretischen Erkenntnisse relevant sind.[5]

Für einen Überblick über das bis dato weitgehend unerforschte Phänomen der **Selbstdarstellung Jugendlicher im Internet-Videoforum *YouTube*** (so der ursprüngliche Arbeitstitel im Exposé zum Antrag auf Forschungsförderung, liegt eine Aufarbeitung von Forschungserkenntnissen dreier aneinander angrenzender Gegenstandsbereiche nahe:

---

5   Dieses Vorgehen entspricht den Prinzipien der GTM (s. Kapitel 3.3): Ein zentraler Bestandteil dieser Arbeitsweise ist das sukzessive Einbeziehen verschiedener empirischer und theoretischer Materialien im gesamten Forschungsprozess bis zur endgültigen Auswertung.

- Der erste Bereich ist jener der **Nutzung von Internet und Videoplattformen** durch Jugendliche und junge Erwachsene. Hier geht es darum, zu erkennen, welchen Raum das Internet und spezifische Angebote im Alltag junger Menschen einnehmen.
- Darüber hinaus ist die **Bedeutung** von Internetangeboten für die **Sozialisation** insbesondere für Jugendliche und junge Erwachsene interessant. Dieser Aspekt muss im Kontext aktueller gesellschaftlicher Bedingungen betrachtet werden, unter denen junge Menschen in Deutschland heute aufwachsen und ihre **Identität** entwickeln, unter denen sie sich die Welt aneignen und sich darin verorten und ihren Alltag bewältigen.
- Ein dritter Bereich ist der des **medialen Selbstausdrucks**, der ein spezifisches Merkmal dieser Mediendienste ist.

2.1 Das Social Web – Einbettung des Kommunikationsdienstes YouTube

Videoplattformen sind nur einer von zahlreichen konvergierenden Mediendiensten im Internet. Sie können nicht isoliert von deren Gesamtheit betrachtet werden. Auch aus diesem Grund erschien es während der Entwicklung des konkreten Forschungsinteresses sinnvoll, sich dem Gegenstand zunächst mit einem weiten Fokus zu nähern. Dann öffnet sich ein Blick auf den durch eine spezifische Nutzung charakterisierten Bereich des Internet, der in den letzten Jahren unter anderem als **Social Web** bezeichnet wird. Spuren im Netz weisen darauf hin, dass dieser Begriff im Jahr 1998 im deutschen (und internationalen) Sprachraum mit einem Paper der damaligen GMD, der heutigen *FhG* (*Fraunhofer-Gesellschaft zur Förderung der angewandten Forschung e. V.*) von Peter Hoschka eingeführt wurde (s. Hoschka 1998). Er bezeichnet die Entwicklung des World Wide Web von einem Netzwerk von Dokumenten hin zu einem Netzwerk von Menschen:

> „Providing content via the World Wide Web has been the killer application of the Internet in the last few years. Linking people will be the next killer application" (Hoschka 1998).

Dabei rücken die computervermittelte soziale Interaktion und Kommunikation ins Zentrum des Interesses. Der Begriff **Web 2.0**, der in den letzten Jahren ebenfalls in der Sozialforschung verwendet wurde,[6] verweist mit der Nummerierung „2.0" auf

---

[6] S. z. B. Sutter 2010; Röll 2010; Meister et al. 2010a; Busemann/Gscheidle 2010; Brüggen et al. 2009; Carstensen 2009; Grimm et al. 2008.

2.1 Das Social Web – Einbettung des Kommunikationsdienstes YouTube

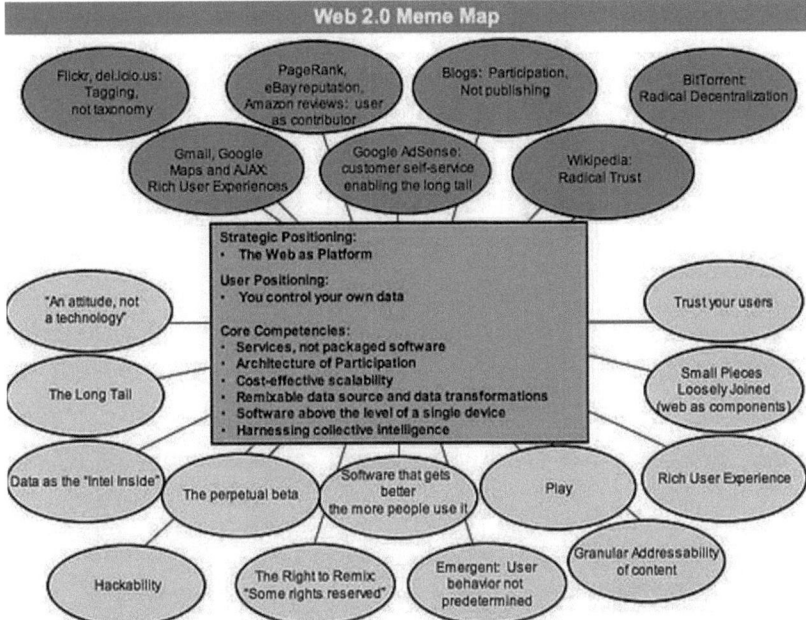

Abb. 1 Mind Map mit Ideen zum Begriff Web 2.0, entstanden im Prozess der Planung der ersten Web-2.0-Tagung 2004 in San Francisco (© O'Reilly 2005).

die übliche Bezeichnung neuer Produktversionen in der Software-Branche. So soll er eine Abgrenzung zu früheren Nutzungsweisen des World Wide Web (gedacht als „Web 1.0") verdeutlichen. Diese begriffliche Anlehnung an kommerzielle Produkte ist kein Zufall: Ins öffentliche Bewusstsein gelangte der Begriff Web 2.0 angeblich zuerst durch einen Artikel eines amerikanischen Magazins für IT-Manager im Jahr 2003 (Knorr 15.12.2003).[7] Einem breiteren Diskurs zugänglich wurde er aber erst im Herbst 2004 als Titel einer wirtschaftlich ausgerichteten Tagung des *O'Really Media* Verlags und des Veranstalters *MediaLive International Inc.* in San Francisco, USA (s. MediaLive International and O'Reilly Media 2004) sowie durch einen um eine Definition dieses zum Teil willkürlich verwendeten Begriffs bemühten Aufsatz des Verlagsgründers Tim O'Reilly im Jahr 2005 (s. O'Reilly 2005). Darin benennt er mehrere Eigenschaften als charakteristisch für das Web 2.0: Er sieht das Web

---

7   Die Herkunft des Begriffs ist schwer zu überprüfen, da es sich zunächst nicht um einen wissenschaftlichen Diskurs handelte.

als Plattform; Software wird über die Grenzen einzelner Geräte hinweg entwickelt und angewandt. Anwendungen sind datengetrieben, „Data is the Next Intel Inside" (ebd.), und über einzigartige Datenquellen zu verfügen, wird zum Kern von Geschäftsmodellen. Dabei wird die „collective Intelligence" (ebd.) genutzt, indem der Nutzer als Produzent einbezogen wird. Vernetzung wird zentrales (kommerzielles) Prinzip. Komponenten verschiedener Entwickler werden kombiniert, Produkte werden ständig weiterentwickelt, statt sich in klassischen Produkt-Lebenszyklen zu bewegen. Umso wichtiger ist es aus ökonomischer Sicht, mit Produkten eine breite Masse zu erreichen.

Abb. 2 Das Social Media Prisma der ethority GmbH & Co KG
(© ethority GmbH & Co KG 2010).

2.1 Das Social Web – Einbettung des Kommunikationsdienstes YouTube

Kaum abgegrenzt vom Begriff des Web 2.0 wird synonym der Begriff „Social Media" für Angebote im Internet verwendet, die den Kriterien des Web 2.0 entsprechen. Für das Jahr 2010 hat die ethority GmbH & Co KG eine Darstellung für entsprechende Angebote in Deutschland veröffentlicht (s. Abbildung 2).

Teilweise synonym wird der Begriff **Social Software** gebraucht. Er ist nicht endgültig definiert und kann auch Internet-Angebote aus der Zeit vor dem Web 2.0 bezeichnen. Tom Coates, ein früher Blogger und ehemaliger Mitarbeiter von *Yahoo!*, definiert in seinem Weblog bereits im Jahr 2005 den Begriff „Social Software" folgendermaßen:

> "Social Software can be loosely defined as software which supports, extends, or derives added value from, human social behavior – message-boards, musical taste-sharing, photo-sharing, instant messaging, mailing lists, social networking" (Coates 2005).

Mit Mediendiensten, die, je nach Blickwinkel, als Web 2.0, Social Web oder Social Media bezeichnet werden, rückt die Funktion von **Online Communities** oder **Social Networks** in den Mittelpunkt vieler Internet-Aktivitäten. Die Begriffe werden einerseits für soziale Netzwerkgemeinschaften verwendet, andererseits für die Dienste (Social Network Services), welche diese Gemeinschaften beherbergen. Zentrale Bestandteile dieser Angebote sind die Möglichkeit, persönliche Profile anzulegen, diese mit Profilen anderer Nutzer zu verlinken, Nachrichten mit anderen Nutzern auszutauschen und Inhalte einzustellen. Teilweise können externe Software-Entwickler über Schnittstellen eigene Anwendungen einbinden. Während Nutzer hauptsächlich die sozialen Aspekte der Dienste wahrnehmen, sind für die Betreiber solcher Angebote wirtschaftliche Kriterien relevant.[8] Es gibt unterschiedliche Erlösmodelle, wobei die Sammlung von Daten über Relationen, also Verbindungen zwischen Nutzern und deren weitere Zuordnung zu bestimmten Interessengruppen, für die meisten Betreiber sozialer Netzwerkseiten die interessanteste Ressource darstellt, beispielsweise für zielgerichtete Werbung. Die Videoplattform *YouTube* kann, je nach Betrachtungsweise und Nutzungsmodus, als soziales Netzwerk bezeichnet werden (vgl. Lange 2009, S. 70), zugleich erfüllt sie aber auch archivarische und informative Funktionen. Aufgrund zunehmender Konvergenz von Medienangeboten insbesondere im Internet wird eine klare Definition und Abgrenzung bestimmter Dienste zunehmend schwierig. Deswegen

---

8   Der kanadische Netzwerkforscher Barry Wellman (2001) unterscheidet Online Communities definitorisch nicht von anderen sozialen Gemeinschaften und beschreibt sie als zwischenmenschliche Beziehungsgefüge, die Geselligkeit, Unterstützungsleistungen, Informationen und ein Gefühl der Zugehörigkeit und der sozialen Identität vermitteln können.

erscheint es sinnvoll, auch die Nutzerperspektive einzunehmen, um zwischen Medienanwendungen zu differenzieren. Uwe Hasebrink möchte die Differenzierung von Medienanwendungen ermöglichen, indem er die Funktionszuweisung durch die Nutzer aufnimmt (s. Hasebrink 2004). Dazu führt er die Dualität der Begriffe Kommunikationsdienst und Kommunikationsmodus ein. Der **Kommunikationsdienst** bezeichnet nach Hasebrink die Auslegung auf eine bestimmte kommunikative Funktion, die durch mehrere Merkmale (technisch, ökonomisch, inhaltlich, dramaturgisch-ästhetisch) verdeutlicht wird. Distributions- und Produktionsaspekte stehen eher im Hintergrund, der Begriff ist anwendungsorientiert. Im Gegensatz zum häufig verwendeten Begriff des Medienangebots schließt der Begriff des Kommunikationsdienstes Bereiche der Individual- und Telekommunikation ein. Als **Kommunikationsmodus** bezeichnet Uwe Hasebrink ein spezielles Muster, einen Zustand aus Erwartungen und Handlungsweisen, die der Realisierung einer bestimmten kommunikativen Funktion dienen. Es geht also um die Art und Weise des Umgangs mit einem Kommunikationsdienst. Zu jedem Zeitpunkt tritt laut Hasebrink jeweils nur ein einziger Kommunikationsmodus auf.[9]

2.2 Erkenntnisse der Internet-Nutzungsforschung

In den meisten Studien wird nicht trennscharf zwischen dem Internet im Allgemeinen und Angeboten des Social Web oder Web 2.0 unterschieden. Dementsprechend beziehen sich hier einige Daten auf das gesamte Internet; in einigen Studien ist vom Web 2.0 die Rede, womit nur entsprechende Mediendienste gemeint sind; andere Autoren sprechen vom Social Web. In der vorliegenden Studie wird bei der Aufarbeitung des Forschungsstandes jeweils an den Begrifflichkeiten festgehalten, die von den einzelnen Autoren verwendet werden.

---

9   Für die zukünftige Klassifizierung von Medien und Mediennutzung formuliert Uwe Hasebrink das Desiderat der Identifizierung von Kommunikationsmodi zur klaren Unterscheidung der Arten des Mediengebrauchs und zum Verständnis von Medienhandeln (vgl. Hasebrink 2004). Für die empirische Praxis muss hier angemerkt werden, dass eine klare Trennung der Modi schwierig sein dürfte, weil stets mit Bündeln von Motivationen und Funktionen zu rechnen ist. So treten verschiedene Modi auf, deren analytische Trennbarkeit nicht selbstverständlich ist. Es ist wahrscheinlich, dass der Nutzer beispielsweise beim Hochladen eines selbstproduzierten Videos in einem Videoforum bereits den erwarteten Austauch von Kommentaren, von E-Mails, Chat-Gesprächen oder entsprechende Kommentare auf seinem verlinkten Blog einkalkuliert und dass dementsprechend seine Erwartungen im aktuellen Kommunikationsmodus von jenen an die anschließenden Modi beeinflusst werden.

2.2 Erkenntnisse der Internet-Nutzungsforschung

Als Längsschnittstudien erheben die ARD/ZDF-Online-Studie (s. ARD/ZDF-Medienkommission) seit 1997 und die JIM-Studie des Medienpädagogischen Forschungsverbundes Südwest (s. Medienpädagogischer Forschungsverbund Südwest) seit 1998 jährlich repräsentative Daten zur Mediennutzung Jugendlicher in Deutschland. Das in Leipzig angesiedelte Medienkonvergenz Monitoring untersuchte im Zeitraum von 2009 bis 2012[10] die Aneignung der konvergierenden Medienwelt durch Zwölf- bis 19-Jährige – mit einem Mix aus quantitativen und qualitativen Erhebungsmethoden (s. Universität Leipzig 2012). Auf diese drei Langzeitstudien wird im Folgenden hauptsächlich rekurriert, um einen Überblick über das Nutzungsverhalten junger Menschen in Deutschland zu geben. Dabei liegt der Fokus dieses Berichts auf den Daten, die zum Zeitpunkt der Aufarbeitung des Forschungsstandes verfügbar waren, d. h. zu Beginn des Projektzeitraumes. Sie bildeten die Grundlage für die Konzeption der Studie. Aktuelle Daten wurden, wenn verfügbar, später ergänzt, um die Entwicklung bis zur Berichtlegung nachvollziehbar zu machen und um eine Einordnung der Ergebnisse dieser Studie bezüglich der aktuellen Nutzungssituation in Deutschland zu ermöglichen.

Laut ARD/ZDF-Online Studie 2008 nutzen zu Beginn des Projektzeitraums der vorliegenden Studie in Deutschland 97,2 % der 14- bis 19-Jährigen mindestens gelegentlich das Internet, seit dem Jahr 2010 sind dies 100 % (vgl. Eimeren/Frees 2012, S. 363). Die entsprechende Nutzung der nächstälteren Altersgruppe der 20- bis 29-Jährigen liegt geringfügig darunter (2008: 94,8 %, 2012: 98,6 %; vgl. ebd.). Bei den 14- bis 29-Jährigen liegt die tägliche Nutzungsdauer im Jahr 2008 im Schnitt bei 120 Minuten (vgl. van Eimeren/Frees 2008b, S. 332), für 2012 wurde nach der Verweildauer im Internet gefragt, die bei derselben Altersgruppe aktuell mit 168 Minuten am Tag beziffert wird (vgl. Eimeren/Frees 2012, S. 366). Besonders die 14- bis 19-Jährigen investieren ihre Medienzeit zunehmend für die Nutzung des Internet, das für sie teilweise auch Funktionen des früher als Leitmedium bezeichneten Fernsehens substituiert (vgl. van Eimeren/Frees 2008a, S. 354). Jugendliche werden in der ARD/ZDF-Online-Studie zwar in Altersgruppen eingeteilt, es wird aber in den Publikationen zu dieser breit angelegten, quantitativen Studie nicht genauer differenziert, welche Jugendlichen online aktiv sind. Der Medienpädagogische Forschungsverbund Südwest unterscheidet in der zum Projektbeginn verfügbaren JIM-Studie 2007 stärker bezüglich des Bildungshintergrunds der Befragten und stellt fest, dass – bei einer gleichzeitigen Steigerung der Internetnutzung durch Jugendliche insgesamt – bei den Hauptschülern in den Jahren 2006 bis 2007 ein Rückgang der Frequenz um drei Prozentpunkte auf 72 % (Nutzung mindestens

---

10 Seit 2010 wurde zur Langzeitstudie lediglich ein Report über Hörmedien und hörmediale Online-Angebote publiziert (s. Schorb 2012).

mehrmals pro Woche) zu verzeichnen ist, während die Nutzungsfrequenz bei den Gymnasiasten im selben Zeitraum weiter ansteigt (um neun Prozentpunkte auf 88 %, die das Internet im Jahr 2007 mindestens mehrmals pro Woche nutzen).[11] Die zur Berichtlegung verfügbare JIM-Studie 2011 zeigt, dass Hauptschüler das Internet inzwischen wieder häufiger nutzen; im Jahr 2011 sind 88 % mindestens mehrmals pro Woche online, und auch bei den Gymnasiasten nimmt die Nutzungsfrequenz weiter zu: 91 % nutzen das Internet mindestens mehrmals wöchentlich (vgl. Medienpädagogischer Forschungsverbund Südwest 2011, S. 31).

Wichtigste Motive für die Internetnutzung sind 2007 für Jugendliche in Deutschland zwischen 14 und 19 Jahren: „weil es mir Spaß macht" (90 %), „weil ich mich informieren möchte" (88 %), „weil es aus Gewohnheit dazugehört" (60 %) (vgl. van Eimeren/Frees 2007, S. 367).[12] Darauf folgen unter anderem die Motive „weil es mir hilft, mich im Alltag zurechtzufinden" (48 %) und „weil ich dabei entspannen kann" (42 %). Nach wie vor hat zum Zeitpunkt der Berichtslegung die Kommunikation bei der Internetnutzung in allen Altersgruppen zwischen 14 und 29 Jahren die höchste Priorität – gefolgt von Informationssuche (vgl. Eimeren/Frees 2012, S. 368; Medienpädagogischer Forschungsverbund Südwest 2011, S. 33). Die Kommunikation verlagert sich aber besonders bei jüngeren Nutzern in Communities, die in der Gruppe der 14- bis 29-Jährigen inzwischen zu den wichtigsten drei Anwendungsarten bei der Internetnutzung gehören (vgl. Eimeren/Frees 2012, S. 368). Und dennoch bestimmen laut ARD/ZDF-Online-Studie heute wie im Jahr 2007 „klassische" (in Abgrenzung zu Social-Web-spezifischen) Funktionen die meistgenutzten Internet-Anwendungen (vgl. van Eimeren/Frees 2007, S. 356) – zumindest dann, wenn man dies an der Nutzung von Suchmaschinen (96 % der 14- bis 29-Jährigen nutzen sie im Jahr 2012 mindestens einmal wöchentlich) und am Versenden von E-Mails (81 % derselben Altersgruppe tun dies in derselben Frequenz) festmacht, die zu den klassischen Angeboten zählen. Sie werden häufiger genutzt als Online-Communities, die entsprechend dieser Abfrage aber die

---

11 Vgl. Medienpädagogischer Forschungsverbund Südwest 2007, S. 38. Kritisch zu betrachten ist bei Ergebnissen aktueller Online-Studien, dass die *Häufigkeit* der Nutzung aufgrund von Flatrates und der konvergenten und gleichzeitigen Nutzung verschiedener Medien und Internet-Inhalte immer weniger mit Fragen nach „Häufigkeit" zu erfassen ist. Denn wie häufig ist eine Nutzung, wenn eine ständige Internetverbindung besteht, über die Musik gehört, gechattet, gegoogelt, heruntergeladen etc. wird, wobei das Browserfenster jedoch häufig im Hintergrund hinter anderen geöffneten Programmen liegt bzw. der Nutzer nicht ständig am Computer oder mobilen Zugang sitzt, diesen aber immer wieder zwischendurch bedient? Die Frage nach Häufigkeit greift für die heutigen Nutzungsweisen des Internet aller Wahrscheinlichkeit nicht mehr und führt nur noch eingeschränkt zu validen Ergebnissen.

12 Mehrfachnennungen waren möglich.

2.2 Erkenntnisse der Internet-Nutzungsforschung 31

häufigste Web-2.0-Nutzung ausmachen – mit 75 % derselben Gruppe in derselben Frequenz (Steigerung um vier Prozentpunkte seit 2011; vgl. Eimeren/Frees 2012, S. 369). Eine andere Darstellung derselben Studie zeigt, dass aktuell dennoch 88 % der 14- bis 19-Jährigen private Netzwerke und Communities zumindest selten nutzen (vgl. Busemann/Gscheidle 2012, S. 381). Die JIM-Studie 2011 gliedert die Daten für den Teil der jüngeren Nutzer nach Altersgruppen feiner: Demnach werden im Jahr 2011 Online-Communities mindestens mehrmals pro Woche von 80 % der 14- bis15-Jährigen, 83 % der 16- bis 17-Jährigen und 84 % der 18- bis 19-Jährigen genutzt (vgl. Medienpädagogischer Forschungsverbund Südwest 2011, S. 34). Zum Vergleich: E-Mails werden laut dieser Studie nur von 51 % der 14- bis 15-Jährigen, von 65 % der 16- bis 17-Jährigen und von 68 % der 18- bis 19-Jährigen mindestens mehrmals pro Woche versendet oder empfangen (vgl. ebd.).

Mit Diensten, die durch ihre einfache Handhabung zum Mitmachen und Einstellen eigener Inhalte animieren, verändert sich das Netz in bestimmten Bereichen zu einem „Mitmach-Netz" (van Eimeren/Frees 2007, S. 356). So sehen auch Benjamin Jörissen und Winfried Marotzki den Nutzer als „Produser", nämlich zunehmend zugleich als Nutzer und als Produzent (vgl. Jörissen/Marotzki 2008, S. 151). Es darf aber nicht übersehen werden, dass der Gestaltungsgrad je nach Nutzertyp stark zwischen Betrachten und Gestalten variiert (vgl. Gerhards et al. 2008, S. 131) und dass „die Mehrzahl der Jugendlichen das Internet rezeptiv und kommunikativ, jedoch sehr viel seltener produktiv-gestaltend nutzt" (Schorb et al. 2008, S. 17) – das gilt auch noch im Jahr 2012 (vgl. Eimeren/Frees 2012, S. 378).[13] Die JIM Studie für das Vorjahr bestätigt das:

> „Zwar geben 72 Prozent der Jugendlichen an – neben Einträgen in Communities – schon mal Inhalte ins Netz gestellt zu haben, sei es durch Einträge in Foren oder bei Wikipedia, das Hochladen von Bildern, Filmen und Musik oder das Erstellen von Blogs, Podcasts oder Tweets. Allerdings sind diese Aktivitäten nicht besonders häufig, nur jeder Vierte hat sich regelmäßig (mindestens mehrmals pro Woche) mit wenigstens einer dieser Aktivitäten am inhaltlichen Angebot des Internets beteiligt. 38 Prozent stellen zumindest einmal pro Woche eigene Inhalte ein. Am häufigsten werden hierbei Einträge in Foren gepostet und Bilder oder Filme hochgeladen."
> (Medienpädagogischer Forschungsverbund Südwest 2011, S. 37)

---

13 Unklar bleibt in vielen Publikationen, welche Aktivitäten zu den kommunikativen und welche zu den aktiv-produktiven gezählt werden, was zu Unschärfen dieser Ergebnisse führt. So ist auch zu erklären, warum der Medienkonvergenz Monitoring Report 2008 angibt, dass damals immerhin 87 % der Jugendlichen selbst Inhalte ins Internet einstellten (vgl. Schorb et al. 2008, S. S. 19ff. des Anhangs; aktuelle Zahlen dazu lieferten die Autoren der Langzeitstudie bisher nicht). Dabei setzten sich 8 % mit ihren medialen Präferenzen auseinander und drückten diese vor allem in Bildern und Texten aus (vgl. ebd., S. 32).

Der Medienpädagogische Forschungsverband Südwest zeigt, dass bereits 2007 25 % der Jugendlichen Web-2.0-Angebote mindestens mehrmals pro Woche aktiv-produktiv[14] nutzen, genauer: 30 % der Jungen und 19 % der Mädchen – sie finden sich insbesondere in der Gruppe der 14- bis 17-Jährigen. Interessanterweise spielt der Bildungshintergrund für diese Aktivitäten laut JIM-Studie keine Rolle. Das ist erstaunlich, weil sich nach Haas et al. generell eher Menschen mit hohem Bildungsgrad dem Web 2.0 zuwenden und in der höheren Einkommensschichten Web-2.0-Nutzer doppelt so häufig vertreten sind wie solche Nutzer, die nur klassische Anwendungen nutzen (vgl. Haas et al. 2007, S. 216).

Die Autoren der ARD-ZDF-Online-Studie entwerfen auf der Basis von quantitativen und qualitativen Untersuchungen für das Jahr 2007 eine Typologie der Web- 2.0-Nutzer (vgl. Haas et al. 2007, S. 215ff.), die vermuten lässt, dass produktive Internetaktivitäten vor allem in der kleinsten dieser Gruppen vorgenommen werden – sie arbeiten folgende Typen heraus: die Kommunikatoren (34 %), Unterhaltungssucher (34 %), Infosucher (31 %), spezifisch Interessierte (17 %), Netzwerker (12 %), Profilierte (7 %), Produzenten (maximal 6 %) und Selbstdarsteller (maximal 4 %).

In all diesen Studien wird deutlich, dass Kommunikation bei der Nutzung von Angeboten, die dem Web 2.0 zugeordnet werden, eine wichtige Rolle spielt. Sie ist als Online-Tätigkeit insbesondere bei Jugendlichen fest in den Alltag eingebunden (vgl. Fisch/Gscheidle 2008, S. 356; Schorb et al. 2008, S. 14, 16). Interessant ist, dass amerikanische Jugendliche in Chats hauptsächlich mit Bekannten aus der Offline-Welt kommunizieren (vgl. McKenna et al. 2005, S. 175). Eine Einbindung von Chats findet bei vielen Kommunikations-Anwendungen statt, ebenso das Senden und Empfangen von Nachrichten direkt in ein Postfach auf einer Plattform, so wie es bei *YouTube* praktiziert werden kann (vgl. Fisch/Gscheidle 2008, S. 356). Dies ist ein Aspekt der Konvergenz, der viele Anwendungen des Web 2.0 charakterisiert. Wie das Medienkonvergenz Monitoring zeigt, liegt das handlungsleitende Interesse vieler Jugendlicher, die Inhalte im Internet hochladen, mehr auf dem Herstellen von Kommunikationsanlässen und sozialkommunikativen Aspekten als auf der Gestaltung eigener Inhalte (vgl. Schorb et al. 2008, S. 16).

Wenden wir uns nach der allgemeinen Internetnutzung und der Nutzung von Angeboten des Web 2.0 nun den Videoplattformen und ihrer Nutzung zu: Als besonders wichtige Video-Plattformen[15] für Jugendliche in Deutschland sind zu Beginn der Erhebung *YouTube*, *Clipfish* und *MyVideo* zu nennen, wobei *YouTube* von allen

---

14 „In Newsgroups schreiben, Musik/Sound einstellen, Weblogs schreiben, Fotos/Videos einstellen." Medienpädagogischer Forschungsverbund Südwest 2007, S. 42.
15 Die Begriffe Video-Community, Video-Seite und Video-Portal werden häufig synonym verwendet.

2.2 Erkenntnisse der Internet-Nutzungsforschung

Befragten favorisiert wird und im Jahr 2012 auch insgesamt die in Deutschland am häufigsten genutzte Videoplattform darstellt (vgl. Busemann/Gscheidle 2012, S. 388). 48 % der 14- bis 29-Jährigen Online-Nutzer rufen im Jahr 2008 mindestens wöchentlich Videoportale auf, 82 % derselben Gruppe tun dies zumindest selten (vgl. van Eimeren/Frees 2008a, S. 351).[16] Für die zumindest seltene Nutzung liegen 2008 Daten vor, die die oben grober gefasste Altersgruppe noch einmal unterteilen: Von den 14- bis 19-Jährigen besuchen im Jahr 2008 ganze 90 % zumindest selten Videoplattformen, von den 20- bis 29-Jährigen sind es 77 % (vgl. Fisch/Gscheidle 2008, S. 359). Diese Zahl hat sich inzwischen nur bei den Älteren erhöht (2012: gleichbleibend 90 % der 14- bis 19-Jährigen aber 85 % der 20- bis 29-Jährigen; vgl. Busemann/Gscheidle 2012, S. 381).

Eine bis heute unveröffentlichte Studie zur Videoplattform *YouTube*, die an der FH Kaiserslautern von Hendrik Speck und Frédéric Philipp Thiele durchgeführt wurde und in der angeblich sechs Millionen Nutzer und fünf Millionen Videos erfasst und untersucht wurden, soll zeigen, dass der Großteil der *YouTube*-Nutzer angibt, zwischen 15 und 27 Jahren alt zu sein, wobei die meisten Nutzer ein Alter von 20 Jahren angeben (vgl. Heidenreich 2008).[17] Das Geschlechterverhältnis auf *YouTube* (eigene Angaben der Profilinhaber) zeigt angeblich ein Männer-Frauen-Verhältnis von ca. 3:1. Frauen nutzen nach diesen nicht verifizierbaren Daten mehr die sozialen Funktionen der Plattform, sie kommentieren häufiger und geben bereitwilliger Informationen über sich preis, während Männer offenbar eher Videos anschauen und hochladen. Wie das Medienkonvergenz Monitoring zeigt, sind

> „[p]rivate Videos, Persiflagen auf massenmediale Angebote oder Karaokevideos auf Videoplattformen [...] zwar für viele Jugendliche ein wichtiger Rezeptionsgegenstand, aber nur wenige von ihnen nutzen die Möglichkeit, Angebote selbst zu kreieren oder zu gestalten." (Schorb et al. 2008, S. 16)

---

16 Über alle Altersgruppen ab 14 Jahren hinweg waren es 21 % der Onlinenutzer: genauer 14 % der Frauen und 21 % der Männer, die solche Dienste im Jahr 2008 mindestens einmal pro Woche in Anspruch nahmen (vgl. van Eimeren/Frees 2008a, S. 351; Fisch/Gscheidle 2008, S. 358). Entsprechende Daten für 2012 liegen nicht vor.

17 Hier wird auf eine nicht veröffentlichte Studie verwiesen, obwohl deren Ergebnisse bisher nicht verifizierbar sind. Die Studie wurde bei einer Tagung in Wien (s. Speck 2009) vorgestellt, bei der ich anwesend war. Da wenig über die Zusammensetzung der Gruppe der *YouTube*-Nutzer bekannt ist und das Unternehmen entsprechende Daten nicht veröffentlicht, werden die Angaben dieser einzigen Untersuchung, die Hinweise auf diese Aspekte gibt, hier mit dem Hinweis wiedergegeben, dass sie (bisher) nicht wissenschaftlichen Kriterien der Verifizierbarkeit entspricht. Zudem ist mir meiner Ansicht nach unklar, ob die Art der Datenerhebung den ethischen Standards der Online-Forschung entspricht, da hier möglicherweise auf sensible Daten zugegriffen wurde, die nicht öffentlich zugänglich sein sollten.

Welche **Inhalte** suchen die Nutzer auf Videoplattformen, und was sind ihre Motivationen? Hier wurde bei der anfänglichen Aufarbeitung des Forschungsstandes auf Daten aus dem Jahr 2007 zurückgegriffen: Damals nutzten insgesamt 73 % der Menschen aller Altersgruppen, die angaben, zumindest selten eine Videoplattform zu besuchen, dort Musik-Clips, ebenso viele nutzten Clips zu Unterhaltung, Comedy und Buntem (vgl. van Eimeren/Frees 2007, S. 371). Den meisten jugendlichen Befragten der Leipziger Konvergenzstudie dienten Videoplattformen zur Vertiefung ihrer bestehenden Interessen (vgl. Schorb et al. 2008, S. 30). Haas et al. identifizierten die Suche nach Unterhaltung und Spaß als häufigste Nutzungsmotive in Video-Communities (vgl. Haas et al. 2007, S. 216).[18] Das Anschauen von Videos war die beliebteste Online-Tätigkeit von Jugendlichen (vgl. Schorb et al. 2008, S. 14 des Anhangs). Die genannte Kaiserslauterner Studie soll zeigen, dass angeblich informative Kategorien nur ca. 10 % der Inhalte von *YouTube* ausmachen und sogar nur 5 % der Videoaufrufe generieren, während über 80 % der Videoaufrufe den Bereichen Musik, Unterhaltung, Sport und Comedy zuzuordnen sind (vgl. Heidenreich 2008). Diese Erkenntnisse sind aber, wie man inzwischen weiß, bezüglich ihrer Validität in Frage zu stellen (vgl. Fußnote 85 sowie Erkenntnisse der vorliegenden Studie zur Kategorisierung von Videos durch Nutzer auf S. 182).

Für 2012 liegen verlässlichere Zahlen für verschiedene Altersgruppen vor, die mehr über die Art der konsumierten Inhalte aussagen: Von jenen, die bereits Videos auf Videoportalen angeschaut haben, betrachten in der Alterstgruppe der 14- bis 19-Jährigen 95 % Musikvideos, 46 % selbstgedrehte Videos, ebenso viele Film- und Fernsehtrailers, 33 % Fernsehsendungen und Filme, 28 % Tutorials (Anleitungsvideos) und 19 % Animatics und Trickfilme (vgl. Busemann/Gscheidle 2012, S. 389). In der Regel werden Videos gezielt gesucht, oder es wird der Empfehlung von Freunden und Bekannten gefolgt (vgl. ebd.).

Bezüglich der rezeptiven Nutzung von Videoplattformen bieten sich den Nutzern folgende Vorteile bei der Zuwendung zu Produkten der Massenmedien wie Filme, Serien und Musik-Clips (vgl. Schorb et al. 2008, S. 30): individueller Zugang, schneller Zugang zu bestimmten Inhalten (bestimmte Szenen, bestimmte Schauspieler o. ä.), Verknüpfung mit ähnlichen Inhalten, die die Suche nach Interessantem erleichtern, und die mögliche Einbindung der Mediennutzung nach eigenen Präferenzen in soziales Handeln (Austausch von Links etc.). Die Autoren des Medienkonvergenz Monitoring Report 2008 sehen den Grund für den Erfolg von Videoplattformen in der Kombination von individueller Zugriffsform, kommunikativen Elementen und der Möglichkeit des Knüpfens sozialer Netzwerke (vgl. Schorb et al. 2008, S.

---

18 Das gilt auch für die Nutzungsmotive US-amerikanischer Onliner (vgl. Madden 2007, S. II, 11).

2.2 Erkenntnisse der Internet-Nutzungsforschung

12). Nutzergenerierte und massenmediale Inhalte stehen dabei häufig auf einer Ebene. Ihre Unterscheidung kann für Jugendliche schwierig sein, zumal hier auch ästhetisch die Grenzen verwischen (vgl. ebd., S. 56). Medienpraktiken auf *YouTube* werden mit anderen kombiniert, beispielsweise wenn ein Link zu einem Video per *ICQ* versendet und während der Betrachtung per Smartphone kommentiert wird. Die US-amerikanische Forschung bestätigt die Ergebnisse aus dem deutschen Sprachraum: Auch für US-amerikanische Nutzer spielt das Versenden von Links zu Videos, die man gesehen hat, bereits 2007 eine wichtige Rolle (57 % der Online-Zuschauer versenden solche, bei den 18- bis 29-Jährigen sind es sogar 67 %; vgl. Madden 2007, S. III, 6). Auch dort gehört nur ein kleiner Teil vornehmlich junger Nutzer zu den Aktiven, die bewerten, kommentieren und selbst Videos hochladen (vgl. ebd., S. III, 7f.). Und auch das Betrachten von Videos ist häufig keine einsame, sondern eine gemeinschaftliche Tätigkeit (vgl. ebd., S. III, 5f.).

Bezüglich der **produktiven Nutzung** von Videoplattformen zeigt der Medienkonvergenz Monitoring Report 2008, dass in Deutschland nur 6 % der Jugendlichen am Computer Videos gestalten (vgl. Schorb et al. 2008, S. 15). Diese Handlungen sind eng verknüpft mit der Veröffentlichung von Inhalten im Internet: 87 % der befragten Jugendlichen der Studie veröffentlichen Dateien im Netz, 10 % von diesen laden Videos hoch. Im Jahr 2008 haben 15 % der 14- bis 19-Jährigen bereits einmal ein Video auf eine Videoplattform hochgeladen (vgl. Fisch/Gscheidle 2008, S. 356). Damit bilden sie in diesem Bereich die aktivste Altersgruppe. Im Jahr 2011 laden 8 % aller Befragten der JIM-Studie, also der Gruppe der Zwölf- bis 19-Jährigen täglich oder mehrmals wöchentlich Fotos oder Videos hoch (vgl. Medienpädagogischer Forschungsverbund Südwest 2011, S. 38). Dass die Häufigkeit des **Upload von Videos und der Bildungshintergrund** korrelieren (und zwar in einer Weise, die überrascht, wenn man davon ausgeht, dass das Web 2.0 eher von gebildeten Schichten verwendet wird), zeigen die Autoren des Medienkonvergenz Monitoring Report 2008: Mehr als die Hälfte der Befragten mit formal niedriger Bildung stellt demnach Videos ins Internet, während dies nur für 40 % der Befragten mit formal hoher Bildung gilt (vgl. Schorb et al. 2008, S. 21 des Anhangs).

2.3 Theoretische Grundlagen zur Identitätskonstruktion und Sozialisation

Zum Verständnis von Identitätsbildungsprozessen im Jugend- und frühen Erwachsenenalter tragen vor allem Erkenntnisse der Entwicklungspsychologie bei. Der Psychoanalytiker Erik Homburg Eriksson ist heute besonders für das von ihm entwickelte Stufenmodell der psychosozialen Entwicklung (1974b) bekannt, mit dem er an die Theorie Freuds anknüpft, der die Konflikthaftigkeit menschlicher Entwicklung in den Mittelpunkt seiner Theorie gestellt hatte. Erikson beschreibt nun in seinem achtstufigen Modell die Stadien der psychosozialen Entwicklung, die er als zu überwindende Krisen denkt (s. Erikson 1974a, S. 150f.). Er stellt diese Krisen jeweils mit einem Pol relativer psychosozialer Gesundheit und einem Gegenpol relativer psychosozialer Störung dar (s. Erikson 1974a, S. 185). Dabei fokussiert er besonders auf die Phase der Adoleszenz. Ausdrücklich weist er darauf hin, dass seine modellhafte Abstraktion nur schematisch verstanden werden darf und dass sich die Phasen unterschiedlich ausdehnen können. Sie sind nicht exakt auf bestimmte Lebensjahre festzulegen, hängen voneinander und von ihrer Bewältigung ab und bedingen sich gegenseitig (vgl. u. a. Erikson 1974a, S. 149, 177f.). Werden die Entwicklungsstufen in diesem Sinne eher als Erfahrungsmodi verstanden, ist das Modell bis heute sehr gut anschlussfähig:

> „Haben wir uns erst einmal von der Vorstellung befreit, daß Eriksons Stufen eine starre Abfolge darstellen, können wir sie als Erfahrungsmodi betrachten, an denen Menschen während ihres gesamten Lebens arbeiten. So ist das Adoleszenz-Moratorium kein Durchgangsstadium, sondern ein Erfahrungsmodus, der auch im Erwachsenenalter unverzichtbar ist, um sich Anpassungsfähigkeit und Kreativität zu bewahren." (Turkle 1998, S. 330)

Erikson hat die Krise, die ein Mensch mit jedem Entwicklungsschritt durchlebt, dezidiert beschrieben. Damit legte er einen Grundstein für die weitere Entwicklungspsychologie, in der dann stärker auf die Bewältigung von Herausforderungen der Entwicklung des Menschen fokussiert wird.

Robert James Havighurst (1948) hat in den USA ab den 1940er Jahren das Konzept der Entwicklungsaufgaben entwickelt: Demnach wird der Mensch im Laufe seines Lebens mit unterschiedlichen Bewältigungsaufgaben konfrontiert, die durch physische Reifung, gesellschaftliche Erwartungen und individuelle Zielsetzungen und Werte hervorgerufen werden, und deren Bearbeitung in bestimmten Lebensphasen von besonderer Bedeutung ist (vgl. Oerter/Montada 2002, S. 268). Der Adoleszenz als Lebensphase zwischen dem zwölften und dem achtzehnten Lebensjahr ordnet Havighurst folgende Aufgaben zu:

2.3 Grundlagen zur Identitätskonstruktion und Sozialisation

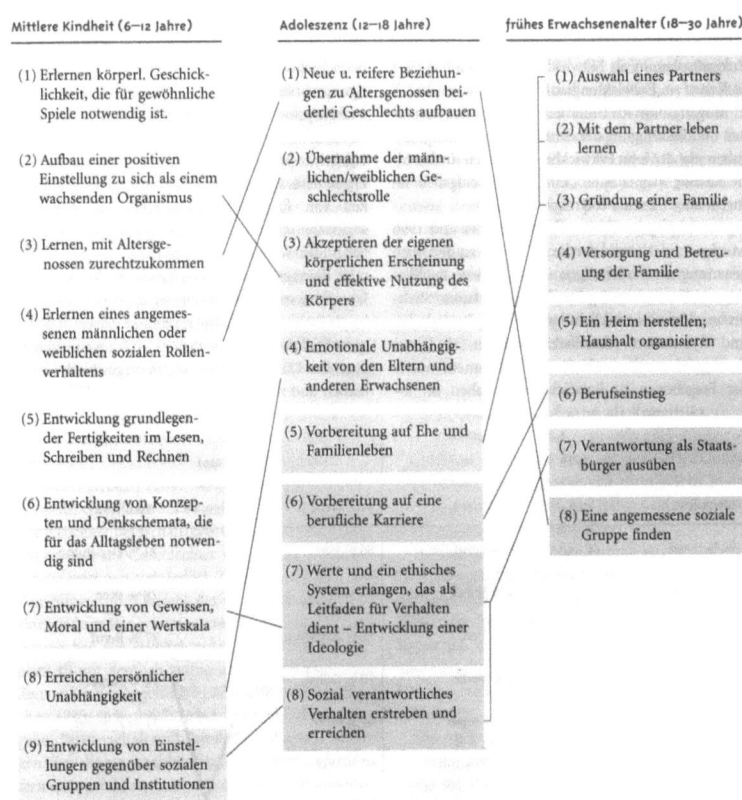

Abb. 3 Entwicklungsaufgaben der Adoleszenz nach Havighurst, dargestellt mit dem Übergang von Kindheit zum frühen Erwachsenenalter nach Dreher/Dreher, Darstellung von Oerter; Montada (2008, S. 281).

Anfang der 1980er Jahre wurde das Modell von Eva und Michael Dreher auf der Grundlage neuer empirischer Untersuchungen auf zehn Entwicklungsaufgaben für das Jugendalter erweitert, wobei die oben genannten Aufgaben 7 und 8 in die Entwicklungsaufgabe „Werte" (s. Abbildung 4) integriert wurden und zusätzlich die Themen der Partnerbeziehung, der Selbstkenntnis und der Zukunftsplanung mit aufgenommen wurden:

Entwicklungsaufgaben im Jugendalter (Dreher & Dreher, 1996)

Peer. Einen Freundeskreis aufbauen, d. h. zu Altersgenossen beiderlei Geschlechts neue, tiefere Beziehungen herstellen.
Körper. Veränderungen des Körpers und des eigenen Aussehens akzeptieren.
Rolle. Sich Verhaltensweisen aneignen, die in unserer Gesellschaft zur Rolle eines Mannes bzw. zur Rolle einer Frau gehören.
Beziehung. Engere Beziehungen zu einem Freund bzw. einer Freundin aufnehmen.
Ablösung. Sich von den Eltern loslösen, d. h. von den Eltern unabhängig werden.
Beruf. Sich über Ausbildung und Beruf Gedanken machen: Überlegen, was man werden will und was man dafür können bzw. lernen muss.

Partnerschaft bzw. Familie. Vorstellungen entwickeln, wie man die eigene zukünftige Familie bzw. Partnerschaft gestalten möchte.
Selbst. Sich selbst kennen lernen und wissen, wie andere einen sehen, d. h. Klarheit über sich selbst gewinnen.
Werte. Eine eigene Weltanschauung entwickeln: sich darüber klar werden, welche Werte man vertritt und an welchen Prinzipien man das eigene Handeln ausrichten will.
Zukunft. Eine Zukunftsperspektive entwickeln: sein Leben planen und Ziele ansteuern, von denen man annimmt, dass man sie erreichen könnte.

Abb. 4 Entwicklungsaufgaben im Jugendalter nach Dreher und Dreher (zit. nach Oerter/Montada 2008, S. 279).

Obwohl die Gültigkeit des Konzepts der Entwicklungsaufgaben im Prinzip anerkannt wird (s. beispielsweise Barthelmes/Sander 2001, S. 139; Oerter/Montada 2002, S. 269), wird auch Kritik geäußert: Sie richtet sich vor allem dagegen, dass das Konzept normative Standards setzt (vgl. ebd., S. 273). Angela Tillmann weist beispielsweise darauf hin, dass der Katalog von Entwicklungsaufgaben eng am „heterosexuellen System der Zweigeschlechtlichkeit" orientiert sei (vgl. Tillmann 2008, S. 35). Angesichts der Tatsache, dass diese Binarität unsere Gesellschaft durchzieht, ist dies m. E., ganz unabhängig von einer Bewertung dieser Norm, nicht als ein Defizit des Ansatzes zu sehen. Denn es geht ja darum, eben die spezifischen Aufgaben zu identifizieren, mit denen der Mensch im Laufe der Entwicklung und der Sozialisation in gerade dieser Gesellschaft konfrontiert wird – und dies zunächst einmal unabhängig von einer Bewertung der Normen. Tatsächlich droht die normative Ausrichtung die Qualität des Ansatzes als wissenschaftliches Erkenntnisinstrument nur dann zu schmälern, wenn die identifizierten Aufgaben nicht als kulturell konstruiert, sondern als natürlich gegeben betrachtet werden. Teilweise wird in der Identitätsforschung außerdem dafür plädiert, statt von *Entwicklungs*aufgaben von *Handlungs*aufgaben zu sprechen, womit die normative Dimension, die im Wortteil „Entwicklung" anklingt, problematisiert wird und der Prozess der Aufgabenbewältigung deutlicher über die Jugendphase hinaus gedacht wird (vgl. ebd., S. 35).

2.3 Grundlagen zur Identitätskonstruktion und Sozialisation

Erst im 19. Jahrhundert, das in Deutschland durch die Veränderungen der zunehmenden Industrialisierung, der Säkularisierung und des Einzugs von Kapitalismus und Demokratie geprägt war, entwickelte sich die Idee einer persönlichen Identität (vgl. Misoch 2004, S. 35f.). In vormoderner Zeit hatte es Rekonstruktionen zufolge kein mit dem unseren vergleichbares Bewusstsein eines eigenen, individuellen Selbst gegeben; vielmehr geht man davon aus, dass die Menschen in vorgegebenen Rollen und stärker im Kollektiv ihr Selbstverständnis und ihre Identifikation fanden. Traditionelle Institutionen wirkten als „Vermittlungsformen, in denen sich die Subjekte und die Gesellschaft gleichermaßen erkannt haben" (Anselm 1997, S. 141). Damit war für den einzelnen Menschen weitgehend definiert, welche Ansprüche die Gesellschaft an ihn stellen würde. Mit der Erfüllung dieser Ansprüche ging in der Regel die entsprechende Anerkennung einher (vgl. Anselm 1997, S. 145). Die Jugendlichen und jungen Erwachsenen, von denen in dieser Studie die Rede ist, wachsen in Deutschland in einer Gesellschaft auf, die von Individualisierung und von einer Enttraditionalisierung der Sozialformen und der sozialen Bindungen geprägt ist.[19] Vermeintlich von Klassen- oder Schichtzugehörigkeiten losgelöste biographische Optionen – oftmals werden sie durch Medien vermittelt – stehen zueinander teilweise ebenso im Widerspruch wie die Idee der Selbstverwirklichung mit freien Lebensentwürfen zu den Erfahrungen der Handlungseinschränkung vor allem aufgrund von ursprünglich wirtschaftlichen Unsicherheiten.[20] Und das trotz eines im globalen Vergleich gesehen enorm hohen Lebensstandards in Deutschland. Das gilt insbesondere, seit die internationalen Finanz- und damit Wirtschaftskrisen in den letzten Jahren unser Wirtschaftssystem – und damit auch unsere Gesellschaftsordnung – als fragiler erscheinen lassen, als das in den Jahren der Fall war, in denen die Elterngeneration der Forschungsteilnehmer aufgewachsen ist.[21] Ambivalenzen und Widersprüche prägen in jeder Gesellschaft die Phase der

---

19 Beispielsweise machen Maria, Sarah, Sylvie, Michael und Tai, deren Eltern getrennt leben, die Erfahrung, dass traditionelle Beziehungs- und Familienformen an Bedeutung verlieren bzw. von den Eltern als nicht mehr realisierbar erfahren werden, wohingegen individuelle Beziehungs- und Familienentwürfe realisiert werden.
20 Pierre Bourdieu hat gezeigt, dass vor allem das Vermögen an ökonomischem Kapital letztendlich maßgeblich für die Handlungsoptionen ist, die ein Subjekt in der aktuellen Gesellschaftsform hat (s. Fußnote 103).
21 In einem Telefongespräch (Telefoninterview am 03.12.2011), ca. zwei Jahre nach dem ersten Forschungsgespräch, berichtete Maria, dass sie nach dem Abitur in einem Jahrgang, in dem aufgrund der Umstellung des Schulsystems auf G8 besonders viele Abiturienten ihren Abschluss machen, mit ihrem Notenschnitt große Probleme habe, eine Ausbildungsstelle oder einen Studienplatz in einem Feld zu finden, das ihr zusagt, und an einem Arbeitsort, der es ihr ermöglicht, weiterhin bei der Familie ihres Freundes zu leben.

Jugend. Je nach Geschlecht, Alter, Bildung, sozialer Lebenslage und kultureller Herkunft stellen diese Gegebenheiten für die Menschen in Deutschland, die ihre eigene Lebenslage stets mit ihrer Wahrnehmung der Situation anderer Mitglieder dieser Gesellschaft und mit medial vermittelten Entwürfen abgleichen, kleinere oder größere Herausforderungen dar (s. z. B. Bude 2008; Beck 1986). Weitet man den Blick auf die Historie der westlichen Gesellschaft, zeigt sich, dass spätestens seit der Epoche der Postmoderne im mittleren bis ausgehenden 20. Jahrhundert die „Spiele des Anerkennens" (Anselm 1997, S. 142) nicht mehr nach den alten Regeln funktionieren. Anerkennung bleibt aber die Grundlage für das Erleben eines Gefühls von Identität (vgl. Keupp 1997, S. 34) und sozialer Zugehörigkeit, denn in Anerkennung drückt sich geteilter Sinn aus (vgl. Krappmann 1997, S. 80). Bereits Erikson hatte auf die Wichtigkeit von Anerkennung für die Entwicklung von Identität hingewiesen, und zwar explizit dann, wenn er über die Phase der Adoleszenz schreibt, in die das Kind eintritt:

> „[D]as, was ich seine [des Kindes] aufspeichernde Ich-Identität nenne, erhält seine wirkliche Stärke nur durch die vorbehaltlose und ernsthafte Anerkennung seiner wirklichen Leistungen, d. h. eines Erfolges, der für die bestehende Kultur von Bedeutung ist." (Erikson 1974c, S. 107)

Nur haben sich, um auf die Metapher der geänderten Spielregeln zurückzukommen, die Rahmenbedingungen für die Generierung von Anerkennung und Zugehörigkeit gewandelt: Anerkennung muss heute fortwährend erworben werden, längst geht sie nicht mehr automatisch mit der Erfüllung einer sozialen Rolle einher, die institutionalisiert, also einvernehmlich definiert ist (vgl. Keupp 1997, S. 13f.; Anselm 1997, S. 141f.). Ebenso verhält es sich mit der Zugehörigkeit zu vielen sozialen Gruppen. Identität wird heute nicht mehr als ein zu erreichender, stabiler und andauernder Zustand betrachtet. Stattdessen zeichnen neuere Theorien Identität als Prozess (vgl. Tillmann 2008, S. 63). Die Psychologie liefert vor diesem Hintergrund und in Auseinandersetzung mit soziologischen Theorien, unter anderem zur Aneignung von Raum (s. Kapitel 6.1.1), Konzepte, welche die alltägliche Identitätsarbeit in den Fokus nehmen. Wichtig ist im deutschsprachigen Raum beispielsweise die Arbeit des Sozialpsychologen Heiner Keupp, der, seinerseits inspiriert von der Idee der Dezentralisierung von Identität (vgl. Sampson 1985), davon ausgeht, dass „die Passform von Eriksons Identitätsverständnis verlorengegangen ist" (Keupp et al. 1997a, S. 18). Identität wird nicht mehr als „Akkumulation innerer Besitzstände" (Keupp 1997, S. 12) gesehen, also als endgültiges, kohärentes Produkt einer mehr oder minder geglückten Identitätsarbeit, die sich an einem einzigen Lebensentwurf orientiert und die bis zum Ende der Adoleszenz abgeschlossen sein sollte (wobei Erikson, wie oben gezeigt, explizit auf die mögliche Fortdauer der konflikthaf-

2.3 Grundlagen zur Identitätskonstruktion und Sozialisation

ten Phasen hinweist, sie allerdings in bestimmten Lebensphasen für besonders relevant erachtet). Vielmehr geht man davon aus, dass es sich um einen Prozess ständiger Konstruktion handelt, der das ganze Leben andauert. Keupp entwickelt, wiederum inspiriert von anderen Arbeiten wie der von Gross (1985), das Konzept der Patchwork-Identität (Keupp 1997), das in aktuellen Arbeiten der Jugend-Internet-Forschung häufig rezipiert wird (s. beispielsweise Tillmann 2008; Hugger 2009).[22] Es zeichnet sich unter anderem dadurch aus, dass darin, trotz des Fokus auf das Subjekt, das Kollektive stets mitgedacht wird: Denn auch nach Keupp wird Identität stets dialogisch und über Zugehörigkeit und Anerkennungsprozesse hergestellt (vgl. Keupp 1997, S. 26f.). So ist Identitätsbildung nicht isoliert von kulturellen und sozialen Mustern und Gruppenprozessen zu betrachten, sondern findet in einem Raum statt, in dem Machtstrukturen gewisse Entwürfe von Identität oder Identitätsaspekten begünstigen, anderen aber entgegenstehen. Ihre Verwirklichung hängt auch von der individuellen Ausstattung mit Ressourcen ab. Keupp formuliert fünf Grundbedingungen für Identität (vgl. Keupp 1997, S. 19ff.):

1. materielle und
2. soziale Ressourcen,
3. die Fähigkeit zum Aushandeln von „Regeln, Normen, Zielen und Wegen" (Keupp 1997, S. 20),
4. individuelle Gestaltungskompetenz,
5. das mit diesen Aspekten einhergehende „Urvertrauen zum Leben und in seine ökologischen Voraussetzungen" (Keupp 1997, S. 21).

Mit Identitätsarbeit ist das Bemühen gemeint, verschiedene Teilidentitäten miteinander in Harmonie zu bringen. Dieser Prozess wird als Matching (Keupp 1997, S. 34) bezeichnet und mit der Metapher des Patchworks verdeutlicht (vgl. ebd., S. 26f.). Das Ziel von Identitätsarbeit ist es, „ein individuell gewünschtes oder notwendiges ,Gefühl von Identität' (*sense of identity*) zu erzeugen" (ebd., S. 34), das von individuellen Bedürfnissen und der persönlichen und gesellschaftlichen Lebenssituation inspiriert ist. Das Subjekt muss Koordinationsleistungen vollbringen, und zwar bezogen auf die eigene Vergangenheit und Zukunft: Woher komme ich und wohin gehe ich? (vgl. ders. 1999, S. 192ff.). Dabei spielen biographische Erzählungen (Selbstnarrationen) eine wichtige Rolle, die allerdings stark von vorhandenen

---

22 In einem an der Universität München angesiedelten DFG-Projekt sollten Fragen der Identitätsbildung geklärt und klassische Identitätstheorien auf ihre Anwendbarkeit unter den aktuellen Bedingungen überprüft werden. Neben einem theoretischen Diskurs wurde in einer Längsschnittstudie empirische Feldforschung im bayrisch-fränkischen Raum und in Sachsen durchgeführt (vgl. Keupp et al. 1997, S. 8).

Diskursen und Machtstrukturen geprägt sind (vgl. Kraus 1996, S. 223), und für die auch die Medien eine wichtige Rolle als Sozialisationsinstanz spielen: [23]

> „Bühne, Werkzeug und Quelle für die Selbstnarrationen stellen die Medien dar. Sie liefern symbolisches Material für vielfältige individuelle Konstruktions- und soziale Vergemeinschaftungsprozesse." (Tillmann 2008, S. 77)

Die wichtigsten Bewältigungsaufgaben in der Identitätsarbeit sind nach Keupp neben individuellen Themen die Herstellung von Kohärenz, das Aushandeln von Spannungsverhältnissen zwischen Anerkennung und Autonomie und die Herstellung von Authentizität (vgl. Keupp 1997, S. 20).

Identitätsarbeit ist deshalb so zentral, weil unter postmodernen gesellschaftlichen Bedingungen – Keupp bezieht sich hier unter anderem auf die soziologische Gesellschaftsanalyse von Ulrich Beck (s. Beck 1986, vgl. Keupp 1997, S. 16; 24f.; 34) – eine einfache Übernahme von gesellschaftlich anerkannten Identitätsmustern kaum mehr möglich ist. Als Bedingungen für Identitätsarbeit in Anbetracht der gesellschaftlichen Machtstrukturen identifiziert Keupp die Ressourcen und Kompetenzen des Subjekts sowie Ideologien und Strukturvorgaben (Keupp 1997, S. 34f.). Für die vorliegende Arbeit erwies sich auch der auf Strukturen verweisende Kapital-Begriff des französischen Soziologen Pierre Bourdieu als hilfreich (s. Kap. 6.1.3).

Während Keupp mit dem Begriff der Identitätsarbeit also die Bemühungen nach einer Passung verschiedener Identitätsaspekte in den Mittelpunkt stellt, gehen **multiple Identitätsentwürfe** von einer stärkeren Entkernung des Individuums und dem Nebeneinander einer Vielzahl von „Selbsten" bei einer Person aus. Die US-amerikanische Sozialpsychologin und Soziologin Sherry Turkle beschäftigt sich seit den 70er Jahren mit der Bedeutung des Umgangs mit dem Computer auf das Selbst der Menschen. Sie entwirft das Konzept der Multiplizität der Subjektstruktur (s. unter anderem Turkle 1998, S. 287ff.; dies. 1997; dies. 2005, vgl. a. Misoch 2004, S. 103ff.). Dabei sieht sie Rollenexperimente als besonders wichtiges Moment jugendlicher Identitätsarbeit an. Da in der allgemeinen Kultur hierfür kein Platz mehr sei, würden diese in die Virtualität verlagert. Das Internet diene als Probebühne für die schnell wechselnden Rollenansprüche des postmodernen Pluralismus. Die Identitäten der Postmoderne sind laut Turkle mehrschichtig, nicht festlegbar, und

---

23 Facebook kommt diesem Bedürfnis der Narration der Lebensgeschichte entgegen: Mit der im Sommer 2012 verbindlich für alle Nutzer eingeführten *Chronik* wird das Leben der Nutzer nun auf der Basis ihrer Online-Aktivität und ihrer Angaben im sozialen Netzwerk automatisch in chronologischer Reihenfolge als Lebenslauf angezeigt, sodass eine Lebensgeschichte konstruiert wird, die den Fokus auf die vornehmlich visuell vermittelbaren einzelnen Ereignisse setzt, die Nutzer dokumentieren.

2.3 Grundlagen zur Identitätskonstruktion und Sozialisation

sie bestehen aus vielen Teil-Identitäten. Im Rahmen multipler Entwürfe nimmt die experimentelle Selbstdarstellung im Internet eine wichtige Position ein (vgl. Turkle 1997; Misoch 2004, S. 109).

Eng mit der Identitätsbildung verzahnt ist der Prozess der Vergesellschaftung des Individuums, der in der Sozialwissenschaft unter dem Label der Sozialisationsforschung behandelt wird. Als ein Vordenker der Sozialisationstheorie gilt der französische Soziologe und Pädagoge Emile Durkheim (1858-1917) (vgl. Hillmann 2007, S. 163). Von psychoanalytischen und behavioristischen Theorien beeinflusst, versteht er unter Sozialisation den Prozess der Vergesellschaftung des Menschen, in dem das zunächst asoziale, triebhafte Individuum gesellschaftsfähig wird (vgl. Durkheim 1972, zit. nach Süss 2004, S. 29; vgl. Hoffmann/Merkens 2004, S. 7). Die stark deterministische Vorstellung der einseitigen Anpassung des Individuums an die Gesellschaft weicht heute einer Vorstellung von Sozialisation, welche deren Wechselseitigkeit und die Optionalität stärker betont (s. beispielsweise Hurrelmann 2002a, S. 7ff.). Als Zieldimension des Sozialisationsprozesses wird in der aktuellen Diskussion und in Anlehnung an den deutschen Sozialwissenschaftler Klaus Hurrelmann das gesellschaftliche Handlungsfähigkeit des Subjekts gesetzt: Es wird der Mensch nur

„durch das Leben in der sozialen und physikalischen Umwelt und durch die Prozesse der Auseinandersetzung mit dieser Umwelt zu einem gesellschaftlich handlungsfähigen Subjekt." (Hurrelmann 2002b, S. 156)

Die konstruktivistische Sichtweise der Sozialisationsforschung betont Sozialisation als wechselseitigen Konstruktionsprozess, der gleichzeitig individuelle Entwicklungsprozesse und sozialstrukturelle Interaktionserfahrung einschließt (vgl. Hoffmann/Merkens 2004, S. 8; Süss 2004, S. 29, 277, 279). In diesem Zusammenhang muss auch eine im deutschsprachigen Raum seit dem Ende der 1990er Jahre verstärkt geführte Diskussion um den Begriff der **Selbstsozialisation** angeführt werden, insbesondere wenn es um die Rolle von Medien in der Sozialisation geht: Der Begriff hebt stark die Eigenleistung des Individuums im Sozialisationsprozess hervor und weist dem Subjekt eine maßgebliche Rolle beim Erwerb gesellschaftlicher Handlungskompetenz zu.[24] Es wird dabei von einer starken Unabhängigkeit und Wahlfähigkeit der Individuen ausgegangen. Kritiker äußern jedoch Zweifel bezüglich ihrer Gültigkeit in einer Gesellschaft, in der die Ressourcen, von denen diese Attribute abhängen,

---

24 Eine gut dokumentierte Diskussion entwickelte sich in Folge einer Bielefelder Tagung im Frühjahr 1998, bei der Jürgen Zinnecker den Einführungsvortrag hielt und dabei auf das Konzept der Selbstsozialisation einging (s. Zinnecker 2002, S. 145ff.; Schorb/Theunert 2004, S. 204).

ungleich verteilt sind (s. dazu Geulen 2002b, S. 192). Der Medienpädagoge Horst Niesyto weist explizit darauf hin, dass ein zu starker Fokus auf dieses Konzept, und damit ein Ausblenden von Problemlagen der Medienaneignung, affirmativ in Bezug auf Ungleichheiten wirken kann (vgl. Niesyto 2004, S. 11; ders. 2007b, S. 57f.). Zudem macht er deutlich, dass der Begriff der Sozialisation schon immer beide Seiten, selbst und fremd, umfasst und dass durch die begriffliche Dichotomie (Selbst- und Fremdsozialisation) die Existenz einer Form der Sozialisation suggeriert wird, an der das Selbst scheinbar nicht beteiligt ist. Das werde der tatsächlichen Komplexität und Verwobenheit von Sozialisationsangeboten und symbolischen Verarbeitungsformen nicht gerecht (vgl. ders. 2004, S. 10). Vielmehr ist von einem durchwobenen Miteinander fremd- und selbstsozialisatorischer Elemente auszugehen: Menschen entwickeln ihre Handlungsfähigkeit „im Wechselspiel zwischen intentionaler und nicht intentionaler Einflussnahme von Außen und inneren Aneignungsprozessen" (Schorb/Theunert 2004, S. 204; vgl. a. Hurrelmann 2002a, S. 16ff.; Süss 2007, S. 110). Sozialisation umfasst dann, wie Dieter Geulen sie definiert,

> „die Gesamtheit aller Prozesse der Persönlichkeitsgenese, in denen Umweltbedingungen relevant sind, bzw. die Gesamtheit aller entsprechenden Lernprozesse, gleichgültig ob diese bewusst oder von irgendwem gewünscht oder geplant sind, ob andere direkt daran beteiligt sind oder nicht" (Geulen 2002a, S. 86).

Denkt man an die oben skizzierte Rolle von Medien, insbesondere zahlreicher Mediendienste und Kommunikationsmodi des Internet im Alltag vieler Jugendlicher, dann erscheint es plausibel, dass solche Angebote, ebenso wie beispielsweise das elterliche oder schulische Umfeld, Anregungen sowohl für Identitätsbildungs- als auch für Sozialisationsprozesse geben können. Zugleich ist dann aber nach Dysfunktionen solcher Angebote zu fragen bzw. danach, wer unter welchen Voraussetzungen überhaupt in der Lage ist und eine Motivation verspürt, sie in einem funktionalen Sinne für sich nutzbar zu machen. Einige Studien haben sich damit bereits auseinandergesetzt, und bestimmte Bereiche des Internet auf solche Fragen hin untersucht. Sie zeigen, dass Medien als „Steinbruch" (Süss 2007, S. 112) für die Auseinandersetzung mit Normen, Werten und Rollen verwendet werden und durchaus Raum zur Identitätskonstruktion bieten: Insbesondere das Internet (gemeint sind in der Regel bestimmte Kommunikationsdienste) wird von einigen Autoren als Bühne zum Ausprobieren von und Hineinversetzen in Rollen, dem „Role Taking" betrachtet (Hillmann 2007, S. 878) betrachtet. Hier findet symbolisches Probehandeln statt, und es werden Beziehungsformen ausprobiert, die über die parasozialen Möglichkeiten der Interaktion, beispielsweise im Fernsehen, hinausgehen.

2.4 Präsentativer Selbstausdruck als Forschungsgegenstand

Wenn es darum geht, für die Erforschung von Selbstdarstellung mit Videos andere als rein sprachliche Ausdrucksformen zu untersuchen, sind insbesondere Erkenntnisse der medienpädagogischen Forschung der letzten Jahrzehnte relevant. In deren Genese gewann in den 1950er Jahren im deutschsprachigen Raum zunächst die Medien*erziehung* an Bedeutung (vgl. Fröhlich 1980, S. 100). Die war anfangs aber offenbar kaum auf die Lebenswirklichkeit der Menschen, sondern stark normativ ausgerichtet:

> „[Es] verlangt die arbeitende Jugend nach dem lehrreichen Film, sucht eine Erweiterung der Kenntnisse und schätzt deswegen vor allem den Kulturfilm, den historischen Film, die Biographie, den guten Musikfilm." (Keilhacker/Keilhacker 1953, zit. nach Fröhlich 1980, S. 100)

Die Medienerziehung war stark bewahrpädagogisch ausgerichtet und wies, insbesondere in der Auseinandersetzung mit audiovisuellen Medien (Filmerziehung), deutliche Tendenzen der „moralisierenden Wertung des Medienkonsums", eine oftmals „paternalistische Haltung" gegenüber der Jugend und eine allgemeine „präventive Abwehrhaltung gegenüber dem Film" auf (vgl. Fröhlich 1980, S. 101). Demzufolge war die Forschung in dieser Zeit weit davon entfernt, sich einer möglichen Bedeutung von alternativen, medialen Ausdrucksmöglichkeiten neben sprachlichem und schriftlichem diskursiven Ausdruck zu widmen, die heute auch aufgrund der technischen Entwicklung zunehmend an Bedeutung gewinnen und die in der vorliegenden Studie eine zentrale Rolle spielen. Auch wenn Arbeiten wie die des Philosophen Ernst Cassirer Ende der 1920er Jahre (s. Cassirer 2009) und der Philosophin Susanne Langer (1942) bereits früher auf die Notwendigkeit der Betrachtung anderer Ausdrucksformen als der Sprache aufmerksam gemacht hatten – darauf wird weiter unten eingegangen –, musste sich in der Medienerziehung zunächst die grundlegende Einstellung zum Subjekt und zu den jeweils neuen Medien wandeln, bis solche Gedanken Eingang in die (Forschungs-) Praxis fanden: Erst ab Beginn der 1980er Jahre führten medien- und kommunikationswissenschaftliche Erkenntnisse zu einer weiten Verbreitung einer Sichtweise, nach der Kinder und Jugendliche im Umgang mit Medien nicht nur als vor negativen Einflüssen schutzbedürftig, sondern auch zu aktivem Umgang fähig zu betrachten sind.[25] Unter dem Einfluss der Diskussion um „Handlungsorientierung", die sich

---

25 Dieser Einstellungswandel lässt sich beispielhaft an Arnold Fröhlichs Dissertationsschrift aus dem Jahr 1980 nachvollziehen, mit der der Autor einen Entwurf für eine

unter anderem auf das Werk des US-amerikanischen Philosophen und Pädagogen John Dewey (1859-1952) und seinen Erfahrungsbegriff (s. z. B. Schreier 1986) bezieht – er hatte das Lernen mittels Erfahrungen mit allen Sinnen und mittels Reflexion über diese Erfahrungen in den Mittelpunkt seines Werks gestellt (s. u. a. Niesyto et al. 2001, S. 5) –, entwickelte sich in den folgenden Jahren bis heute eine Forschungslinie, deren Ergebnisse nun auch für eine Arbeit über audiovisuellen Ausdruck auf der Plattform *YouTube* an der Schwelle vom ersten zum zweiten Jahrzehnt des 21. Jahrhunderts anschlussfähig sind.

Seit Beginn der 1990er Jahre verfolgt der Medienpädagoge Horst Niesyto den Forschungsansatz zur Eigenproduktion mit Medien (s. z. B. Niesyto 1991; ders. 2001a; ders. 2009). Er wurde unter anderem von Peter Holzwarth praktisch aufgenommen und auch theoretisch reflektiert (s. Holzwarth 2008b). Der Ansatz prägt insbesondere zwei internationale Studien zu visuellem und audiovisuellem Selbstausdruck in eigenproduzierten Medienprodukten, die in den späten 1990er Jahren unter anderem an der Abteilung Medienpädagogik der *Pädagogischen Hochschule Ludwigsburg* durchgeführt wurden. Beide Studien beziehen sich stets auf Medienhandeln in pädagogischen Kontexten – im Gegensatz zur vorliegenden Studie, welche Medienhandeln in einem neu entstandenen, *informellen* Raum im Internet zum Gegenstand hat. Das Internet spielte damals noch keine wesentliche Rolle im Alltag junger Menschen.[26] Im Projekt VideoCulture (im Folgenden „VC") produzierten Jugendliche im Alter zwischen 14 und 19 Jahren in Deutschland, England, Tschechien, Ungarn und den USA in verschiedenen pädagogischen Kontexten Videofilme zu entwicklungsrelevanten Themen (s. Niesyto et al. 2001, S. 5). Die Videos wurden später zwischen den Gruppen ausgetauscht, sodass Kommunikation über die Videos zwischen Jugendlichen verschiedener Kulturräume zustande kam. Ziel war es, in aktiver Medienarbeit Kommunikation über Sprachgrenzen hinweg zu ermöglichen und zu erforschen, welche Formen des audiovisuellen Selbstausdrucks von Jugendlichen in unterschiedlichen medienpädagogischen Settings in ihren Eigenproduktionen entwickelt werden. Im Anschluss an dieses Projekt wurde in Ludwigsburg und in jeweils einer Stadt in Griechenland, Großbritannien, Italien, den Niederlanden und Schweden das Forschungsprojekt CHICAM (Children in

---

handlungsorientierte Medienerziehung versucht (s. Fröhlich 1980).

26 Die in Los Angeles am Projekt VideoCulture beteiligte Videoproduzentin und Künstlerin Gina Lamb stellte sich bereits 2001 in einer Projekt-Reflexion eine Plattform vor, wie sie heute mit den aktuellen Videoplattformen im Internet mehrfach realisiert ist: „Wenn dieses Projekt weitergeführt wird, würde es großen Sinn machen, die Videos mit einer Art ‚elektronische Pinnwand' übers Internet zugänglich zu machen. Jugendliche könnten auf diese Pinnwand ihre Kommentare zu jedem Video schreiben" (Lamb 2001, S. 65).

2.4 Präsentativer Selbstausdruck als Forschungsgegenstand

Communication about Migration, im Folgenden „CC") mit Kindern im Alter von zehn bis vierzehn Jahren durchgeführt (vgl. Niesyto et al. 2007). Anhand von Video, Fotografie und Internet konnten sich die Teilnehmerinnen und Teilnehmer mit Migrationshintergrund mit der eigenen Lebenssituation auseinandersetzen und sich über Landesgrenzen hinweg austauschen (vgl. ders. et al. 2007, S. 22). In diesem Projekt ging es um die Bedeutung von Medien und Kommunikation in sozialen Beziehungen in Migranten-Milieus und um das Identifizieren von Anknüpfungspunkten für medienpädagogisches Handeln (vgl. 2007, S. 22). Trotzdem sind die Ergebnisse auch für die vorliegende Studie interessant: Die Ergebnisse beider Forschungsprojekte[27] zeigen, dass (audio-)visuelle Medien, insbesondere Video, für junge Menschen nicht nur als Rezeptionsgegenstand, sondern auch als Ausdrucksmittel attraktiv sein können (s. a. Schulz 2001, S. 18). Die Studien liefern auch eine Antwort auf die Frage nach dem Grund für die Attraktivität präsentativ-symbolischen Ausdrucks für Kinder und Jugendliche: Er kann insbesondere für jene Menschen interessant sein und zur Artikulation anregen, denen die Kommunikation über Sprache und Schrift schwerer fällt (vgl. Niesyto 2001b, S. 57; ders. 2007c, S. 78; Schulz 2001, S. 18, (VC)), und er ist besonders dann eine Option, wenn Themen oder Emotionen ausgedrückt werden sollen, die sprachlich schwer artikulierbar sind (vgl. Niesyto 2007c, S. 78 (CC); Maurer 2001, S. 19 (VC)).

„Produkte als Ergebnis des Selbstausdrucks liefern eine neue Betrachtungsweise auf die eigene Person. Das Innere – Gefühle, Stimmungen, Probleme – wird in gewissem Sinne objektivierbar, d. h. anderen zugänglich, ein Kommunikationsangebot für andere und für sich selbst." (ebd.)

Damit schließen die Autoren der Studie an die Theorie der US-amerikanischen Philosophin Susanne Katherina Langer an, die wiederum stark von Ernst Cassirer beeinflusst war.[28] In ihrem Hauptwerk „Philosophie auf neuem Wege" (1965)[29] setzt sich Langer intensiv mit dem Symbolbegriff auseinander und rückt die Bedeutungsverarbeitung durch den Menschen ins Zentrum einer Wissenschaft vom Menschen.[30] Ihm spricht sie, im Gegensatz zum Tier, das spezifische „Bedürfnis des Symbolisierens" zu (Langer 1965, S. 49):

---

27 Die Angaben „CC" oder „VC" in den Quellenverweisen zeigen, auf welche Studie sich die Aussage bezieht.

28 Langer übersetzte Cassirers Publikation „Sprache und Mythos" (1925, wiederaufgelegt in Cassirer 1956) ins Englische (s. Cassirer 1946).

29 Zuerst erschienen 1942 unter dem Titel „Philosophy in a New Key".

30 Die verschiedenen Phasen der Entwicklung ihres Werkes sind in deutscher Sprache gut nachzuvollziehen bei Lachmann 2000.

> „Die Bildung von Symbolen ist eine ebenso ursprüngliche Tätigkeit des Menschen wie Essen, Schauen oder Sichbewegen. Sie ist der fundamentale, niemals stillstehende Prozess des Geistes." (ebd.)

Langer weist auf die Dominanz der Sprache als Ausdrucks- und Wahrnehmungsmedium des Menschen hin, und auf ihren Einfluss auf unser Vorstellungsvermögen. Die Philosophin hebt jedoch hervor – und das ist zentraler Anknüpfungspunkt für die hier besprochenen Arbeiten –, dass neben der diskursiven auch die präsentative Symbolik in bestimmten Bereichen eine mindestens ebenso hohe Artikulationskraft[31] hat wie die Sprache: Symbole in Form von Bildern, also jede Art einer abstrakten Formentsprechung – Langer ordnet auch bestimmte Formen sprachlicher Artikulation dem Präsentativen zu (s. Langer 1965, S. 102) – böten die Möglichkeit, eine Vielzahl von Beziehungen zwischen ihren einzelnen Elementen komprimiert zu artikulieren (vgl. Lachmann 2000, S. 66). Dabei erhielten die einzelnen Bildelemente nur in ihrem sinnlich erfahrbaren Gesamtzusammenhang eine Bedeutung, „durch ihre Beziehungen innerhalb der ganzheitlichen Struktur" (Langer 1965, S. 103). Eine präsentative Symbolisierung – Langer spricht hier insbesondere über die Kunst, der sie ein ganzes Kapitel ihres Buches widmet – sei weder paraphrasierbar, noch sei ihre Bedeutung durch die Verwendung anderer, alternativer Symbole zu erfassen (vgl. ebd., S. 257). So erhält, mit den Worten Rolf Lachmanns, der sich intensiv mit Langers Werk auseinandergesetzt hat, das in präsentativen Symbolisierungen Ausgedrückte „eine distinkte Erkennbarkeit, die es vorher und unabhängig davon nicht hat" (Lachmann 2000, S. 73). Damit könnten Aspekte sichtbar gemacht werden, die sich rein diskursiven Ausdrucksformen entziehen. Dementsprechend kritisiert die Philosophin Ansätze, die die Bedeutung präsentativer Ausdrucksformen übersehen und die rein kommunikative Funktion von Symbolen ins Zentrum stellen, die jener des Zugänglichmachens von Erfahrungen aber eigentlich nachgeordnet sei:

> „Die primäre Aufgabe eines Symbols besteht darin, eine Erfahrung der begrifflichen Behandlung für die Spezifizierung unseres Denkens und besonders unserer Imagination zugänglich zu machen" (Langer 1955, S. 7, Übersetzung von Lachmann 2000, S. 73).

Mit den Erkenntnissen der Ludwigsburger Forschungsprojekte (s. z. B. Fisherkeller 2001, S. 66 (VC)) untermauert Niesyto eine seiner zentralen Forderungen, die in seinem gesamten Werk anklingt: jene nach einer Aufwertung auch populärer präsentativ-symbolischer Ausdrucksformen:

---

31   Der Begriff der Artikulation bezeichnet bei Langer einen wesentlichen Aspekt kognitiver Verarbeitung (s. Langer 1965, S. 93ff.; vgl. Lachmann 2000, S. 66).

2.4 Präsentativer Selbstausdruck als Forschungsgegenstand

„Wer in der heutigen ‚Mediengesellschaft' etwas über die Vorstellungen, die Lebensgefühle, das Welterleben von Jugendlichen erfahren möchte, sollte ihnen die Chance bieten, sich – ergänzend zu wort- und schriftsprachlichen Formen – auch in präsentativ-symbolischen Formen auszudrücken." (Niesyto 2001b, S. 57; s. a. ders. 2007a, S. 224)

Was Niesyto damit implizit fordert, ist die Befähigung zu medialem Selbstausdruck und entsprechender Förderung von Medienkompetenz. Er geht davon aus, dass Jugendliche – insbesondere vor dem Hintergrund der gesellschaftlichen Phänomene der Individualisierung und der Ausdifferenzierung von Lebensstilen – in Mediensymboliken Deutungskontexte zur Strukturierung der Wirklichkeit vorfinden. Er beschreibt dies mit dem Begriff der Symbolmilieus (s. Niesyto 1991, S. 169ff.; ders. 2002, S. 27f.). Damit verdeutlicht er, dass jugendkulturelle Milieus auch über symbolische Angebote der Medien und deren Verarbeitung entstehen. In diesem Sinne stellen sie „neuartige Verbindungen von medienvermittelten Symbolmustern (als medialen Settings) und sozialen Settings der Lebensbewältigung" dar (ders. 2001b, S. 59). Bei der Förderung des Symbolverstehens als Deuten und Verstehen von Sinnangeboten mit gleichzeitiger Reflexion von Normierungseinflüssen (vgl. Belgrad/Niesyto 2001, S. 10-13) und Symbolproduktion als „primär ästhetisch-kulturelle[n] Praktiken von Kindern und Jugendlichen [...] auf der Basis symbolischer Verstehens- und Verarbeitungsprozesse in Eigenproduktionen" (ebd., S. 14f.) geht es den Autoren nicht um einen unreflektierten Einsatz von mehr präsentativ-symbolischem Material und eine Ablösung des Diskursiven, sondern

„[w]ir müssen prüfen, ob die diskursiven Symbole eher differenziert oder eher klischiert und die präsentativen Symbole eher entwickelt oder eher schablonisiert sind" (Belgrad/Niesyto 2001, S. 10).

Niesytos Forderung nach einer Aufwertung von präsentativ-symbolischem neben dem rein sprachlichen Ausdruck (nicht anstatt), der insbesondere bestimmten, oftmals benachteiligten Gruppen Schwierigkeiten bereite, geht mit der Überzeugung einher, dass sie einen wichtigen Schritt in Richtung größerer Chancengleichheit darstelle. Hier drängt sich eine Bezugnahme auf Bourdieus Theorie der Vererbung von Kapital und der Relevanz des Beherrschens der jeweils legitimen Sprache für die soziale Position des Subjekts innerhalb einer Gesellschaft auf (s. Bourdieu 1982, dt.: ders. 1993b):[32]

---

32 Zu einem späteren Zeitpunkt der Arbeit an dieser Studie wurde Bourdieus Theorie bezüglich der Bedeutung von spezifischen Kapitalarten hinzugezogen (s. Kapitel 6.1.3).

„[...] Worte sind keineswegs nur dazu da, verstanden zu werden; das Kommunikationsverhältnis ist nicht einfach nur ein Kommunikationsverhältnis, es ist auch ein ökonomisches Verhältnis, bei dem es um den Wert dessen geht, der spricht" (Bourdieu 1993b, S. 94).

Auf einer anderen Ebene wird Niesytos Forderung auch von Langers Theorie gestützt: Weniger auf die soziale Benachteiligung Einzelner im gesamtgesellschaftlichen System bezogen als vielmehr auf die gesamtgesellschaftliche Verfasstheit zielend formuliert die Autorin in Bezug auf die künstlerische Erziehung:[33]

„Kunsterziehung ist die Erziehung des Fühlens. Eine Gesellschaft, die dies vernachlässigt, gibt sich selbst den formlosen Emotionen preis. Schlechte Kunst ist die Korruption des Fühlens. Dies ist ein bedeutender Faktor des Irrationalismus, den Diktatoren und Demagogen ausnutzen" (Langer 1957, S. 74, zit. nach u. übersetzt von Lachmann 2000, S. 81).

Es liegt auf der Hand, dass mehr Wissen über Produktionstechniken von Film und Video zu einer differenzierteren Wahrnehmung ästhetischer Aspekte in solchen Medien führt (vgl. Lamb 2001, S. 66 (VC)). Magrit Witzke und Renate Müller ergänzen, dass dabei nicht nur die visuelle, sondern auch die auditive Ebene zu wichtig sei, mit der sich insbesondere jugendkulturelle Aspekte gut ausdrücken ließen. Sie beobachten wie bedeutsam beispielsweise die Auswahl von Musik in Bezug auf den Ausdruck von Zugehörigkeiten sein kann – häufig liege aber die Aufmerksamkeit bei der Produktion von Videos auf der Bildebene (vgl. Witzke/Müller 2001, S. 34f. (VC); s. a. Müller 2002).

Wenn es um die Kompetenzvermittlung zum Umgang mit präsentativen Symbolisierungen geht, liefert die *medienpädagogischen Praxisforschung* konkrete Hinweise. Maurer (2001, S. 19f.) unterstreicht die Wichtigkeit des Beachtens von drei Dimensionen bei der Förderung präsentativen Ausdrucks: jene der Rahmenbedingungen, in denen kreative Entfaltung möglich ist, jene der Vermittlung von medienspezifischem Wissen – wobei Maurer unterscheidet zwischen medienpädagogisch vermittelten und selbst angeeignetem Wissen – und jene der generellen Impulse medienpädagogischer Begleitung. Im vorliegenden Buch geht es nicht darum, medienpädagogische Konzepte zu entwickeln, die Studie setzt an einem früheren Punkt an: Ziel ist es, besser verständlich zu machen, wie und warum sich junge Menschen heute auch außerhalb pädagogischer Settings in bestimmten

---

33 Kunst ist für Langer eine wichtige Form präsentativen Ausdrucks (vgl. Langer 1965, S. 241ff.), was möglicherweise auch auf die Befähigung zum präsentativen Selbstausdruck emotionaler und schwer artikulierbarer Alltagsthemen durch Jugendliche übertragbar ist.

Räumen bewegen und sich dort präsentativ ausdrücken. Wenn Mauerer auf die Bedeutung der Rahmenbedingungen hinweist, zeigt er zugleich wie wichtig es ist, die Eigenschaften von Handlungsorten wie *YouTube* als informelle Lernelten zu kennen. Im Sinne der oben angesprochenen sozialen Ungleichheiten soll hier mit Niesyto betont werden, dass die Fähigkeiten zum Selbstausdruck subjektiv unterschiedlich sind und dass bei Jugendlichen zudem Unterschiede hinsichtlich technischer Kompetenzen im Umgang mit audiovisuellen Medien bestehen (s. dazu u. a. Niesyto 2007c, S. 61f.; Kompetenzzentrum Informelle Bildung 2007; Wagner/ Eggert 2007, S. 19f.). So können anfängliche Beschwerlichkeiten der Transformation von Erfahrungen und Sinn in Medientexte aufgrund von wenig ausgebildeten technischen und ästhetischen Kompetenzen (s. dazu (Maurer 2001, S. 19) (VC)) auf die einen demotivierend wirken (vgl. Niesyto 2007c, S. 68 (CC)), während andere voller Ausdauer an eigenen Videos arbeiten (vgl. Schulz 2001, S. 18 (VC)).

2.5 Genese der Forschungsfragen und Fokussierung auf ein zu untersuchendes Phänomen

> *„Die Fragestellung in einer Untersuchung mit der Grounded Theory ist eine Festlegung, die das Phänomen bestimmt, welches untersucht werden soll."*
>
> (Strauss/Corbin 1996, S. 23)

Im vorangestellten Zitat wird für Studien, die entsprechend dem Verständnis der GTM (s. Kapitel 3.3) erarbeitet werden, eine epistemologische Offenheit nahegelegt. Die wird erreicht, indem auf die Formulierung klassischer Forschungsfragen weitgehend verzichtet wird. Stattdessen wird das zu untersuchende Phänomen[34] genau definiert bzw. werden Forschungsfragen sehr offen und vorläufig gestellt. Zu Beginn der Arbeit an dieser Studie, als ihrer ethnografischen Rahmung noch nicht das Konzept der GTM zur Seite gestellt worden war (s. Kap. 3.3), wurde zunächst eine inhaltliche Fokussierung vorgenommen: Aufbauend auf den im letzten Kapitel erarbeiten Erkenntnissen bisheriger Forschung wurden folgende Fragen gestellt, um sich dem nach wie vor weit gefassten Gegenstand zu nähern:

---

34 Zum Begriff „Phänomen" im Verwendungszusammenhang der GTM s. Kap. 3.3.

Anfängliche Forschungsfragen

In der Aufarbeitung des Forschungsstandes wurde gezeigt, dass in der Vergangenheit audiovisuelle Eigenproduktionen von Jugendlichen wertvolle Anhaltspunkte über deren Lebenswelt, Themen, Weltbilder, Werte- und Rollenvorstellungen und ästhetisches Empfinden bereitstellten (s. S. Kap. 2.4 sowie z. B. Theunert/Schorb 1989; Niesyto 2007a). So stellten sich die Fragen nach

1. den Themen und Inhalten, die Jugendliche beschäftigen, sowie nach ihren ästhetischen Ausdrucksformen. Hierbei interessierten insbesondere kulturelle Orientierungen und Werte, die in unserer Gesellschaft – in Abhängigkeit von den individuellen Lebenslagen und der Einbindung in soziale Milieus – in den Eigenproduktionen der Jugendlichen sichtbar werden. Die Frage war, ob sich bestimmte Orientierungsmuster erkennen lassen, die bei der Identitätskonstruktion eine Rolle spielen.
2. wurde als ein weiterer Untersuchungsbereich jener der kommunikativen und sozialen Alltags-Praktiken des Postens, Betrachtens, Bewertens und Kommentierens von Videos abgesteckt. Dabei sollte es darum gehen, einen Einblick in die Praxis der Kommunikation und Mediennutzung Jugendlicher zu erhalten. Damit verbunden stellte sich die Frage nach der sozialen Bedeutung der visuellen Präsenz im Internet.
3. interessierte die soziale und kulturelle Einbettung dieser Medienpraxis. Würden sich Typen von Videos bezüglich ihrer Bedeutung für die Produzenten unterscheiden lassen, und gäbe es Hinweise auf Video-Kulturen?

Hierfür erschienen Untersuchungen notwendig, die Aussagen über die Motivationen, die kommunikativen Bedürfnisse und den bildungsmäßigen und soziokulturellen Hintergrund der jugendlichen Videomacher zulassen. Bisherige Befunde aus dem Bereich der Internetforschung und der Forschung über konvergente Medienaneignung deuteten darauf hin, dass bildungsmäßige und soziale Unterschiede eine wichtige Bedeutung für unterschiedliche Medienpräferenzen und die Nutzung kreativer und interaktiver Möglichkeiten haben. Unter Beachtung dieses Aspekts sollte es auch um intermediale Bezüge und mediale Codierungskompetenzen (vorhandene Medienkompetenzen) und deren Einsatz in den Videofilmen gehen (performative Dimension).

2.5 Genese der Forschungsfragen und Fokussierung auf ein Problem

Es stellte sich jedoch bald heraus, dass das Phänomen „Selbstdarstellung Jugendlicher auf Videoplattformen" zu weit gefasst war, um es als einzelner Forscher mit den gegebenen Mitteln zu bearbeiten. Als zu heterogen zeigte sich die Vielfalt an Selbstdarstellungsformen auf *YouTube*, zu unterschiedlich erschienen die Motivlagen und Kontexte, und als zu unbefriedigend wurden alle Versuche betrachtet, einen bestimmten Bereich davon als Untersuchungseinheit abzugrenzen. Jeglicher Versuch, die bestehenden Typen oder Genres von Videos oder Videokulturen auf *YouTube* umfassend zu beschreiben, wäre dahingegen auf Kosten der Tiefe gegangen und hätte es unmöglich gemacht, die Subjektperspektive und die strukturelle Dimension, die auf das Handeln der Subjekte wirkt, ausreichend zu untersuchen. Inzwischen wurde der Versuch einer Identifikation der Popkulturen auf *YouTube* von Burgess und Green unternommen (s. Burgess/Green 2009). Angesichts der Unmöglichkeit der Erfassung *aller* Genres und Typen stellte die Unbegründbarkeit einer zu treffenden Auswahl bestimmter Fälle aus der Gesamtheit der sehr unterschiedlichen jugendkulturellen Kontexte ein zentrales Problem dar. Verschärft wurde dies durch enorme Schwierigkeiten beim Zugang zum Feld (vgl. ebd., S. 7): Jedes realisierbare Sample wäre zufälligen oder anhand stark konstruierter Kriterien zusammengestellt gewesen, die nicht der empirischen Wirklichkeit entsprochen hätten. Eine weitere Zuspitzung der Forschungsfragen wurde in Erwägung gezogen, die Idee dann aber verworfen, um den explorativen Charakter der Studie nicht zu unterminieren. Denn es sollte ja vermieden werden, nur bereits vorhandenes Wissen aus anderen Forschungsbereichen lediglich auf einen neuen Gegenstand zu transferieren und empirisch zu überprüfen. Aus all diesen Gründen war es notwendig geworden, das zu untersuchende **Phänomen stärker einzugrenzen** und dafür, übrigens ganz im Sinne von Strauss' und Corbins Auffassung (vgl. Strauss/Corbin 1996, S. 23, 58), die **Forschungsfragen möglichst offen formuliert** zu belassen. Nach ersten Kontakten im Feld in einer Vorstudie[35] wurden auch junge Erwachsene in den Fokus genommen. Mit dieser sich im neuen Arbeitstitel widerspiegelnden **Öffnung der Altersgrenze** bis 29 Jahre sollte der Bereich der verlängerten Adoleszenz abgedeckt und die Möglichkeit eröffnet werden, auch Personen in die Untersuchung aufnehmen zu können, die zwar etwas älter sind als die im ursprünglichen Forschungsinteresse liegende Zielgruppe, die aber aus ihrer Perspektive von früheren Erfahrungen

---

35 Die Vorstudie hatte das Ziel, Methoden der Erhebung von Datenmaterial und der Rekonstruktion von Kontextwissen, insbesondere auf der Basis von Selbstaussagen der Produzenten, auszuprobieren bzw. zu entwickeln. Es wurden u. a. persönliche Leitfadengespräche mit Nutzern von *YouTube* geführt, teilnehmend beobachtet und Kurzfragebögen eingesetzt (s. beide Beobachtungsprotokolle zur Vorstudie im Anhang; Niesyto 20.12.2007).

berichten und so vielleicht zur Perspektivenmaximierung beitragen könnten.[36] Aus forschungsethischen und forschungsökonomischen Gründen wurde das Mindestalter auf 14 Jahre festgesetzt. Schon sehr früh war die **Konzentration auf die Videoplattform** *YouTube* vorgenommen worden, die in der Vorstudie und bei der Betrachtung der ersten Fälle als besonders relevant für die jungen Befragten identifiziert worden war (vgl. Eisemann 28.11.2008; ders. 31.03.2008; ders. 2008; s. z. B. Interview mit Tai am 30.07.2009).[37] Später wurde weiter auf das **Phänomen des C Walk** fokussiert – mit dem großen Vorteil, dass es sich bei den C Walkers um eine soziale Gruppe, eine Community, handelt, die auch als solche untersucht werden kann, und zu der entsprechende valide Aussagen möglich sind. Obwohl die verschiedenen Versionen des Leitfadens für die Forschungsgespräche, der je nach Fall und dessen Lagerung leicht verändert wurde, die Bereiche der ursprünglichen Forschungsfragen nach wie vor abdeckten, traten sie in der Gesprächsführung wie auch bei der Auswertung der Transkripte zunächst etwas in den Hintergrund. Beides erfolgte mit großer Offenheit für neue Themen und bewusst ohne einen zu starken Fokus auf theoretische Vorannahmen. Mit der erfolgten Aufarbeitung des Forschungsstandes und der Formulierung der Forschungsfragen kann der Einfluss von Vorwissen jedoch nicht gänzlich negiert werden: Es bleibt, als bewusste oder unbewusste Interpretationsfolien im Hinterkopf des Forschers, als Präkonzept, erhalten.

Die zentralen und grundlegenden Präkonzepte waren

1. die Annahme, dass die Phase der verlängerten Adoleszenz besonders wichtig für die Identitätskonstruktion ist (s. dazu Kap. 2.3),
2. die Annahme, dass die soziokulturellen und kommunikativen Praktiken der Selbstdarstellung auf *YouTube* für solche Prozesse der Identitätskonstruktion von Bedeutung sein könnten.

---

36 Im Prinzip ist eine Festlegung auf eine Altersgruppe für eine Studie, die sich an der GTM orientiert, nicht notwendig, und je nach zu untersuchendem Phänomen auch nicht zielführend (vgl. Kapitel 3.3). Hier wird diese damit begründet, dass das zu untersuchende Phänomen eindeutig eine Jugendkultur betrifft. Die Begrenzung des Alters nach oben war im Prinzip obsolet und hätte unterlassen werden können, weil die Festlegung auf das Phänomen zur Definition der Untersuchungseinheit ausgereicht hätte.

37 Trotz der Relevanz von YouTube werden – wenn auch eher sporadisch, oder ausschließlich zur Rezeption von Videos – auch andere Videoplattformen von den Teilnehmern der Studie aufgesucht (s. Eisemann 2008).

2.5 Genese der Forschungsfragen und Fokussierung auf ein Problem

Erst mit der Präzisierung des zu erforschenden Phänomens wurde außerdem die Annahme wichtig, dass

3. innerhalb einer Gruppe geteilte Werte und Normen bestehen, zumindest was bestimmte Lebensbereiche oder Themen betrifft.

Der Begriff der Gruppe muss hier präzisiert werden: In der im Wortlaut der Ethnografie „distinkten Kultur" (Hine 2000, S. 21) des C Walk – deren Distinguiertheit als Jugendkultur aber nicht so weit geht, dass sie als *habituell* vermittelte Abgrenzung den gesamten Lebensstil betreffen würde, sondern die nur einen Teilbereich des jugendlichen Lebens ausmacht – teilen junge Menschen über einen längeren Zeitraum hinweg bestimmte Praktiken, sie kommunizieren miteinander, beziehen sich auf spezifischen, geteilten Sinn, sie bilden Netzwerke und treffen sich online in festgelegten Räumen. Im Sinne Rheingolds kann dann für den C Walk auf *YouTube* von einer **virtuellen Gemeinschaft** gesprochen werden:

> "Virtual communities are social aggregations that emerge from the Net when enough people carry on those public discussions long enough, with sufficient human feeling, to form webs of personal relationships in cyberspace." (Rheingold 1998 im Internet)

Kai-Uwe Hugger arbeitet, in Anlehnung an den kanadischen Netzwerkforscher Barry Wellman (2001), mit dem Begriff der **Online-Community**. Das ist insofern sinnvoll, als das Adjektiv „online" im Gegensatz zu „virtuell" dem durchaus realen, wenn auch digital vermittelten Charakter des Phänomens eher entspricht. Er bezeichnet damit

> „soziale Gefüge, die die Suche nach Geselligkeit und Informationen sowie ein Gefühl der Zugehörigkeit und Identität ermöglichen" (Hugger 2009, S. 65).

Was in beiden Definitionen nicht zum Ausdruck kommt, ist die Qualität der Gruppenkonstitution, die sowohl online als auch offline stattfindet. Insofern ist die Gruppe der C Walkers am ehesten als **Community** zu bezeichnen, die sich sowohl online als auch offline konstituiert. Was sowohl aus der Definition von Rheingold als auch von Hugger in dieses dritte Präkonzept übernommen wurde, ist die Gewissheit, dass die C Walkers auf *YouTube* – trotz der physischen Ortsungebundenheit ihres Aktivitätsraumes im Internet und im physischen Raum – die definitorischen Kriterien einer untersuchbaren Gemeinschaft erfüllen. Diese Betrachtungsweise soll helfen, die **Reichweite** der zu generierenden Theorie auf eben diese Gemeinschaft festzulegen. Die Festlegung des Geltungsbereiches wäre nicht möglich gewesen, wenn die ursprüngliche Idee beibehalten worden wäre,

Selbstdarstellung auf *YouTube* ganz allgemein zu untersuchen. Damit wären die Grenzen bzw. die Reichweite einer entwickelten Theorie nicht bestimmbar gewesen.

Im folgenden Kapitel wird die methodische Konzeption der Studie und, damit verknüpft, nochmals die Frage nach dem Gegenstand eingehender behandelt.

**Teil II
Zur Konzeption**

Methodische Konzeption der Studie 3

Angesichts des explorativen Charakters dieser Studie zur Erforschung eines in seiner Tiefe noch weitgehend unverstandenen sozialen und kulturellen Phänomens war von Beginn an klar, dass nur ein abduktives, also theoriegenerierendes[38], kein deduktives, theorieüberprüfendes Forschungsverfahren zu neuen Erkenntnissen führen würde – unter der Voraussetzung, dass die Methodenwahl gegenstandsadäquat ist. Dieses Kapitel beschreibt den Auswahlprozess und die Darstellung der verwendeten Forschungsmethoden.

3.1 Entscheidung für ein qualitatives Forschungsverfahren

Mit welchen Methoden ließe sich der Forschungsgegenstand erschließen? In einem ersten Schritt wurde die Auswahl auf qualitative Methoden eingegrenzt; eine Triangulation mit quantitativen Methoden zur Perspektivenerweiterung war früh ausgeschlossen worden – zum Einen, weil dafür weder zeitliche noch finanzielle Ressourcen zur Verfügung standen, zum anderen, weil selbst unter großem finanziellem Aufwand eine valide quantitative Forschung problematisch erscheint, solange die Grundgesamtheit nicht genau definiert werden kann: Über die soziodemografische Zusammensetzung der aktiven und produktiven Nutzer von Videoplattformen, insbesondere von *YouTube*, besteht bislang Unkenntnis, die sich in legaler und forschungsethisch vertretbarer Weise aufgrund des Datenschutzes sogar in Kooperation mit Plattformanbietern nicht überwinden ließe. Insofern wäre eine repräsentative Stichprobenziehung unmöglich. Das sprach

---

38 S. Fuchs-Heinritz 2011.

dafür, Nutzer persönlich zu treffen, um deren online beobachtetes Handeln und ihre diskursiven und (audio-)visuellen Äußerungen nachvollziehen und deren Authentizität überprüfen zu können (s. dazu auch Turkle 1997). Dass ein solcher Abgleich in der Offline-Kommunikation notwendig ist, unterstreicht auch eine Expertin für Online-Ethnografie, Christine Hine.

> "Identity play is acknowledged almost as a norm in certain online setting [...] In this context, to take statements made by participants as having any relation to their offline lives is problematic." (Hine 2000, S. 22)

Die Forschungsmethoden, die in dieser Studie zum Einsatz kamen, werden von einem methodologischen Rahmen eingefasst. Er definiert das Vorgehen über den gesamten Prozess von der Erhebung bis zur Theoriegenerierung sowie das Forschungsverständnis. Die Studie bezieht sich methodologisch auf zwei Verfahren: die Ethnografie und die GTM (Grounded Theory Methodology). Beide werden im Folgenden dargestellt, bevor im Anschluss die konkrete Methodenkombination beschrieben wird.

3.2 Methodologischer Bezugsrahmen Ethnografie

Wie soll das Feld erschlossen werden, und wie kann ein Austausch zwischen Forscher und Erforschten stattfinden? Diese Fragen beantwortet die Ethnografie. Die ursprünglich anthropologische Methode[39], die zunächst zum Verständnis distinkter, meist exotischer Kulturen entwickelt worden war (s. z. B. Malinowski 1922; Mead 1928), wurde auch von der Soziologie und den Cultural Studies entdeckt, um Aspekte der eigenen Kulturen genauer zu erforschen (vgl. z. B. Hine 2000, S. 41; Fischer 1998c, S. 10). Der deutsche Soziologe und Kommunikationswissenschaftler Friedrich Krotz rekapituliert zentrale Aspekte ethnografischen Forschens (s. Krotz 2005), wobei er die gemeinhin eher den beschreibenden Verfahren zugerechnete Ethnografie (vgl. Krotz 2005, S. 256, 252ff.) den theoriegenerierenden Verfahren zuordnet (s. ders. 2005, S. 267ff.). Für die diesem Buch zugrundeliegende Studie ist interessant, dass er mit einem Fokus auf kulturorientierte Kommunikationsfor-

---

39 Streng genommen handelt es sich bei der Ethnografie nicht um eine Methode, sondern um ein variables Bündel von Methoden, das an den Gegenstand anzupassen ist, Krotz bezeichnet sie deshalb auch als „hybride Methode" (Krotz 2005, S. 283). Im folgenden Text wird jedoch aus Gründen der besseren Verständlichkeit, wie im wissenschaftlichen Diskurs üblich, hin und wieder von der Methode der Ethnografie die Rede sein.

3.2 Methodologischer Bezugsrahmen Ethnografie

schung und Forschung in Internetkulturen schreibt; für diesen Bereich liefert er eine Auflistung einiger zentraler Arbeiten und ihrer methodischen Beiträge, jedoch ohne selbst konkrete methodische Hinweise explizit für die Forschung im Internet zu geben (s. ders. 2005, S. 259ff.). Seine Interpretation von Ethnografie erschien aber aufgrund dieser Ausrichtung als Ausgangspunkt für die eigene Konzeption der Methodenkombination ergiebig.

Grundprinzip ethnografischen Forschens ist es, den Gegenstand der Untersuchung nicht durch die Rezeption von Beschreibungen Dritter, sondern durch ein möglichst tiefes Sich-Hineinbegeben in das entsprechende Feld, bzw. in die zu beschreibende Kultur zu erfassen (vgl. Malinowski/Reiwald 1985; Krotz 2005, S. 251f., 271f.). Nach Krotz bedingen ethnografische Studien deshalb erstens den Aufenthalt des Forschers im Feld über einen längeren Zeitraum hinweg (vgl. Krotz 2005, S. 268), der das Erlernen entsprechender Techniken und Ausdrucksweisen[40] ermöglicht (vgl. ebd., S. 268). Zweitens müssen die an der Forschung beteiligten Personen sich selbst zum Instrument machen und ihr eigenes Erleben zur Generierung von Daten und deren Strukturierung nutzen, was mit einer ständigen Selbstreflexion verbunden ist (vgl. ebd., S. 259, 268, 272). Ziel ethnografischer Forschung ist es, eine möglichst „dichte Beschreibung" (s. Geertz 1987, S. 10ff.) der untersuchten Kultur zu liefern, was bedeutet, dass sie über eine rein funktionale Beschreibung einzelner Handlungen hinaus Bedeutungen und Strukturen verständlich macht und interpretiert, in die die entsprechenden Handlungen eingebettet sind (vgl. a. Krotz 2005, S. 255).[41] Krotz betont neben der beschreibenden auch die theoriegenerierende Dimension ethnografischer Arbeit (vgl. ebd., S. 252f., 256), bei der über die Ordnung der Beschreibung Systematisierungen und Schlussfolgerungen herausgearbeitet werden (vgl. ebd., S. 274). Insofern macht Krotz die Ethnografie anschlussfähig für die Kombination mit anderen Forschungsverfahren (vgl. ders. 2005, S. 259), beispielsweise mit dem noch stärker auf Theoriegenerierung ausgerichteten Verfahren der GTM (vgl. ebd., S. 285).

Die konkrete ethnografische Arbeit gliedert Krotz in **neun Arbeitsphasen**, wobei er sich der Phasenmodelle des klassisch ethnologisch arbeitenden Ethnografen Hans Fischer (1998b, S. 78ff.)[42] und des auf Internetkommunikation spezialisierten

---

40 An dieser Stelle wird bewusst nicht der Begriff der Sprache verwendet, weil es in der vorliegenden Studie neben diskursivem Ausdruck, den der Begriff der Sprache nahelegen würde, auch um das Verständnis präsentativen Handelns und visueller und audiovisueller Codes geht.

41 In der vorliegenden Studie werden die Forschungsergebnisse nicht in der reinen Form einer dichten Beschreibung, sondern in Orientierung an die GTM in stärker theoretisierender Form dargestellt.

42 Krotz lag eine ältere Ausgabe vor.

David Hakken (1999) bedient (s. (Krotz 2005, S. 273ff.). Zusammengefasst sind das die folgenden Phasen:
1. die Formulierung einer klaren Forschungsfrage; 2. eine umfassende Information zum Problem, das Herstellen theoretischer Bezüge und die Strukturierung des erworbenen Vorwissens; 3. die methodische Konzeption; 4. das Festlegen des Forschungsgebietes; 5. der vorbereitere Eintritt ins Feld; 6. die Teilnahme an Aktivitäten der zu erforschenden Kultur und die Beschreibung der Handlungspraktiken und Bedeutungsmuster in Berichten und Protokollen, das Führen eines Forschungstagebuchs, das Entwickeln erster theoretischer Konzepte; 7. das gezieltes Vertiefen von Wissen im Hinblick auf die Forschungsfrage und weitere Entwicklung erster theoretischer Konzepte; 8. die Strukturierung und Zusammenfassung der in 6. und 7. entwickelten theoretischen Konzepte, die Überprüfung und Anpassung der Erkenntnisse durch Zurückvermittlung an Mitglieder der untersuchten Kultur; 9. das Verlassen des Feldes und Rückkehr in die Wissenschaftskultur, die schriftliche Formulierung der Erkenntnisse und deren Publikation.

Zwar weist Krotz ausdrücklich darauf hin, dass diese Phasen verändert, teilweise ausgelassen oder erweitert werden können, doch da sich die genannten Schritte in der Forschung bisher bewährt hätten, fordert er in diesem Fall eine Begründung für die Abweichung in Hinblick auf die zu erforschende Kultur, die Forschungsfrage oder andere Forschungsbedingungen (vgl. Krotz 2005, S. 275f.). Für die diesem Buch zugrundeliegende Studie wurde tatsächlich die Entscheidung getroffen, die Strukturierung entlang der neun Phasen zu verwerfen bzw. deren chronologische Abfolge zu verändern, und zwar zugunsten einer forschungsstragegischen Konzeption in Anlehnung an die GTM (siehe Kap. 3.3). Der Forderung, diese Abweichung zu begründen, wird weiter unten im Text Folge geleistet, wo die einzelnen Arbeitsphasen beschrieben werden. Die Ethnografie liefert hier die Grundlage für das Forschungsverständnis in Bezug auf den **Zugang zum Feld**, die **Herstellung von Kommunikationsfähigkeit** zwischen Forscher und Mitgliedern der zu erforschenden Kultur und andere forschungspraktische Fragestellungen, sie bildet nach Krotz' Verständnis somit den *Forschungsrahmen* (vgl. Krotz 2005, S. 285).

Allerdings sind für das hier zu erforschende Phänomen in einem Feld, das sich zum großen Teil online erstreckt, zusätzliche Überlegungen notwendig. Das gilt insbesondere hinsichtlich des Feldzugangs, der Kommunikation zwischen Forscher und Erforschten, der Datenerhebung und forschungsethischer Überlegungen, sei es zur Erkennbarkeit des Forschers im Feld oder zum Umgang mit sensiblen Daten. Anregungen liefert der in den beiden letzten Jahrzehnten unter dem Stichwort

3.2 Methodologischer Bezugsrahmen Ethnografie

der **Online-Ethnografie** geführte methodologische Diskurs.[43] Marotzki versteht unter Online-Ethnografie

> „jene[n] Zugang, der sich in ethnografischer Perspektive mit Gruppenbildungen und neuen Vergemeinschaftungsformen im Internet beschäftigt" (Marotzki 2008, S. 8).

Für die vorliegende Studie war, neben den Grundlagen traditionellen ethnografischen Forschens, insbesondere die methodische Weiterentwicklung ethnografischer Arbeitsweisen mit konkreten Vorschlägen für den Gegenstandsbereiche im Internet durch die britische Wissenschafts- und Techniksoziologin Christine Hine richtungsweisend (s. Hine 2008; 2007; 2005; 2000). In ihrer Publikation Virtual Ethnography (2000) betrachtet Hine das Internet aus zwei heuristisch konstruierten Perspektiven: erstens als im diskursiven Handeln entstehende **Kultur**, als kulturelle Praxis (s. dies. 2000, S. 14ff.) und zweitens als kulturelles **Artefakt**, als Technologie, die von den Menschen benutzt wird (s. ebd., S. 27ff.). Während Ersteres eher durch ethnografische Arbeit im Internet erforscht wird, ist Letzteres eher durch ethnografische Arbeit im klassischen, medienethnografischen Sinne in der physischen Welt und im Face-to-Face-Kontakt mit den Nutzern zu erheben (vgl. ebd., S. 14ff., 27ff.). Hines Verdienst ist es, unter dem Begriff der „adaptive ethnography" (ebd., S. 154) beide methodischen Vorgehensweisen zu kombinieren, um beiden Perspektiven gerecht zu werden. Zu erforschen sind demnach

> „the circumstances in which the Internet is used (offline) and the social spaces that emerge through its use (online)". (ebd., S. 39)

Dieses Vorgehen entspricht im Prinzip dem oben erwähnten dualen Prinzip, mit dem Hasebrink vier Jahre später zwischen Kommunikationsdienst und Kommunikationsmodus differenziert (s. Kapitel 2.1). Dabei meint Ersteres das kulturelle Artefakt, Letzteres die Kultur als Handlung. In der weiteren Lektüre dieser Studie spiegeln sich beide Sichtweisen wider: in der Analyse der medialen Strukturen durch die Plattformarchitektur des Handlungsortes *YouTube* (als kulturelles Artefakt oder Kommunikationsdienst) und in der Analyse der Handlungen und ihrer

---

43 S. methodische und methodologische Beiträge z. B. in Markham et al. 2009; Albrechtslund 2008; Hine 2008; Hine 2007; Strübing 2006; Bruckman 2006; Hine 2005; Marotzki 2003; DiMaggio et al. 2001; Ackermann 2000; Baym 2000; Hine 2000; Zurawski 2000; Hakken 1999; Lindlof/Shatzer 1998; Markham 1998; speziell und zum Problem der Sichtbarkeit des Forschers s. LeBesco 2004; Wesch 2008. S. a. Publikationen zu empirischen Studien z. B. Burgess/Green 2009; Hugger 2009; Lange 2009; Boyd 2008; Senft 2008; Tillmann 2008; Lange 2007.

Bedeutungen im Handlungsraum der Jugendkultur des C Walk (als Kultur oder Kommunikationsmodus).

Eine Auseinandersetzung der klassischen Ethnografie, wie sie Krotz rekapituliert, und der adaptiven Forschungsstrategie Hines findet weiter unten in der Darstellung der einzelnen Projektphasen und der darin angewandten Methoden statt – dort wo das entsprechend Forschungsverständnis zum Tragen kommt. Zunächst wird als Grundlage für die *forschungsstrategische Konzeption* der vorliegenden Studie ein Einblick in die GTM gegeben.

3.3 Methodologischer Bezugsrahmen Grounded Theory Methodology

Mit der GTM (Grounded Theory Methodology) lieferten die US-amerikanischen Soziologen Barney Glaser (*1930) und Anselm Leonard Strauss (1916-1969) im Jahr 1967 den Entwurf für einen abduktiven, stark vom Forschungsgegenstand ausgehenden qualitativen Forschungsstil zur Generierung von Theorien, die auf empirischen Daten gründen (darum „grounded", s. Glaser/Strauss 1967).

Barney Glaser war ein Schüler des einflussreichen Mitbegründers der quantitativen empirischen Sozialforschung Paul Felix Lazarsfeld. Anselm L. Strauss war geprägt von der Chicagoer Schule und vom symbolischen Interaktionismus nach Herbert Blumer. Beide kritisierten an den damals vorherrschenden Forschungsverfahren deren mangelnde Eignung zur Theoriegenerierung und die ihrer Meinung nach stattdessen zu häufig stattfindende bloße Hypothesen- und Theorieverifikation mit aufwändigen quantitativen Methoden (vgl. Glaser/Strauss 1998, S. 38f.). Seit den 1970er Jahren arbeiten beide Wissenschaftler getrennt voneinander, seit langem im Widerstreit, an der Weiterentwicklung ihrer Auffassung der GTM. Beide versuchen, wenn auch auf unterschiedliche Weise, der in der ursprünglichen Version der GTM angelegten Forderung Herr zu werden, sich dem Gegenstand extrem offen zu nähern[44] und dennoch in der Lage zu sein, Erkenntnisse theoretisch zu reflektieren und valide Ergebnisse zu produzieren – ein Problem, das bis heute Kritik an der GTM evoziert (vgl. u. a. Kelle 2007; s. unten).

Die GTM ist *keine* explizite Forschungs*methode*, auch wenn sie in zahlreichen Publikationen neben Methoden wie objektiver Hermeneutik, ethnomethodologischen Methoden oder der qualitativen Inhaltsanalyse nach Mayring genannt wird (vgl.

---

44 Allerdings war den Autoren von Anbeginn klar, dass eine vollständige Negierung von theoretischem Vorwissen niemals möglich wäre (vgl. Glaser/Strauss 1967, S. 3).

3.3 Methodologischer Bezugsrahmen Grounded Theory Methodology

ebd., S. 32; s. z. B. Krotz 2005). Vielmehr schlägt sie ein Forschungskonzept vor, in dem unterschiedliche Methoden, insbesondere der Erhebung bzw. des Hinzuziehens von Quellen, zum Einsatz kommen können. Die GTM bietet ein übergeordnetes Regelwerk, das klärt, wie die Prozesse der Datenerhebung, der Auswertung und der Generierung von Theorie zueinander in Bezug gesetzt werden können und in welcher zeitlichen Abfolge (nämlich häufig der Gleichzeitigkeit) die zu bearbeitenden Aufgaben stattfinden. Lediglich für den Bereich der Datenauswertung stellt sie, je nach Schule, konkrete methodische Anleitungen bereit. Fragen wie die nach dem Zugang zum Forschungsfeld oder der Art und Weise der Kommunikation zwischen Forscher und Forschungsteilnehmern beantwortet sie nicht. Diese Studie folgt dem Vorschlag von Krotz (s. Krotz 2005) und orientiert sich an der Ethnografie (s. Kap. 3.2). Die parallel ablaufenden Prozesse, wie sie die GTM vorschlägt, lassen sich sehr gut mit dem Bild einer Spirale veranschaulichen, die aus übereinanderliegenden, an jeder Stelle potentiell verbundenen Kreisen besteht (s. Abbildung 5).

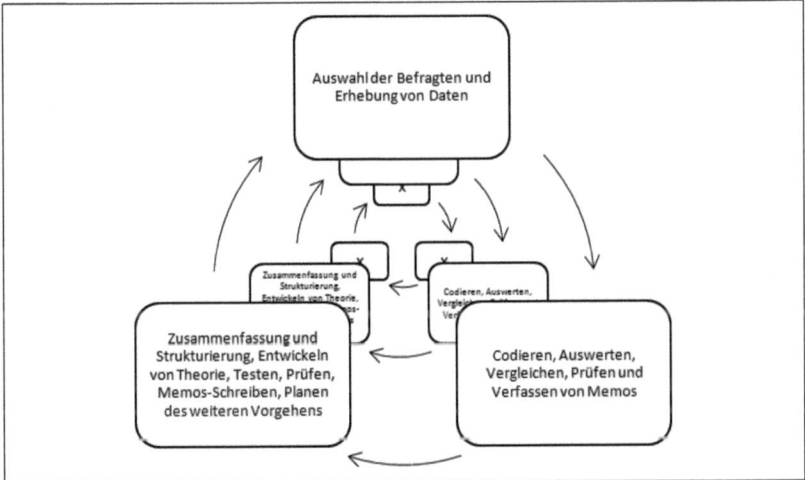

Abb. 5 Abfolge der einzelnen Arbeitsschritte in der Aufsicht auf den spiralförmigen Prozess der Grounded Theory Methodology (eigene Abbildung nach Krotz 2005, S. 167).

Man stelle sich also eine Spirale aus verbundenen Kreisen vor. Auf jedem Kreis werden im Prinzip die gleichen Schritte durchlaufen. So bewegt sich der Forscher vom Ausgangspunkt, der Festlegung auf ein zu untersuchendes Phänomen, in sich ähnelnden Zyklen vorwärts. Dabei wird sukzessive eine Theorie entwickelt, die das Endprodukt der Arbeit darstellen soll. Beim Eintritt in die jeweils nächste Kreisebene beginnt der Forschungsprozess an einem jeweils neuen Ausgangspunkt, der bis dahin entstandenen Theorie. Die generiert der Forscher mit der Entwicklung von Codes und deren zunehmender Abstraktion zu theoretischen **Kategorien**.[45] Der Forscher bildet sie aus dem Material heraus, entwickelt sie weiter, ordnet, verwirft und ordnet neu, wobei immer neue Daten hinzugezogen werden, die zum Verständnis der Kategorien relevant erscheinen. Dieser zyklische Prozess wird so lange fortgeführt, bis eine **theoretische Sättigung** (s. Glaser/Strauss 1998, S. 69) erreicht wird. Das ist der Fall, wenn „keine zusätzlichen Daten mehr gefunden werden können, mit deren Hilfe der Forscher weitere Eigenschaften der Kategorie entwickeln kann" (ebd., S. 69). Damit ist auch die Art der Stichprobenziehung angesprochen. Glaser und Strauss sprechen vom **theoretischen Sampling** (s. ebd., S. 53) und meinen damit, in Abgrenzung vom statistischen Sampling mit einer repräsentativen Fallauswahl,

> „den auf die Generierung von Theorie zielenden Prozess der Datenerhebung, währenddessen der Forscher seine Daten parallel erhebt, codiert und analysiert sowie darüber entscheidet, welche Daten als nächste erhoben werden sollen und wo sie zu finden sind. Dieser Prozess der Datenerhebung wird durch die im Entstehen begriffene – materiale oder formale – Theorie kontrolliert [...] Die Ausgangsentscheidung hängt von apriorischen theoretischen Annahmen ab" (Glaser/Strauss 1998, S. 53).

Das besondere an diesem Verfahren der Fallauswahl ist, dass sie weder in Bezug auf ihren Umfang noch auf die Eigenschaften der als relevant zu erachtenden Untersuchungseinheiten vor Beginn der Forschungsphase festgelegt wird.[46] Zwar steht ganz am Anfang des Erhebungsprozesses die Entscheidung für eine erste Untersuchungseinheit, die von einem eher allgemeinen, soziologischen Wissen über den Problembereich, also von apriorischen, deduktiven Annahmen abhängt (vgl. Glaser/Strauss 1998, S. 53) – Corbin und Strauss betonen diesen Aspekt stärker und

---

45 Zum Begriff „Kategorie" im Verwendungszusammenhang der GTM s. Glossar.
46 Aus diesem Grunde wurde in Kapitel 2.5 bereits darauf hingewiesen, dass die Festlegung auf eine Altersgrenze im Sinne der GTM eigentlich nicht notwendig gewesen wäre (es gab andere als methodologische Gründe, die für ein Mindestalter der Teilnehmer sprachen). Die vorherige Festlegung auf Eigenschaften ihrer Träger wie deren Alter ist immer dann unnötig oder widerspricht sogar der GTM, wenn diese Eigenschaften nicht selbst Teil des Phänomens sind, das untersucht werden soll. Warum sollte beispielsweise ein 50-jähriger Vater eines C-Walkers nicht zur Perspektivenvielfalt hinsichtlich einer sich im Prozess stellenden Frage beitragen, sondern als Forschungsteilnehmer von vornherein ausgeschlossen werden?

3.3 Methodologischer Bezugsrahmen Grounded Theory Methodology 67

schließen auch die Möglichkeit der Formulierung von Forschungsfragen ein (vgl. Strauss/Corbin 1996, S. 21ff.). Jedoch wird dann während des parallel ablaufenden Erhebungs- und Auswertungsprozesses auf der Grundlage der entstehenden, zunehmend stärker theoretischen Kategorien entschieden, welche Forschungseinheiten als nächstes in den Blick zu nehmen sind, und auf welche Aspekte fokussiert wird. Die Fall- und Materialauswahl findet also Stück für Stück statt:

> „Über die Entscheidung hinaus, welche Daten zuerst erhoben werden sollen, ist (im Unterschied zu der auf Verifizierung und Beschreibung abgestellten Forschung) nicht planbar, welche Richtung die Datensammlung einschlagen wird. Erst die im Entstehen begriffene Theorie zeigt die nächsten Schritte an – der Soziologe kennt sie nicht, bevor der Forschungsprozess selbst ihn nicht vor neue Fragen stellt." (Glaser/Strauss 1998, S. 55)

Bereits im ursprünglichen Entwurf der GTM weisen Glaser und Strauss auf die Möglichkeit hin, theoretisches Sampling auch anhand eines bereits vorhandenen Datenpools durchzuführen, wenn also die Datenerhebung im Feld bereits vorher abgeschlossen wurde:

> „Der Soziologe befasst sich in diesem Falle mit dem theoretischen Sampling von Daten auf der Grundlage von Daten. Aber auch in diesem Falle ist er gehalten, sich über die Möglichkeiten Gedanken zu machen, schnelle, kurze ‚Datensammelstreifzüge' in andere Gruppen zu unternehmen, um zusätzliche relevante Vergleichsdaten zu finden." (Glaser/Strauss 1998, S. 78)

Das Verfahren des theoretischen Samplings weicht vom verbreiteten Verständnis ab, dass in der komparativen Forschung möglichst viele Untersuchungseinheiten oder Gruppen miteinander verglichen werden sollten, deren Auswahl mit kontrastierenden oder übereinstimmenden Eigenschaften zu begründen ist, die vor der Erhebung festgelegt wurden, und zwar auf der Grundlage bestehender Theorien oder einer Forschungshypothese. Glaser und Strauss, deren „Hauptinteresse darin besteht, Theorie zu generieren und nicht ‚Fakten' zu verifizieren" (Glaser/Strauss 1998, S. 56), sehen darin die Gefahr, dass unvorhergesehene Ereignisse, die zu einer Veränderung der Bedingungen führen, nicht in das bestehende, vorab festgelegte Verfahren integrierbar sind. So werde

> „[i]n der Regel der Forscher […] ermahnt, sich an vorgeschriebene Verfahren zu halten, ganz gleich, wie unergiebig die Daten sind. […] So wird er von anonymen Regeln kontrolliert, anstatt seinerseits die Relevanz seiner Daten zu kontrollieren." (Glaser/Strauss 1998, S. 56f.)

Darum sind die Autoren der Meinung, dass

> „die Kriterien des Theoretischen Sampling hingegen [dazu dienen], die Erhebung und Analyse von Daten noch und gerade während der Theoriegenerierung anzuleiten. [...] Auf diese Weise hat der Forscher den Prozess der Datenerhebung ständig unter Kontrolle; die Relevanz der Daten wird gesichert, indem die Kriterien dafür, was überhaupt erhoben werden soll, aus der entstehenden Theorie selbst abgeleitet werden" (Glaser/Strauss 1998, S. 56).

Für die **Auswertung** spielt im Forschungsprozess der GTM das Codieren und das Bilden von Kategorien eine zentrale Rolle. Darunter werden „interpretierende, zusammenfassende, abstrahierende und ordnende Arbeitsschritte" (Krotz 2005, S. 174) verstanden. Beim **offenen Codieren** (vgl. Strauss/Corbin 1996, S. 43ff.) werden ohne vorher festgelegtes Codesystem aus dem Material heraus Codes[47] gebildet, die dann auf das im Weiteren untersuchte Material angewendet, ergänzt und verändert werden. Solche Codes gilt es ständig neu zu ordnen und später auch zusammenzufasssen, sodass zunächst Konzepte[48] ersichtlich werden, die hinter den einzelnen Vorkommnissen im Material stehen – später werden einige Konzepte wiederum zu Kategorien verdichtet. Das **axiale Codieren** (vgl. Strauss/Corbin 1996, S. 74ff.) umfasst die Identifizierung von Beziehungen zwischen diesen Kategorien. Dabei hilft beispielsweise das von Strauss und Corbin vorgeschlagene **Codierparadigma** (s. ebd., S. 78ff.; vgl. die Darstellung von Böhm 2009, S. 479; s. a. Abbildung 6). Dabei wird die Kategorie, die es gerade näher zu bestimmen gilt, als Phänomen, auf das Handlungen und Interaktion gerichtet sind, ins Zentrum eines Bezugssystems gestellt. Andere Kategorien werden dann zu ihr in Beziehung gesetzt: als **ursächliche Bedingungen** für das Auftreten des Phänomens (s. Strauss/Corbin 1996, S. 79), als **Kontexte und intervenierende Bedingungen** (s. ebd., S. 80ff.), als **Handlungsstrategien** (s. ebd., S. 83f.) und als **Konsequenzen** (s. ebd., S. 85). Das ermöglicht eine strukturiertere Auseinandersetzung mit dem Material, die insbesondere aufgrund der häufig sehr großen Materialfülle sehr hilfreich sein kann. Wichtig ist hier allerdings der Hinweis, dass die Beziehungen zwischen den einzelnen Elementen nicht als zu starr und als monokausale Zusammenhänge gedacht werden dürfen, wie es das von Böhm vorgeschlagene grafische Modell des Paradigmas aufgrund der Pfeilrichtungen suggerieren mag (s. Abbildung 6 und das eigene Modell des Codierparadigmas aus dem Prozess des axialen Codierens in Abbildung 16). Es geht nicht um eine monokausale Argumentation, sondern um die Erkenntnis, in welchem Bezug Kategorien zueinander stehen.

---

47 Zum Begriff „Code" im Verwendungszusammenhang der GTM s. Kap. 3.3.
48 Zum Begriff „Konzept" im Verwendungszusammenhang der GTM s. Kap. 3.3.

3.3 Methodologischer Bezugsrahmen Grounded Theory Methodology

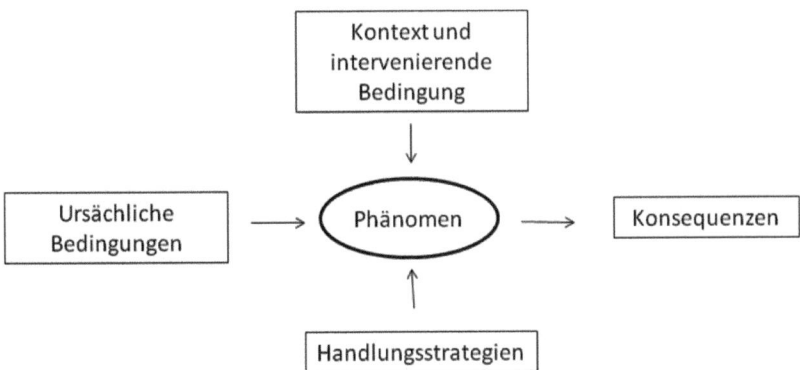

Abb. 6 Darstellung des Codierparadigmas durch Böhm nach Corbin und Strauss (eigene Abbildung nach Böhm 2009, S. 479).

Beim **selektiven Codieren** gilt es schließlich, eine zentrale Kategorie als „Kernkategorie" (Strauss/Corbin 1996, S. 94) zu definieren und das Material mit Blick auf diese neu zu ordnen, bis möglichst alle Kategorien in die Kernkategorie integriert werden können, sodass entlang eines „roten Fadens" (ebd., S. 117) eine analytische „Geschichte" erzählbar wird. Für diesen Schritt des systematischen Miteinander-in-Beziehung-Setzens schlagen Corbin und Strauss wieder die Zuhilfenahme des Codierparadigmas vor (s. ebd., S. 101). Es handele sich hierbei um „vielleicht die schwierigste Aufgabe. Sogar erfahrene Forscher haben damit zu kämpfen" (ebd., S. 117). Während aller Codierphasen ist das Verfassen von **Memos** ein wichtiger Bestandteil. In ihnen kristallisieren sich Aspekte heraus, die – über die Schärfung von Kategorien, ihre Füllung mit Eigenschaften und ihr In-Bezug-Setzen mit an deren Kategorien – zunehmend zur Theorie verdichtet werden.

Auch wenn die Grounded Theory nicht zur Überprüfung von bestehenden Theorien entwickelt wurde, ist es selbstverständlich, Erkenntnisse von Dritten und bestehende Theorien hinzuzuziehen, um die entstehende Theorie im wissenschaftlichen Diskurs zu verankern und an das bestehende Wissen anzuknüpfen. Dabei gibt es allerdings verschiedene Auffassungen davon, in welcher Intensität und zu welchem Zeitpunkt dies im Forschungsprozess stattfinden soll: vor Beginn der empirischen Phase und später währenddessen durch Ergänzung und Erweiterung, oder erst zu einem späteren Zeitpunkt, um mit einem freieren Blick auf den Gegenstand mit dem empirischen und theoriegenerierenden Prozess beginnen zu können. In jedem Fall gilt, dass das in die Theorie eingehende Vorwissen als solches zu reflektieren ist.[49] An dieser Stelle ist es sinnvoll, etwas näher auf die Entzweiung der beiden geistigen Väter der GTM einzugehen, die sich insbesondere an der Art und Weise der Auswertung und im Umgang mit theoretischem Vorwissen entzündet hat:

Besonders **Glaser** beharrt auf einer extremen Offenheit, mit der sich der Forscher dem Gegenstand zu nähern habe (s. Glaser 1992, S. 22; 31). Die notwendige theoretische Einordnung der Erkenntnisse möchte er über die von ihm angenommene „Theoretische Sensibilität" (ders. 1978) des Forschers erreichen. Bei der Analyse hilft ihm dabei die **Methode des theoretischen Codierens**, nach der der Forscher die vorher aus dem Material heraus gebildeten gegenstandsbezogenen Codes mittels theoretischer Codes zu Modellen zusammensetzt (s. dazu auch Böhm 2009). Das mentale Verfügen über eine relevante Anzahl an theoretischen Codes – gemeint sind bei Glaser allgemeine soziologische oder sozial- und kulturwissenschaftliche Begriffe[50] – wird einfach als gegeben angenommen. Glaser liefert hier lediglich eine lose Begriffssammlung, wobei er **Codierfamilien** gruppiert – Udo Kelle kritisiert diese als begriffliches „Sammelsurium" (Kelle 2007, S. 41). Für die vorliegende Studie wurde ein solches Vorgehen aufgrund dieser kritischen Punkte ausgeschlossen.

Strauss und Corbin weisen bereits bei der Auswahl der ersten Fälle des theoretischen Samplings darauf hin, dass theoretisches Vorwissen und Vorannahmen *nicht* negiert werden können (vgl. Strauss/Corbin 1996, S. 152). Sie gehen bei der Analyse aber zunächst ebenfalls möglichst unvoreingenommen an das Material heran, in dem, wie oben beschrieben, offen codiert wird (vgl. ebd., S. 43ff.). Mit dem oben bereits dargestellten Codierparadigma geben die Autoren dem Forscher im nächsten Schritt dann aber ein Werkzeug an die Hand, mit dem eine strukturiertere theoretische Auseinandersetzung möglich ist.

Insbesondere im angloamerikanischen Sprachraum ist die GTM heute durchaus anerkannt und verbreitet (vgl. u. a. Bryant 2010). Für den Bereich der Jugend-Internetforschung ist als ein Beispiel für eine Grounded Theory die Studie „Tune in, log on. Soaps, fandom, and online community" der US-amerikanischen Kommunikationswissenschaftlerin und Internetforscherin Nancy Baym (2000) zu nennen, die ebenfalls zeigt, dass sich GTM und ethnografische Methoden kombinieren lassen.

---

49 Aus diesem Grund wurde der Forschungsstand zu Beginn dieser Studie so dargestellt, dass ersichtlich wird, welche theoretischen und empirischen Vorannahmen die Hintergrundfolie des Forschungsprozesses bilden.

50 Im Prinzip müsste es sich um die Kenntnis der Gesamtheit aller möglichen, in gleicher Weise präsenten theoretischen Codes handeln, die möglicherweise auf den Gegenstand anzuwenden wären. Nur dann könnte, theoretisch, mit vollkommener Offenheit an den Gegenstand herangegangen werden. Dies ist meiner Ansicht nach, insbesondere von weniger erfahrenen Forschern, unmöglich zu leisten (s. dazu auch Kelle 2007, S. 49).

3.3 Methodologischer Bezugsrahmen Grounded Theory Methodology

Für den deutschen Sprachraum stellt die Studie „Identitätsspielraum Internet. Lernprozesse und Selbstbildungspraktiken von Mädchen und jungen Frauen in der virtuellen Welt" von Angela Tillmann (2008) ein Beispiel für eine Grounded Theory dar, ebenso wie die Publikation über die Suche nach sozialer Anerkennung und Vergewisserung von Zugehörigkeit von Kai-Uwe Hugger, „Junge Migranten Online" (2009), die auf seiner Habilitationsschrift basiert.

Begriffsklärung zur Forschungsstrategie in Anlehnung an die GTM

Es ist sinnvoll, einige mit dem Prozess des Codierens verbundene Begriffe für ihre Verwendung in dieser Studie zu definieren.[51] Das erfolgt mit Bezug zu den Definitionen, die Strauss und Corbin liefern:

Phänomen:

Als „Phänomen" bezeichnen Strauss und Corbin

> „[d]ie zentrale Idee, das Ereignis, Geschehnis, [den] Vorfall, auf den eine Reihe von Handlungen oder Interaktionen gerichtet ist, um ihn zu kontrollieren oder zu bewältigen oder zu dem die Handlungen in Beziehung stehen" (Strauss/Corbin 1996, S. 75).

Um den Begriff des Phänomens klarer von anderen Begriffen abzugrenzen, wird er hier nicht als „Idee" verstanden – hier ist Corbins und Strauss' Definition nicht ganz konsistent –, sondern als Ereignis, Geschehnis, Vorkommnis, oder Vorfall, das oder der beobachtet werden kann. Mit einem Phänomen wird hier also das im Material Erkennbare bezeichnet, nicht seine Bezeichnung durch den Forscher oder Beforschte und nicht die damit verbundene Idee, die mit dem nächsten Begriff gefasst wird.

---

51 Bei der Lektüre von Krotz (2005, S. 174ff.) und hinsichtlich der wenig trennscharfen Verwendung der Begriffe „Phänomen" und „Kategorie" bei Strauss und Corbin (1996, S. 51) wurde deutlich, dass eine eigene Abgrenzung der Begriffe notwendig ist.

Konzept:

Corbin und Strauss verstehen unter einem Konzept

> „[k]onzeptuelle Bezeichnungen oder Etiketten, die einzelnen Ereignissen, Vorkommnissen oder anderen Beispielen für Phänomene zugeordnet werden" (Strauss/Corbin 1996, S. 43).

Es handelt sich bei Konzepten also um die Ideen, Vorstellungen, Eigenarten usw., die mit einem Phänomen verbunden sind und die als mehr oder weniger konsistente, bezeichnende Sinneinheit zusammengefasst werden können. Mit der Konzeptualisierung entschlüsselt der Forscher ein Phänomen in einem ersten analytischen Schritt (vgl. Strauss/Corbin 1996, S. 44) – zum Beispiel wenn er in den Handlungen, Vorfällen oder Ereignissen (junge Menschen bewegen sich an einen bestimmten Ort, begrüßen sich, interagieren, tanzen, verabschieden sich und bewegen sich wieder weg) das Konzept eines C-Walk-Meetings erkennt und all die damit verbundenen Ideen und Handlungen als Phänomen begrifflich fassbar macht. Im Laufe der Codierung des Materials werden viele solche Konzeptualisierungen vorgenommen.

Es muss aber noch auf einen etwas anders gelagerten Verwendungszusammenhang des Konzeptbegriffs in dieser Studie hingewiesen werden, der bei Strauss und Corbin so nicht explizit formuliert wird: Der Begriff „Konzept" wird hier auch zur Bezeichnung der Gesamtheit an Ideen, Vorstellungen, Eigenarten etc. bezüglich bestimmter Phänomene verwendet, die nicht der Forscher in analytischer Arbeit vor-nimmt, sondern die er in den Köpfen der Beforschten, den Teilnehmern der Studie, vermutet: beispielsweise mit den subjektiven Konzepten von Männlichkeit oder Weiblichkeit in der Realität der Teilnehmer. Oder, um beim obigen Beispiel zu bleiben, wenn es um deren subjektive Idee eines C-Walk-Meetings geht, mit allem, was sie persönlich damit verbinden.

Kategorien:

Als Kategorien werden nun – wieder in Anlehnung an Corbin und Strauss – stärker abstrahierte Konzepte bezeichnet (vgl. Strauss/Corbin 1996, S. 43; 47)[52]. Sie enthalten, mehr noch als Konzepte, „theoretische Ideen" (Glaser/Strauss 1998,

---

52 Die Begriffe Kategorie und Phänomen werden mitunter selbst in neueren Texten zur GTM wie bei Corbin und Strauss wenig klar abgegrenzt verwendet, was insbesondere dem GTM-Neueinsteiger das Verständnis erschwert (s. beispielsweise Strauss/Corbin 1996, S. 101).

S. 107), ihre Entwicklung ist somit bereits ein entscheidender Teil der Theoriegenerierung. Manchmal lassen sich mehrere Konzepte unter einer Kategorie zusammenfassen. Um beim Beispiel des C-Walk-Meetings zu bleiben: Es wäre mit anderen Konzepten unter der Kategorie „Vergemeinschaftung" zu verorten. Nach dem Verständnis des Autors unterscheiden sich Kategorien, ebenso wie die weniger abstrahierten Konzepte, von Phänomenen dadurch, dass Phänomene das im Material Bezeichnete darstellen, während Kategorien, als Ergebnis abstrahierender Analyseleistung des Forschers, bezeichnenden Charakter haben und sich damit auf das Phänomen beziehen. Als Kernkategorie bezeichnen Corbin und Strauss (s. Strauss/Corbin 1996, S. 94) eine zentrale Kategorie, um die herum mehrere, im Idealfall alle anderen Kategorien angeordnet werden, um eine Grounded Theory (GT) zu generieren. Dies findet im Prozess des selektiven Codierens statt.

Eigenschaften:

Als Eigenschaften von Kategorien werden deren Charakteristika oder Kennzeichen verstanden. Eigenschaften einer Kategorie können häufig dimensioniert, das heißt auf einem Kontinuum von Ausprägungen wie „schwach" und „stark" angeordnet werden (vgl. Glaser/Strauss 1998, S. 53). Daraus ergeben sich für verschiedene Untersuchungseinheiten in Bezug auf eine Kategorie verschiedentlich ausgeprägte Muster, je nach Ausprägung der einzelnen Kategorie-Eigenschaften. Dieses Muster könnte man auch als Lagerung des Falls in Bezug auf eine Kategorie bezeichnen.

Code:

Ein Code ist ein Begriff, der auf ein Phänomen, ein Vorkommnis oder ein Ereignis im Material hinweist und der dieses einem Konzept, einer Kategorie, oder einer Eigenschaft zuweist. Der Code dient im Sinne einer Markierung als Ordnungseinheit zur Erschließung von Forschungsmaterial. Codes können einfache Begriffe sein, die sehr nahe an der Sprache der Teilnehmer orientiert und kaum abstrahiert sind, es kann sich aber auch um bereits weiter abstrahierte Konzepte und theoretische Kategorien handeln, deren Bezeichnung die Funktion eines Codes erhält, wenn sie beispielsweise einer Textstelle oder einem Bildausschnitt im Material zugewiesen werden.

3.4 Zugang zum Forschungsfeld und die Kommunikation zwischen Teilnehmern und Forscher

Der ethnografische **Forschungsfeldbegriff** im geografischen oder physikalischen Sinne als „Lebensraum, die natürliche Umgebung, in denen sich die vom Sozialforscher untersuchten Objekte befinden" (Fuchs-Heinritz et al. 2011, S. 202), greift für die vorliegende Studie nicht. Denn eine Besonderheit der Erforschung von Kulturen im Internet ist ihre physische Ortsungebundenheit. Während dem klassischen Feldbegriff in der Ethnografie die territorialen Kategorien Raum und Begrenzung als Ordnungseinheiten dienen, muss hier eine Alternative gefunden werden. Hine liefert sie, indem sie eine Konzentration auf die Prinzipien des Ablaufs („flow") und der Konnektivität („connectivity") empfiehlt (Hine 2000, S. 64), das Feld also beweglich, „mobile" (ebd.) denkt:

> "If culture and community are not self-evidently located in place, then neither is ethnography. The object of ethnographic enquiry can usefully be reshaped by concentrating on a flow and connectivity rather than location and boundary as the organizing principle." (Hine 2000, S. 64)

Ein solches im Prinzip relationales Verständnis[53] von Raum und damit des Forschungsfeldes lässt sich sehr gut mit der Arbeit nach den Prinzipien der GTM vereinen: Relationen, ausgedrückt und realisiert durch das Handeln der Akteure, lassen sich als Ordnungsprinzipien zur Erschließung des Phänomens einer Kultur im Internet nutzen: indem, ausgehend von einem Fall, der kulturelle Raum Stück für Stück, nämlich fallweise (theoretisches Sampling) erschlossen wird.

Hine macht auch auf ein weiteres Problem der adaptiven Ethnografie aufmerksam: das mit der oben beschriebenen Spezifik des Feldes bei der Untersuchung von Kulturen im Internet verbundene „problem of knowing when to stop" (Hine 2000, S. 64). Die Autorin liefert hier m. E. nur einen Notlösungsvorschlag: Sie bezeichnet die Entscheidung zur Beendigung des Erforschens eines Forschungsfeldes schlicht als „a pragmatic decision" (ebd.). Die Kombination eines ethnografischen Forschungsverständnisses mit dem theoretischen Sampling, das zumindest im Idealfall fortgeführt wird bis die theoretische Sättigung erreicht ist, und sonst zumindest als Zieldimension Wirkung hat, erscheint hier sinnvoll – auch wenn der Begriff der theoretischen Sättigung ebenfalls eine gewisse Unschärfe behält. Dennoch *leitet* die Idee der theoretischen Sättigung als Zieldimension den Prozess der Fallauswahl und der Datenerhebung. So eröffnet sich Stück für Stück ein

---

53 Zum Begriff des relationalen in Abgrenzung zum absolutistischen Raum s. Kapitel 6.1.2.

3.4 Zugang zum Forschungsfeld und die Kommunikation

Feld in noch einem weiteren Sinne, nämlich als **Kräftefeld,** wie Pierre Bourdieu es versteht, als ein Geltungsbereich objektiver Relationen, strukturiert durch die „ungleiche Verteilung einer besonderen Art von Kapital" (Bourdieu 1991a, S. 28).

Im Folgenden wird deutlich, wie in dieser Studie das Forschungsverständnis der adaptiven Ethnografie mit dem Vorgehen bei der Stichprobenauswahl in Anlehnung an das theoretische Sampling der GTM vereint wurde.[54] Die Vorannahmen, die dabei relevant wurden, drücken sich in den genannten Präkonzepten aus. Außerdem wurde, im Verständnis der adaptiven Ethnografie, davon ausgegangen, dass es möglich sein müsste, Kontakte zu entsprechenden Menschen aufzunehmen, indem sowohl Orte im Internet als auch in der physischen Welt aufgesucht werden, an denen entsprechende Personen zu erwarten sind. Diese Orte ausfindig zu machen, stellte eine erste große Herausforderung dar – eine Erfahrung, die auch Hine teilt: „When the object of study is the Internet, finding a place to go to is by no means straightforward." (Hine 2000, S. 9) Dementsprechend wurden verschiedene **Wege zum Eintritt ins Forschungsfeld** ausprobiert:

---

54 Wie weiter oben bereits dargestellt, fand sowohl die Festlegung auf das Forschungskonzept in Anlehnung an die GTM als auch auf das zu untersuchenden Phänomen C Walk auf *YouTube* erst nach einigen empirischen Forschungserfahrungen statt. Einige Teilnehmer (die später nicht alle für die Analyse ausgewählt wurden) waren zu diesem Zeitpunkt bereits gefunden und auf der Basis des ursprünglich entworfenen Leitfadens interviewt worden. Erst dabei war das Phänomen des C Walk ja entdeckt worden. Später war es aus forschungsökonomischen Gründen häufig notwendig, an einem Ort auf einmal Material zu mehreren Fällen zu erheben, ohne dass vorher eine Auswertung anderer Fälle und somit eine im strengen Sinne theoriegeleitete Fallauswahl *vor* der Datenerhebung hätte stattfinden können (zum Beispiel wenn mehrere Jugendliche in einem Jugendhaus sofort an einem Gespräch teilnehmen wollten, und die Gefahr bestand, dass diese nur jetzt oder nie für das Projekt zu gewinnen wären). So wurde Material gesammelt und ein Material-Pool angelegt, auf den erst später wieder zugegriffen wurde, wenn es darum ging, Fälle in die Theoriegenerierung einzubeziehen. Die Gleichzeitigkeit von Erhebung und Auswertung war also nicht immer im strengen Sinne realisierbar. Aufgrund der Anonymität der Akteure im Internet und der minimalen Informationen, die der Forscher zunächst von ihnen erlangen kann, ist eine stark theoriegeleitete Auswahl *vor* der Erhebung in einem solchen Feld ohnehin kaum realisierbar (beispielsweise wenn nach Akteuren mit bestimmten Merkmalen gesucht wird, über die keine Informationen verfügbar sind). Das hatte hier zur Folge, dass mehr Material erhoben wurde bzw. erhoben werden musste, als später in die Analyse einging. Dieses Verfahren steht aber mit der Idee im Einklang, dass bei der Auswahl der zu analysierenden Fälle Material aus einem bestehenden Pool ausgewählt werden kann. Diese Möglichkeit wurde von den „Vätern" der GTM bereits beschrieben.

a. Zugang online

Bereits für die Vorstudie (Fußnote 35) hatte ich auf *YouTube* einen **Forschungskanal** eingerichtet, auf dem ich mich mit einem Foto, einem kurzen Text und zeitweise auch mit einem Video als Aufruf zur Teilnahme am Forschungsprojekt vorstellte. Bezüglich der Wahl des *YouTube*-Kanal-Namens notierte ich während der ersten, zum Teil noch etwas unbeholfenen Versuche des Eintritts ins Feld kritisch in mein Forschungstagebuch:

> „Achtung: der Profilname Internetforschung ist evtl. nicht so sinnvoll, da abschreckend." (Eintrag vom 10.04.2008)

Die Online-Ethnografie ermöglicht es dem Forscher, sein „Impression Management" (Hammersley/Atkinson 2007, S. 66ff., 77) sehr bewusst auf den zu erwartenden Personenkreis abzustimmen, wenn die eigene Identität asynchron medial ausgedrückt wird (s. die eigenen Versuche in Abbildungen 7, 8). Es gehört dabei zum ethnografischen Forschungsethos, über die eigene Forschungsaktivität in der Online-Umgebung zu informieren (daher der im obigen Zitat angesprochene misslungene Versuch, die Identität als Forscher im *YouTube*-Namen auszudrücken), auch wenn es je nach Fragestellung leicht möglich wäre und teilweise bequemer erscheinen mag, verdeckt zu forschen, oder den Sinn der Teilnahme an sozialen Online-Aktivitäten zu verschleiern. Eine solche Haltung wäre aber m. E. spätestens dann nicht mehr aufrechtzuerhalten, wenn das eigentliche Ziel erreicht wird, ein vertrauensvolles Verhältnis zu den Teilnehmern herzustellen. Soziale Online-Aktivitäten werden von Menschen ausgeführt. Sie haben spätestens dann ein Recht darauf, über die Anwesenheit eines Forschers und die Tatsache und den Zweck der Beobachtung durch diesen informiert zu werden, wenn sie mit ihm interagieren. Die Online-Ethnografin Christine Hine bringt es auf den Punkt:

> "Arguing that online interactions are sufficiently real to provide a context for an ethnographic study has an ethical corollary: online interactions are sufficiently real for participants to feel they have been harmed or their privacy infringed by researchers." (Hine 2000, S. 23)

3.4 Zugang zum Forschungsfeld und die Kommunikation

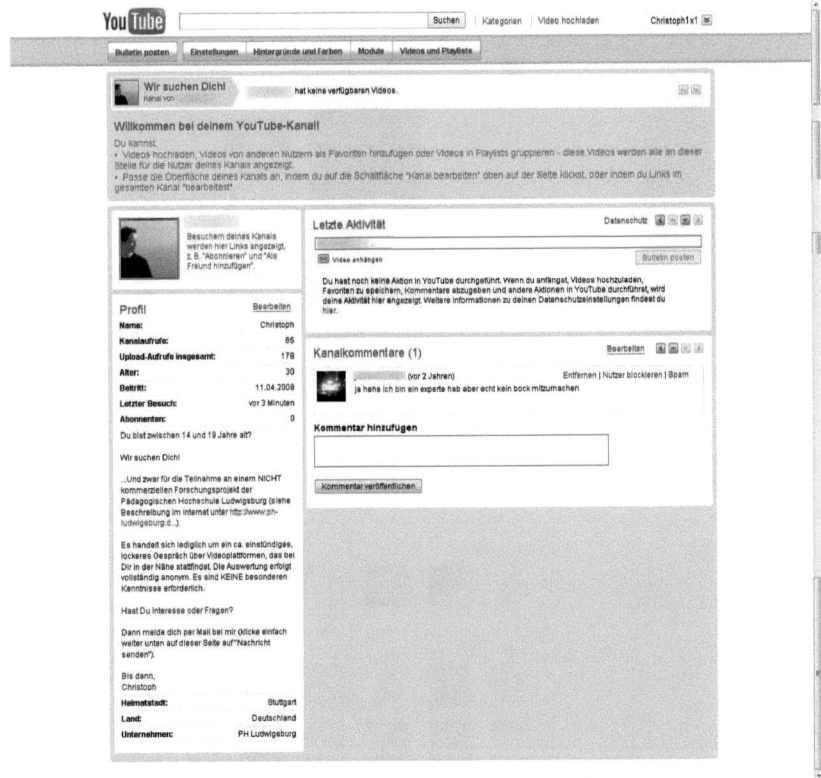

Abb. 7 Screen Shot des ersten Versuchs eines Forschungskanals (© YouTube).

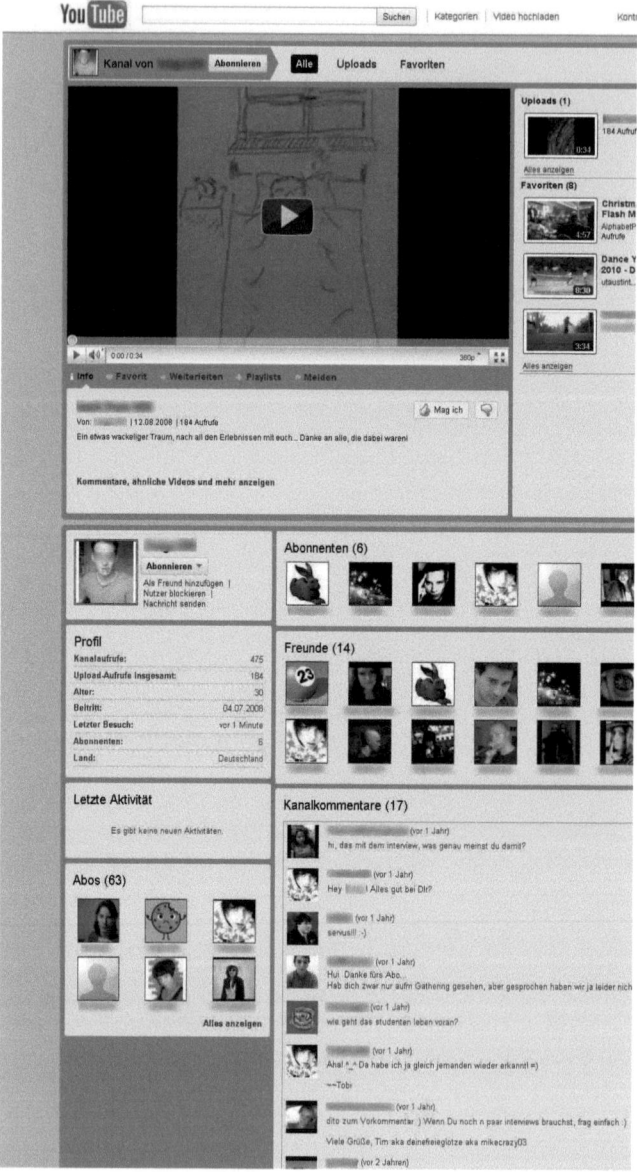

Abb. 8 Screen Shot eines weiteren Versuchs eines Forschungskanals (© YouTube).

3.4.1 Online-Kaltakquise

Bereits die Suche nach möglichen Teilnehmern auf *YouTube* gestaltet sich sehr schwierig, da eine Nutzerrecherche nach Merkmalen wie Wohnort und Alter auf der Videoplattform nicht möglich ist (falls ein Nutzer einen Ortsnamen als Schlagwort angegeben hat, kann dieses über die Suche gefunden werden), und da freiwillig veröffentlichte Altersangaben nicht überprüfbar sind. Diese Erfahrung mussten inzwischen auch die *YouTube*-Forscher Jean Burgess und Joshua Green machen (vgl. Burgess/Green 2009, S. 7). Selbst wenn „passende" Nutzer gefunden werden, kann die Responsivität äußerst gering sein. Bestimmte Gruppen, die im Sinne der Fragestellung besonders interessant erscheinen, sind mit der Online-Kaltakquise möglicherweise gar nicht zur Teilnahme zu motivieren.[55]

Vom Forschungskanal aus wurden private Nachrichten an andere, fremde *YouTube*-Nutzer gesendet, die in keinerlei Bezug zum Forscher standen (das bezeichnet der Begriff Kaltakquise). Es handelte sich um Nutzer, die Videos hochgeladen hatten (damals hatte noch keine Fokussierung auf C Walkers stattgefunden), von denen angenommen wurde, dass sie sich in Deutschland befinden, und dass sie der gesuchten Altersgruppe entsprechen. Hier das nach eigener Erfahrung wenig empfehlenswerte Beispiel eines schlecht auf die Zielgruppe abgestimmten Textes, eine der ersten Nachrichten, die im Rahmen der Vorstudie geschrieben wurden.

Private Nachricht an möglichen Teilnehmer

Hallo xxx,
ich bin mit dem Suchwort „[Name einer Stadt]" auf Deine Videos bei *YouTube* aufmerksam geworden. Mein Name ist Christoph Eisemann, und ich arbeite in einem Forschungsprojekt der Pädagogischen Hochschule Ludwigsburg mit (http://www.ph-ludwigsburg.de/7351.html). Darin geht es um selbstgedrehte Videos von Jugendlichen in Internetforen wie *YouTube*. Das Projekt steht unter der Leitung von Prof. Dr. Horst Niesyto und ist nicht kommerziell. Es behandelt zum Beispiel folgende Fragen:

- Was ist für jugendliche Nutzer besonders wichtig, wenn sie Video-Plattformen nutzen?
- Was ist für jugendliche Nutzer besonders wichtig, wenn sie eigene Videos produzieren?

---

55 Es wurden verschiedene Formen der Ansprache versucht. Dabei wurden Nachrichten mal in möglichst seriöser, einfacher Sprache verfasst, mal in umgangssprachlichem, freundschaftlichem Ton. Stets wurde auf die offizielle Seite des Forschungsprojekts verlinkt, um die Seriosität der Forschung deutlich zu machen. Weiblichen Adressatinnen wurde später immer auch vorgeschlagen, dass eine Kollegin die persönlichen Treffen durchführen könnte. Allerdings wurde dies von keiner Teilnehmerin gewünscht.

> Um solche Fragen zu beantworten, ist es am besten, mit den Experten, also den Jugendlichen selbst zu sprechen. Deshalb würden wir Dich gerne treffen, um in einem ein- bis maximal zweistündigen, lockeren Gespräch Deine Erfahrungen und Deine Meinung zu diesem Thema kennenzulernen.
> Selbstverständlich bleibst Du anonym. Das bedeutet, dass von uns, außer den Projekt-Mitarbeitern, niemand von Deiner Teilnahme erfahren wird (Du kannst natürlich jedem davon erzählen).
> Wenn Du Interesse oder Fragen hast, melde Dich einfach. Dann können wir alles Weitere besprechen. Gerne können sich zuerst auch Deine Eltern mit uns in Verbindung setzen, wenn Dir das lieber ist. Du erreichst mich telefonisch unter xxxx xxxxxx, auf dem Handy unter xxxx xxxxxx oder per Mail an xxxxxx@xxx.de.
> Ich freue mich auf Deine Antwort!
> Mit den besten Grüßen
> Christoph Eisemann

Mit diesem Text konnte nur ein einziger Kontakt generiert werden, mit einem Berufstätigen Anfang zwanzig in Norddeutschland, der sehr erfolgreich Videos auf *YouTube* einstellt, und der als Nutzer aufgrund seines Erfolgs auch in Kooperationen mit *Google* (*YouTube*) involviert wurde. Das hier angesprochene Mädchen jedoch schrieb zwar mehrmals zurück, war schließlich aber nicht zur Teilnahme bereit. Später wurden die Nachrichten stark gekürzt und in „lockerer" Alltagssprache verfasst.

Folgende Punkte sollten bei einer derartigen Online-Kaltakquise auf Videoplattformen oder auf Seiten sozialer Netzwerke beachtet werden:

- Zur **Information über das Vorhaben** wirkt ein neu erstelltes Forschungs-Profil auf einer sozialen Netzwerkseite für Nutzer wenig vertrauenserweckend, weil **Authentizität** auch anhand der Anzahl verlinkter Profile und sichtbarer Aktivitäten gemessen wird.[56] Es hat sich im Laufe der Evaluation gezeigt, dass die ethnografische Herangehensweise mit der Teilnahme des Forschers an Online-Praktiken des Verlinkens und Kommentierens helfen kann, als authentisch wahrgenommen zu werden und Interesse am Projekt zu wecken. Allerdings muss eine lange Phase des Going Native eingerechnet werden, um entsprechende Kontakte zu knüpfen.

---

56 Achtung: Vor dem Verlinken von Teilnehmern muss deren Anonymität gegenüber den Rezipienten der Studie sichergestellt werden. Das kann auch bedeuten, dass das eigene Forschungsprofil in Publikationen anonymisiert werden muss oder dass sein Name vor einer Veröffentlichung so geändert werden muss, dass es nicht mitsamt den verlinkten Teilnehmern auffindbar ist. Problematisch kann auch sein, dass sich Teilnehmer aufgrund der Aufnahme in die Online-Kontakte gegenseitig identifizieren können.

3.4 Zugang zum Forschungsfeld und die Kommunikation

- Dient die Information zugleich als **Aufruf zur Teilnahme**, kann je nach Zielgruppe – und, falls finanziell und in Absprache mit den Plattformbetreibern möglich – die Platzierung eines **Werbebanners** oder eines **Pop-up-Fensters** erfolgversprechend sein, um eine große Masse an Nutzern zu erreichen. Alternativ sind **persönliche Nachrichten** an einzelne Nutzer möglich, wenn dies mit der Methode des Sampling vereinbar ist. Diese direkte Ansprache hat sich hier als die effektivste herausgestellt.
- Bei der **Formulierung von Texten** und anderen Formen der Ansprache muss darauf geachtet werden, dass eine auf die Zielgruppe ausgerichtete Gewichtung zwischen notwendiger **Information** zur Aufklärung über das Vorhaben und leichter und schneller **Erfassbarkeit** des Inhalts realisiert wird. Verknüpfungen zu anderen Internetseiten oder auf dem Forschungsprofil können helfen, eine zu große Informationsdichte beim Erstkontakt zu vermeiden und dennoch die Seriosität des Projekts zu unterstreichen. Allerdings zeigt die Praxis, dass diese Verknüpfungen mitunter nicht angeklickt werden. Die wichtigsten Informationen müssen deshalb dem Text entnehmbar sein.
- Auch andere **(multi-)mediale Aufrufe**, z. B. Videos, müssen auf die Zielgruppe ausgerichtet sein. Sie transportieren über ihre Ästhetik und die Auswahl von Symbolen und Musik Informationen, die Einfluss auf die Responsivität durch bestimmte Gruppen haben können. Es ist abzuwägen zwischen neutralen Darstellungsformen und der Verwendung von speziell konnotierten Elementen, die eine Gruppe möglicherweise ansprechen, eine andere aber vielleicht abstoßen. Es ist auch zu bedenken, dass im Video, wenn es den Forscher zeigt, dessen Persönlichkeit durch Sprache, Mimik, Kleidung, etc. stark zur Geltung kommt und Sympathien oder Antipathien hervorrufen kann. Eine Möglichkeit, diesen Effekt zu minimieren, ist die Erstellung von Videos mit Bildmaterial oder Textblenden, in denen keine Person in den Vordergrund tritt.
- Es ist sinnvoll, den **Nutzen für Teilnehmer** deutlich zu formulieren, den sie von einer Teilnahme haben. Dieser kann je nach Zielgruppe von unterschiedlicher Art sein. Es wurde die Erfahrung gemacht, dass viele junge Menschen sehr **hilfsbereit** sind – besonders dann, wenn sie ein Thema, das ihnen am Herzen liegt, in der öffentlichen Wahrnehmung nach vorne bringen oder anderen Menschen damit helfen können. Obwohl in der Sozialforschung, unter anderem wegen der befürchteten Effekte sozialer Erwünschtheit im Antwortverhalten, eine monetäre Bezahlung von Teilnehmern sehr kritisch abzuwägen ist, kann das In-Aussicht-Stellen einer kleine Aufwandsentschädigung, zum Beispiel in Form eines Kinogutscheins oder Ähnlichem, bei der ersten Kontaktaufnahme das Teilnahmeinteresse steigern. Außerdem drückt es eine gewisse Wertschätzung für die tatsächlich vollbrachte Leistung aus, mitunter mehrere Stunden seiner

Freizeit zu opfern und sich dabei auf das Forschungsthema und häufig auch auf sich selbst und auf die eigene Situation einzulassen. Für viele junge Menschen erfordert es Mut, sich in diese ungewohnte und vorher schwer einschätzbare Situation zu begeben.

- Bei den Kontaktversuchen im Rahmen der vorliegenden Studie wurde stets angegeben, dass Teilnehmer am Forschungsprojekt anonym bleiben würden. Interessanterweise irritierte dies manche Personen, sodass es sich in manchen Fällen angeboten hätte, dieses Thema nicht oder weniger explizit anzusprechen (Anonymität aber selbstverständlich dennoch zu garantieren!). Manche Personen hätten durch die Aussicht auf die Nennung ihres Namens in einer Veröffentlichung eher für die Teilnahme motiviert werden können als mit der Zusicherung von Anonymität. Davon ist aber abzusehen, weil Teilnehmer, insbesondere Kinder und Jugendliche, nicht einschätzen können, in welchen Kontexten ihre Namen später erscheinen könnten und welche Folgen dies für sie haben könnte.

3.4.2 Online-Akquise auf Empfehlung oder mit Bezug zu anderen Personen

Im Gegensatz zur Kaltakquise waren solche Kontaktversuche besonders erfolgreich, bei denen andere Teilnehmer, die den Kontaktierten bekannt waren, zur Sprache gebracht wurden. Häufig genügte es schon, mitzuteilen, dass man in der Liste der Favoriten oder der Freunde eines verlinkten Teilnehmers auf den Kontaktierten aufmerksam geworden sei, so wie in folgender Nachricht an einen Nutzer:

Private Nachricht an möglich Teilnehmer

Hey XXX,
ich bin Christoph. Im Channel von XXX, den ich für ein Interview getroffen habe, bin ich auf deinen Channel und deine Videos aufmerksam geworden!
Ich schreibe ein Buch über Videoplattformen und Leute wie dich, die Videos hochladen oder sich daran beteiligen (hier kannst du mehr darüber erfahren: http://www.ph-ludwigsburg.de/8285.html).
Vielleicht könnte ich dich für ein Interview treffen? Ich wohne in Stuttgart, ich glaube, nach XXX ist es nicht so weit...
Wenn du Interesse hast, melde dich bitte kurz! Dann kann ich dir gerne auch genauere Informationen geben!
Christoph

Dies bietet sich insbesondere bei der Untersuchung von sozialen Gruppen an, die entsprechend vernetzt sind. Allerdings ist hierbei vorher das Einverständnis der Teilnehmer einzuholen, auf die verwiesen wird, denn deren Anonymität wird an dieser Stelle aufgehoben.[57]

3.4.3 Persönliche Offline-Akquise

Ebenfalls erfolgreich, wenn auch wesentlich aufwendiger, war in vielen Fällen das Aufsuchen von physischen Orten, an denen mögliche Teilnehmer der Studie vermutet wurden – ganz im Sinne von Christine Hines adaptiver Ethnografie (s. Kap. 3.2). Als solche Orte wurden vor allem Jugendhäuser, Jugendtreffs und selbstorganisierte *YouTube*-Treffen identifiziert, sowie ein Jugendvideo-Festival und später, nach Fokussierung auf die Gruppe der C Walkers, C-Walk-Meetings, die auf *YouTube* angekündigt worden waren. Immer war es sinnvoll, zunächst Kontakt zu einer Schlüsselperson aufzunehmen, welche die Einführung in der sozialen Situation erleichterte. Das konnte ein Jugendhausmitarbeiter sein, der vorher telefonisch um einen Termin gebeten worden war, oder einzelne Mitglieder der jeweiligen Gruppe, beispielsweise der C Walkers. Ausgestattet mit Informationsmaterial war es im persönlichen Gespräch häufig einfacher, Personen zur Teilnahme zu bewegen. Manchmal wurde ich regelrecht von Teilnahmewilligen umringt. Es erwies sich als sinnvoll, bereits im Vorfeld definiert zu haben, welche Personen im Sinne des theoretischen Samplings zu befragen wären. Im Umgang mit der Zielgruppe dieser Studie stellte es sich als unabdingbar heraus, sofort alle möglichen Kontaktdaten auszutauschen und möglichst gleich einen verbindlichen Termin auszumachen, an den dann regelmäßig erinnert wurde.[58]

---

57 Teilnehmer wurden stets gefragt, ob anderen, möglichen Teilnehmern mitgeteilt werden dürfe, dass sie bereits mitgemacht hätten. Dies wurde in allen Fällen bejaht.
58 Treffen in Berlin und Bochum, zu denen ich angereist war, konnten nicht stattfinden, weil die Teilnehmer nicht wie vereinbar erscheinen konnten. Auch mit solchen Erfahrungen muss gerechnet werden.

3.5 Going Native !?

> *„Versetzen Sie sich in die Situation, allein an einem tropischen Strand, umgeben von allen Ausrüstungsgegenständen, nahe bei einem Eingeborenendorf abgesetzt zu sein, während die Barkasse oder das Beiboot, das sie brachte, dem Blick entschwindet."*
>
> (Malinowski 1922, S. 26)

Forschung mit einem ethnografischen Forschungsverständnis zu betreiben, bedeutet, möglichst tief in die untersuchte Kultur einzudringen, um dort alltägliche Praktiken zu begleiten und zumindest teilweise an ihnen zu partizipieren:

> "In its most characteristic form it involves the ethnographer participating, overtly or covertly in people's daily lives for an extended period of time, watching what happens, listening to what is said, asking questions – in fact, collecting whatever data are available to throw on the issues that are the focus of the research." (Hammersley/Atkinson 1995, S. 1, zit. nach Hine 2000, S. 41).

Going Native, das möglichst tiefe Eintauchen in und Vertrautwerden mit einer zu untersuchenden Kultur, wurde auch für die vorliegende Studie angestrebt. Und doch entsprach das Vorgehen nicht ganz dem klassischen Verständnis vom Going Native, wie es beispielsweise der Pionier der teilnehmenden Beobachtung, Bronislaw Malinowski, in seiner methodisch richtungsweisenden Studie „Argonauts of the Western Pacific" über die Einwohner der Trobirand-Inseln östlich von Papua Neuguinea beschreibt (s. Malinowski 1984, S. 26ff.). Es fand ein eher „sporadisches Eintauchen" (ebd., S. 29) in die zu untersuchende Gruppe statt, das Malinowski dem von ihm geforderten tiefergehenden Kontakt gegenüberstellte. Deshalb darf der Begriff des Going Native hier nur in einer bewusst eingeschränkten Bedeutung verstanden werden: Ziel war es, sich mit der zu untersuchenden Kultur des C Walk auf *YouTube* möglichst gut vertraut zu machen und ihre spezifische Sprache und wichtige Codes zu erlernen, sodass eine Verständigung zwischen Forscher und Mitgliedern der untersuchten Gruppe, die auch bei einer Subkultur innerhalb der eigenen Kultur nicht selbstverständlich ist (vgl. Krotz 2005, S. 249), möglich würde – ein Prozess, der die Generierung einer gegenstandsverankerten („grounded") Theorie überhaupt erst ermöglicht. Ethnografisches Forschungsverständnis und Theoriegenerierung in Anlehnung an die GTM ergänzen sich hier, denn analog zum Bestreben der GTM, Theorie gegenstandsverankert aus dem Material heraus zu generieren, ist die

3.5 Going Native!?

„Ethnography [...] a way of seeing through participants' eyes: a grounded approach that aims for a deep understanding of the cultural foundations of the group." (Hine 2000, S. 21)

Die neue Herausforderung ist, dass die zu untersuchende Jugendkultur zu einem großen Teil online stattfindet:

"In an offline setting we might expect an ethnographer to have spent a prolonged period living or working in their field site. We would expect them to have observed, asked questions, interviewed people, drawn maps and taken photographs, learnt techniques and done what they could do to find out how life was lived from the point of view of participants. Moving this approach to an online setting poses some interesting problems: how can you live in an online setting? Do you have to be logged on 24 hours a day, or can you visit the setting at periodic intervals? Can you analyse newsgroups archives without participating and call that ethnography?" (Hine 2000, S. 21)

Anders als in klassischen ethnografischen Studien, wie beispielsweise der von Malinowski, handelt es sich hier nicht um die Untersuchung einer Kultur im Sinne der umfassenden „Lebensweise der Mitglieder einer Gesellschaft, oder von Gruppen innerhalb der Gesellschaft" (Giddens 1999, S. 20), sondern um eine Jugendkultur, die nur einen Teilbereich des alltäglichen Lebens und nur eine von verschiedenen kulturellen Zugehörigkeiten ihrer Mitglieder bedeutet. Außerdem, und dies ist ein zweiter Aspekt zur Begründung der begrifflichen Einschränkung von Going Native, hat die untersuchte Gruppe die Eigenschaft, sich nur selten – in ihrer Gesamtheit niemals – gleichzeitig an einem einzigen physischen Ort aufzuhalten. Ebensowenig teilen ihre Mitglieder allgemeine Alltagspraktiken über die des C Walk hinaus zwangsläufig miteinander (s. Abbildungen 9, 10).

Abb. 9
„Das Zelt des Ethnographen an der Küste von Nu'agasi" (Malinowski 1985, S. 39, © Suhrkamp).

Abb. 10 Der Online-Ethnograf an einem Bibliotheksarbeitsplatz, über den Laptop mit Internetzugang mit dem Feld verbunden (© Felix Rebel).

Das Miterleben musste sich auf die zugänglichen Lebensbereiche beschränken, in denen sich die Jugendkultur offenbart. Und selbst dort hätte ich den Versuch meiner Teilnahme an *allen* C-Walk-Praktiken nicht als authentisch, teilweise sogar als störend für die Mitglieder der Jugendkultur empfunden. Ich brachte mich in der Rolle des interessierten Beobachters ein. Beispielsweise wurde ich bei C-Walk-Meetings gebeten, Gruppenfotos zu schießen und konnte zu bestimmten schulischen Themen, die einige Mitglieder beschäftigten, im Gespräch oder per E-Mail Informationen geben. So wurde ich von allen Beteiligten angenommen. Mit einigen von ihnen fand über den eigentlichen Erhebungszeitraum hinaus E-Mail-Verkehr statt,

3.5 Going Native!?

insbesondere mit den Teilnehmern Maria und Nils, die mir bei der Erschließung des Feldes geholfen hatten, unter anderem als Schlüsselfiguren zur Einführung in die Gruppe bei einem großen C-Walk-Meeting.

Ich beobachtete, abonnierte und kommentierte (seltener) die Aktivität der Teilnehmer auf *YouTube* vom eigenen Schreibtisch aus, schrieb und empfing Nachrichten und stellte anfangs selbst Videos ins Internet. In der physischen Welt traf ich Teilnehmer nicht nur einzeln zu Forschungsgesprächen und zum Beobachten ihres Surfens im Netz, sondern begleitete sie auch zu größeren Treffen (*YouTube*-Gatherings und später, nach der Eingrenzung auf die Gruppe der C Walkers, zu C-Walk-Meetings). In einem Fall wurde ich eingeladen, zwei Teilnehmer auf die Straße zu begleiten, wo diese tanzten und Videos aufnahmen. Bei all diesen Praktiken und über den gesamten Forschungsprozess hinweg erlernte ich wichtige Begriffe und Codes (zum Beispiel die Bedeutung von bestimmen Gesten, die sich in Videos wiederholen). Ich begann nach und nach die Bedeutungen verschiedener Praktiken zu verstehen, und lernte, sensibel mit Sprache umzugehen, beispielsweise mit Szene-Begriffen. So konnte ich Vertrauen aufbauen und erlebte bei fast allen Teilnehmern sehr große Bereitschaft, sich im Gespräch zu öffnen.

Weniger Probleme als das Going Native bereitet bei der durchgeführten Forschung in Anlehnung an das Verständnis der adaptiven Ethnografie (s. Hine 2000) der Prozess des Verlassens des Feldes, der in der ethnografischen Literatur als „**Coming Home**" bezeichnet wird (vgl. Krotz 2005, S. 279f.). In meiner Wahrnehmung unterscheidet sich adaptiv-ethnografisches Forschen von der traditionellen Ethnografie unter anderem dadurch, dass die Prozesse des Going Native und des Coming Home über einen längeren Zeitraum hinweg häufiger, aber dafür weniger intensiv erlebt werden. Der Forscher, der tagsüber stundenlang online beobachtet oder Treffen in der physischen Welt beigewohnt hat, verlässt diese am Abend, oder – wie im Falle eines zweitägigen *YouTube*-Gatherings – spätestens nach einigen Tagen wieder, um in seine gewohnte Lebenswelt zurückzukehren. Dort gewinnt er recht schnell wieder Abstand und kann das Erlebte reflektieren. Höchstwahrscheinlich erlebt ein Forscher, der derart forscht, einen geringeren Grad der Involviertheit als einer, der rund um die Uhr fast sein gesamtes Alltagsleben für eine gewisse Dauer in einer anderen Kultur verbringt.

3.6 Kurze Falldarstellungen und Begründung des theoretischen Samples

Im Folgenden wird die Auswahl der Fälle in kurzen, interpretativen Zusammenfassungen der im Forschungsprozess entstandenen, ausführlichen Falldarstellungen[59] vorgestellt. Auf die Schwierigkeit des Zugangs zum Feld wurde oben bereits hingewiesen. Hier wird nun gezeigt, weshalb jeder einzelne Fall ausgewählt wurde. Diese ungewöhnliche Darstellungsweise dient der Nachvollziehbarkeit der Erkenntnisse dieser Studie – erstaunlicherweise finden solche Darstellungen in Arbeiten, die im Verständnis der GTM erarbeitet werden, in der Regel nicht statt, oder zumindest keinen Eingang in deren Publikationen. Zwar wird die Auswertung entsprechend der GTM stets über die Fallgrenzen hinweg vorgenommen, doch eröffnet die Kenntnis der einzelnen Fälle erstens eine tiefere Einsicht in die subjektiven Bedeutungen des untersuchten Phänomens, und zweitens – und das ist wesentlich – lässt sich die Zusammensetzung des theoretischen Sampling für den Leser nur nachvollziehen, wenn sie mit der Darstellung der einzelnen Fälle transparent gemacht wird.

3.6.1 Tai, 15 Jahre

Tai war zu Beginn der empirischen Phase, als der Fokus noch nicht auf die mir bis dato unbekannte Jugendkultur des C Walk gelegt worden war, der zweite[60] Teilneh-

---

59 Besonderes Augenmerk wird in den hier nicht veröffentlichten Langversionen der Falldarstellungen auf folgende Aspekte gelegt: 1. Situation der Erhebung; 2. erhobenes Datenmaterial zum Fall; 3. Erkenntnisse über die Person, ihre subjektive Lebenslage und aktuelle, handlungsleitende Themen, mit denen sie sich beschäftigt sowie über ihre Orientierungen und dahinterstehende Konzepte; 4. Mediennutzung und speziell Nutzung von *YouTube*; 5. Bedeutung des C Walk im Alltag der Person.

60 Der erste Teilnehmer produzierte aufwändige, mit Freunden nachgespielte und mit hochwertiger Ausrüstung aufgenommene Spielfilmsequenzen, die er mit zahlreichen, beinahe professionellen Spezialeffekten bearbeitete. Später, bevor die Festlegung auf das Phänomen des C Walk als Forschungsgegenstand vorgenommen wurde, traf ich noch eine Gruppe von jungen Roma – Männer, die geduldet, aber ohne Aufenthaltsgenehmigung in Deutschland leben und ihre Zeit unter anderem mit dem Covern von TV-Serien verbringen. Zudem zwei Freunde, die früher zusammen Videos mit Mutproben in Anlehnung an die Serie *Jackass* gedreht hatten, woraufhin einer folgenreiche Probleme mit der Polizei und an der Schule bekommen hatte, die ihm auch Termine bei einem Psychologen einbrachten und beinahe den Schulverweis bedeutet hätten. Die Heterogenität all dieser Fälle und die Unmöglichkeit, eine soziale Gruppe

3.6 Kurze Falldarstellungen und Begründung des Samples

mer der Hauptstudie (vorher waren in einer Vorstudie bereits andere Interviews geführt worden) und der erste C Walker, den ich getroffen habe. Der Kontakt war über ein Jugendhaus zustandegekommen, in dem ich mich in Absprache mit dem Personal persönlich vorgestellt und Informationsmaterial verteilt hatte. Insofern handelte es sich noch nicht (oder nur was die allgemeinen Vorannahmen angeht) um eine theoretisch geleitete Fallauswahl, sondern sie erfolgte, ganz im Sinne von Strauss und Corbin (s. S. 61), unter pragmatischen Gesichtspunkten.

Tai ist der einzige Sohn vietnamesischer Eltern. Er wurde in Saigon geboren und kam mit seiner Mutter und seinem ebenfalls vietnamesischen Stiefvater im Alter von fünf Jahren nach Deutschland. Die Kleinfamilie lebt heute mit dem relativ hohen Lebensstandard einer Mittelschichtfamilie in einem bürgerlichen, eher teuren Viertel einer Großstadt. Es gibt deutliche Hinweise darauf, dass die Familie gut integriert und sozial vernetzt ist. Elemente der vietnamesischen Kultur und des buddhistischen Glaubens werden auch in Deutschland aktiv gepflegt. Tai hat ein gutes Verhältnis zu seiner Mutter, mit dem Stiefvater kommt er weniger gut zurecht. Der Grund dafür scheint auch in dessen – wie Tai es empfindet – vorübergehender Vernachlässigung seiner Ehefrau, also Tais Mutter, und der Familie zu liegen. Inzwischen habe sich das aber gebessert. Tai besucht ein Gymnasium. Er ist ein relativ guter Schüler und muss sich für seine Leistungen, seinem eigenen Empfinden nach, wenig anstrengen. In seiner Freizeit geht er vielen, insbesondere sportlichen Aktivitäten nach. Tai ist sozial stark vernetzt, er fühlt sich von seinen Freunden angenommen und anerkannt. Sein Stil orientiert sich in vielen Dingen am Ausdruck von Kreativität, Modernität und Urbanität – das bringt er zum Beispiel durch technische Geräte oder Kleidung zum Ausdruck, jedoch immer im Rahmen eines durch die Konsumgüterindustrie vorgegebenen Mainstream, der zugleich auf Abgrenzung von der großen Masse setzt. Tai achtet stark auf sein modisches, gepflegtes Äußeres und auf eine ästhetische Gestaltung seines Umfelds. Dabei hat er das Gefühl, einen eigenen Stil entwickelt zu haben, der zu ihm passt. In seiner aktuellen Entwicklungsphase beschäftigt es ihn, seine Rolle als Mann zu definieren, diese auszufüllen und darzustellen. Das führt mitunter zu Brüchen zwischen kindlichen und erwachsenen Aspekten der Identität und ihrer Vermittlung. Für Tai sind, neben diesen alterstypischen Themen, die Konzepte des Sozialen, des Gemeinschaftlichen und manchmal des Hedonistischen handlungsleitend, außerdem hat er das Leistungskonzept stark verinnerlicht, nachdem Leistung hochgradig

---

und entsprechende Dynamiken und Bezüge zu untersuchen, vor allem aber das Problem der unmöglichen Begründung, an welcher Stelle das Sample geschlossen werden sollte, wenn tausende verschiedene Arten der Selbstdarstellung auf *YouTube* aus den verschiedensten Motiven heraus bestehen, führte an dieser Stelle zur Entscheidung, die Studie auf das Phänomen des C Walk auf *YouTube* zu begrenzen.

anerkennungswürdig ist. Wenn diese Konzepte schwer vereinbar sind, führt das in seiner Wahrnehmung und Interpretation der Welt zu Unstimmigkeiten, die er aber für sich so weit in Passung bringen kann, dass er eine positive Einstellung zu sich selbst und zu seinem Leben behält. Medial ist Tai sehr gut ausgestattet, teilweise mit teuren Markenprodukten. Dabei kommt seinen Mediengeräten zum Teil Statussymbolcharakter zu (Apple). Tai nutzt Medien hauptsächlich zur Unterhaltung und für soziale Zwecke, am wichtigsten sind ihm das Internet (Social Networks und *YouTube*) und Musik (im Internet oder offline als MP3). Auf YouTube hat er einen noch recht neuen Kanal, den er eingerichtet hat, um die Haters (s. Glossar), die ihn auf seinem alten Kanal gestört hatten, loszuwerden. Auf dem alten Kanal hatte er zehn Videos eingestellt. YouTube nutzt Tai rezeptiv, um Musik zu hören, sich zu unterhalten und C-Walk-Videos anzusehen. Produktiv und kommunikativ nutzt er die Videoplattform vor allem im Kontext seiner Aktivität als C Walker. Zur Bearbeitung von Foto und Video verwendet er hauptsächlich Programme der Firma Apple. Er gehört einer C Walk Crew (s. Glossar) an und nimmt aktiv am Leben der C-Walk-Szene teil, zum Beispiel an Battles und an Meetings, auch in weiter entfernten Städten. Tai ist in der C-Walk-Szene seiner Umgebung vernetzt, er kennt die Teilnehmer Maria, Nils und Thien (dessen Fall nicht in die detaillierte Auswertung einging).[61]

Für die weitere Fallauswahl wurden folgende Aspekte als relevant erachtet: Es hatte sich gezeigt, dass die vietnamesischen Wurzeln eine wichtige Rolle für Tais Selbstverständnis und auch für seine Aktivität auf *YouTube* und im C Walk darstellt. Insofern erschien es interessant, nun einen Fall eines Nutzers mit anderem kulturellen Hintergrund in das Sample aufzunehmen. Tai ist sehr medienaffin, es konnte nun durchaus eine weniger medienaffine oder bezüglich der Herstellung von Medieninhalten weniger eigenproduktiv tätige Person in das Sample aufgenommen werden. Zu diesem Zeitpunkt, zu dem durch Tai ein erster Einblick in das Phänomen des C Walk aus Akteurssicht gegeben worden war, blieb die Auswahl weiterer Fälle noch sehr offen.

---

61 Da allen Teilnehmern Anonymität zugesichert worden war, konnte in der Regel nicht über Bekanntschaften mit anderen Teilnehmern gesprochen werden. In manchen Fällen ergab sich das Gespräch aber zufällig, oder es gab in der Kanalkommunikation Hinweise auf Bekanntschaften zwischen Teilnehmern.

3.6.2 Samir, 16 Jahre

Der Fall von Samir erfüllt die beiden oben beschriebenen Kriterien. Zudem erscheint interessant, dass er sich offenbar in einer starken Orientierungsphase befindet und zudem erst am Anfang seiner „Karriere" als C Walker steht.

Samir ist in Algerien geboren, aber mit seiner algerischen Familie (Mutter, Vater, jüngere Schwester, älterer Bruder) in Deutschland aufgewachsen. Seine Mutter arbeitet als Putzfrau. Samir äußert sich nicht dazu, ob und ggf. was der Vater arbeitet. Samir liebt Deutschland und seine süddeutsche Heimatstadt, und er ist sehr froh und dankbar, dort zu leben. Samir besucht eine Hauptschule, hat aber Ambitionen, seine Schullaufbahn fortzusetzen; er träumt sogar von einem Studium. Er hat, was die mit Bildung einhergehende soziale Positionierung angeht, eine aufstrebende Haltung verinnerlicht, was die Gefahr der Enttäuschung birgt, falls die gesteckten Ziele nicht erreicht werden können. Samir wirkt für sein Alter von sechzehn Jahren jung und noch recht kindlich. Die Suche nach und die Übernahme von entsprechenden Attributen von Männlichkeit sind ein wichtiges Thema für ihn. Sein älterer Tanz-Trainer Phùc ist ihm ein großes Vorbild, und er versucht, sich ebenfalls als erwachsen zu präsentieren. Manchmal führt das aufgrund seiner tatsächlichen Reife zu Brüchen in seiner Selbstdarstellung. Solche sind auch bezüglich seines Selbstvertrauens wahrnehmbar. Während er sich auf der einen Seite als beliebt und respektiert beschreibt und im Gespräch eine fröhliche und positive Ausstrahlung hat, scheint doch immer wieder Unsicherheit durch: Er sucht stark nach Orientierung, bezieht sich dabei auf traditionelle (zum Teil islamische) Werte und blickt zu älteren und erfahreneren Vorbildern auf. Die Kritik an seinem *YouTube*-Video durch einen Freund hat ihn stark eingeschüchtert. Er gibt deswegen aber nicht auf, sondern bemüht sich, seine Leistung im C Walk zu verbessern, bis er den Ansprüchen anderer (und seinen eigenen) genügt. Wenn er sich auch insgesamt als sehr kontaktfreudig und offen erlebt, scheint er in Bezug auf Mädchen eher unsicher zu sein. Seine Bemerkung, dass ein Mädchen seit einem Jahr Interesse an ihm habe, ihm aber zu kindlich sei, wirkt wie der Versuch, einer antizipierten Erwartungshaltung und damit verbundenen Erklärungspflicht darüber gerecht zu werden, warum er, der sich als junger Mann darstellen möchte, noch keine Freundin hat. Samir hat Anschluss an eine Gruppe Jugendlicher und junger Erwachsener gefunden, er bezeichnet sie als der „Araberhof". Dort fühlt er sich aufgehoben, denn die Gruppe genießt in seiner Stadt unter Gleichaltrigen, mit denen er in Kontakt steht, offenbar großen Respekt. In Samirs Alltag sind (zumindest außerhalb der Familie) Gewalterfahrungen keine Ausnahme. Respektiert zu werden bedeutet für ihn vor allem, nicht Opfer psychischer oder physischer Gewalt zu sein. Trotz seiner jungen und eher schutzbedürftigen Erscheinung stellt sich

Samir im Gespräch als Beschützer der Kleinen und Schwachen dar. Er missbilligt die in seinem Umfeld gängige Praxis, sich durch Gewalt(-Androhung) Respekt zu verschaffen und Schwächere zu unterdrücken, genießt aber zugleich den Respekt, den sich seine Gruppe („Araberhof") auf diese Weise sichert.

YouTube nutzt Samir hauptsächlich rezeptiv. Er beobachtet aber das soziale Leben im C Walk auf der Plattform, zum Beispiel auf anderen Kanälen seiner Freunde. Dabei geht es ihm vorranging um den Tanz und die entsprechende Technik. Produktiv nutzt er die Plattform zum Zeitpunkt des Gesprächs nicht, da er sich nicht ausreichend mit jugendkulturellem Wissen und Können ausgestattet fühlt, um im Feld des C Walk auf *YouTube* reüssieren zu können. Derzeit bereitet er sich jedoch auf sein Comeback vor. C Walk und andere Tanzstile sind für ihn wichtiger Bestandteil seines Alltags. Er tanzt auch, um Herr über seine Emotionen zu werden und er kultiviert das Bild des Tänzers als zentralen Aspekt seiner Persönlichkeit. In der C-Walk-Szene ist Samir kaum über sein direktes Umfeld hinaus vernetzt. Wichtigste Bezugsperson in der Szene ist sein Freund und Trainer Phùc.

Nach der Aufnahme des Falles von Samir liegt es auf der Hand, auch den Fall von Phùc, den ich direkt im Anschluss an Samir interviewt hatte, in das Sample aufzunehmen. Denn dieser stellt für Samir eine wichtige Bezugsperson und Orientierungsfigur dar, was die Praxis des C Walk, aber auch die Suche nach männlicher Identität angeht. Es interessiert mich, auch dessen Perspektive wahrzunehmen und somit besser zu verstehen, was ihn zum Vorbild macht.

3.6.3 Phùc, 17 Jahre

Zusätzlich zu den oben genannten Gründen erscheint mir an Phùcs Fall auch interessant, dass er zwar an den Praktiken des C Walk teilnimmt, allerdings mit einem anderen, eher professionellen Blick als andere Teilnehmer und eher aus Interesse am Tanz als an den sozialen Aspekten der Jugendkultur – insofern stellt er eine Ausnahme dar.

Phùc besucht zum Zeitpunkt der Erhebung eine Realschule. Seine Mutter stammt aus Vietnam, sein Vater hat nach Phùcs Geburt offenbar keine wesentliche Rolle in dessen Leben gespielt. Phùc ist in Moskau geboren und in seinem Leben sehr häufig umgezogen. Deswegen kennt er in ganz Deutschland viele Menschen. Er lebt mit seiner berufstätigen Mutter zusammen, verdient aber mit verschiedenen Jobs seit drei Jahren eigenes Geld dazu. Medien, insbesondere sein Handy und das Internet, spielen eine wichtige Rolle in seinem Alltag, und er leistet sich eine hochwertige Medienausstattung (*iPhone*, Laptops, Fernseher). Phùc hat eine feste Freundin, die ein Gymnasium besucht und ebenfalls gerne tanzt. Er gibt bezahlte Tanzstunden in der Tanzschule ihrer Eltern, sieht dies aber langfristig eher als Hobby denn als Beruf an. Phùc ist es wichtig, in seinem Umfeld respektiert zu werden. Respekt hat er sich vor zwei Jahren beispielsweise mit einem Happy-Slapping-Video (s. Glossar) verschafft: Er hatte zwei andere Jugendliche verprügelt und war aus dem Kampf als Sieger hervorgegangen. Die Situation war von ihm absichtlich herbeigeführt und von einem Freund gefilmt und ins Internet gestellt worden. Seither fühlt er sich respektiert. Gewalt lehnt er heute ab, und er missbilligt sein damaliges Verhalten, auch wenn es so scheint, als profitiere er noch von dem Ruf, den er sich damals auch gewaltsam aufgebaut hat. Heute ist Phùc mit seinem Leben zufrieden, wichtig sind ihm finanzielle Sicherheit und soziale Integration.

Auf *YouTube* stellt Phùc häufig Tanzvideos ein. Er nutzt die Plattform neben der Selbstdarstellung insbesondere zur Information über sein Hobby Tanzen, weniger intensiv zur Kommunikation. Er freut sich aber über die Anerkennung, die er in Feedbacks erhält. Seine Videos nimmt er häufig mit Freunden auf; dabei ist untypisch für C Walkers – er bezeichnet sich auch eher als Hip-Hopper denn als C Walker – dass dies meist in Hallen oder in der Tanzschule stattfindet. Weniger die Jugendkultur des Street Dance C Walk als das Tanzen selbst steht im Mittelpunkt von Phùcs Aktivität, womit er unter den Teilnehmern an der Studie eine Ausnahme darstellt.

Es sollten nun auch C Walkers ohne Migrationshintergrund in das Sample aufgenommen werden. Nachdem es sich bei den bisher erhobenen Fällen nur um männliche C Walkers handelt, sollte auch die Sicht weiblicher C Walkers integriert werden. Solche zu finden und zur Teilnahme zu bewegen, ist keineswegs selbstverständlich. Die direkte Ansprache über *YouTube* nach langer und schwieriger Recherche führte schließlich zum Erfolg (es musste eine weibliche Person gefunden werden, die in Deutschland lebt und C Walk praktiziert, wobei keines dieser Merkmale als nutzbares Suchkriterium in der Plattformarchitektur von *YouTube* fungiert).

3.6.4 Maria, 18 Jahre

Am Fall von Maria ist auf den ersten Blick interessant, dass sie stark in der Community des C Walk vernetzt ist und der Jugendkultur in ihrem Leben wichtige Funktionen zukommen. Sehr interessant erscheint auch die Beziehung zum C Walker Nils, dessen Teilnahme an der Studie sich gleichzeitig mit der von Maria ergab.

Maria bereitet sich in der zwölften Klasse eines Gymnasiums gerade auf das Abitur vor. Ihre Eltern sind, wie auch Maria selbst, italienische Staatsbürger. Beide arbeiten schon lange in Deutschland, inzwischen leben sie getrennt. Unter dieser familiären Situation leidet Maria, insbesondere aufgrund eines Gefühls finanzieller Benachteiligung. Sie fühlt sich von ihren Eltern manchmal nicht ausreichend wertgeschätzt und in ihren Sorgen und Nöten unverstanden. Ihre gesundheitliche Konstitution schätzt Maria als schwach ein, was im Gegensatz zu ihrer vitalen Darstellung in den C-Walk-Videos und ihrer physischen Erscheinung steht. Umso wichtiger ist ihr aber die Beziehung zu Nils, den sie über *YouTube* kennen gelernt hat und der ihr zusätzlich Halt gibt. Bei ihm und seiner Familie verbringt sie viel Zeit. Maria möchte ein möglichst gutes Abitur absolvieren – was für sie intensive Arbeit bedeutet – und dann später vielleicht Germanistik oder Design studieren; allerdings denkt sie auch über eine Lehre nach. Finanzielle Sicherheit spielt eine große Rolle bei ihrer Zukunftsplanung, obwohl sie auch einen Beruf anstrebt, in dem sie sich möglichst selbst verwirklichen kann. Dabei möchte sie auch genug Zeit für ihr Privatleben haben – sie weiß, dass es schwierig sein wird, alle Punkte zu verwirklichen. Zum Zeitpunkt der Erhebung scheinen die folgenden Themen für sie handlungsleitend zu sein: Leistung (in der Schule in Vorbereitung auf einen Beruf), das eigenverantwortliche Meistern des eigenen Lebens als junge Frau, Gesundheit, die Paarbeziehung zu Nils sowie soziale Kontakte.

Medien gegenüber ist Maria positiv eingestellt. Vor allem den Computer benutzt sie hauptsächlich in ihrer Freizeit, manchmal aber auch für die Schule. Den Anforderungen, die dort an sie gestellt werden, kann sie nach ihrem eigenen Empfinden gerecht werden. Mit Programmen der Medienproduktion (Bild- und Videobearbeitung), deren Beherrschung in der Schule nicht gefordert wird, ist Maria noch nicht so gut vertraut, sie greift diesbezüglich aus Bequemlichkeit auf die Hilfe von Freunden zurück, die gerne entsprechende Produkte für sie erstellen.[62] In der Freizeit nutzt Maria insbesondere das Internet für soziale Zwecke, dazu zählt auch die Kommunikation. Diese Funktion hat für sie auch die Videoplattform *YouTube*, auf der sie einen eigenen Kanal pflegt. Dort stellt sie ihre eigenen Videos ein und kommuniziert mit anderen Nutzern, sowohl mit Freunden aus ihrem Nahraum als auch mit Nutzern aus anderen Regionen Deutschlands und aus anderen Ländern, die sie zum Teil noch nie persönlich getroffen hat. Ihr Kanal ist thematisch eindeutig dem C Walk zuzuordnen. Sie kennt viele Personen in der C-Walk-Szene, was sich auch in der Vernetzung ihres Kanals ausdrückt. Ihre eigenen Videos, die sie öffentlich hochgeladen hat, sind allesamt C-Walk-Videos. Aktuell produziert Maria weniger Clips als früher, weil sie ihre zeitlichen Ressourcen stärker für die Vorbereitung auf das Abitur und für gemeinsame Zeit mit ihrem Freund einsetzt.

---

62 In einem Telefonat Anfang 2012 (Telefoninterview am 03.12.2011), nach Abschluss ihres Abiturs – mit einer Note, die sie nicht befriedigt – und während der als schwierig wahrgenommenen Suche nach einem Ausbildungsplatz äußert Maria, dass sie sich inzwischen erfolgreich in Video- und Bildbearbeitungsprogramme eingearbeitet hat.

3.6 Kurze Falldarstellungen und Begründung des Samples

Maria kennt sich mit den formalen Aspekten der Jugendkultur des C Walk gut aus. Sie nutzt entsprechende Begriffe, und es macht ihr sichtlich Spaß, den Anforderungen an die Form bestimmter Praktiken oder Produkte (Videos entsprechend bestimmter Sub-Genres) gerecht zu werden und diese zu diskutieren. Maria besucht *YouTube* in ihrer Freizeit, sie fühlt sich dabei unterhalten und hat Spaß. Gleichzeitig kommuniziert sie dort über Themen, die für sie relevant sind: In den Videos und auf ihrem Kanal drückt Maria verschiedenen Identitätsaspekte aus, insbesondere ihre Verortung in der C Walk-Szene. Damit verbunden ist auch ein Aspekt ihrer Weiblichkeit, denn auf *YouTube* wird Maria mit einem traditionellen Rollenbild konfrontiert, in das sie sich nicht hineinpressen lassen möchte (den sie jedoch beispielsweise auf *schuelerVZ* stärker betont). Insbesondere ist ihr wichtig, nicht für Äußerlichkeiten, sondern für ihre Leistung anerkannt zu werden. Wenn man ihr auf *YouTube* mit einem sexistischen Blick begegnet, ärgert sie das, und sie versucht, dem mit entsprechender Selbstdarstellung möglichst wenige Angriffspunkte zu bieten. Ein weiteres Thema, das Maria auf *YouTube* behandelt, ist ihre soziale Zugehörigkeit zu einer Crew und zu Nils, also zu einem Teil ihres sozialen Umfeldes, sowie eine Erweiterung ihres Sozialraumes. Bezüglich der oben genannten, aktuell relevanten Themen ist auch das Thema Gesundheit insofern auf der Plattform präsent, weil sich Maria dort erstens als sportliche Person darstellt, zugleich aber auch über ihre Krankheit (gebrochenes Bein) informiert. Auch die Beziehung zu Nils wird auf *YouTube* behandelt, ebenso wie die Zugehörigkeit zu verschiedenen sozialen Gruppen.

Es liegt nun auf der Hand, Marias Partner Nils in das Sample aufzunehmen. Dass beide Personen an der Studie teilnehmen, ist ein Glücksfall, der tiefe Einblicke in die Bedeutung der Videoplattform und der Jugendkultur für soziale Beziehungen, aber auch für das Geschlechterverhältnis und für Orientierungen an Geschlechterrollen verspricht – Aspekte, die sich im Laufe der bisherigen Interviews als relevant erwiesen haben.

3.6.5 Nils, 17 Jahre

Nils erfüllt neben den oben genannten Kriterien auch hinsichtlich seiner kulturellen Herkunft die Anforderungen an einen weiteren, kontrastierenden Fall im Sample: er hat keinen Migrationshintergrund. Zudem handelt es sich bei ihm nun zum ersten Mal um eine Person, die in der Community als Vorbild für viele C Walkers angesehen wird und die bereits einen gewissen sozialen Status in der Community innehat. Seine Sichtweise könnte die derjenigen ergänzen, die noch stark auf der Suche nach Möglichkeiten zur Generierung von Anerkennung in der Jugendkultur sind, denn er hat seinen Weg im C Walk bereits gefunden. Aufgrund seiner Erfahrung kann er auch über die Strukturen im C Walk berichten, so wie er sie wahrnimmt. Nils lebt zum Zeitpunkt der Erhebung mit seinen Eltern in deren eigenem Haus in einem Wohngebiet einer süddeutschen Stadt – seine ältere Schwester ist bereits ausgezogen. Seine Mutter ist Hausfrau und kümmert sich um zwei zu vermietende Ferienwohnungen, Nils' Vater ist Fliesenleger und aufgrund seines hilfsbereiten Charakters und angesichts seines geleisteten Lebenswerks Nils' größtes Vorbild. Die Familie scheint in finanziell gesicherten Verhältnissen zu leben, zumindest nimmt Nils es so wahr. Nach seinem Realschulabschluss hat er ebenfalls eine Ausbildung als Fliesenleger begonnen, in der Berufsschule fühlt er sich aber häufig unterfordert. Er hat das Gefühl, zu spät erkannt zu haben, wie wichtig es gewesen wäre, sich in der Schule mehr anzustrengen.[63] Nils ist mit Maria befreundet, die beiden haben sich auf *YouTube* kennengelernt, beide sind C Walkers. Nils ist sehr glücklich in dieser Beziehung. Er wirkt als Partner sehr sensibel, sanft und rücksichtsvoll und nimmt sich auch selbst als lieben, fröhlichen, positiven Menschen wahr. Mit Jugendlichen, die aggressiv auf ihn wirken, kommt er nicht gut zurecht, Gewalt versucht er aus dem Weg zu gehen. Es ist Nils wichtig, von seinem sozialen Umfeld Anerkennung zu erfahren. Der C Walk auf *YouTube* bietet ihm dazu ein geeignetes Feld. Nils ist in Deutschland unter C Walkers bekannt und wird für seine Videos sehr geschätzt. Auf *YouTube* ist er sehr aktiv. Er produziert begeistert C-Walk-Videos und eignet sich mit Hilfe von Tutorial-Videos Kompetenzen in der Bearbeitung von Medienprodukten mit professionellen Schnitt- und Bildbearbeitungsprogrammen an. Seine Videos zeichnen sich im Vergleich zu anderen C-Walk-Videos durch eine fortgeschrittene Codierkompetenz aus, besonders emotionale Aspekte vermittelt er auf symbolische Weise, indem er der Bild- und Tonebene sowie der Nachbearbeitung Beachtung schenkt. Nils ist innerhalb der C-Walk-Szene gut vernetzt, sowohl auf der Videoplattform als auch im physischen Raum: Er nimmt an Battles auf *YouTube* ebenso teil wie an C-Walk-Meetings in verschiedenen Städten. Einige *YouTube*-Bekanntschaften zu Jugendlichen in seiner physischen Umgebung hat er zu engen Freundschaften ausgebaut. Allerdings nutzt er *YouTube* weniger zur ausgiebigen dialogischen Kommunikation als beispielsweise seine Freundin Maria. Er genießt es zwar sehr, Kommentare zu erhalten, schreibt manchmal auch zurück, entwickelt aber selten längere Dialoge auf der Plattform. Dafür weicht er auf andere Angebote im Internet aus, vor allem auf Chats und Social-Network-Seiten. Der C Walk spielt

---

63   Im späteren Telefonat Anfang 2012 (Maria, Telefoninterview am 03.12.2011) erzählt Maria, dass Nils nun aufgrund von Knieproblemen eine Ausbildung als technischer Zeichner begonnen hat, die ihm sehr viel Spaß mache und bei der er sehr erfolgreich sei.

3.6 Kurze Falldarstellungen und Begründung des Samples

für Nils eine zentrale Rolle in seiner aktuellen Lebenslage. Darüber generiert er Anerkennung und wichtige soziale Kontakte, und auch in der Beziehung zu seiner Freundin ist C Walk ein zentrales, verbindendes Element. Die jugendkulturelle Praktik ermöglicht es ihm, seine Freude am Tanzen, die er vorher nicht auszuleben wagte, mit der Erfüllung von durch ihn antizipierten Erwartungen seiner (vor allem jugendlich-männlichen) Umwelt an einen männlichen Jugendlichen zu vereinen, an denen er sich in der Phase seiner Entwicklung zum jungen Mann orientiert. Wichtige handlungsleitende Themen sind für Nils die Definition und Aneignung einer männlichen Rolle, die Beziehung und Gestaltung der Beziehung mit seiner Freundin Maria, die Pflege und der Ausbau eines sozialen Feldes im C Walk und die Generierung von Anerkennung für Leistung, die er aktuell besonders im C Walk zeigt, zur Bestätigung verschiedener Aspekte seines Selbstentwurfes.

An Nils' Fall ist interessant, dass er mit dem C Walk symbolisch an eine Welt anschließt, die im Prinzip nicht viel mit seinem relativ intakten sozialen Umfeld zu tun hat, und dass er sich in einer Art und Weise darstellt, die seinem eigentlichen Charakter, wie ich ihn als Forscher wahrgenommen habe, zum Teil nicht entspricht – zum Beispiel bezüglich der männlichen Geschlechterrolle. Das überraschte mich, und es erschien mir sinnvoll, einen weiteren Fall in das Sample aufzunehmen, bei dem ein ähnlicher, deutlich wahrnehmbarer Bruch zwischen Lebenswelt und symbolischer Anknüpfung erkennbar ist. Ich sollte auch eine weitere Teilnehmerin finden.

3.6.6 Michael, 15 Jahre

Der Fall von Michael erscheint deshalb besonders interessant, weil er aus einem privilegierten Umfeld stammt. Auch bei ihm erscheinen der sanfte Charakter und die gegensätzliche Darstellung als C Walker als Bruch. Im Unterschied zu Nils ist Michael aber ein Anfänger im C Walk, der Nils noch dazu als sein Vorbild im C Walk ansieht, obwohl er ihn nicht persönlich kennt – ebenfalls ein interessanter Gesichtspunkt. Auch der Aspekt der Freundschaft mit Jonathan, der ebenfalls interviewt wurde, sowie das Verhältnis von online und offline gepflegten Kontakten wird mit seinem Fall genauer erforschbar, denn mit seinem inzwischen besten Freund aus der Nachbarschaft knüpfte er erst über den C Walk auf *YouTube* Kontakt. Ich freue mich über die Tatsache, dass eines der Forschungsgespräche mit Michael in seinem Zimmer im Elternhaus stattfindet, sodass ein kleiner Einblick in das sonntägliche familiäre Leben möglich ist.

Michael besucht eine Realschule. Als Sohn von Ärzten wächst er behütet in gesicherten Verhältnissen des Mittelstands auf. Zu seiner Mutter, einer Medizinerin, die gerade ihren Studienabschluss nachholt, seinem Stiefvater, einem praktizierenden Arzt, und ganz besonders seinem Großvater, einem ehemaligen Kampfschwimmer bei der Bundeswehr, hat er ein gutes Verhältnis. Sein leiblicher Vater, ebenfalls Arzt, ist verstorben. Michael hat eine jüngere Schwester und zwei erwachsene Brüder, von denen einer in Deutschland, der andere in den USA arbeitet. Michaels Einstellungen sind im Wesentlichen an den Werten orientiert, die die Erwachsenen in seiner Familie teilen. Es wirkt auf den ersten Eindruck wie ein Bruch, wenn er sich als C Walker im Ghetto-Stil präsentiert, diesen Bruch nimmt er auch selbst wahr. Aus seiner subjektiven Sicht erscheint diese Selbstdarstellung aber aufgrund seiner aktuellen Entwicklungsphase durchaus Sinn zu ergeben: Das wichtigste der für ihn derzeit handlungsleitenden Themen ist die Suche nach einer eigenen, männlichen Identität. Darauf weisen auch seine aktuellen Berufswünsche, Kampfschwimmer bei der Bundeswehr und Autolackierer, hin. Er orientiert sich stark an traditionellen Rollenbildern, obwohl diese nicht immer der optimale Entwurf hinsichtlich seiner eigenen Fähigkeiten und Vorlieben zu sein scheinen, was ebenfalls zu Brüchen führt. Michael erkennt besonders unter männlichen Jugendlichen Maßstäbe für Anerkennung, die ihn in Konflikt mit seinem eigenen Wertesystem bringen. Unter Jungen gilt es seiner Meinung nach als anerkennungswürdig, wenn man Drogen konsumiert, körperliche Gewalt anwendet oder stiehlt. Eine Zeit lang hatte er sich als Mitglied der Jugend-Gang *Bloods* bezeichnet, doch aufgrund von Praktiken, die er nicht gutheißen konnte, distanzierte er sich wieder davon. In Gesellschaft von Mädchen fühlt er sich diesbezüglich wohler, weil deren Erwartungen eher mit seinem Wertesystem vereinbar scheinen. Seine C-Walk-Praxis kann, neben dem Aspekt des Spaßes an der Bewegung und dem Aspekt der Verbindung mit der Freundschaft zu Jonathan auch funktional im Sinne der Ermöglichung des Ausdrucks von männlicher Verwegenheit und Coolness interpretiert werden. Dies gelingt insbesondere aufgrund der symbolischen Bezüge im C Walk, derer er sich bedient, ohne mit seinen eigenen Werten durch entsprechendes Handeln brechen zu müssen: Bewusst nutzt er Symbole, die eigentlich nicht mit seinem Herkunftsmilieu in Verbindung gebracht werden, sondern die er eher in US-amerikanischen Ghettos verortet.

Michael hat ein Konzept von Leistung als Grundlage von Anerkennung verinnerlicht, das er vermutlich aus der Erwachsenenwelt in seiner Familie übernommen hat. Er hat aber zugleich selbst nur in geringem Maß Interesse daran, dort Leistung zu erbringen, wo sie derzeit von ihm erwartet wird: in der Schule. Michael ist allerdings vielseitig interessiert; er hat neben sportlichen Aktivitäten und Computerspielen auch Spaß an Kreativem, Schöpferischem wie Kochen, Gärtnern, Zeichnen und Tanzen. Michael beschreibt sich als medienaffin. Seine Fähigkeiten im Bereich des medialen, audiovisuellen Ausdrucks sind noch nicht sehr weit entwickelt, aber er eignet sich zur Zeit spielerisch entsprechende Techniken an, die von dem von ihm verwendeten Schnittprogramm angeboten werden. *YouTube* nutzt er rezeptiv zum Training des C Walk, und er stellt sich in seinem Kanal als C Walker dar, was – wie oben ausgeführt – auch seinem Bedürfnis nach der Darstellung eines bestimmten Identitätsaspektes dient und womit er Anerkennung generieren möchte. Insgesamt scheint er, außer mit seinem Freund Jonathan, in der C-Walk-Szene bisher kaum vernetzt zu sein. Michael ist zwar Mitglied einer Crew, diese spielt aber noch keine wesentliche Rolle für ihn und seine C-Walk-Praxis. Er ist bisher weniger als manche anderen Teilnehmer Teil der sozialen Gruppe der C Walkers auf *YouTube*, für ihn scheint auch die Generierung von Aufmerksamkeit innerhalb dieses Feldes und die eigene soziale Platzierung mit Hilfe von kulturellem und sozialem Kapital innerhalb dieses Feldes noch weniger relevant zu sein: Er nimmt bisher kaum an entsprechenden Praktiken teil, sondern übt mit seinem Freund, dessen Feedback er über die Videoplattform erhält und ernst nimmt. Michael wendet sich sogar gegen die verschleierte Praktik des Erwerbs von sozialem Kapital, indem absichtlich positive Kommentare gegeben werden, um daraufhin Freundschaftseinladungen zu erhalten (vgl. Michael, Interview am 07.10.2009). Er bezeichnet seine Kommentare auf die Videos seines Freundes als „ehrlich" (ebd.). Insgesamt bringt ihm die Aktivität im C Walk bisher vor allem Anerkennung in anderen Feldern, beispielsweise in der Schule (cooles Image), und sie ist zentral für seine Freundschaft mit Jonathan.

Es liegt eigentlich nahe, auch den Fall von Michaels bestem Freund Jonathan, der ebenfalls interviewt wurde, in das Sample zu integrieren. Allerdings erscheint es aufgrund des Materials für die Kontrastierung wichtiger, nun andere Aspekte als den der Freundschaft zu fokussieren, sodass die Aufnahme des zu Jonathans Fall bereits erhobenen Materials in die vertiefende Auswertung zunächst hinten angestellt und schließlich aufgrund des erwarteten geringen zusätzlichen Erkenntnisgewinns ganz verworfen wurde. Allerdings sollten unbedingt weitere weibliche C Walkers gefunden werden, was dank der Hilfe von Maria schließlich möglich war.

3.6.7 Sarah, 15 Jahre

Das wichtigste Argument für die Aufnahme von Sarah ins Sample ist ihr Geschlecht. Im Gespräch hat sich außerdem herausgestellt, dass sie zu diesem Zeitpunkt weniger aktiv an den Praktiken des C Walk teilnimmt als früher. Das verspricht einen distanzierteren Blick auf die Jugendkultur und möglicherweise Informationen über die Gründe ihrer Distanzierung vom C Walk – und damit indirekt auch über ihre vorherige Motivation zur Partizipation.

Sarah besucht die zehnte Klasse eines Wirtschaftsgymnasiums. Mit ihrer Familie (Mutter, Vater, Halbbruder) lebt sie in einer einfach ausgestatteten, auf mich studentisch wirkenden Altbauwohnung in einer süddeutschen Großstadt. Ihre Mutter, Deutsche, ist Erzieherin, ihr Vater, Italiener, ist zurzeit arbeitslos. Er ist Sarahs wichtigstes Vorbild, sie schätzt seine Unabhängigkeit vom Urteil anderer Menschen. Sarah ist im Gespräch weniger zugänglich als die meisten anderen Teilnehmer der Studie. Allgemein scheint sie ihrer Umwelt in vielen Fragen relativ emotionslos gegenüber zu stehen; es fällt auf, dass sie bezüglich der Gesellschaft und der Rolle Jugendlicher in der Gesellschaft kein positives Bild hat. Sarah zeigt keinen großen Drang, Energie in eine Veränderung von Situationen zu stecken, die sie stören. Es ist gut möglich, dass diese Punkte auch mit ihrem Alter und ihrer aktuellen Lebensphase zusammenhängen.

In ihrem Alltag sind für Sarah die Internetseiten von *YouTube* und *Facebook* wichtig. Die Angebote werden von ihr in konvergenter Weise genutzt; *YouTube* schätzt sie besonders, weil sie mithilfe von Playlists, in die sie Videos zum automatischen Abspielen einordnet, Musik hören kann, und weil sie gerne Videos schaut, insbesondere, um Spaß zu haben. Sie hat früher auch eigene Videos hochgeladen und war gespannt auf das Feedback, das sie dort erhielt. Kommunikation auf der Plattform spielt für sie, abgesehen von den Feedbacks, eine untergeordnete Rolle. Tiefergehende Kommunikation verknüpft sie eher mit *Facebook*, wo auch alle ihre Freunde ein Profil haben.

Zurzeit praktiziert Sarah weniger C Walk als früher, weil die Jugendkultur heute zu viel Verbreitung gefunden hat, als dass sie sich damit identifizieren könnte. Sie vermisst im C Walk in letzter Zeit auch das Gefühl der Zugehörigkeit zu einer kleinen Gruppe, die sich vom Mainstream abgrenzt. Zuvor war der C Walk für sie ein wichtiges Mittel zur Vermittlung ihrer Emotionen. Sie lebte die Jugendkultur in der Community sowohl online auf *YouTube* als auch offline auf Meetings und mit einzelnen Freunden. Dabei entwickelte sie aber bezüglich der Medienproduktion ihre technischen Kompetenzen kaum weiter, denn ihre Videos ließ sie sich von einem Freund fertigstellen. Auf *YouTube* machte sie positive Erfahrungen mit ihrer Weiblichkeit, denn sie wurde als Mädchen innerhalb einer männlich dominierten Jugendkultur stark wahrgenommen und erhielt auch aufgrund ihres Geschlechts positive Rückmeldungen.

Nachdem mit Maria bisher nur eine C-Walkerin in das Sample aufgenommen werden konnte, die zum Erhebungszeitpunkt selbst Videos produzierte und aktiv an den Praktiken des C Walk beteiligt war, wurden nun zwei Termine mit jungen Frauen ausgemacht, die ebendiesen Kriterien zu entsprechen schienen. Leider wurde einer der Termine sehr kurzfristig abgesagt. Der andere Termin, mit Sylvie, wurde realisiert.

3.6.8 Sylvie, 17 Jahre

Der Fall von Sylvie ergänzt das Sample, weil sie als weiblicher C Walker sehr aktiv an der Jungendkultur partizipiert und dort vernetzt ist, allerdings – im Gegensatz zu Maria – ohne einen in der Community populären männlichen C Walker als Partner an ihrer Seite.

Sylvie besucht die zehnte Klasse einer Gesamtschule, und sie hat bereits sehr konkrete berufliche Pläne für die Zukunft. Ihre Eltern, beide sind Polen, leben getrennt, seit sie drei Jahre alt ist. Mit ihrer kleinen Schwester lebt sie bei ihrer Mutter, doch auch ihr Vater wohnt nicht weit weg, und Sylvie hat ein sehr gutes Verhältnis zu ihm. Bald wird die Mutter aus beruflichen Gründen mit der kleinen Schwester innerhalb Deutschlands umziehen. Sylvie wird sich dann voraussichtlich alleine eine Wohnung in ihrer derzeitigen Heimatstadt suchen – eine Veränderung, der sie mit gemischten Gefühlen entgegensieht.

Sylvie wirkt sehr selbstbewusst, und sie zeigt starkes Interesse an ihrem Umfeld. Soziale Kontakte sind sehr wichtig für sie. Das äußert sich auch in ihrer Mediennutzung: Seiten sozialer Netzwerke und Anwendungen zur Kommunikation im Internet nutzt sie häufig. Auf *YouTube* ist Sylvie sehr aktiv, sie rezipiert, kommuniziert und produziert regelmäßig selbst Videos, die sie dort einstellt. Damit hat sie sich mit der Zeit selbst videospezifische technische Medienkompetenzen für die Aufnahme, den Schnitt und die Bearbeitung angeeignet. Die aktiv-produktive Nutzungsweise hatte sie bereits praktiziert, bevor sie mit dem C Walk begonnen hat, doch seither stellt dieses Hobby das zentrale Thema ihrer *YouTube*-Nutzung dar. C Walk hat eine wichtige Bedeutung in Sylvies Alltag. Über dieses Hobby knüpft und pflegt sie soziale Kontakte, sie ist sehr gut vernetzt und kennt von den übrigen Teilnehmern zumindest auch Maria und Nils. Sylvie erhält für ihre Selbstdarstellungen als C Walker auf *YouTube* viel Anerkennung. Dabei geht es ihr nicht vorrangig um den Ausdruck eines Identitätsaspekts, der sich an ursprünglich mit C Walk verbundenen Lebensgefühlen und Lebenswelten orientiert. Wichtiger scheinen ihr die sozialen Aspekte des Miteinander-Erlebens im C Walk zu sein. Dabei nimmt sie ihre Rolle als Mädchen in einer von Jungen dominierten Jugendkultur als eher positiv wahr.

Neben dem gesamten Material, das vor der Fokussierung auf die Jugendkultur des C Walk erhoben wurde und das andere jugendkulturelle Kontexte betrifft, dem Material zum Fall des C Walkers Jonathan (US-amerikanische und deutsche Wurzeln), auf den oben schon kurz eingegangen wurde, wurde auch das des C Walkers Long (vietnamesische Wurzeln) nicht einer detaillierten Analyse unterzogen. Auch in seinem Fall wurden keine für die Kontrastierung wesentlichen neuen Aspekte erkannt. Wenn auch mit jedem zusätzlichen Fall weitere kleine Nuancierungen der Erkenntnisse möglich sind, so musste an diesem Punkt die pragmatische, aber gut vertretbare Entscheidung getroffen werden, das Sample zu schließen. Bereits bei der offenen Codierung der letzten aufgenommenen Fälle zeigte sich, dass außer den Aspekten zu Geschlechterrollen, die nun nochmals aus weiblicher Perspektive beleuchtet werden konnten, keine wesentlichen Kategorien gebildet werden mussten, sondern bestehende mit Eigenschaften angereichert oder solche bestätigt werden konnten. Weiter gefasste Perspektiven, die in einer größer angelegten Studie zur Erforschung desselben Phänomens in einem erweiterten gesellschaftlichen Kontext noch hätten herangezogen werden können, wären die Sichtweisen von Eltern von C Walkers, von anderen Personen aus dem Umfeld der C Walkers, die selbst nichts mit der Jugendkultur zu tun haben, diese aber als Außenstehende beobachten (zum Beispiel Klassenkameraden), von Mitgliedern der Gangs *Bloods* und *Crips*, aus denen heraus der C Walk entstanden ist, oder – bezüglich der Funktionalität der Videoplattform – von Mitarbeitern von *YouTube*.[64]

3.7 Erhebungsmethoden und Datenkorpus

Mehrere Erhebungsmethoden wurden kombiniert und an den Forschungsgenstand angepasst. Den Qualitätsanforderungen an qualitative Forschung entsprechend (vgl. Moser 2012, S. 18ff.) werden sie im Folgenden dargestellt, um die Transparenz des Forschungsprozesses sicherzustellen und die Stimmigkeit der Methodenwahl für den Leser nachprüfbar zu machen.

3.7.1 Episodisches Interview mit Surfphasen

Mit allen Teilnehmern der Studie wurden – ganz im Sinne der *adaptive Ethnography* (s. Kap. 3.2) – persönliche Forschungsgespräche an physischen Orten durchgeführt. Zu deren Vorbereitung hatte sich der Autor mit verschiedenen Interviewmethoden auseinandergesetzt, um eine zielgruppen- und gegenstandsadäquate Gesprächsform zu finden. Dabei hatten sich die beiden Methoden des leitfadengestützten und des narrativen Interviews als eingeschränkt geeignet entpuppt. Eine dritte Methode,

---

[64] Ganz zu Beginn der Studie hatte ich versucht, Kontakt zu Mitarbeitern von *YouTube* in Hamburg herzustellen. Dies gelang mit der Person des damaligen Marketing-Leiters, den ich auch auf einem C-Walk-Treffen kennenlernte. Trotz dessen prinzipieller Hilfsbereitschaft konnte kein Interview geführt werden.

3.7 Erhebungsmethoden und Datenkorpus

die des episodischen Interviews, vereint die Vorteile der erstgenannten. Sie wurde für den Zweck der Studie um noch ein Element erweitert.
Leitfadengestützte Interviews (s. Flick 2011, S. 194ff.) erschienen im Rahmen des ursprünglichen Forschungskonzepts als vorteilhaft, weil darin eine Fokussierung auf die Forschungsfragen möglich ist, und weil am ehesten sichergestellt werden kann, dass die relevanten Themenbereiche von allen Teilnehmern behandelt werden. Allerdings wäre dies mit dem Nachteil einer relativ starken thematischen Vorgabe durch den Interviewer und einer möglichen Unterbindung der Äußerung von Kontextinformationen und der Darstellung von Wirklichkeitskonstruktion und -wahrnehmung durch die Teilnehmer verbunden gewesen, die insbesondere mit der Entscheidung für die Anlehnung an die GTM kritisch gesehen wurde. Zudem bestand die Befürchtung, dass manche Forschungsteilnehmer Schwierigkeiten mit einer Gesprächssituation haben könnten, in der eine Vielzahl zielgerichteter Fragen zu beantworten wäre, was als starker Druck empfunden werden könnte.

Als eine weitere mögliche Interviewform wurde das **narrative Interview** identifiziert, das – wie beispielsweise die Erfahrung in der Odenwälder Landjugendstudie zeigt – zusätzlich Offenheit für Kontexte und eine stärkere Orientierung an der Subjektsicht der Forschungsteilnehmer ermöglicht (s. Niesyto 1991, S. 126). Interessant erschien auch die Möglichkeit, die Wirklichkeitskonstruktion aus Sicht der Teilnehmer besser nachvollziehen zu können als mit stärker strukturierten Methoden. Allerdings bestand die Befürchtung, dass in der nicht zu vermeidenden künstlich geschaffenen Forschungssituation die offene, narrative Erzählform nicht von allen Teilnehmern angenommen würde – insbesondere dann, wenn die Fähigkeit zu sprachlichem Ausdruck (insbesondere in deutscher Sprache) möglicherweise eingeschränkt ist.

Eine dritte Methode, die des **episodischen Interviews** nach Uwe Flick (s. Flick 1996), schien passend, um die Vorteile beider genannten Interviewformen hinsichtlich des Gegenstandes und der Zielgruppe zu vereinen. Der Soziologe und Psychologe Flick geht davon aus,

> „dass Erfahrungen der Subjekte hinsichtlich eines bestimmten Gegenstandsbereichs in Form narrativ-episodischen Wissens und in Form semantischen Wissens abgespeichert und erinnert werden" (Flick 2006, S. 158).

Beide Bereiche gilt es im Interview durch unterschiedliche Gesprächstechniken zu erfassen: Das **narrativ-episodische Wissen**, das „erfahrungsnah" und „bezogen auf konkrete Situationen und Umstände" (Flick 2006, S. 158) ist, wird über die Generierung von Erzählungen durch den Teilnehmer erhoben. Dahingegen wird das **semantische Wissen**, das „abstrahierte, verallgemeinerte Annahmen und

Zusammenhänge" (ebd.) zu einem Gegenstand organisiert, mit Hilfe von zielgerichteten Fragen angesprochen und in Beschreibungen durch den Teilnehmer vermittelt (vgl. ebd., S. 159f.).

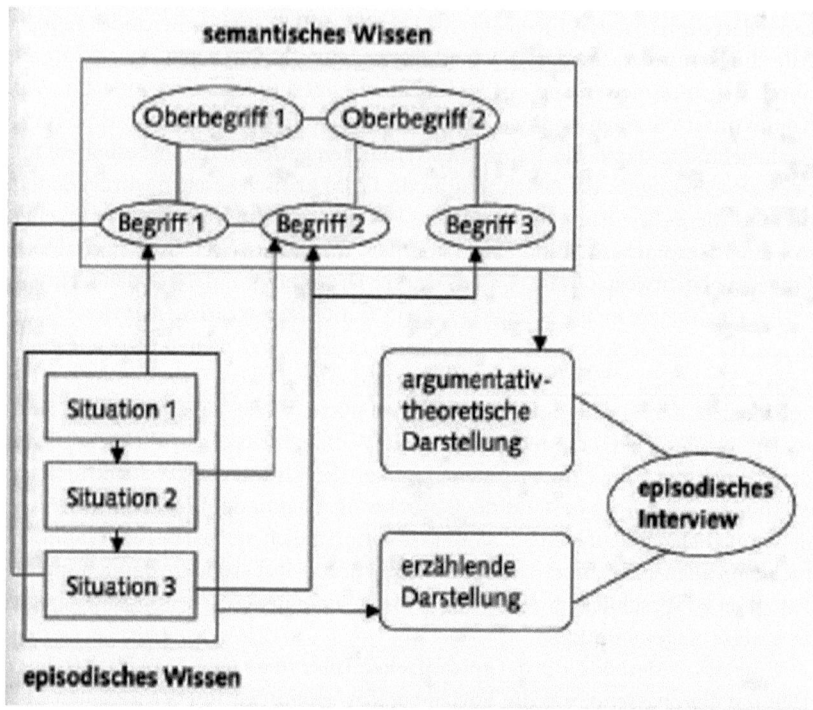

Abb. 11 „Wissensformen im episodischen Interview", Abb. und Bildunterschrift aus Flick (2006, S. 159, © Rowohlt Taschenbuch Verlag).

Die Impulse für Erzählungen und Beschreibungen liefern in einem Gesprächsleitfaden vorgeschlagene

- Erzählaufforderungen, beispielsweise: „Erinnere dich mal an den Tag, an dem du zuletzt auf einer Videoplattform warst: Kannst Du mir so genau wie möglich erzählen, wie dieser Tag anfing, und was du den ganzen Tag gemacht hast?" und
- konkrete Fragen, beispielsweise nach vergleichenden Bewertungen: „War das ein typischer Tag, oder ist das manchmal auch anders?"; „Gibt es einen Unterschied,

3.7 Erhebungsmethoden und Datenkorpus

wie sich Jungen und Mädchen in C-Walk-Videos darstellen?"; nach abstrakten Zusammenhängen: „Wie sollen dich die Leute wahrnehmen, die deine Videos sehen?" und nach subjektiven Definitionen: „Wie würdest du C Walk jemandem erklären, der noch nie davon gehört hat?".

Als sehr ergiebig hat sich die für diese Studie vorgenommene Erweiterung des episodischen Interviews durch die Möglichkeit des begleitenden praktischen Handelns erwiesen, dem **Surfen im Internet**:

> „In diesem Gespräch werde ich dich immer wieder bitten, bestimmte Situationen zu erzählen, an die du dich erinnerst. Wenn du möchtest, kannst Du auch jederzeit am Computer ins Internet gehen und mir etwas zeigen." (Eisemann 2011b, Einführung)

Diese Surf-Phasen und die dabei gezeigten Inhalte stellten, neben Erzählaufforderungen und konkreten Fragen, weitere Gesprächsstimuli dar, die sowohl zu Erzählungen als auch zu Beschreibungen animierten, und deren Vorteil es ist, dass sie vom Teilnehmer selbst jederzeit gesetzt werden konnten:

> „moment also wen ich- ich zeig dir jetzt einfach mal wen ich am BESTEN find, also mein, mein liebling von denen." (Maria, Interview am 26.10.2009)[65]

Außerdem konnten auf diese Weise Kontextinformationen eingeholt werden, und das Surf-Verhalten der Teilnehmer wurde beobachtbar. Das wird in folgendem Interviewausschnitt mit in geschweifte Klammern gesetzten Anmerkungen aus der Auswertung des Surfprotokolls deutlich:

{Tai loggt sich nach *Asiancy* zuerst auf *Kwick* ein. Auf seiner Startseite wird angezeigt, dass eine Nutzerin Geburtstag hat (s. Sp. 1a)}
Tai: die chatrooms sind auch dafür, dass man weiß wer geburtstag hat und so. {Tai schreibt eine Nachricht ins Gästebuch der Nutzerin: „Alles Alles Gute zum bday. <3" (Sp. 1a). Dann zeigt er das Profil der Nutzerin.} sie habens gesehen, auch ihre persönlichen daten stehen da drin. ich habe drei medienkommentare bekommen. {Tai ruft seine Fotos auf Kwick auf.} apple da, mein laptop! {Er zeigt mit der Maus auf ein Foto, auf dem er hinter seinem Apple-Notebook zu sehen ist und das von jemandem kommentiert wurde (s. Sp. 1).}

---

65 Der Bindestrich im Transkript signalisiert einen Satzbruch durch den Sprecher, Satzzeichen werden entsprechend der Sprechweise gesetzt, betonte Silben werden in Großbuchstaben geschrieben.

Interviewer: kennst du den?
Tai: ich schau mal. {Tai klickt auf den Nutzernamen und öffnet das Profil eines Mädchens} nee ich glaub die kenn ich nich.
Interviewer: wird man da auch mal so angeflirtet oder so?
Tai: ja ich werd voll oft angeschrieben! {Tai lacht.} ich schwör! wen kennt die so? {Tai betrachtet die Namen derjenigen, die der Nutzerin Kommentare zu ihren Fotos hinterlassen haben.} nee, kenn ich nich.}

Zusätzlich zum semantischen und episodischen Wissen, für dessen Erinnerung und Formulierung die Surf-Phasen ebenfalls Impulse geben, wird auf diese Weise zusätzlich praktisches Wissen in die Erhebung mit aufgenommen, das stark mit den Handlungen verknüpft ist. Damit sind Wissensbereiche gemeint, die teilweise unbewusst konkretes Handeln anleiten und die sich dem reflexiven, rein diskursiven Ausdruck möglicherweise entziehen. Das Beobachten des gemeinsamen Surfens hat außerdem den Charakter teilnehmender Beobachtung (s. Kapitel 3.7.3).

Der Gesprächsleitfaden wurde entsprechend des sich verändernden bzw. zuspitzenden Forschungsinteresses während der Arbeit in Anlehnung an die GTM immer wieder leicht variiert. Alle Versionen enthalten drei Frage- und Aufforderungstypen: 1. konkrete Fragen, 2. Erzählaufforderungen, 3. Aufforderungen zum Surfen im Internet (die variabel eingesetzt wurden, denn häufig wurde ohne Aufforderung von der Möglichkeit des Surfens Gebrauch gemacht).

Die leitfadengestützten Gespräche wurden mit einem hochwertigen MP3-Stereo-Aufnahmegerät aufgezeichnet und mit dem Transkriptionsprogramm *f4* vom Autor selbst transkribiert. Das gemeinsame Surfen wurde mit Hilfe des Desktop-Aufzeichnungsprogramms *AutoScreenRecorder 3.0 Free* dokumentiert, die so entstandenen Surfprotokolle liegen als Videodateien vor.

3.7.2 Kurzfragebogen

Als ergänzendes Erhebungsinstrument wurde ein Kurzfragebogen konzipiert, der von jedem Teilnehmer im Anschluss an das persönliche Gespräch ausgefüllt wurde. Darin wurden einige soziodemografische Daten sowie allgemeine Daten zur Nutzung von Videoplattformen erhoben. Es handelt sich um Informationen, von denen angenommen wurde, dass sie im Gespräch möglicherweise nicht erhoben würden, zum Beispiel weil ihre Thematisierung den Gesprächsfluss stören könnte.

3.7.3 Beobachtung online und offline

Die Aktivität der Nutzer auf ihren Kanälen wurde beobachtet, indem alle Kanalseiten und eigenen Videos betrachtet und möglichst viele der Kommentare gelesen wurden, die dort verfügbar waren. Die Kommentare zu den analysierten Videos gingen in die Videoanalysen bzw. die Auswertung im offenen Codieren ein. Eine ausführlichere, strategische Beobachtung aller Aktivitäten aller Teilnehmer über einen definierten Zeitraum war allerdings aufgrund der Masse an Informationen aus forschungsökonomischen und -praktischen Gründen unmöglich, obwohl sie nach streng ethnografischem Verständnis anzustreben wäre. So warnen beispielsweise Lindlof und Shatzer vor Generalisierungen bezüglich Community-Prozessen, wenn sich die Erkenntnis auf kleine Samples stützt (vgl. Lindlof; Shatzer 1998, zit. nach Hine 2000, S. 21). Im Sinne der Theoriegenerierung in Anlehnung an die GTM und an das theoretische Sampling ist das gewählte Vorgehen aber sinnvoll, weil die Auswahl der Fälle und des untersuchten Materials dort bewusst geschieht. So wurden beispielsweise die Kommentare zu einem Video in die Analyse aufgenommen, das Hinweise auf bestimmte Orientierungen an Geschlechterrollen gab. Ich fokussierte bei der Auswertung dann konkret auf die Diskussion dieses Aspekts in der Kommentarkommunikation. Zu Belegzwecken wurden die entsprechenden Internetseiten als Screen Shots gespeichert, Kommentare auch in Form von Textdateien, um sie der Analyse mit *MAXQDA* zugänglich zu machen.

Nachdem die Fokussierung auf den C Walk als zu erforschendes Phänomen stattgefunden hatte,[66] nahm ich an einem C-Walk-Meeting in einer süddeutschen Großstadt teil (s. Bp. Meeting), wo ich Aufzeichnungen, Fotos und Videos machte. Im Anschluss an einen Termin zum gemeinsamen Surfen im Elternhaus von Michael begleitete ich Michael und seinen Freund Jonathan zum C Walk*ing* auf die Straße, wo getanzt und Videos aufgenommen wurden.

3.7.4 Kontextbezogene Videoanalysen

Zunächst muss klargestellt werden, um welche Form der Forschung mit Video es sich bei dieser Studie handelt. Niesyto differenziert zwischen vier Arten der Jugendforschung mit Video, die auch in Mischformen durchführbar sind (vgl. Niesyto 2001a, S. 90f.):

---

[66] Bereits vor der Fokussierung auf den C Walk hatte ich bei zwei *YouTube*-Treffen in zwei deutschen Großstädten teilgenommen, die von VLoggers (s. Glossar) organisiert und besucht wurden.

1. Forschung mit Videos, die *außerhalb* pädagogischer Settings durch Jugendliche erstellt und genutzt werden. Sie können entweder bereits mit ihrem Entstehungsprozess oder erst als fertige Produkte betrachtet werden, sodass die Kontextdaten der Entstehung zu rekonstruieren sind.
2. Erforschung von Videos, die von Jugendlichen eigenständig, aber *mit medienpädagogischer Unterstützung* produziert werden. Der Entstehungsprozess ist Teil der Forschung.
3. Videos werden von Forschern und Jugendlichen gemeinsam erstellt.
4. Videos über Jugendliche werden zu Forschungszwecken gedreht, um Einblicke in Lebenswelten, Szenen und Milieus zu eröffnen.

Die Untersuchung der Eigenproduktionen von den Teilnehmern der vorliegenden Studie ist am ehesten dem ersten Typ zuzurechnen: Untersucht werden Videopraktiken, die außerhalb pädagogischer Settings und ohne Einflussnahme durch die Forschung entstehen und rezipiert werden und die Anlass für weitergehende kommunikative und performative Praktiken sind, die nicht nur unmittelbar mit der Produktion und Rezeption von Videos zu tun haben müssen, aber um diese herum gelagert sind. Das erfordert eine kontextorientierte Analyse. Stark bildimmanente Verfahren, wie sie beispielsweise Bohnsack (2007) vorschlägt, eignen sich nur sehr eingeschränkt zur Erhebung subjektiver Bedeutungen von Videos und noch weniger zur Erforschung der damit verknüpften Praktiken auf *YouTube*. Denn alltagsästhetische Inszenierungen wie C-Walk-Videos sind in Handlungszusammenhänge eingebettet und als Selbstdarstellungen im Internet, wie auch die Medienwissenschaftlerin, Philosophin und Soziologin Barbara Becker feststellt, „zumeist mit einem pragmatischen, zweckorientierten Blick gekoppelt" (Becker 2004, S. 418), was künstlerischen Inszenierungen, die sich ja gerade dadurch auszeichnen, dass sie sich nicht als pragmatisch verstehen, diametral gegenübersteht. Mit den Surfprotokollen wurden aber auch dokumentarische Videos aufgenommen, die im weitesten Sinne dem vierten Typus entsprechen, nur dass es sich hier um das „Abfilmen" der Online-Aktivität der Teilnehmer handelt, nicht um die Aufnahme von Handlungen an physischen Orten.

Das Kriterium zur Auswahl von eigenproduzierten Videos der Teilnehmer war deren sich im Laufe der Forschung ergebende Relevanz für das theoretische Sampling.[67] Häufig nannten Teilnehmer Lieblings-Clips unter den eigenen Vi-

---

67 Das Vorgehen unterscheidet sich damit eklatant von jenem der globaleren Analyse von Burgess und Green, die Videos bezüglich der Produktionsart und ihrer Einordung in das *YouTube*-Kategoriensystem auswählten – ein Vorgehen, das stärker deduktiven Annahmen folgt und insofern problematisch ist, als die Autoren der Studie selbst feststellen mussten, dass die Zuordnung zu den Kategorien nicht mit den tatsächlichen Inhalten

3.7 Erhebungsmethoden und Datenkorpus

deos oder zeigten solche beim gemeinsamen Surfen. Das gemeinsame Betrachten ermöglichte es, Aussagen zum Video und Kontextinformationen zur Entstehung und zur weiteren Verwendung für die Rekonstruktion subjektiver Bedeutungen zu erheben. Außerdem wurden Videos im Sinne des theoretischen Sampling in die Analyse einbezogen, wenn ihnen eine besondere Bedeutung im Zusammenhang mit einem Konzept oder einer Kategorie zuzukommen schien (so wie es beim Dedication-Video[68] von Nils an Maria der Fall ist, in dem u. a. die Themen Beziehung, soziales Kapital und Geschlechterkonzepte behandelt werden.

Die im Folgenden beschriebenen einzelnen Analyseschritte sind angelehnt an das Film- und Videoanalyseverfahren, wie es an der Abteilung Medienpädagogik der *Pädagogischen Hochschule Ludwigsburg* entwickelt wurde und praktiziert wird (s. Niesyto 2011a; ders. 2011b; ders. 2011b und speziell für den Bereich der Filmbildung ders. 2006, S. 136ff.). Sie wurden hier aber im Laufe des Projekts und je nach Video in unterschiedlicher Intensität durchgeführt. Zunächst war versucht worden, alle Schritte für alle Videos stringent in gleicher Weise durchzuführen. Dieses Vorgehen war im frühen Projektstadium entwickelt worden, als die Orientierung an der GTM noch nicht festgestanden hatte.[69] Mit der Fokussierung auf das Phänomen des C Walk zeigte sich aber bald, dass ein Beharren auf den einzelnen Schritten und den damit verbundenen Operationalisierungen der im Analyseraster enthaltenen Forschungsfragen nicht der jugendkulturellen Bedeutung der Videos entsprochen hätte. Vielmehr hätte ein solches Vorgehen normativ gesetzte, an einem künstlerischen Videobegriff orientierte Bedeutungen aufoktroyiert (s. dazu auch Witzke 2004, S. 102, 103). Dennoch fand die Untersuchung der Videos, wenn auch zunehmend offener, in Orientierung an den Schritten statt, die im Folgenden dargestellt werden:

1 Ersteindruck vom Gesamtkorpus an Videos je Teilnehmer

Wenn möglich, sichtete ich bereits vor dem ersten Treffen mit dem Teilnehmer dessen Kanal, sodass ich mir einen Überblick über den Gesamtkorpus der Videos

---

der Videos übereinstimmt (vgl. Burgess/Green 2009, S. 8) und dass eine repräsentative, nicht rein zufällige und irgendwie begründbare Auswahl zu untersuchender Videos nach dem Kriterium einer bestimmten Machart aufgrund der fehlenden Metadaten und damit der Ungewissheit über die Zusammensetzung der Grundgesamtheit eigentlich nicht möglich ist (vgl. ebd., S. 7)).

68 Dedication (engl.) bedeutet „Widmung", bzw. „Hingabe".
69 Entsprechend der Anlehnung an die GTM war es wichtiger, im Rahmen des theoretischen Sampling kontrastierende Fälle zu finden und relevantes Material zu analysieren, als dieses nach vorher festgelegten Kategorien auf größtmögliche Vergleichbarkeit zu untersuchen.

machen konnte, die vom Teilnehmer eingestellt worden waren. War dies vor dem Interview nicht möglich, entstand dieser Eindruck während des gemeinsamen Surfens und ich vertiefte ihn im Anschluss.

2 Erstverstehen

Zu Beginn jeder Videoanalyse wurde das Video am Stück betrachtet und der Ersteindruck festgehalten. Dabei wurden spontan und subjektiv assoziative Eindrücke, Gefühle und Ideen notiert. Wenn möglich, fand dieser Schritt vor dem Einholen von Kontextinformationen statt. War dies nicht realisierbar (beispielsweise weil der Kanal des Teilnehmers vor dem Gesprächstermin nicht bekannt war), wurde dennoch versucht, Kontextinformationen zuerst einmal auszublenden, um zu erkennen, welche Bedeutung transportiert wird, wenn das Video nicht in einem spezifischen Kontext rezipiert wird. Es muss aber, wenn es um die Rezeption von Videos durch C Walkers geht, davon ausgegangen werden, dass immer Kontextwissen, zum Beispiel in Bezug auf die Jugendkultur, vorliegt – ein Video wird niemals kontextfrei im strengen Sinne dechiffriert. Selbst das Auffinden des Videos, sei es durch das Anklicken eines von einem Freund gesendeten Links oder das Anklicken des Videos direkt auf *YouTube*, beispielsweise in den Suchergebnissen oder in Videolisten anderer Nutzer, stellt Kontext her. Aufgrund des Ersteindrucks wurden stichwortartig Eindrücke, Assoziationen, Gefühle und Ideen festgehalten:

> „Guter Tänzer, wirkt auf mich nachdenklich, auch ein wenig mit Hauch von Melancholie, starker Fluss spürbar, durch Musik (wiederholtes Motiv), visuellen Effekt, Wind. Sehr emotional, sowohl in Text als auch Tanz. Viele Themen angesprochen. Bedeutung wird explizit geäußert. Story vorhanden. Gute Abstimmung auf Musik (Verlangsamung, Effekte, synchroner Beginn von Tanz und Musik). Symbolischer Einsatz von Farben am Ende passend zum Text. Macht Lust auf Bewegung. Nils scheint emotional beim Tanz dabei zu sein. Das Video wirkt zum einen wie eine Reflexion eines Teiles des Lebens, zum anderen wie eine Hymne an den C Walk." (V. 8.2)

3 Kurzbeschreibung der Story

Nach nochmaligem Betrachten des Videos wurde die Story, wenn vorhanden, in wenigen Worten zusammengefasst. Bei den meisten C-Walk-Videos beschränkte sich dieser Schritt auf eine sehr kurze Beschreibung der gezeigten Handlungen, die häufig keine Story im Sinne einer Erzählung bedeuten:

> „Das Video zeigt Nils beim Tanzen in verschiedenen Einstellungen an verschiedenen Orten. Unterlegt ist es mit einem einzigen Lied (‚Dreams' von Manafest). In Texteinblendungen wird eine Story erzählt:
> Nils erzählt unter dem Pseudonym seines Benutzernamens seine Geschichte: wie er zum C Walk fand, wie er besser wurde, und was C Walk heute für ihn bedeutet.

3.7 Erhebungsmethoden und Datenkorpus

Er drückt aus, dass er C Walk sehr viel verdankt und dass er heute glücklich ist. Er habe einen Traum gehabt, heute seien seine Träume wahr geworden, und man müsse weiterträumen. Diesen Traum bringt er mit C Walk in Verbindung." (Va. 8.2)

4 Detailanalyse

Ebenfalls in Anlehnung an das Ludwigsburger Verfahren wurde die Detailanalyse in zwei Schritten vorgenommen: eine Formanalyse der einzelnen, feingliedrig erfassten Sequenzen – so wurde beispielsweise das Einblenden verschiedener Fotos hintereinander als eine Sequenz betrachtet, häufig wurden Sequenzen auch einzelnen Einstellungen (zwischen zwei Schnitten) zugewiesen – und einer Bedeutungsanalyse grober gefasster Sequenzen, die als stilistische oder thematische Einheiten erkannt wurden.

a Sequenzierung und Formanalyse:

Auch wenn bei Amateur-Videos von Jugendlichen ohne filmsprachliche Ausbildung eine zu enge Orientierung der Bedeutungsanalyse an formalen Aspekten vermieden werden muss (vgl. Niesyto 1991, S. 123; s. a. S. 105), so hat beispielsweise die Arbeit von Witzke gezeigt, dass eine Betrachtung formal-gestalterischer Aspekte dennoch sinnvoll ist, wenn „intendierte oder zufällige Wirkungen im Gesamtkontext" (Witzke 2004, S. 104) betrachtet werden. Darum sind u. a. der Schnitt, der Einsatz von Musik und die Auswahl von Drehorten, Requisiten und Accessoires zu betrachten. Für die Formanalyse wurden in enger Anlehnung an das oben genannte, in Ludwigsburg erarbeitete Verfahren zur Analyse von Film und audiovisuellen Eigenproduktionen (s. Niesyto 2011a, Witzke 2004; speziell für den Bereich der Filmbildung Niesyto 2006, S. 136ff.) ein Leitfaden und ein auszufüllendes Raster erstellt, das eine sequenzweise Betrachtung des Videos erfordert. Damit wird in einem Dokument zusammengefügt, was in Ludwigsburg in der Regel in ein Sequenzprotokoll (s. ders. 2011c) und die Formanalyse (s. ders. 2011a) unterteilt wird: Für die vorliegende Studie wurde im Analyseraster jede Sequenz, bestehend aus einer oder mehreren Einstellungen, mit einer Nummer und dem Timecode versehen und entsprechend dem folgenden, eng an dem in Ludwigsburg entwickelten Verfahren angelehnten Leitfaden analysiert, wobei Stichpunkte Anregungen zur Analyse geben:

Leitfaden zur Sequenzalanyse

Bildinhalt/Handlung
- Beschreibung des Handlungsortes (Location)
- Beschreibung der Personen und Figuren (inkl. Mimik, Gestik, Haptik, Auffälligkeiten/Charakteristika)
- Beschreibung einzelner Handlungen
- Beschreibung von Kleidung, Accessoires, Requisiten
- Beschreibung von sonstigen wichtigen Zeichen und Gegenständen
- Transkription von eingeblendeten Texten

Bildgestaltung
- Bildformat
- Einstellungsgrößen (Total, Halbtotal, Amerikanisch, Halbnah, Nah, Groß, Detail)
- Brennweiten (Weit, Normal, Tele); Schärfenverhältnisse
- Einstellungsperspektiven (Normalsicht/Augenhöhe, Vogelperspektive, Froschperspektive, Aufsicht, Untersicht)
- Kamerabewegung (Schwenks, Fahrten, Zooms)
- Beschreibung des Bildaufbaus in Vordergrund, Mitte und Hintergrund
- Beschreibung wichtiger Bildachsen (zum Beispiel Waagrechte, Senkrechte, Diagonale)
- Beschreibung der Lichtgestaltung und des Stils (Normalstil, Low-Key, High-Key)
- Beschreibung vorherrschender Farben (Farb-Charakteristika, Farbkontraste)
- Beschreibung anderer visueller Besonderheiten

Montage/Schnitt
- Beschreibung der Montageform (z. B. Parallelmontage, Assoziationsmontage, Kontrastmontage, Ellipse)
- Beschreibung des Schnittes (z. B. harte, weiche, schnelle Schnitte; unsichtbare Schnitte; Match Cut, Jump Cut; Schnittrhythmus)
- Beschreibung von visuellen Effekten und Effekten durch den Schnitt

Tongestaltung
- Einsatz von On-/Off-Tönen und von Voice Over
- Beschreibung der Art der Musik und ihre Platzierung und gegebenenfalls ihrer Funktion in der Sequenz
- Beschreibung von Geräuschen, ihrer Platzierung und ihrer Funktion in der Sequenz
- Transkription von Sprache, Liedtexten, Monologen und Dialogen
- Beschreibung von „Schweigen", Beschreibung des Verhältnisses von Sprache, Musik und Geräuschen
- Beschreibung der durch die Tongestaltung erzeugten Atmosphäre in der Sequenz

3.7 Erhebungsmethoden und Datenkorpus

Folgender Ausschnitt aus der Detailanalyse des Videos V.8.2 von Nils zeigt, wie die sequentielle Analyse mit dem Fokus auf formale Aspekte des Videos vorgenommen wurde. Informationen, die das gesamte Video betreffen, wurden für die einzelnen Sequenzen nicht erneut aufgenommen, beispielsweise das Fehlen von Atmo-Ton und die Beschränkung auf Musik in der Tonebene:

Sequenz	TC Start	TC Ende	Detailanalyse
13	01:16	01:27	**Bildinhalt / Handlung** C Walker tanzt auf Straße in sommerlichem Laubwald. Er trägt helle Hose, weites, etwas dunkleres Shirt, dunkle Kappe und helle Turnschuhe. Texteinblendungen: „to feel the walk and to forget everything around yourself is just incredible" **Bildgestaltung** Sw. 16:9. Totale. Froschperspektive. Untere Bildhälfte Straße, rechts und links der Straße Bäume, dahinter heller Himmel. Tänzer zentral im Bild. **Montage/Schnitt** Einblendung von Schwarz. In erster Texteinblendung am unteren Bildrand (vor dunkler Straße) laufen die beiden Zeilen in gegenläufige Richtung. Schrift schwarz, hintere Zeile darum herum leicht aufgehellt. Zweite Texteinblendung mittig am unteren Bildrand erscheint und wird größer, keine Bewegung. Gleiche Schrift. **Tongestaltung** Liedtext: „I used to fantasize a lot about what I don't got Chick on my arm even a necklace with a cross I didn't have money, no dad and only mommy To raise two kids, even my toes looked funny"

b Sammlung von Kontextdaten

Es hat sich gezeigt, dass gerade für die Analyse jugendkulturellen C-Walk-Videos Kontextinformationen von großer Bedeutung sind, um Bedeutungen aus der Subjektsicht der Teilnehmer zu erfassen: Klassisches filmsprachliches Wissen ist dabei weniger von Bedeutung als jugendkulturelles Alltagswissen und Kontexte aus der Online-Umgebung, in der das Video auf der Videoplattform eingestellt ist. Deshalb wurden vor der Bedeutungsanalyse Kontextinformationen in drei wesentlichen Bereichen erhoben:

1. Kontextinformationen aus Forschungsgesprächen

Während des gemeinsamen Surfens wurden jeweils einige, manchmal alle Videos, die vom Teilnehmer auf *YouTube* veröffentlicht worden waren, gemeinsam betrachtet. Die im Gespräch gegebenen Kontextinformationen standen später in der Transkription des Interviews zur Analyse bereit. Als Kontextinformationen im weiteren Sinn wurden auch Informationen hinzugezogen, die an anderer Stelle im Interview gegeben wurden und die sich nicht direkt auf ein Video beziehen, aber einen damit verbundenen Aspekt thematisieren (beispielsweise zum ästhetischen Empfinden eines Teilnehmers).

2. Kontextinformationen aus der Online-Einbettung

Auch auf *YouTube* wurden Kontextdaten im Umfeld der analysierten Videos erhoben. Folgende Fragen sollten helfen, je nach Video relevante Kontextinformationen zu erheben:

- Hat der Autor auf *YouTube* eine zusätzliche Beschreibung zum Video hinterlassen?
- Unter welcher Kategorie wurde das Video auf *YouTube* eingestellt?
- Welche Tags (s. Glossar) zum Video wurden vergeben?
- Wurde das Video in einem diskursiven Kontext auf der Plattform eingestellt (zum Beispiel als Antwort auf ein anderes Video oder im Rahmen eines Wettbewerbs, C Walk Battles oder eines Tournaments (s. Glossar)?
- Liegen auf *YouTube* quantitative Informationen zur Rezeption des Videos vor?
- Wurden Kommentare zum Video hinterlassen?
- Wurde das Video bewertet?

3. Kontextinformationen aus weiteren Recherchen

Weitere Kontextinformationen wurden gegebenenfalls recherchiert, beispielsweise Liedtexte und Informationen zu Musikgruppen und deren Verortung sowie Markennamen. Für die Erfassung der Jugendkultur des C Walk wurden verschiedene Sekundärquellen verwendet, deren Autoren sich von sehr unterschiedlichen Stand-

3.7 Erhebungsmethoden und Datenkorpus

punkten aus zum C Walk und seinen Ursprüngen äußern.[70] Dieses Vorgehen ist sehr gut mit dem des theoretischen Sampling vereinbar, bei dem Materialien aller Arten theoriegeleitet, entsprechend der sich stellenden Fragen bei der Theoriegenerierung, hinzugezogen werden.

c Bedeutungsanalyse grober gefasster Sequenzen

Unter Einbeziehung aller bisher erhobenen Daten und Analysen werden mögliche Bedeutungen des Videos herausgearbeitet, wobei eine nun gröbere Gliederung in sinnvolle inhaltliche oder thematische Sequenzen hilft (beispielsweise wurde das Video V. 8.2 von Nils für die Bedeutungsanalyse in die Sequenzen 1 „Exposition", 2 „Hauptteil der Erzählung: Der Traum" und 3 „Schlusssequenz" unterteilt). Wie von Niesyto angeregt, geht es dabei um

> „symbolische Dimensionen, die sich mit Gesten und Handlungen, der Inszenierung von Gegenständen, des gestalterischen Einsatzes von Farben, Formen, des Gebrauchs von Worten, Geräuschen und Musik verbinden" (Niesyto 2006, S. 136).

Allerdings tauchen diese einzelnen Aspekte im C-Walk-Video in einem anderen Verhältnis und in anderer Qualität auf als im professionell gestalteten Film. Denn C-Walk-Videos werden in der Regel nicht für eine kontemplative Rezeption[71] produziert, sondern als Elemente von sozialen und kommunikativen Prozessen, die an die Rezeption anschließen, oder ihr vorausgehen.

---

70 Es wurden Internetseiten und -Foren zur Jugendkultur des C Walk und mit Informationen zu den Gangs der *Bloods* und der *Crips* aufgesucht, z. B. DanceOrigin (o. J.b); PimpMyWalk.com (20.03.2010); flaph/markyboo (2011); Wikipedia (15.03.2011); Yuneshik (2010); Florida Department of Corrections (2011), Morales (2011); Street Gangs Resource Center (21.03.2011); National Gang Intelligence Center (2009) u. v. m.. Außerdem wurden Zeitungsartikel gesammelt, z. B. Murphy/Christ (2007), und es wurden Dokumentarfilme über die Gangs der *Bloods* und der *Crips* betrachtet (s. Peralta; CJ Mac 2011). Ziel war es, sich auf der Basis von möglichst vielen Quellen mit der Jugendkultur, ihren Ursprüngen und ihrer Wahrnehmung vertraut zu machen.

71 Mit kontemplativer Rezeption wird hier nicht der aktive Anteil der Rezeptionsleistung in Frage gestellt, sondern es soll ausgedrückt werden, dass die Bedeutung eines entsprechenden Films oder Videos weniger von den daran anschließenden sozialen und kommunikativen Praktiken bestimmt wird und auch ohne solche als eigenes Werk verstanden werden kann.

d Zusammenfassung

In einer Zusammenfassung werden in Kürze die wichtigsten Punkte erwähnt, und es wird die Bedeutung des Videos im Hinblick auf die im Rahmen der zu generierenden Theorie an das Video gerichteten Fragestellungen hin beschrieben.

3.7.5 Forschungstagebuch

Über den gesamten Entstehungsprozess der Arbeit hinweg wurden in einem Tagebuch – zusätzlich zu den Memos, die eher theoretischen bzw. theoriebildungsfördernden Charakter haben – eigene Gedanken und Empfindungen festgehalten, die teilweise auch persönliche Aspekte rund des Arbeitens an der Dissertation betreffen.

> „Der Ethnograph „macht sich [...] auch zu seinem eigenen Forschungsinstrument, er muss seinen eigenen Lernprozess im Hinblick auf alltägliche Handlungspraktiken und das damit verbundene Bedeutungsgewebe dokumentieren und analysieren. Insofern ist die ständige begleitende Reflexion ein wesentliches Qualitätskriterium geglückter ethnographischer Forschung." (Krotz 2005, S. 272)

Das Tagebuch wurde zuerst in Papierform, später in digitaler Form geführt. Zeitweise empfand ich es als sehr hilfreich für den Arbeitsprozess, im Tagebuch morgens einen Tagesplan aufzustellen und abends zu reflektieren, inwieweit dieser erfüllt wurde. Als persönliches Dokument wird dieses Tagebuch nicht veröffentlicht, einzelne Zitate haben aber Eingang in die Studie gefunden.

3.7.6 Datenkorpus

In fast jeder Studie der klassischen Ethnografie[72] werden bestimmte Basisdaten erhoben (s. Krotz 2005, S. 280f.). Verschiedene Texte werden gesammelt, Traditionen beschrieben, Biographien angelegt, Vokabular erfasst, geographische Pläne gezeichnet etc. In diesem Fall unterscheidet sich das erhobene Material vom klassischen Katalog, weil das untersuchte Phänomen mit seiner Präsenz an Offline- und Online-Orten zum Teil andere Datenerhebungen ermöglicht und notwendig macht. Es wurden, hier in einer groben Übersicht dargestellt, folgende Daten erhoben und in die Untersuchung aufgenommen – der Katalog kann für andere Studien als Anregung dienen:

---

72 Klassische Ethnografie wird hier in Abgrenzung zur Online-Ethnografie oder adaptiven Ethnografie verstanden.

3.7 Erhebungsmethoden und Datenkorpus

Übersicht über erhobene Daten

- **Schriftsprachliche Texte fremder Quellen** wie wissenschaftliche Texte, Zeitungsartikel, Songtexte, Texte verschiedener Internetseiten (darunter sowohl institutionelle Internetpräsenzen als auch private, zum Teil subkulturelle Seiten)
- **Videos und Filme fremder Quellen** wie Dokumentar- und Spielfilme und *YouTube*-Videos
- **Eigenproduzierte Videos** von Teilnehmern[73]
- **Dokumentarische Audioaufnahmen** von Forschungsgesprächen
- **Dokumentarische Fotografien von teilnehmender Beobachtung offline**
- **Dokumentarische Screen Shots** von teilnehmender Beobachtung online und von der Untersuchung der Plattformarchitektur von *YouTube*[74]
- **Dokumentarische Videoaufnahmen offline** als Videoaufnahmen von teilnehmender Beobachtung
- **Dokumentarische Videoaufnahmen online** als Surf-Protokolle mit der Desktop-Aufzeichnung vom gemeinsamen Surfen mit Teilnehmern (angefertigt mit der kostenlosen Software *AutoScreenRecorder*)
- **Eigene schriftsprachliche Texte** wie Beobachtungsprotokolle, Transkriptionen, Videoanalysen, Notizen, Memos und das Forschungstagebuch
- **Kurzfragebogen** zu soziodemografischen Daten der Teilnehmer und zu deren *YouTube*-Nutzung

So wurden Informationen zu den sozialen, kommunikativen, selbstbezogenen, technischen, kreativen und inhaltlichen Online- und Offline-Aktivitäten rund um das Phänomen des C Walk, zu Kontexten und Strukturen der Online-Umgebung sowie der allgemeinen Einbettung in die Lebenswelten der Teilnehmer und zu deren Biographien, zu ihrer Vernetzung in der Community (und darüber hinaus) und zu wichtigen Orientierungen und dahinterstehenden Phänomenen (wie dem *Original* C Walk und seiner Entstehung) oder Konzepten (wie Geschlechterrollen oder die Idee von Partnerschaft) gesammelt.

---

73 Videos lassen sich zur Dokumentation speichern, z. B. über den Online-Dienst *www.keepvid.com*. Dabei ist aber die Rechtslage zu beachten.
74 Desktop-Aktivität lässt sich als Video-Clip aufnehmen und speichern, z. B. mit der kostenlosen Software *FastStone Capture*.

3.8 Auswertung in Anlehnung an die GTM

In Kapitel 3.7.4 wurde dargestellt, wie Videos für diese Untersuchung analysiert wurden. Die Videoanalysen gingen als Textdateien in die theoriegenerierende Auswertung in Anlehnung an die GTM ein – mit den Schritten des offenen, axialen und zum Teil des selektiven Codierens des gesamten Materials, wie es in Kapitel 3.3 ausführlich beschrieben wurde. Dazu wurde die Software *MAXQDA* (Version 2007, s. Abbildung 12) verwendet, die sich sehr gut für dieses Analyseverfahren einsetzen lässt.[75]

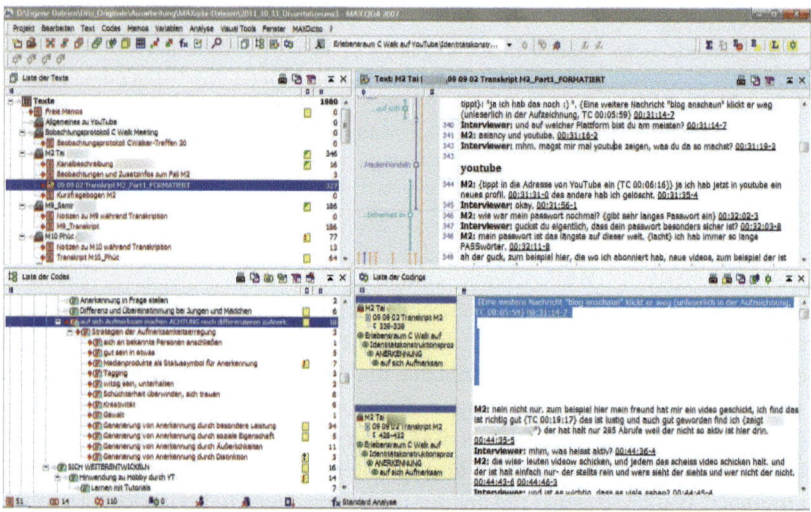

Abb. 12 Screen Shot der Darstellung der Projektdatei im Auswertungsprogramm *MAXQDA* mit vier geöffneten Darstellungsfenstern
(© VERBI Software Consult Sozialforschung GmbH).

Links oben: Liste der Texte mit allen Materialien (Textdateien), die integriert wurden. *Links unten:* Liste der Codes. *Rechts oben:* Textfenster mit Ansicht einer ausgewählten Textdatei. Die bunten Striche markieren Zuweisungen von Codes zu Textstellen. *Rechts unten:* Liste der codierten Textstellen (Codings) zu ausgewählten Codes und Texten.

---

75 Ab der Software-Version 10 von *MAXQDA* ist es auch möglich, Audio- und Videodaten zu verknüpfen und in die Codierung einzubeziehen.

3.8 Auswertung in Anlehnung an die GTM

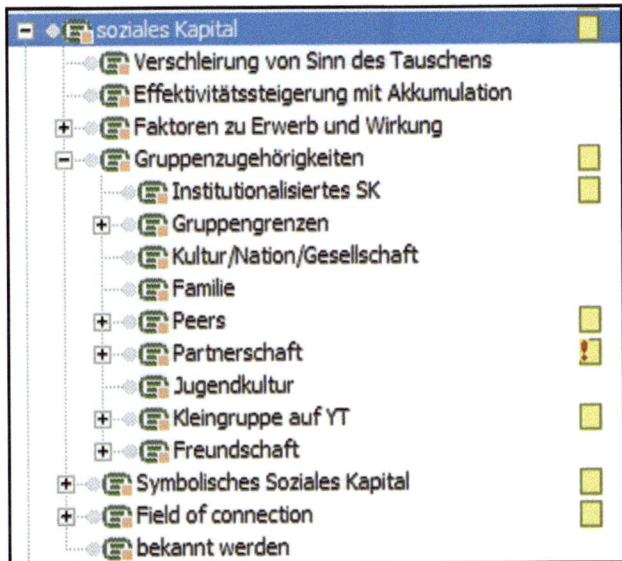

Abb. 13 Ausschnitt der Liste der Codes im Arbeitsdokument während des offenen Codierens. Die z. T. minimierte („+") Ansicht der aus dem Material heraus generierten Codes gibt Einblick in das Entstehen der Kategorie „Soziales Kapital" (© VERBI Software Consult Sozialforschung GmbH).

Nachdem der Vorgang des offenen Codierens so weit vorangeschritten war und einige Codes durch immer wieder neues Ordnen, Hierarchisieren und Beschreiben mit Eigenschaften zu Kategorien mit stärkerer theoretischer Aussagekraft weiterentwickelt worden waren (s. Abbildung 13 und Abbildung 14), wurde versucht, diese zueinander in Bezug zu stellen. Aufgrund der Mehrdimensionalität vieler Kategorien und ihrer Komplexität erschien eine Vielzahl an möglichen Bezügen interessant. Das von Strauss und Corbin vorgeschlagene Codierparadigma (s. Strauss/Corbin 1996, S. 78ff.; vgl. Abbildungen 6, 14) wurde als sehr hilfreich empfunden, weil es während des axialen und selektiven Codierens hilft, eine Kategorie mit Subkategorien in Verbindung zu setzen. Die Kategorien, die sich letztendlich als besonders relevant darstellten, werden im folgenden Teil dieses Forschungsberichts dargestellt.

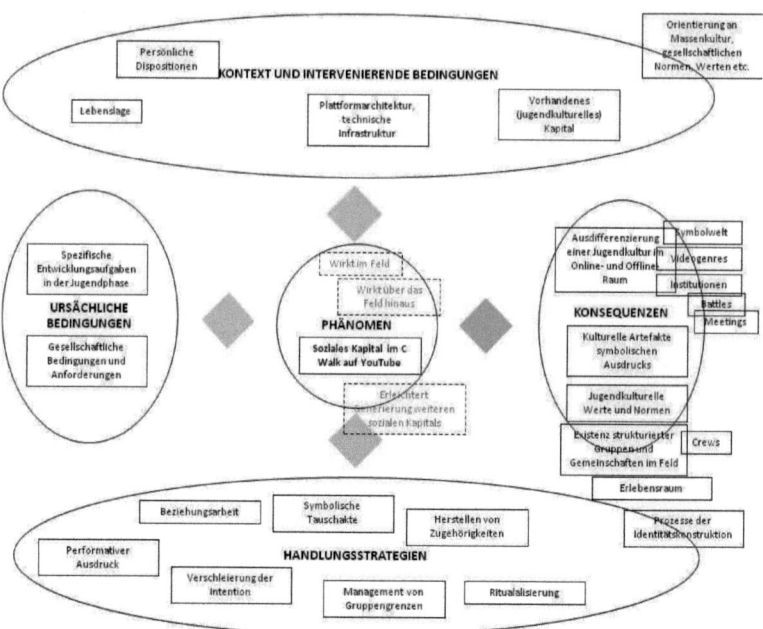

Abb. 14 Aus dem Prozess des Erarbeitens der Kategorie „Soziales Kapital" in Anlehnung an das Codierparadigma (© Christoph Eisemann).

Teil III
Ergebnisse

Was ist *YouTube*? 4

Christine Hine kritisiert, dass viele ethnografische Internetstudien wichtige Aspekte des Internet als kulturelles Artefakt zugunsten von Aspekten des Internet als Kultur missachteten, indem der Fokus ausschließlich auf den sozialen Raum gelegt werde. In ihrem Buch Virtual Ethnography, plädiert Hine

> "for the contribution of ethnography to the understanding of the Internet both as culture and as cultural artefact" (Hine 2000, S. 39).

Sie nimmt deshalb eine heuristische Trennung der Sichtweisen des Gegenstands Internet vor, indem sie es erstens als *Kultur* und zweitens als *kulturelles Artefakt* betrachtet, und propagiert für ethnografische Online-Studien die Beachtung beider Aspekte (vgl. ebd., S. 14ff.). Dieser Forderung entspricht die inzwischen von Burgess und Green vorgelegte Definition der Plattform aus Sicht der Cultural Studies:

> "*YouTube* is not just another media company, and it is not just a platform for user-generated content. It is more helpful to understand *YouTube* (the company and the website infra-structure it provides) as occupying an institutional function – operating as a coordinating mechanism between individual and collective creativity and meaning production; and as a mediator between various competing industry-oriented discourses and ideologies and various audience- or user-oriented ones." (Burgess/Green 2009, S. 37)

Hasebrink schlägt die Betrachtung von Internetangeboten als Kommunikations*modus* und als Kommunikations*dienst* vor (s. Kap. 2.1). Letztlich handelt es sich bei seiner wie bei Hines Denkweise um die Forderung nach einer Sensibilität der Forschung sowohl für die **Handlungsdimension** als auch für **strukturelle Aspekte**, so wie sie auch in der zitierten Definition von Burgess und Green anklingt. In diesem Buch wird die Kombination beider Sichtweisen als wesentlich betrachtet – sie ermöglicht die Zusammenschau von Plattformarchitektur und Feldstruktur einerseits und Aneignungshandeln andererseits. Denn wie Becker bereits vor dem Aufkommen des Social Web feststellte, bergen

> „die jeweiligen Medien [...] stets eine Eigendynamik, einen eigenen Sinn in sich, dem die sich medial inszenierende Person ausgesetzt ist. Ob Sprache, Schrift, Fotografie, Film oder Fernsehen: die dem Medium jeweils inhärente Struktur prägt die Art der individuellen Inszenierung in grundlegender Weise" (Becker 2004, S. 416).

Deshalb wird die Plattform *YouTube* im Folgenden zunächst hinsichtlich ihrer Qualität als kulturelles **Artefakt** untersucht: es geht um ihre ökonomische Eigenschaft, ihre Architektur und ihre Funktionsweisen. Als **Artefakt** oder Kommunikationsdienst ist sie in diesem Sinne Handlungsort und stellt eine mediale Struktur zur Verfügung, die das Handeln der Akteure beeinflusst. Sie muss bei einer Betrachtung als **Kultur** oder Kommunikationsmodus stets mitgedacht werden.

4.1 Unternehmensgeschichte und Geschäftsmodell

Am 14. Februar 2004 wird *YouTube* von drei endezwanzigjährigen, ehemaligen Mitarbeitern des Online-Bezahl-Anbieters PayPal, Chad Hurley, Steve Chen und Jawed Karim, in San Bruno, Kalifornien gegründet. In der Namensgebung für ihre Neugründung drückt sich die Idee für den Kommunikationsdienst bereits aus: Das englische Substantiv „tube", wörtlich übersetzt „Röhre", bezeichnet in der amerikanischen Umgangssprache den Fernseher bzw. das Fernsehen. Verbal wird „to tube" im Sinne von „senden" verwendet, „you tube" kann also mit „du sendest" übersetzt werden. Die Grundidee hatten die Partner angesichts der Konfrontation mit einem technischen Problem entwickelt: Bis dato ist es aufgrund der Größe von Videodateien nur sehr eingeschränkt möglich, anderen Menschen online eigene Videos zugänglich zu machen.

> "And so we thought, a lot of people were gonna have the same problem. And so we started working on a solution for this problem right away." (Hurley im Interview mit der New York Post (Winter 10.10.2006)

Die Lösung wird in Form einer Plattform realisiert, auf der eigene Videos anderen Nutzern zugänglich gemacht werden können. Als erster YouTuber gilt Jawed Karim, der am Abend des 23. April 2005 unter dem Benutzernamen *jawed* ein neunzehnsekündiges Video hochlädt, das ihn vor dem Elefantengehege im Zoo von San Diego zeigt (vgl. Heffernan/Virginia 03.09.2009; s. a. Karim/Lapitsky 23.04.2005). Dank

4.1 Unternehmensgeschichte und Geschäftsmodell

der hochgeladenen Inhalte der Plattformnutzer wird das Unternehmen innerhalb kurzer Zeit so populär, dass der US-amerikanische Internetdienstleister *Google Inc.* am 9.10.2006 dafür 1,65 Milliarden US-Dollar bietet und Youtube schließlich in sein Portfolio eingliedert (vgl. Google Press Center 2006; YouTube LLC 2006).

Das **Geschäftsmodell** von *YouTube* basiert im Wesentlichen auf seiner großen Reichweite. Um diese jedoch in Einnahmen umzumünzen, bedarf es der Entwicklung neuer Erlösmodelle. Zumindest in den ersten Jahren sind die Gewinne gering (vgl. Heise Online 2008a). Bisher werden Umsätze hauptsächlich aus Werbeeinnahmen generiert. Insbesondere die von *Google* praktizierten Techniken zur Schaltung zielgerichteter, auf den einzelnen Nutzer gemünzter Werbung sind bedeutsam, weshalb eine möglichst umfassende Kenntnis seiner Präferenzen wertvoll ist (vgl. YouTube LLC 2011b; s. Fußnote 83, S. 124). Werbanzeigen werden auf der Startseite, auf den Suchergebnisseiten und in bestimmten Videos auf *YouTube* geschaltet, wozu aus rechtlichen Gründen allerdings nur ein Bruchteil der Videos in Frage kommt, dessen Urheberrechte eindeutig geklärt sind (vgl. Heise Online 2008a).[76] Neue Erlösmodelle werden ständig entwickelt; beispielsweise wird im Jahr 2008 die Suchbegriffvermarktung eingeführt. Seither können auf *YouTube* gegen Gebühr bestimmte Suchworte verwendet werden, dann werden entsprechende Videos als „sponsored Videos" angezeigt, um eine größere Reichweite zu erzielen (vgl. ders. 2008b). Es werden laut Angaben von *YouTube* auch Video-Wettbewerbe und Sponsoren-Events durchgeführt, zum Beispiel Live-Konzerte (vgl. YouTube LLC 2011b). Einige Inhalte werden bereits heute bezahlpflichtig zur Verfügung gestellt.[77] Aufgrund seiner enormen Reichweite ist damit zu rechnen, dass *YouTube* in Zukunft auch als Vertriebsplattform für die kommerzielle Filmindustrie auftritt (vgl. Heise Online 2011), im Jahr 2012 kann man in der Rubrik *YouTube-Filme* bereits ganze Hollywood-Streifen kostenpflichtig betrachten (vgl. YouTube LLC 2012c). Über die tatsächliche Profitabilität von *YouTube* ist hier keine genaue Aussage möglich, da *Google* keine Gewinnzahlen seiner Produkte veröffentlicht (vgl. ebd. 2011b). Obwohl die zunehmende Sichtbarkeit kommerzieller Interessen bei einigen Nutzern Abwehrreaktionen hervorgerufen hat (vgl. Lauria 12.11.2006), setzt sich der Erfolg

---

76 Die nationalen rechtlichen Grundlagen bezüglich der Rechteverwertung im Internet müssen mit dem Erscheinen neuer Angebote angepasst werden, so wie es im Jahr 2012 mit dem Rechtsstreit zwischen Gema und *YouTube* zu beobachten war (vgl. Lischka 20.04.2012). Das kann wiederum Auswirkungen auf die strukturelle Funktion der Videoplattform als kulturelles Artefakt und Handlungsort haben.

77 Für den US-Markt hat *YouTube* bereits Verträge mit *Paramount* geschlossen, um professionelle Filme auf der Videoplattform kostenpflichtig anzubieten (vgl. Turacek/Roters, S. 309f.).

der Plattform unter der Ägide von *Google* fort. Heute spart das Unternehmen in seiner Selbstdarstellung nicht mit Superlativen:

> „Hunderte Millionen Nutzer weltweit laden täglich Hunderttausende Videos hoch. Pro Minute werden mehr als 24 Stunden Videomaterial hochgeladen. Dies entspricht mehr als 150.000 Filmen in Spielfilmlänge pro Woche. Auf *YouTube* wird in 60 Tagen mehr Videomaterial hochgeladen, als die drei größten TV-Sender der USA in 60 Jahren produziert haben [...] Der *YouTube*-Player ist in Zigmillionen Websites eingebettet." (YouTube LLC 2011f)

Tatsächlich zählt die Plattform in Deutschland im Zeitraum der Entstehung dieser Studie zu den beliebtesten Internetangeboten; die wichtigsten Mitstreiter auf dem nationalen Markt sind *Clipfish* und *MyVideo* (vgl. Kaumanns et al. 2008, S. 13f.).

Obwohl die Nutzer von *YouTube* dort scheinbar ganz frei und selbstbestimmt handeln, sind ihre Bewegungen doch geleitet, ihre Wege nicht so selbstbestimmt oder zufällig, wie es erscheinen mag (vgl. Becker 2004, S. 423). Ein Bewusstsein dafür entsteht bei der Nutzung häufig erst dann – und das betrifft nicht nur *YouTube*, sondern alle kostenlosen Netzwerkseiten im Internet –, wenn die Struktur unangenehm spürbar wird, beispielsweise weil sie verändert wurde und dann manchen Nutzungsinteressen und Gewohnheiten entgegensteht, oder weil es gar zum Verlust von eingestellten Inhalten kommt. Dann tritt die Existenz des Anbieters als machtvoller „Hausherr" für einen Moment ins Bewusstsein überraschter Nutzer. Obwohl die vermutlich von kaum einem Nutzer vollständig erfassten und verstandenen Nutzungsbedingungen solche Änderungen an der Plattform ausdrücklich vorsehen und ein an Gewinnmaximierung und Zufriedenheit der *zahlenden* Kunden[78] orientiertes ökonomisches Handeln bei einem privatwirtschaftlichen Unternehmen eigentlich voraussehbar wäre, fühlen sich manche Nutzer dann übergangen. Auch mangels Kenntnissen über die Funktionsweise des Medienmarktes und mangels kritischen Einschätzungsvermögens mögen viele Nutzer geneigt sein, die Plattform als kostenlose, aus gutem Willen bereitgestellte Infrastruktur zu begreifen, ohne über die Interessen der Betreiber nachzudenken. Der folgende, beispielhaft ausgewählte Kommentar zu einem Protest-Video eines Nutzers anlässlich eines Re-Designs von *YouTube* verdeutlicht die Relevanz, die der Plattform als Infrastruktur für das Speichern und Teilen von persönlichen

---

78 Die Kunden von *YouTube* im eigentlichen Sinne sind nicht die Nutzer, sondern die zahlenden Werbetreibenden, auch wenn Erstere den Wert des Unternehmens mit ihrer Anwesenheit auf der Plattform ausmachen, wofür sie im Gegenzug die Infrastruktur kostenlos nutzen können. Nur in bisher seltenen Fällen bezahlen Anwender für Produkte auf *YouTube*, beispielsweise für das Betrachten kostenpflichtiger Filme.

Inhalten zukommt, und das persönliche Involviertsein bei Veränderungen des Produkts *YouTube*:

> „*YouTube* will force us to change! [...] on July 15th, 2009, it will be too late! Once *YouTube* deletes the original channels, that's it!" (Th3Archit3ch 26.06.2009).

Das Empfinden, Teil einer aus privaten Nutzern bestehenden Gemeinschaft zu sein ohne deren Einbindung in die ökonomische Struktur der Plattform anzuerkennen – letztlich trifft diese ökonomische Einbindung auf jede viele kostenlos nutzbaren Angebot im Internet zu (vgl. Jörissen 2012, S. 56ff.) –, wird durch die „kumpelhafte" Ansprache der Nutzer durch den Betreiber unterstützt, die eine Zusammenarbeit auf Augenhöhe suggeriert.

4.2   YouTube aus der Nutzerperspektive

Wie sich *YouTube* dem Nutzer im Zeitraum der Erhebungsphase von seiner technisch-funktionalen Seite präsentierte, wird im Folgenden vor allem für diejenigen Leser dargestellt, die mit *YouTube* weniger vertraut sind.[79] Es würde den Rahmen dieses Buches sprengen, alle Funktionen und Details auf allen Ebenen der Plattform darzustellen. Deshalb folgt hier nur eine kurze Darstellung der Elemente, die für die Forschungsteilnehmer zentral sind. *YouTube* kann auch von mobilen Endgeräten aus genutzt werden, dabei stehen teilweise andere Funktionen zur Verfügung als hier beschrieben. In Zukunft wird die mobile Nutzung vermutlich stark zunehmen. Dennoch wird in diesem Buch nicht näher auf sie eingegangen, denn für die hier behandelten Fälle spielt sie noch keine wesentliche Rolle. Das Design der Plattform und Details ihrer Funktionen unterliegen häufigen Veränderungen durch den Betreiber. So fand während der Entstehung der vorliegenden Arbeit bis zum 31. März 2010 in einer stufenweisen Einbindung verschiedener Nutzergruppen eines der beiden bisher umfassendsten Re-Designs der Videoplattform statt, mit dem auch einige Funktionsänderungen einhergingen (vgl. Brown 31.03.2011; s. a. Frumar/Kofman 21.01.2010). Ein weiteres wichtiges Re-Design wurde Anfang 2012 umgesetzt, als die Erhebungsphase bereits weitgehend abgeschlossen war (vgl. YouTube LLC 2012a, Eintrag vom 1.12.2011). Die ständige Überarbeitung der Seite

---

79   Die Videoplattform ist im ständigen Wandel begriffen, darum ist eine sehr detaillierte Beschreibung im statischen Medium Buch nicht sinnvoll. Die für die Analyse relevanten Bereiche werden aber möglichst ausführlich beschrieben. Tiefergehende Informationen zu Funktionalität der Plattform liefern beispielsweise Krachten und Hengholt 2011.

und die Veränderung von mehr oder weniger auffälligen Details ist der Grund dafür, dass die hier beschriebenen Funktionsweisen und das Erscheinungsbild der Plattform vom aktuellen Stand im Internet abweichen. Zudem finden sich in der hier zugrundegelegten Materialsammlung zwangsläufig Daten, welche sich auf *verschiedene* Design-Versionen der Plattform beziehen. Die Grundprinzipien, die für die untersuchten Phänomens relevant sind, werden durch die Veränderungen aber nicht berührt, sodass die Erkenntnisse, abgesehen von technischen Detailfragen, auch über weitere Veränderungen der Plattform hinweg ihre Gültigkeit behalten.

4.2.1 Nutzung ohne Anmeldung

Aus Sicht eines Nutzers, der nicht mit einem *YouTube*-Kanal in *YouTube* eingeloggt ist, bietet die Plattform mehrere Möglichkeiten, nach verschiedenen Kriterien im gesamten Angebot aller hochgeladenen Videos zu stöbern und sie, in der Regel ohne vorherige Anmeldung,[80] zu betrachten:

Ruft der Nutzer ein Video auf, so kann er dessen URL direkt (zum Beispiel per E-Mail oder Instant Messenger) weiterleiten. Zudem ist die Einbettung auf einer anderen Website per Einbettungscode möglich. Die Einbindung eines Players zum Abspielen von *YouTube*-Videos in andere Websites ermöglicht es, Inhalte von *YouTube* zu betrachten, ohne die Plattform explizit aufzurufen. Das Speichern von *YouTube*-Videos auf einem eigenen Speichermedium ist für die meisten Videos nicht vorgesehen und nur zulässig, wenn sich ein entsprechender Button auf der Seite befindet (vgl. YouTube LLC 2011c). Es ist aber, ungeachtet der Rechtmäßigkeit dieses Handelns, mithilfe verfügbarer Programme oder Online-Dienste technisch möglich, Videos herunterzuladen, um sie auf einem Datenträger zu speichern (s. Fußnote 73).

Es gibt prinzipiell zwei **Darstellungskontexte**, in denen Videos auf *YouTube* betrachtet werden können:[81]

---

80 In folgenden Fällen können Videos nicht/nicht vollständig betrachtet werden:
- (Urheber-)Rechteverletzungen,
- unangemessene Inhalte,
- Inhalte, die für Kinder und Jugendliche als unangemessen angesehen werden,
- Videos, die als „nicht gelistet" oder „privat" eingestellt wurden (sie können nur von ausgewählten Personen betrachtet werden).

81 Die Beschreibung bezieht sich auf die Version von *YouTube*, die zum Erhebungszeitraum online war.

1. Die Einbettung des Videos in den Kontext und das **Design eines YouTube-Kanals**. Je nach Einstellung durch den Kanalinhaber werden neben den Profilangaben und eventuell verlinkten Kanälen seine Video-Uploads, favorisierte Videos oder andere Listen mit Verweisen zu weiteren Videos angezeigt. Sollen die Kommentare zum Video dargestellt werden, muss der Kanal verlassen werden, die Darstellung erfolgt dann wie unter (2) beschrieben.
2. Die Einbettung des Videos auf der **Seite von YouTube**. Hier wird das Video eingebettet in das „neutrale", von YouTube gestaltete Design der Plattform angezeigt. Darunter erscheinen die Videokommentare, die Nutzer hinterlassen haben. Das Video wird flankiert von einer Liste mit Verweisen auf ähnliche Videos, die nach bestimmten, von YouTube nicht mitgeteilten Parametern automatisch zusammengestellt werden. Diese Darstellung wird angezeigt, wenn ein Video über eine Suchfunktion der Videoplattform, unabhängig von einem Kanal, angeklickt wurde.

4.2.2 Zusätzliche Optionen bei der Nutzung mit Anmeldung

Mit der kostenlosen Anmeldung bei YouTube kreiert der Nutzer ein Benutzer-Konto mit einem eigenen „Kanal", bzw. „Channel". Dabei müssen einige Angaben[82] gemacht werden; die Verknüpfung mit einem bestehenden oder neu einzurichtenden Google-Konto sowie das Akzeptieren der Nutzungsbedingungen von YouTube und Google und deren Datenschutzbestimmungen sind zwingend erforderlich.[83]

---

82   Folgende Angaben müssen gemacht werden, damit ein YouTube-Konto erstellt wird: E-Mail-Adresse, die für kein bestehendes YouTube-Konto verwendet wurde, Wahl eines noch nicht vergebenen Benutzernamens, Land (es kann auch ein anderes Land als das eigene angegeben werden), Geburtsdatum (es kann auch ein falsches Datum angegeben werden), Geschlecht (weiblich oder männlich). Voreingestellt ist, dass der Kanal auch gefunden wird, wenn dem Suchenden die verwendete E-Mail-Adresse bekannt ist. Diese Option kann abgewählt werden (Opt-out-Funktion). Voreingestellt ist, dass keine produktbezogenen Werbe-Mails empfangen werden, dies kann aktiviert werden (Opt-in-Funktion). Die Nutzungsbedingungen von Google und von YouTube sowie die Datenschutzbestimmungen müssen akzeptiert werden.

83   Standardmäßig ist bei der Erstellung eines neuen Google-Kontos oder der Verknüpfung eines YouTube-Kontos mit einem bestehenden Google-Konto die Option ausgewählt, dass das „Webprotokoll aktiviert" (Google Inc. 2011c) wird (Opt-out-Option). Das „Webprotokoll" dient der automatisierten Personalisierung von Angeboten durch Google. Ist es aktiviert und ist der Nutzer bei Google angemeldet, werden Nutzungsdaten, die beim Surfen im Internet generiert werden (beispielsweise die URL jeder besuchten Seite), auf einem Google-Server gespeichert. Die Google-Suchmaschine passt so beispielsweise mit der „verlaufsbasierten Suchenanpassung" (Google Inc. 2011a) Suchergebnisse an

Der angemeldete Nutzer kann außerdem Funktionen zur Organisation und Strukturierung von Inhalten nutzen: z. B. die Organisation von Videos in der Favoritenliste und anderen Playlists oder von Kanälen in der Abonnements-Liste und Freundesliste. Mit diesen Elementen erhält die Plattform *YouTube* zugleich Funktionen, die aus sozialen Netzwerken bekannt sind. Es ist auch möglich, anderen Nutzern private Nachrichten zu schreiben oder Kommentare auf anderen Kanälen oder zu einem speziellen Video zu hinterlassen. Eine noch einfachere, weil vorstrukturierte Kommunikationsform stellt die Bewertung dar: Eingeloggte Nutzer können Videos bewerten, indem sie den Button „mag ich" oder „mag ich nicht" anklicken.[84] Im ersten Fall wird das entsprechende Video zu einer privaten Liste mit Videos hinzugefügt, die der Nutzer „mag". Erscheint einem Nutzer der Inhalt eines Videos als nicht angemessen, kann er es „melden". Es wird dann von *YouTube* kontrolliert und gegebenenfalls entfernt, für bestimmte Regionen gesperrt oder für bestimmte oder alle Länder mit einer Altersbegrenzung versehen (vgl. YouTube LLC 2011a). Anhand der Auswertung von Nutzungsdaten empfiehlt *YouTube* dem Nutzer automatisch (vermeintlich) interessante Videos und Kanäle.

Zentrale **Funktionen** auf der Starseite, die **ohne Anmeldung** genutzt werden können:

1. **Suchleiste**: Suchen nach Videos, Kanälen oder Playlists mit Suchworten („Tags"). In einer erweiterten Suchfunktion lassen sich Filter hinsichtlich des Upload-Datums, der zugeordneten Kategorie, der Videolänge und weiterer Eigenschaften einstellen.
2. Darstellung von Videos nach vorgegebenen **Kategorien.**[85]

---

frühere Suchaktivitäten des Nutzers an. Neben dem Webprotokoll dienen, auch während der Nutzer nicht bei *Google* eingeloggt ist, Cookies der Generierung von Daten über das Surf-Verhalten (vgl. Google Inc. 2011c).

84   Bis zum 31. März 2010 war statt der Bewertung mit „Mag ich"- oder „Mag ich nicht"-Buttons eine Bewertung mit bis zu fünf Sternen möglich. Angezeigt wurde damals die durchschnittlich vergebene Anzahl von Sternen. In den Sprachgebrauch in Video-Kommentaren auf *YouTube* hat diese Bewertungsweise Eingang gefunden und sich dort länger erhalten: So bedeutet „5*" so viel wie „Ich gebe dir meine beste Bewertung".

85   Burgess und Green weisen darauf hin, dass das Video-Kategoriensystem von *YouTube* wenig über die tatsächliche Zusammensetzung der Inhalte aussagt (vgl. Burgess/Green 2009, S. 8). Diese Erkenntnis bestätigt die vorliegende Studie für den Bereich der erforschten Jugendkultur. Solche quantitativen Aussagen zu Themen, die auf *YouTube* verhandelt werden, die von der Anzahl der Videos in *YouTube*-Kategorien abgeleitet werden, sind demzufolge nicht valide.

3. Automatische Video-**Empfehlungen** entsprechend bereits betrachteter Videos, basierend auf der Auswertung des Surfprotokolls des Nutzers.
4. Verweis auf den Kanal „**YouTube Trends**", auf dem Videos angezeigt werden, die laut *YouTube*, angeblich basierend auf der Auswertung von Nutzerdaten und der „Weisheit" von „Top Curators" im Internet, als besonders populär eingestuft werden (vgl. YouTube LLC 2011j).

4.2.3 Möglichkeiten für Gestaltung und Selbstausdruck

YouTube bietet mehrere Möglichkeiten der Gestaltung und des Selbstausdrucks. Die zentrale Rolle spielt dabei die Funktion des **Hochladens von Videos**. Angemeldete Nutzer können in der Regel[86] Clips von bis zu 15 Minuten Länge und mit einem Datenvolumen bis zwei Gigabyte einstellen (vgl. YouTube LLC 2011g; ders. 2011d). Während der Navigation durch den Upload-Vorgang erzwingt *YouTube* die Eingabe von Metadaten wie die eines Videotitels. Wahlweise können eine Beschreibung des Videos, Tags (s. Glossar; eine Auswahl von elf Tags wird vorgeschlagen, auch eigene Tags können definiert werden) und die Einordnung in eine von 15 vorgegebenen Kategorien vorgenommen werden. In den weiteren Einstellungen kann darüber hinaus ein Einzelbild aus dem Video („Video-Thumbnail") für die Anzeige in Suchergebnissen ausgewählt, die Tonspur durch einen von *YouTube* zur Verfügung gestellten Song ersetzt, eine Anmerkung in einem Textfeld hinzugefügt oder ein Untertitel eingesetzt werden. Weitere Gestaltungsmöglichkeiten hat der Nutzer bei der **Bearbeitung des eigenen Kanals**. Er kann dort zum Beispiel das Farbdesign nach seinem Geschmack anpassen, wobei er voreingestellte Designs verwenden oder Farben frei definieren kann, indem er den entsprechenden Hexadezimalcode eingibt. Als Hintergrundbild kann er eine beliebige Grafik hochladen. Elemente („Module"), die auf der Seite angezeigt werden, können hinzu- oder abgewählt werden, beispielsweise Playlists, Freunde oder Ereignisse. Zudem kann das „Profil" mit Informationen zur eigenen Person und Links zu externen Seiten verändert werden.

---

86 Nutzer, die als „Partner" registriert sind, können Videos mit einer Dauer von über 15 Minuten einstellen. Zudem gibt es systembedingt einige Ausnahmen, was dazu führt, dass einige Clips mit einer Spielzeit über 15 Minuten auch von Nutzern existieren, die keine „Partner" sind (vgl. YouTube LLC 2011g). Im Mai 2012 war auf www.*YouTube*.de zu lesen, dass ein Upload längerer Videos möglich ist, wenn einige Voraussetzungen erfüllt sind (keine Beanstandungen der Richtlinien, Bestätigung über ein Mobiltelefon, keine Sperrungen von Videos; vgl. ders. 2012b).

4.3 Nutzerdaten, Jugendschutz und Rechte der Nutzer

An dieser Stelle kann keine juristische Aufarbeitung und Interpretation des umfassenden Vertragswerks vorgenommen werden, das der Nutzung der Videoplattform zugrunde liegt. Allerdings soll die **Zugänglichkeit der entsprechenden Informationen** und die **Transparenz ihrer Darstellung** untersucht werden. Um einen Überblick über die Zugänglichkeit der zahlreichen relevanten Elemente mit Informationen auf der Seite zu erhalten, wurden die Klicks von der Startseite zum jeweiligen Dokument gezählt. Bezüglich der Transparenz ihrer Darstellung wurden die sprachliche Verständlichkeit und die Aufbereitung der Information betrachtet. Die Nutzung von *YouTube* unterliegt einem **Vertragswerk**, das – laut Nutzungsbedingungen – in drei zentralen Dokumenten definiert wird, die gemeinsam unter dem Begriff „Bestimmungen" geführt werden:

1. den **Nutzungsbedingungen** mit darin formulierten Bestimmungen und Bedingungen,
2. den *YouTube*-Datenschutzbestimmungen, die auf die ***Google*- Datenschutzbestimmungen** verweisen und
3. den *YouTube*-**Community-Richtlinien** (vgl. YouTube LLC 2011, §§ 1.2). Diese Dokumente sind in der Fußzeile der Internetseiten auf der Plattform *YouTube* verlinkt.

Für die vorliegende Arbeit wurde *YouTube* also daraufhin untersucht, wie die Plattformbetreiber die Nutzer von *YouTube* über nutzungsrechtliche Aspekte, Datenschutz und Jugendschutz informieren.

Der Plattformbetreiber stellt die Nutzungsbedingungen sowie Informationen zur Sicherheit, Datenschutz und Jugendschutz in zahlreichen Dokumenten an unterschiedlichen Stellen der Plattform zur Verfügung. Fast alle Informationen sind im Erhebungszeitraum in deutscher Sprache abrufbar. Die zentralen, rechtsverbindlichen Dokumente der Nutzungsbedingungen und der Datenschutzbestimmungen von *YouTube* und *Google* sind aufgrund ihres Umfangs und der manchmal sperrigen, weil juristischen oder Online- Marketing-fachspezifischen Formulierung teilweise schwer verständlich. Es muss davon ausgegangen werden, dass viele Nutzer das Vertragswerk in diesen Dokumenten nicht in allen Einzelheiten erfassen. In den Community-Richtlinien jedoch, die an mehreren prägnanten Stellen verlinkt sind, werden die Aspekte Sicherheit vor Belästigung, Schutz der eigenen Daten vor anderen Nutzern, Jugendschutz, Schutz der Privatsphäre vor anderen Nutzern und fairer Umgang mit anderen Nutzern in jugendnaher, verständlicher Sprache formuliert. Zudem steht beispielsweise zum Thema Schutz der Privatsphäre ein unterhaltsames

4.2 YouTube aus der Nutzerperspektive

Video zur Verfügung, das die schriftlichen Ausführungen zusätzlich bebildert (Video „Wahrung des Datenschutzes" (s. YouTube LLC 2011h). Was jedoch in solchen zusätzlichen und verständlich formulierten Dokumenten *nicht* aufgearbeitet wird, sind die Aspekte des Schutzes von persönlichen Daten vor dem Zugriff durch das Unternehmen oder durch seine Partner. Datenschutz bezieht sich in den leicht zugänglichen, zusätzlichen Informationsmaterialien von *YouTube* auf den Schutz von Daten vor anderen Nutzern. Informationen und Einstellungsmöglichkeiten zum Umgang mit personenbezogenen und Nutzungsdaten durch das Unternehmen sind auf mehrere Seiten verteilt, sodass es aufwändig ist, einen Überblick über alle von *YouTube, Google* und ihren Vertragspartnern praktizierten Datensammlungsaktivitäten und Auswertungsverfahren zu erhalten. Formal kommen *YouTube* und *Google* ihrem Prinzip der Transparenz (s. Google Inc. 2011d) dabei aber nach; tatsächlich werden Informationen bereitgestellt (s. zum Beispiel YouTube LLC 2011i; Google Inc. 2011d), und es werden Möglichkeiten angeboten, einzelnen Aktivitäten von *YouTube, Google* oder ihren Vertragspartnern zu widersprechen (z. B. wird ein „Plug-in zur Deaktivierung des Cookies für Anzeigeneinstellungen" angeboten, was die Schaltung von relevanter Werbung aufgrund der Nutzerdaten verhindert (s. Google Inc. 2011b), von einem tatsächlichen Informiertsein der Nutzer über den Umgang mit persönlichen Daten und Nutzungsdaten durch den Anbieter kann aber aufgrund der Unübersichtlichkeit der Informationen und ihrer stückweisen Veröffentlichung auf zahlreichen Seiten nicht ausgegangen werden.

Besonderes Augenmerk soll an dieser Stelle auf den Aspekt des Jugendschutzes für Nutzer der Videoplattform *YouTube* gelegt werden. *YouTube* hatte bis zum Ende des Erhebungszeitraumes bereits auf einige **jugendschutzrelevante Probleme** reagiert, die im Kontext der Internetnutzung und speziell auf *YouTube* aufgetreten waren, beispielsweise Fälle von Cybermobbing, Cyberbullying und die Verletzung von Persönlichkeitsrechten (vgl. z. B. Anselm 21.10.2008; Grimm/Rhein 2007; Medienpädagogischer Forschungsverbund Südwest 2011, S. 39) Dabei setzt, wie die Analyse zeigt, das Unternehmen hauptsächlich auf vorbeugende Information der Nutzer, auf eigenverantwortlichen Umgang und auf Kooperation in der Community. So stellt *YouTube* zahlreiche gut aufgearbeitete Informationen zur sicheren und fairen Nutzung bereit. Für den Fall von Verstößen gegen die Community-Richtlinie steht ein Meldesystem für Videos und Kanäle zur Verfügung. Denn bei der Kontrolle der Inhalte setzt der Betreiber auf die Mithilfe der Nutzer: Erst wenn ein Video gemeldet wird, überprüfen *YouTube*-Mitarbeiter, angeblich innerhalb kürzester Zeit, dessen Inhalt auf Verstöße zu den Richtlinien und Nutzungsbedingungen, um es gegebenenfalls zu löschen oder weitere Maßnahmen zu ergreifen. Dabei werden tatsächlich nur solche Videos entfernt, die die offiziellen

Richtlinien eindeutig verletzen. Diese Handhabung und die nicht vorhandene redaktionelle Auswahl von Inhalten gibt bei Nutzern immer wieder Anlass für Beschwerden über Videos, die nach Prüfung nicht entfernt werden, weil sie keine Verstöße im Sinne der Richtlinien darstellen. Prinzipiell definiert sich *YouTube* als **Angebot für Menschen ab 13 Jahren**. Angaben über das Alter werden jedoch nur im Falle einer Anmeldung angefordert. Die reine Rezeption von solchen Videos, die nicht mit einer Altersbeschränkung ab 18 Jahre versehen wurden, ist für Menschen jeden Alters möglich. Da die **Altersangaben** bei der Anmeldung **nicht überprüft** werden, ist es praktisch auch möglich, dass Kinder unter 13 Jahren unter Angabe eines falschen Alters ein Profil erstellen. Ebenso ist es möglich, dass ältere, aber nicht volljährige Nutzer die Altersbegrenzung für bestimmte Videos umgehen, indem sie ein falsches Geburtsdatum eingeben.

Was ist C Walk? 5

„It was christmas 2007
and
I had a dream
I wanted to be as good as my inspiration [...]
I started cwalkin
and found my new passion
everyday everytime everywhere
I was addicted
creativity
fun
developed my walk
to feel the walk and to forget everything around
yourself
is just incredible.

and
if you can share all this with other walkers
friends
and your love
it's like the best thing on world
meetings
new friends
and my true love
everything because of the cwalk
cwalk changed many things
and now
I'm just happy how it is..."

(Schrifteinblendung in einem Video von Nils.)

Diese Studie wurde mit der Zielsetzung begonnen, die Bedeutung der Selbstdarstellung Jugendlicher auf Videoplattformen aus deren Sicht zu untersuchen. Nach einer Vorstudie (s. Anhang: Beobachtungsprotokolle zum 1. und 2. *YouTube Gathering*) und ersten Erhebungen und Auswertungen im Rahmen dieses Projekts wurde aber klar, dass dieses weitgefasste Phänomen mit der Vielzahl seiner Ausprägungen unter den gegebenen Bedingungen entweder nur sehr oberflächlich oder nicht befriedigend zu untersuchen wäre. Stattdessen wurde der Fokus auf die Videoplattform *YouTube* und, noch enger, auf eine spezifische Jugendkultur, den C Walk, gesetzt. Anhand dieser Gruppe sollten die Bedeutungen der Videoplattform für Praktiken rund um die Selbstdarstellung erforscht werden. Die Jugendkultur des C Walk wird im Folgenden kurz vorgestellt. Die Ausführungen stützen sich vor allem auf Informationen der Teilnehmer der Studie, Beobachtungen aus dem Forschungsfeld online und offline und institutionelle, populärkulturelle und journalistische Internetdokumente.

5.1 Herkunft und Bedeutung des C Walk

C Walk ist ein Straßentanz. Er hat seinen Ursprung im Süden von Los Angeles, USA (vgl. Street Gangs Resource Center 21.03.2011). Der Buchstabe C steht in der ursprünglichen Bedeutung des Begriffs für Crip (Crip Walk). Die *Crips* gehören, wie die mit ihnen verfeindeten *Bloods*, zu den bekanntesten Straßengangs in den USA, ein Großteil ihrer Mitglieder sind männliche Afro-Amerikaner. Die Gangs wurden Ende der 1960er-, Anfang der 1970er Jahre in einem Klima starker sozialer Spannungen, insbesondere der anhaltenden Diskriminierung von Afro-Amerikanern, gegründet und machen in manchen Vierteln von Los Angeles, aber auch in anderen Regionen der USA bis heute mit Drogenhandel, Diebstählen und vor allem, trotz mehrerer Abkommen, immer wieder aufflammenden Konflikten und blutigen Auseinandersetzungen von sich reden (vgl. Florida Department of Corrections 2011). Für viele direkt oder indirekt Involvierte handelt es sich um eine, insbesondere für betroffene Afro-Amerikaner, schwer zu durchbrechenden Spirale der Gewalt – in einer US-amerikanischen Gesellschaft, in der mehr oder weniger offene Diskriminierung und Benachteiligung von Afro-Amerikanern in zahlreichen Lebensbereichen bis heute fortbesteht. Der US-amerikanische Aktivist, Politiker und Autor Tom Hayden äußert sich kritisch über den Umgang mit der Gang-Problematik:

> „Sie haben es als Kriminalitäts- und Gangproblem definiert, aber in Wirklichkeit geht es um Probleme wie Arbeitslosigkeit und schlechte Schulen. […] Es ist ein weitverbreiteter Glaube, dass unsere Gesellschaft nichts zu der Entstehung dieses Problems beigetragen hat. Das übliche Sündenbockproblem. Die Gang-Mitglieder sind der Sündenbock." (Interview mit Tom Hayden in Peralta; s. a. Gold 07.06.2009)

Mitglieder beider Gangs, *Crips* und *Bloods*, kultivieren Formen symbolischen Ausdrucks der Zugehörigkeit: Die bevorzugte Farbe für Kleidung der *Crips* ist Blau, die der *Bloods* Rot. Typische Accessoires sind Bandanas, quadratische Tücher mit Paisleymustern in den entsprechenden Farben. Visuelle Symbole, Gesten, Handzeichen, Begrifflichkeiten und spezifische Schreibweisen werden verwendet (vgl. Florida Department of Corrections 2011; The Frances Farmers Revenge Web Portal 14.03.2010; Morales 2011). Beispielsweise vermeiden Mitglieder der *Bloods* zum Ausdruck ihrer Verachtung der *Crips* die reguläre schriftliche Verwendung des Buchstabens C und ersetzen ihn durch die Buchstabenkombination CK („Crip Killer"). Die *Crips* hingegen vermeiden das CK und ersetzen es durch CC. Anstelle des Buchstabens B verwenden sie BK („Blood Killer"; vgl. Florida Department of Corrections 2011; Wikipedia 2011a). Zum symbolischen Ausdruck gehört auch das Nachzeichnen von Begriffen und Symbolen mit den Füßen, das die *Crips* als **Crip Walk** und die *Bloods* als **Blood Walk** bezeichnen (vgl. CJ Mac 2011). In einer

5.1 Herkunft und Bedeutung des C Walk

Fußbewegung wird beispielsweise der Name der gegnerischen Gang dargestellt, der dann mit einer weiteren Bewegung durchgestrichen wird (s. Abbildung 15).

Abb. 15 C Walk als Straßentanz (© Christoph Eisemann).

Hip-Hop-Stars, die aus dem Gang-Milieu stammen, integrierten die Bewegungen in ihre Performances und machten ihn damit einem breiteren Publikum bekannt (vgl. Wikipedia 2011b; CJ Mac 2011). So hielt der C Walk auch Einzug in die kommerzialisierte Populärkultur.

5.2 Adaption durch Jugendliche

Heute praktizieren Jugendliche auf der ganzen Welt Abwandlungen des Crip Walk als Streetdance.[87] Dabei distanzieren sie sich meist von seinen problematischen Wurzeln im Gang-Milieu. In bestimmten Stadtteilen der USA ist das Ausführen der auf symbolischen Bewegungen basierenden Tanzstile nach wie vor riskant, weil Verwechslungsgefahr mit Gang-Mitgliedern besteht, die tödliche Folgen haben kann. An manchen US-amerikanischen Schulen wurde der C Walk, angeblich zum

---

87 Für eine Übersicht über weitere Streetdance-Stile und deren Bedeutung s. Omeirat 2011d im Internet.

Schutz der Schüler, zeitweise verboten (vgl. Hayasaki 04.05.2002). Obwohl auch der jugendkulturell praktizierte C Walk, für den eine Gang-Zugehörigkeit keine Rolle spielt, symbolisch auf ein bestimmtes Konzept von Männlichkeit verweist und entsprechendes Identifikationspotential bietet, nehmen auch einige weibliche C Walkers die an der Jugendkultur teil:[88]

> **Interviewer:** gibt's viele mädchen die auch c walken?
> **Nils:** wenige. wenige. aber mittler- es werden wirklich mehr. also, ja, es werden wirklich mehr, aber-
> **Interviewer:** und wie findest du des?
> **Nils:** ich find's gut. ich find's echt gut. besonders wenn man dann ne FREUN-DIN hat, die walken tut. die dasselbe hobby hat. des is voll cool. (Interview am 30.10.2009, s. u. a. auch Sarah, Interview am 27.12.2010)

Den Teilnehmern dieser Studie waren folgende Unterarten des C Walk und an seine Kultur angrenzende Tanzstile bekannt:

- **OG Crip Walk** (Original Gangsta Crip Walk, abgekürzt auch C Walk): Er bezeichnet die ursprüngliche Ausdrucksform von Gang-Mitgliedern der *Crips* in lexikalisierten Gesten, die mit den Füßen ausgeführt werden. Damit wird die Zugehörigkeit zur Gang der *Crips* ausgedrückt. Die gegnerische Gang der *Bloods* entwickelte einen sehr ähnlichen Ausdrucksstil, den Blood Walk (vgl. Tai, Interview am 30.07.2009; Wikipedia 2011b).
- **OS Crip Walk** (Old School Crip Walk), eine in schnellerem Tempo getanzte Abwandlung des OG Crip Walk mit mehr Sprungelementen auf Musik mit entsprechend höherem Tempo (vgl. Wikipedia 2011b).
- **Clown Walk** bezeichnet eine moderne Abwandlung des C Walk, die sich explizit von den gewaltverherrlichenden Ursprüngen im C Walk distanziert und diesen mit zahlreichen zusätzlichen Schritten erweitert. Verbunden mit dem Tanzstil ist eine Einstellung, die dem Handeln zugrunde gelegt werden soll und die als Clowning bezeichnet wird (vgl. Samir, Interview am 30.09.2009; Wikipedia 2011b; dies. 2011d).
- **Crown Walk** wird, ebenso wie Crip Walk, mit der Abkürzung C Walk bezeichnet. Es handelt sich dabei jedoch um die moderne und weiter verbreitete Form

---

88 Über eine Recherche im Internet, beispielsweise anhand der C-Walk-Videos auf *YouTube*, ist nicht feststellbar, wie hoch der Anteil weiblicher C Walk*ers* ist. In den Gesprächen mit weiblichen und männlichen Teilnehmern hat sich aber gezeigt, dass bisher wesentlich mehr Jungen als Mädchen C Walk praktizieren.

5.1 Herkunft und Bedeutung des C Walk

eines Hip-Hop-Tanzstils, der nur Elemente des C Walk und des Clown Walk integriert. Wenn Jugendliche in Deutschland heute davon sprechen, dass sie C Walk praktizieren, ist damit häufig Crown Walk gemeint, eventuell mit der Integration anderer Elemente der hier beschriebenen Tanzstile. Dementsprechend wird in der vorliegenden Arbeit der Begriff C Walk für den von Jugendlichen in Deutschland praktizierten Tanz verwendet. Das Praktizieren von Crown Walk lässt keine Aussage über die Zugehörigkeit zu einer Gang zu. Aufgrund ähnlicher stilistischer Elemente, die als lexikalisierte Gesten gedeutet werden können, wird aber davor gewarnt, in bestimmten Gebieten, in denen *Crips* oder *Bloods* anzutreffen sind, jedwede Formen des C Walk zu praktizieren (vgl. Yuneshik 2010).

- **Krumping** (Abkürzung für Kingdom Radically Uplifted Mighty Praise): Eine energetisch, teilweise aggressiv wirkende Weiterentwicklung des Clown Walk, bei dem auch tänzerisch Geschichten erzählt und Emotionen ausgedrückt und abgebaut werden können, unter anderem im Zusammenhang mit Gebeten, zum Beispiel in christlichen Gottesdiensten (vgl. Samir, Interview am 30.09.2009; Omeirat 2011c; Wikipedia 2011d; o. V. o. J.a; Weingarten 2005).
- **Locking**: Eine zur Darstellung von Komik und Freude geeignete Form des tänzerischen Ausdrucks, der schon früh aus dem C Walk heraus und als Reaktion auf dessen gewalttätige Bedeutung entwickelt wurde. Mit roboterartigen Muskelkontraktionen werden Alltagsbewegungen verfremdet dargestellt (vgl. Samir, Interview am 30.09.2009; Omeirat 2011a), insofern handelt es sich hier weniger um lexikalisierte als um ikonische Gesten.
- **Popping**: Als Weiterentwicklung des Locking ist Popping ein mechanisch wirkender Tanzstil, der unter anderem im Breakdance und Hip Hop (s. Glossar) praktiziert wird. Er ähnelt im Einsatz von abrupten Muskelkontraktionen und Roboterbewegungen dem Locking und wurde in Variationen beispielsweise von Michael Jackson eingesetzt (vgl. Samir, Interview am 30.09.2009; Wikipedia 2011e; Omeirat 2011b; o. V. o. J.c).
- **Jerkin'**: Der relativ junge Tanzstil stammt, wie der C Walk, aus Kalifornien. Er wurde maßgeblich von der Hip-Hop-Gruppe *New Boyz* populär gemacht und verbreitete sich stark über das Internet. Er wird nicht als C Walk bezeichnet, die Szenen scheinen sich aber zu überschneiden (vgl. Michael, Interview am 07.10.2009). Mode spielt eine große Rolle im Mainstream Jerkin': Im Gegensatz zu den verschiedenen Formen des C Walk, der in Baggy-Pants des Hip Hop getanzt wird, werden im *Jerk* enge Jeans getragen, häufig in sehr bunten Farben, dazu häufig Retro-Sneakers wie *Chuck Taylors* (vgl. Wikipedia.2011c).
- **Speed Walk**: Weiterentwicklung des C Walk, wird besonders schnell getanzt (vgl. Michael, Interview am 07.10.2009).

5.2 Zur Bedeutung von YouTube

Zur Verbreitung des C Walk als Jugendkultur hat die Existenz der Videoplattform *YouTube* maßgeblich beigetragen. Viele Jugendliche stoßen dort zufällig auf C-Walk-Videos, oder sie werden von Freunden auf solche aufmerksam gemacht (vgl. Samir, Interview am 30.09.2009). Videos anderer Nutzer – manchmal im C Walk bereits populäre Stars, manchmal unbekannte Jugendliche wie ein Großteil der Teilnehmer – inspirieren dazu, den C Walk selbst zu erlernen (vgl. Nils: V. 8.2). Mithilfe von Tutorial-Videos, in denen andere Nutzer die Schritte erklären, wird der Tanz eingeübt (vgl. Michael, Interview am 07.10.2009). Wie im Hip Hop üblich werden Battles ausgetragen, das sind Wettstreite zwischen zwei oder mehreren C Walkers (vgl. Phùc, Interview am 30.09.2009). Dies findet nicht nur auf der Straße (vgl. Michael, Interview am 07.10.2009), bei Freunden oder im Jugendhaus statt, sondern auch auf der Videoplattform *YouTube*, die mit der Kommentar- und Abstimmfunktion die passende Infrastruktur bietet. Dabei treten mitunter Crews gegeneinander an (vgl Michael, Interview am 07.10.2009), kleinere Zusammenschlüsse befreundeter C Walkers, die den Eintritt weiterer Personen häufig ebenfalls auf *YouTube* regeln; mit einem Tournament, einem Wettstreit um einen Platz in der Crew, in dem sich die Bewerber mit einem C-Walk-Video präsentieren (s. Glossar; vgl. Maria, Interview am 26.10.2009; Michael, Interview am 07.10.2009). So stellt *YouTube* einen wichtigen Handlungsort für die Entwicklung dieser spezifischen Jugendkultur dar.[89] Wenn im Folgenden vom C Walk die Rede ist, dann ist – wenn nicht anders vermerkt – die Jugendkultur gemeint und nicht der ursprüngliche C Walk der Gangmitglieder (OG C Walk).

Zuletzt werden nun zwei wichtige Kontexte dargestellt, die für das Verständnis des untersuchten Phänomens wichtig sind: erstens die Videoplattform *YouTube* als Handlungsort und zweitens die Ursprünge und Bezüge der Jugendkultur C Walk. Einen dritten wichtigen Kontext zum Verständnis des Phänomens stellen die Subjekte in ihren spezifischen Lebenslagen dar. Das ist in den gekürzten Falldarstellungen in Kapitel 3.6 nachzuvollziehen sowie in den ausführlichen Falldarstellungen im Anhang.

---

89 Laut den Angaben der Befragten sind für die Jugendkultur des C Walk in Deutschland insbesondere Plattformen und Foren wie www.pimpmywalk.com und www.cwalkinside.de relevant (vgl. Michael, Interview am 07.10.2009; s. a. flaph/markyboo 2011; Maria: SC 7.1).

Raumkonstruktion, Aneignung und Entwicklung im C Walk auf *YouTube*

6

In den folgenden Kapiteln werden die zentralen Erkenntnisse zur Beschreibung des Phänomens C Walk auf *YouTube* entsprechend der Logik dargestellt, die sich aus dem Zueinander-in-Beziehung-Setzen der wichtigsten Kategorien ergibt. Beim axialen Codieren hilft ein Mindmap (s. Abbildung 16), das sich am Codierparadigma orientiert (s. Kapitel 3.3 und 3.8), Kategorien zueinander in Beziehung zu setzen. Wie oben ausführlich besprochen, geht es hier nicht um eine einzig mögliche Anordnung von Kategorien, sondern darum, einen bestimmten Betrachtungswinkel zu wählen, indem ein Phänomen, eine zentrale Kategorie, in den Mittelpunkt des Interesses und des Bezugssystems rückt. Die Darstellung geht mit einer starken Vereinfachung einher und muss entsprechend interpretiert werden. Juliet Corbin und Anselm Strauss unterschlagen nicht, dass

> „[d]as ‚richtige' Schreiben einer Arbeit mit Hilfe der Grounded Theory […] faktisch noch komplizierter [ist] als das Darstellen eines gängigeren Typs qualitativer Forschung" (Strauss/Corbin 1996, S. 201).

Das grafische Zueinander-in-Bezug-Setzen der Kategorien hilft bei diesem Prozess (s. Abbildungen 16-20).

6 Raumkonstruktion, Aneignung, Entwicklung im C Walk auf YouTube

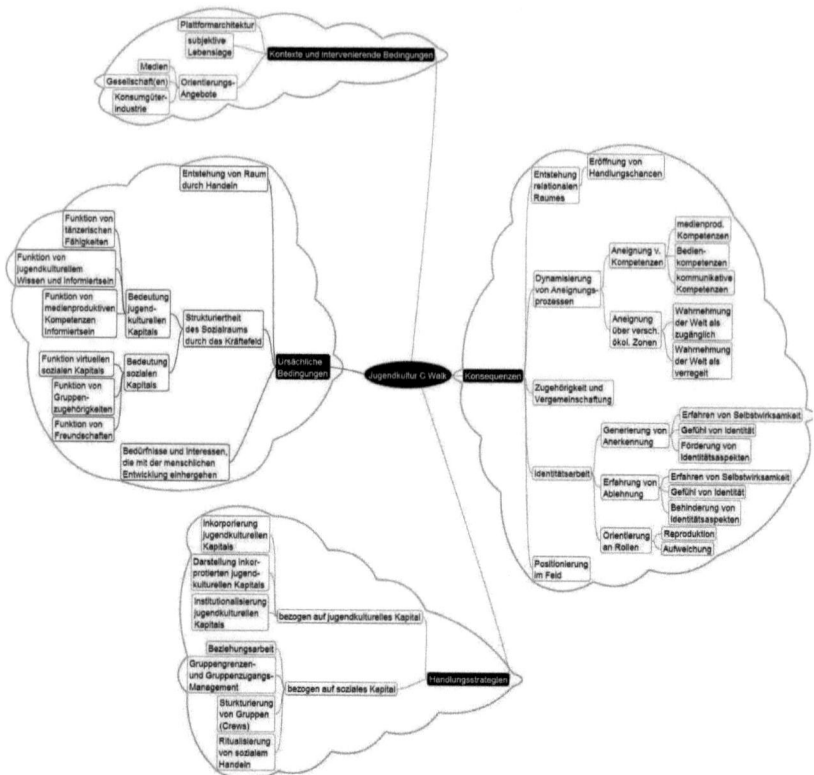

Abb. 16 Darstellung der Kategorien in Anlehnung an das Codierparadigma. Während des axialen Codierens werden die Kategorien um das zentrale Phänomen angeordnet und so zueinander in Beziehung gesetzt. So werden Bezüge sichtbar – hier exemplarisch angedeutet mit einigen Pfeilen und Verbindungslinien (© Christoph Eisemann). Für eine größere Ansicht s. Abbildung 17-22.

6 Raumkonstruktion, Aneignung, Entwicklung im C Walk auf YouTube

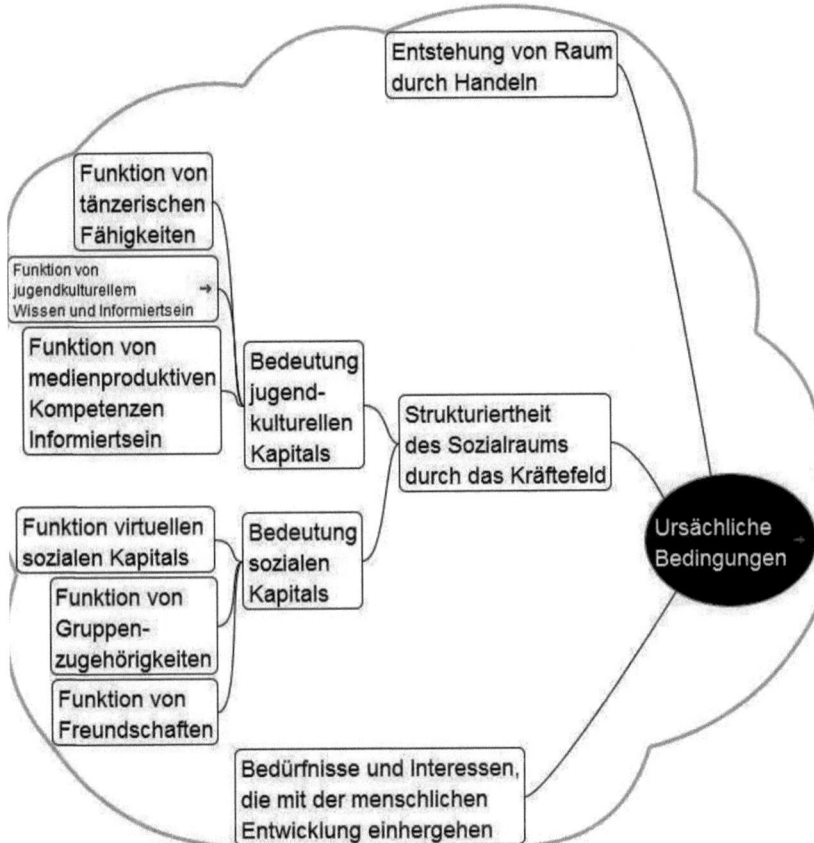

Abb. 17 Ausschnitt aus Abbildung 16 mit einigen Kategorien, die in Bezug auf das Phänomen wichtig als Bedingungen für dessen Herausbildung sind (© Christoph Eisemann).

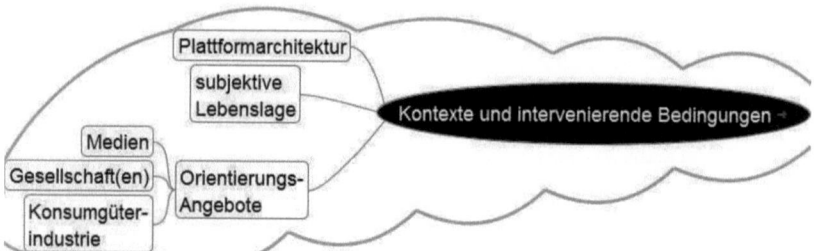

Abb. 18 Ausschnitt aus Abbildung 16 mit Kategorien, die in Bezug auf das Phänomen wichtig als Kontexte und intervenierende Bedingungen sind (© Christoph Eisemann).

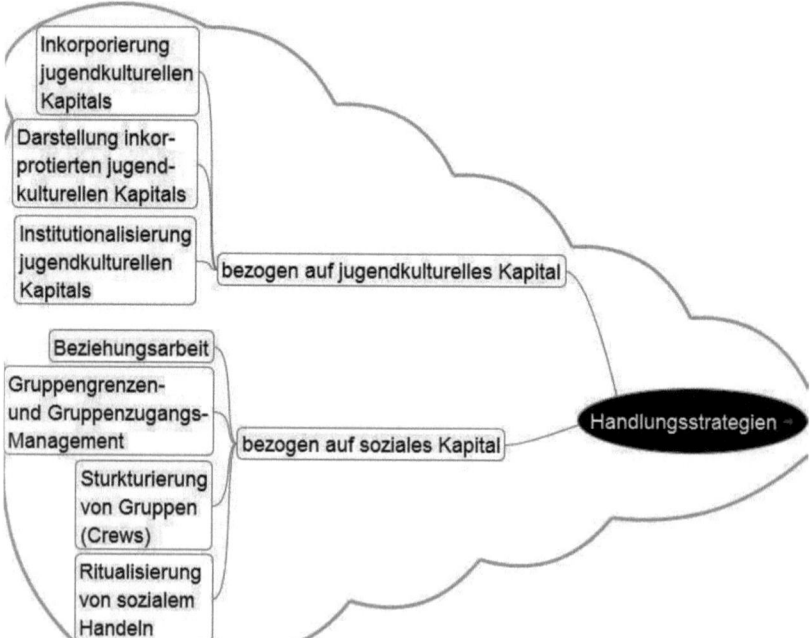

Abb. 19 Ausschnitt aus Abbildung 16 mit Kategorien, die als Handlungsstrategien der Akteure angesichts der Bedingungen und Kontexte identifiziert wurden (© Christoph Eisemann).

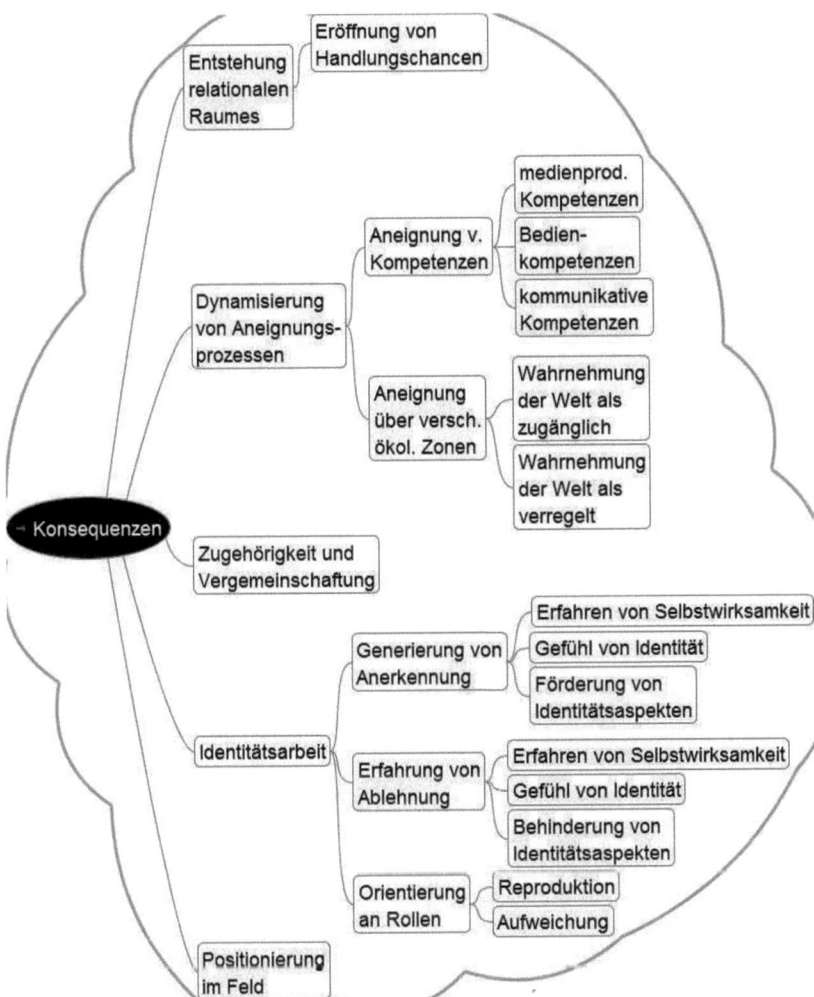

Abb. 20 Ausschnitt aus Abbildung 16 mit einigen Kategorien, die in Bezug auf das Phänomen im Zusammenhang mit und abhängig von den anderen Kategorien wichtige Konsequenzen darstellen (© Christoph Eisemann).

6.1 Theoretische Bezüge

In diesem Kapitel werden drei theoretische Konzepte behandelt, die sich im Laufe der Auswertung des Materials als hilfreich für seine Interpretation und als theoretische Anknüpfungspunkte erwiesen haben – zusätzlich zu den theoretischen Grundlagen, die bereits zu Beginn der Arbeit an dieser Studie ausgearbeitet wurden und die in Kapitel 2 dargestellt sind. Als besonders wichtig erachtet wurden

- die Konstruktion eines persönlichen, jugendkulturellen Sozialraumes,
- das Kräftefeld,
- Zugehörigkeit und Vergemeinschaftung,
- Identitätsarbeit im C Walk mit *YouTube* und
- die Dynamisierung von Aneignungsprozessen.

6.1.1 Aneignung

Die doppelte Bezogenheit von Handlungen auf die Umwelt und die Identität des Handelnden wird mit dem Konzept der **Aneignung** gefasst. Es geht auf den Beitrag zur Tätigkeitstheorie des sowjetischen Psychologen Aleksej N. Leontjev (1903-1979) zurück (Leontjev 1985; Leontjev 1984; vgl. a. Deinet, S. 2): Er ging davon aus, dass Aktivität objektorientiert stattfindet und dass gesellschaftliche Erfahrung vergegenständlicht und dem Subjekt in der Auseinandersetzung mit Gegenständen vermittelt wird. Der bewusstseinsbildende Prozess menschlicher Entwicklung ist demnach kein innerpsychischer Prozess, sondern er findet in der Auseinandersetzung mit der materiellen und symbolischen Umwelt statt. Leontjevs tätigkeitsorientierter Ansatz wurde in der sogenannten Kritischen Psychologie maßgeblich von ihrem Begründer Klaus Holzkamp theoretisch und für die praktische Anwendung weiterentwickelt. Diese Schule passte ab den 1970er-Jahren Leontjevs Ansatz an die damals aktuelle gesellschaftliche Situation an (s. Holzkamp 1986; vgl. Deinet, S. 2). Daran anschließend kommt im aktuellen Aneignungs-Diskurs neben der Gegenstandsbedeutung, wie sie Leontjew ins Zentrum stellte, der Kategorie **Raum** eine besondere Rolle bei der Aneignung gesellschaftlicher Umwelt zu, zum Beispiel für die Kinder- und Jugendarbeit:

> „Die These ist, dass sich die konkreten Verhältnisse unserer Gesellschaft, so wie sie Kinder und Jugendliche erleben, vor allem räumlich vermitteln. Der Aneignungsprozess von Kindern und Jugendlichen ist quasi eingebettet in den ‚Raum' unserer Gesellschaft, in die durch die Strukturen der Gesellschaft geschaffenen, konkreten räumlichen Gegebenheiten." (Deinet 2009, S. 2)

Allerdings wurde auch in diesem raumsensiblen Aneignungsdiskurs zunächst noch ein Raumkonzept[90] zugrunde gelegt, bei dem davon ausgegangen wird, dass ein Raum angeeignet wird, den das Subjekt bereits in seiner spezifischen Qualität vorfindet, der also vor seiner Aneignung besteht und der bereits bestimmte Eigenschaften aufweist:

> „Der Aneignungsprozess ist für Kinder und jüngere Jugendliche quasi eingebettet in den ‚Raum' unserer Gesellschaft, in die konkreten durch die Strukturen der Gesellschaft geschaffenen, räumlichen Gegebenheiten." (Deinet 1993, S. 57)

Dieses Konzept der „räumlichen Gegebenheiten" trifft heute, insbesondere für die spezifische Betrachtung von Lebenswelten im Social Web, nicht mehr uneingeschränkt zu: Die Betrachtung von Aneignung und Erleben im C Walk mit *YouTube* in den folgenden Kapiteln, aber auch anderer online stattfindender Phänomene (s. z. B. Brüggen/Hartung 2007, S. 147f.) zeigt, dass zwar strukturierende Faktoren durchaus eine wichtige Rolle spielen (s. Kapitel 6.3), dass aber eine Dimension von Raum relevanter wird, die durch das Handeln der Akteure ihn seiner spezifischen Qualität geschaffen wird (s. Kapitel 6.1.2) Deinet erkennt die Notwendigkeit, den Aneignungsdiskurs für ein solches Sozialraumkonzept zu öffnen:

> „Aneignung der Lebenswelt heute bedeutet, Räume zu schaffen (Spacing) und sich nicht nur vorhandene gegenständlich anzueignen." (Deinet 2009, S. 15)

Ein wichtiger Bezugspunkt der Aneignungsdiskussion[91] ist das Konzept der Lebensweltanalyse. Es wurde von der Psychologin **Martha Muchow** auf der Grundlage ihrer empirischen Forschung in Hamburg erarbeitet, bevor das NS-Regime ihr Leben als Forscherin zerstörte (s. Muchow 1998).[92] Muchow fasst Mensch und Umwelt als Einheit auf, das ist der zentrale Bezugspunkt zu Leontjevs Aneignungskonzept. Sie zeigt, dass sich der Lebensraum von Kindern in ihrem Bemühen um eine Erweiterung des Handlungsraumes in Schichten um das Wohnzentrum herum vergrößert. Auch wenn das **Schichtenmodell** bereits in den 1980er Jahren nicht mehr ganz auf die gesellschaftliche Situation zutrifft (vgl. Deinet 1993, S. 61), liefern

---

90 Eine sehr gute, verdichtete Darstellung der historischen Entwicklung der Vorstellung von Raum und dem entsprechenden Niederschlag in der Theorie findet man in Löw et al. 2008, S. 14ff.).

91 Einen guten Überblick über verschiedene Studien und theoretische Konzepte zur Aneignung bis Anfang der 1990er Jahre geben Deinet (s. u. a. Deinet 1993) sowie – die Texte von Deinet einbeziehend – Reutlinger (2008, S. 336).

92 Martha Muchow starb im Herbst 1933 an den Folgen eines Suizidversuchs, nachdem sie von den Nationalsozialisten aller ihrer öffentlichen Ämter enthoben worden war.

ihre Erkenntnisse im Vergleich mit neueren Forschungsergebnissen Hinweise auf Veränderungen der Aneignungspraktiken von Kindern und Jugendlichen (vgl. ebd., S. 59). Was besonders wichtig für die Weiterentwicklung der Aneignungstheorie ist: Muchows Modell betrachtet den Menschen als raumkonstituierend, wenn auch immer noch innerhalb eines territorial gedachten Bereichs (vgl. Reutlinger 2008, S. 336). Insbesondere der **sozialökonomische Ansatz** der Lebensweltanalayse des Erziehungswissenschaftlers **Dieter Baacke** (1934-1999) ist als einer dieser weiterführenden Ansätze zu nennen (s. Baacke 1980). Baacke geht es darum, „analog die Wechselbeziehung zwischen sozialer Umwelt und sozialem Verhalten des Menschen" (ders. 2000, S. 63) zu untersuchen. Er wählt nicht den Begriff der Schichten, die sich um ein Zentrum herum lagern, sondern er identifiziert, in Anlehnung an den ökosystemischen Ansatz des Entwicklungspsychologen Urie Bronfenbrenner (s. kleiner Kasten in Abbildung 21; vgl. Baacke 1984, S. 82f.),

„vier expandierende Zonen, die der Heranwachsende in bestimmter Reihenfolge betritt und die ihn ihrem räumlich-sozialisatorischen Potential aussetzen" (Baacke 1980, S. 499, s. a. ders. 1984, S. 84f.; ders. 2000, S. 73ff.).[93]

Für die Entwicklung von Kindern und Jugendlichen ist dies:

1. das **ökologische Zentrum** als die Familie (in den meisten Fällen) und das Zuhause, mit engen emotionalen Bindungen an die und Abhängigkeit von den Älteren.
2. der **ökologische Nahraum** als weiter gefasste Nachbarschaft, wo erste Außenbeziehungen aufgenommen und territoriale, mit Bedeutung versehene Orte entdeckt werden, wobei Raum immer noch als diffus zusammenhängend erlebt wird.
3. **ökologische Ausschnitte** als funktional differenzierte Orte (Schule, Ausbildungsbetriebe, Sportstätten etc.), an denen gelernt wird, mit bestimmten Rollenansprüchen zurechtzukommen, was zugleich auf unsere stark differenzierte Gesellschaftsform vorbereitet.
4. die **ökologische Peripherie**, wo bei gelegentlichem Aufsuchen fremder Orte unroutinierte Kontakte stattfinden, was alternative Sichtweisen zu denen der unmittelbaren Umwelt eröffnet.

---

93 In der Publikation Baacke 1984, S. 83ff. bezieht sich der Autor stärker auf Kinder, in Baacke 2000, S. 73ff. stärker auf Jugendliche.

6.1 Theoretische Bezüge

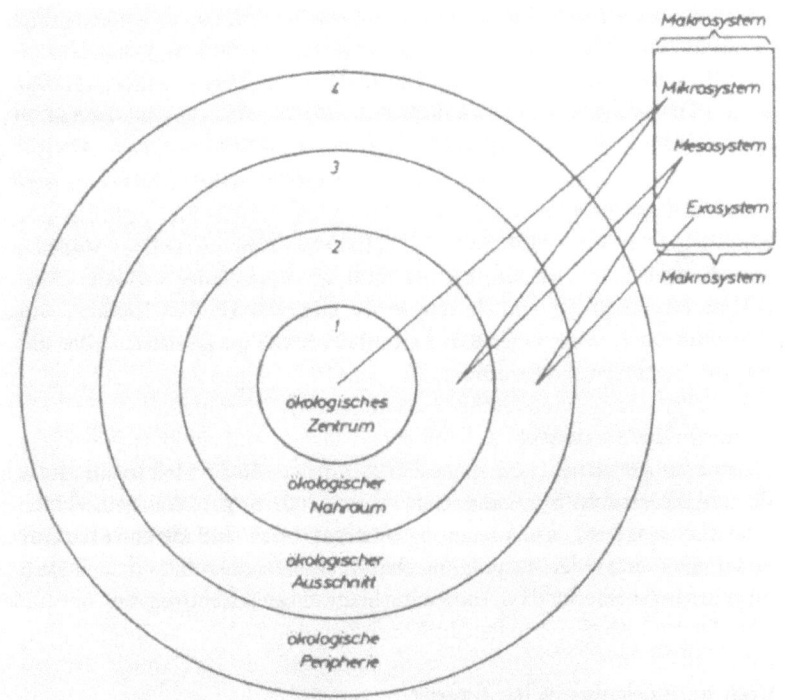

Abb. 21 Schematische Zuordnung der vier ökologischen Zonen unter Einbeziehung von Bronfenbrenners Systemkategorien (Baacke 1984, S. 84, © BELTZ).

Deinet weist explizit darauf hin, dass dieses Modell nicht zu statisch zu interpretieren ist und dass es nicht nur für die kindliche, sondern auch für die jugendliche Lebenswelt relevant ist (vgl. Baacke 2000).

„Es ist wichtig für das Verständnis der Adoleszenz, genauere Auskunft darüber zu suchen, welche Zonen der Jugendliche betritt und welche Bedeutung sie haben: Auf diese Weise wird seine Lebenswelt plastisch und in ihren Zusammenhängen ausgebreitet." (Deinet 1993, S. 60)

Ein weiteres Modell der Aneignung betrachtet Raum sehr stark in seiner physischen Eigenschaft. Es gründet damit eher auf einem Verständnis, wie es beispielsweise Martina Löw für den absolutistischen Raum beschreibt (vgl. Kap. 6.1.2.): Mit ihrem Anfang der 1980er Jahre entwickelten **Inselmodell** zeigt **Helga Zeiher**, dass – zumindest beim Aufwachsen in Städten – Raum nicht als Ganzes, schichten- oder zonenweise angeeignet wird, sondern in einzelnen Inseln. Im Extrem werde er sogar ohne Zwischenräume wahrgenommen, wobei die Lage der Inseln im Gesamtraum keine große Rolle mehr spiele. Sie erscheinen wie von einander abgekoppelte Bereiche, die nur dank der Transportleistung durch die Eltern erreicht werden und in denen jeweils unterschiedliche soziale Zusammenhänge eine ganzheitliche Erfahrung der sozialen Welt erschweren (vgl. Zeiher/Zeiher 1998, S. 26ff.). Heute, in einer Zeit, in der sich Lebensräume auch im Social Web erstrecken, muss dieses Modell neu überprüft werden. So wird zum Beispiel im jüngsten Buch der Soziologin Sherry Turkle (2011; dt.: 2012) deutlich, dass Aneignung der Umwelt immer weniger mittels einer nur im physischen Sinne räumlichen Analyse geleistet werden kann. Die medienpädagogische Forschung im deutschsprachigen Raum hat bereits vor Jahren die Bedeutung symbolischer Aneignung von Welt mittels Medien (vor dem Aufkommen des Social Web) anhand von visuellem und audiovisuellem Selbstausdruck empirisch belegt (s. u. a. Niesyto 2001d; ders. 2007c; Holzwarth 2008a, S. 228ff.) und theoretisch diskutiert (s. ebd.; Niesyto 2002, S. 27f.). Was Zeihers Modell aber deutlich zeigt, ist, dass Aneignungsprozesse immer entlang von **Strukturen** ablaufen, die Raum jeder Ausprägung charakterisieren. Das betont auch Deinet, wenn er kritisch bemerkt, dass Aneignung heute teilweise „entfremdet" stattfindet (Deinet/Icking 2009, S. 67), indem die Konsumgüterindustrie – an Jugendkulturen anknüpfend – Mittel zur Raumaneignung bereitstellt, die das Handeln wider eine „natürliche" Aneignung vorstrukturieren (vgl. Deinet/Icking 2009, S. 67). Allerdings erkennt er darin auch eine handlungsermöglichende Funktion: dass nämlich durch entsprechende Angebote Raumaneignung überhaupt erst ermöglicht oder attraktiver gestaltet wird (vgl. Deinet/Icking 2009, S. 67f.). Beide Aspekte sind für die Erforschung des Aufwachsens in einer Welt wichtig, die mit und über Medien erfahren wird, und die damit in hohem Maße symbolisch ist (vgl. z. B. Niesyto 1991, S. 58; Wagner 2008, S. 208ff.; Schorb 2007; Theunert/Wagner 2007; Theunert/Wagner 2008, s. bezüglich interkultureller Aspekte der Aneignung auch Niesyto 2007c). Während Strukturen bei Leontjew noch vor allem auf der urbanen Straße, bei Muchow im urbanen kindlichen Streifraum zu suchen sind, gilt es heute im Sinne von Deinets Forderung, „alternative Orte für die Entwicklung einer eigenständigen jugendkulturellen Praxis" (Deinet/Icking 2009, S. 68) zu erforschen und auch dort strukturierende Prinzipien zu erkennen und kritisch zu hinterfragen: nicht nur im physischen Raum – wo Aneignung nun auch technologisch unterstützt stattfindet, beispielsweis mit Handys (s. Meister et al. 2009; Höflich 2009) –, sondern auch in symbolischen und medialen Räumen wie jenen im Social Web – beispielsweise im C Walk auf *YouTube*.

In diesem Kontext sind die Erkenntnisse von Arbeiten wichtig – oben wurden bereits einige erwähnt –, die seit den 1980er Jahren entstanden sind und die auf den Aspekt der **Symbolhaftigkeit von Aneignung** fokussieren. Der Medienpädagoge Horst Niesyto stellt in seinen Arbeiten die Bedeutung der

> „Aneignung vorhandener kultureller Ausdrucksformen und ihre Um- und Neugestaltung, d. h. die Wahrnehmung und Verarbeitung unmittelbarer, persönlicher wie mittelbarer medialer Erfahrungen" (Niesyto 1991, S. 58)

in den Mittelpunkt seiner Analysen. Dabei fordert er früh eine Aufwertung und Anerkennung des symbolischen neben dem diskursiven Ausdruck und damit einhergehender Aneignungsformen, denn

> „[m]enschliche Erkenntnis […] geht primär von sinnlicher Wahrnehmung und von der Induktion aus. Denken fußt auf sinnlicher Wahrnehmung, entwickelt sich ‚von unten nach oben'. Sinnliche Wahrnehmung und Denken lassen sich nicht trennen" (ders. 1991, S. 59).

Er fordert eine „Wiederaneignung des Symbolischen" mit der Eröffnung von Räumen, in denen „das Nebeneinander im sozialen Nahraum und mediale Erfahrungen symbolisch verarbeitet" werden können (ders. 1991, S. 59). In dieser Studie werden verschiedene Dimensionen der symbolischen Aneignung sowie der Aneignung der physischen Welt behandelt. Es geht dabei auch um Strukturen, entlang derer Aneignung stattfindet, zunächst um die räumliche Struktur im C Walk auf *YouTube*.

6.1.2 Relationaler Raum

> *„Räume erscheinen uns als etwas Gegebenes, sie werden aber durch komplexe soziale Interaktionen hergestellt. Gleichzeitig sind es gerade die den Raum konstituierenden Praktiken, die eine identitätsstiftende Funktion erfüllen."*
> (Hipfl et al. 2004a, S. 9)

Während der empirischen Arbeit an der vorliegenden Studie trat immer deutlicher hervor, dass man die zentralen Fragen um Praktiken der Selbstdarstellung auf *YouTube* nicht beantworten kann, ohne die Qualität der Videoplattform als Ort für die Konstruktion sozialen Raumes zu verstehen. Denn einerseits eröffnet erst das Handeln der Akteure den Raum, in dem es sich fortsetzt, andererseits aber hängt das Handeln in seiner Qualität auch von der Raumspezifik ab, wird von ihr strukturiert. Selten wird die Gleichzeitigkeit von sozialer Raumkonstruktion und Raumaneignung deutlicher sichtbar als in der Entwicklung einer Subkultur im Social Web, und kaum irgendwo sind diese Prozesse, dank der Spuren, die sie hinterlassen, im Nachhinein besser nachzuvollziehen. Deswegen fand, im Sinne des theoretischen Samplings, parallel zur Auswertung eine Auseinandersetzung mit raumtheoretischen Konzepten statt, deren Ergebnis der Auseinandersetzung mit dem untersuchten Phänomen als theoretische Bezugsfolie vorangestellt wird.

Seit jeher hat Raum eine zentrale anthropologische Bedeutung. Trotz des sich in der gesamten Historie ausdrückenden Zusammenhangs von Gesellschaft und Raum ist die Beschäftigung mit diesem Phänomen als etablierte Wissenschaft in den modernen Sozialwissenschaften noch relativ jung (vgl. Kessl/Reutlinger 2008), wenngleich zahlreiche Anknüpfungspunkte an teilweise sehr alte philosophische, kulturwissenschaftliche und auch alltägliche Diskurse bestehen (s. Heuner 2008; Löw et al. 2008, S. 7-8). Die sozialwissenschaftliche Forschung wandte sich dem Phänomen Raum, seiner Konstitution und seiner sozialen (Re-)Produktion und Veränderung erst seit dem letzten Drittel des vergangenen Jahrhundert häufiger zu (vgl. Löw 2001, S. 10). Zuvor hatte sie Raum eher als „bestenfalls in Untersuchungen auszuschließende ‚Umweltbedingung'"(Löw 2001, S. 9) betrachtet. Dieses neue Interesse mündet in den Begriff des **Spatial Turn** (s. Döring 2008), der einerseits Unsicherheit ausdrückt, die mit dem verstärkten Bewusstsein von veränderten Transport-, Übertragungs- und Darstellungsbedingungen in einer von Globalisierung und Digitalisierung geprägten Gesellschaft einhergeht, in der materieller Raum an Bedeutung zu verlieren scheint. Andererseits fördert diese Veränderung aber neue Denkweisen über Räume, die auch gesellschaftstheoretisch den Horizont erweitern.[94] Die Bedeutung von Medien im Raumdiskurs wurde erst in den 80er und 90er Jahren verstärkt thematisiert, anfangs überwog auch dabei eine absolutistische Raumvorstellung (vgl. Hipfl 2004, S. 22), die aber zum Beispiel mit Dieter Baackes Arbeiten (s. u. a. Baacke et al. 1990) und der darin stattfindenden Verzahnung von Raum und medialen Erfahrungen bereits aufgebrochen wurde, ebenso wie in Studien, deren Denkrichtung oben bereits unter dem Begriff der Aneignung angeführt wurde und in denen Raum nicht nur als materieller, sondern auch symbolischer Aneignungsgegenstand verstanden wird.

Die Soziologin **Martina Löw**[95] leistet mit ihrer „Raumsoziologie" (1988) einen bedeutenden Beitrag zur theoretischen Reflexion von Raum, der m. E. für die

---

94 S. beispielsweise auch die raumtheoretischen Arbeiten von Soja 1996; Löw 2001, S. 10; Castells 2001; 2002; 2005; Böhnisch et al. 1993 und die Sammelbände von Wentz 1991; Hipfl et al. 2004b; Tully 2009; Kessl 2010; Reutlinger et al. 2010.

95 Martina Löw ist Professorin für Soziologie an der Universität Darmstadt. Zu ihren Arbeitsschwerpunkten gehören die raumbezogene Gesellschaftsanalyse, die Stadt- und die Regionalsoziologie.

6.1 Theoretische Bezüge

Forschung sozialer Phänomene im Social Web besonders fruchtbar ist. Sie begreift Räume als „relationale (An)Ordnungen von Lebewesen und sozialen Gütern an Orten" (Löw et al. 2008, S. 63, s. dazu auch Löw 2001, S. 152ff.). In diesem **Konzept des relationalen Raums** vereint sie zwei raumtheoretische Denkrichtungen, die im Folgenden skizziert werden (vgl. ausführlich Löw 2001, S. 18f., 24ff.; Löw et al. 2008, S. 42).

Auf der einen Seite stehen **absolutistische Raumtheorien**: Bereits in der Antike wurde Raum als umschließendes Gebilde gedacht. Seit dem 17. Jahrhundert festigte Isaac Newtons Physik (Newton 1988) ein Verständnis von Raum, der neben und unabhängig von Körpern (Materie) und vom Handeln, für sich existiert – als kontinuierliches, starres Gebilde, (vgl. Newton 1988, S. 44). Häufig ist in dieser Tradition heute die Rede vom „Behälterraum" (s. Löw 2001, S. 63), wobei unter soziologischen Gesichtspunkten die Unterscheidung von Raum und Materie zur Unterscheidung von Raum und sozialen Prozessen wird (vgl. Löw 2001). Es wird demzufolge von „bewegten Handlungen" in einem an sich „unbewegten Raum" ausgegangen, der für alle gleichermaßen existierend, die Grundlage des Handelns ist. Diese Idee vom „Leben im Raum" (dies. 2001, S. 19) ist im Alltagsverständnis bis heute am weitesten verbreitet. Allerdings wird unter dem Begriff des „Spacial Turn" (s. Fuchs-Heinritz et al. 2011, S. 688) ein wissenschaftlicher Diskurs geführt, in dem ein **relativistisches Raumverständnis** vorherrscht. Dessen theoretische Grundlage wurde ebenfalls bereits zu Newtons Lebzeiten gelegt: Es wird davon ausgegangen, dass sich Raum überhaupt erst aus der Anordnung von Körpern und ihren sich verändernden Relationen zueinander ergibt (vgl. zum Beispiel Leibniz 1715/1717b, S. 133f.). Damit befindet sich, abstrakt gesprochen, Raum in ständiger Veränderung und ist nicht *unabhängig* von Körpern, sondern *als Folge* ihrer prozessualen Anordnung zu denken. Als Wegbereiter relationaler Raumtheorie in der Sozialwissenschaft gilt Henri Lefèbvre (1974), der die soziale Konstruiertheit von Raum verdeutlicht und die Rolle von Raum für die Herstellung sozialer Verbindungen hervorhebt. Damit ist die Dimension der **Handlung** als Ursache für Raumkonstitution eingeführt (s. insbesondere Giddens 1988). Wenn auch relativistische Theorien der Forderung nachkommen, dass sie die Handlungsdimension immer mitdenken, so kritisiert Löw an entsprechend theoretisch verankerten empirischen Arbeiten doch, dass für die Raumkonstitution relevante **Strukturen**, die über das beobachtbare, alltägliche Handeln hinausgehen, oft übersehen würden.[96] Dem begegnet sie, Aspekte beider oben dargestellten Denkrichtungen

---

96 Die Vernachlässigung von Strukturen, die über das beobachtbare, alltägliche Handeln hinausgehen, sind für Löw Grund für die häufige Vernachlässigung von Aspekten wie sozialer Ungleichheit (vgl. Löw 2001, S. 19f.).

aufgreifend, mit dem Begriff des **relationalen Raumes** (Löw 2001, S. 67). Das Konzept der Dualität von Struktur und Handeln des Soziologen Anthony Giddens (1988) erweitert Löw zu einer „Dualität von Raum" (Löw 2001, S. 226): Darin sind sowohl die Handlungsdimension als auch strukturbeeinflussende Faktoren für die Konstitution von Raum bedeutsam, ebenso wie das lokale Element **Ort** in diesem ansonsten eher prozessual gedachten Konzept, als „Platz, eine Stelle, konkret benennbar, meist geographisch markiert" (ebd., S. 224). Analytisch trennt Löw zwei zentrale, voneinander abhängige, aber parallel ablaufende Prozesse der Raumkonstitution: die Syntheseleistung und das Spacing, in die jeweils strukturelle und strukturierende Einflüsse einwirken:

Unter **Syntheseleistung** im Prozess der Raumkonstitution versteht Löw das mentale Zusammenfassen, das Herstellen von Relationen zwischen sozialen Gütern (gemeint sind insbesondere materielle Güter; vgl. Löw 2001, S. 224) und Lebewesen zu Räumen. Räume werden in diesem Sinne also als etwas mental Konstruiertes gedacht. Als **Spacing** bezeichnet Löw das Platzieren: das „Errichten, Bauen oder Positionieren" (Löw et al. 2008, S. 64) beweglicher Elemente, sozialer Güter, von Lebewesen sowie von symbolischen Markierungen, die dazu dienen, „Ensembles von Gütern und Menschen als solche kenntlich zu machen" (Löw 2001, S. 225). Spacing geht immer mit der gleichzeitigen mentalen Verknüpfung in der Syntheseleistung einher.

Beide Prozesse, Syntheseleistung und Spacing, sieht Löw in Abhängigkeit von materiellen und symbolischen Bedingungen der jeweiligen Handlungssituation. So beeinflussen gesellschaftlich verankerte Raumvorstellungen (wie mit der veränderten Wahrnehmung raumzeitlicher Strukturen oben angesprochen), institutionalisierte Raumkonstruktionen und ein jeweils spezifischer Habitus die Syntheseleistung. Damit öffnet Löw ihr Konzept im Sinne ihrer Kritik an bisherigen Raumtheorien für beeinflussende Strukturen (s. ebd., S. 226) und Vorbedingungen:

> „Verknüpft und platziert werden kann nur, was in einer Handlungssituation zur Verfügung steht." (ebd., S. 225)

Löw geht also davon aus, dass der Konstitutionsprozess von Raum sowohl strukturbildend als auch strukturreproduzierend ist. Ihr Raumkonzept eignet sich, wie seit einigen Jahren von vielen Sozialforschern erkannt wurde, insbesondere für die Untersuchung von sozialen Räumen im Social Web (s. z. B. Ahrens 2009; Tillmann 2008; Kammerl 2005).

6.1.3 Kräftefeld und Kapital

Wenn der französische Soziologe Pierre Bourdieu (1930-2003) die soziale Welt als mehrdimensionalen Raum analysiert, interessiert ihn dessen strukturierend wirkende Eigenschaft als **Kräftefeld**, als ein Ensemble von objektiven Kräfteverhältnissen (vgl. Bourdieu 1991b, S. 9ff.). Es geht ihm also um die **Positionierung der Akteure im Raum** unter Einfluss strukturierender Kräfte: Auf der Grundlage seiner Studien der kabylischen und später der französischen Gesellschaft zeigt er, dass bestimmte Kapitalsorten als strukturierende Elemente wirken. Sie haben mehr oder weniger determinierenden[97] Einfluss auf die Chancen und die Position des Individuums im sozialen Kräftefeld, und zwar entsprechend seinem Verfügen über die relevanten Kapitalsorten (vgl. Bourdieu 1991b, S. 10). Damit weitet Bourdieu den bis dato stärker ökonomisch gedachten Kapitalbegriff auf alle gesellschaftlichen Bereiche aus: Die an der Wirtschaftswissenschaft orientierte Vorstellung, dass dem Handeln nach ökonomischen Gesetzen der Gewinnmaximierung ein ganz uneigennütziges Handeln gegenüberstehen müsse, beispielsweise das eines Künstlers im Sinne des L'art pour l'art, weist er zurück, denn jeder Akteur in einem sozialen Kräftefeld handele nach einem ökonomischen Prinzip und unter Einsatz von spezifischem Kapital (vgl. Bourdieu 1983, S. 184). Auch wenn ökonomisches Kapital[98] in Bourdieus gesamtgesellschaftlicher Analyse eine dominante Rolle spielt, sind es auch die anderen Kapitalarten, deren Vererbung die Dauerhaftigkeit gesellschaftlicher Machtstrukturen sichern.

Mit dem aus seiner empirischen Forschung gewonnenen, theoretischen Konzept des **kulturellen Kapitals** konnte der Soziologe zeigen, dass ungleiche schulische

---

97 Ein Kritikpunkt an Pierre Bourdieus Theorie ist der eines zu stark deterministisch geprägten Blicks auf die Gesellschaftsstruktur, und einer Vernachlässigung des Aspekts des handelnden Subjekts (vgl. beispielsweise den Gegenentwurf mit dem Lebensstilkonzept von Gerhard Schulze (1992).

98 Bourdieu geht es in seiner Analyse um das Aufdecken gesamtgesellschaftlicher Machtstrukturen und der Mechanismen ihres Erhalts. Dominant gegenüber den anderen Kapitalsorten ist dort, wie oben angeführt, ökonomisches Kapital (vgl. Bourdieu 1983, S. 196). In der hier vorliegenden Studie wird ein Teilfeld untersucht, das nur einen Teilbereich des gesellschaftlichen Lebens ausmacht: das Feld einer Jugendkultur. Da Jugend im Sinne eines Moratoriums in unserer Gesellschaft noch weitgehend von den Zwängen des eigenen Erwerbs von ökonomischem Kapital ausgenommen ist (was nicht heißt, dass die von Bourdieu beschriebenen Mechanismen für sie nicht gelten, es muss nur keine oder lediglich in geringem Maß Arbeit geleistet werden, um ökonomisches Kapital zu akkumulieren), stellt, wie sich zeigen wird, ökonomisches Kapital in diesem Feld nicht die dominante Kapitalart dar. Deswegen wird im Folgenden der Fokus auf die hier relevanten Kapitalarten gelegt.

Leistungen von Kindern in Frankreich aus verschiedenen sozialen Klassen nicht auf natürliche Fähigkeiten zurückzuführen sind, sondern dass diese Ungleichheit mit der Verteilung des kulturellen Kapitals zusammenhängt (vgl. Bourdieu 1983, S. 185). Er geht davon aus, dass dieses Kapital in drei Formen vorkommt:

1. Im **inkorporierten** Zustand (vgl. Bourdieu 1983, S. 186ff.) liegt kulturelles Kapital in Form von dauerhaften Dispositionen vor. Es ist an den Einzelnen gebunden und kann nur durch die Investition von Zeit mit Aufwand erworben werden, was Entbehrungen in anderen Bereichen erfordert. Eine Delegierung dieses Aufwands an eine andere Person (beispielsweise im Tausch gegen ökonomisches Kapital) ist unmöglich. Eine besonders wichtige Rolle spielt hierbei die Familie: Je nachdem, wie stark das dort in einem lange dauernden, mehr oder weniger unbewussten Prozess vermittelte kulturelle Kapital mit den Erfordernissen legitimer Bildungsinstitutionen übereinstimmt, wird sich die lange Zeit der familiären Inkorporierung von Kapital positiv (als zeitlicher Vorsprung) oder negativ (in Form von Zeit, die unter diesem Gesichtspunkt als verloren angesehen wird und die später durch weiteren Zeitaufwand kompensiert werden muss) auswirken.[99] Das inkorporierte kulturelle Kapital ist ein zentraler Bestandteil des Habitus; es hinterlässt Spuren, die Rückschlüsse auf die soziale, regionale und kulturelle Herkunft seines Trägers zulassen und die kaum vollständig auszulöschen sind. Diesen häufig unsichtbar stattfindenden Prozess des Erwerbs von kulturellem Kapital bezeichnet Bourdieu als „soziale Vererbung" (Bourdieu 1983, S. 187). Eine Person, die mit verhältnismäßig viel von dem als legitim erachteten kulturellen Kapital ausgestattet ist, kann dieses zur Grundlage für den Erwerb anderer Kapitalsorten (beispielsweise von sozialem oder ökonomischem Kapital) machen. Das führt Bourdieu zur Beschreibung der gesellschaftlichen Struktur als Feld:

„Die ungleiche Verteilung von Kapital, also die *Struktur des gesamten Feldes*, bildet somit die Grundlage für die spezifischen Wirkungen von Kapital, nämlich die Fähigkeit zur Aneignung von Profiten und zur Durchsetzung von Spielregeln, die für das Kapital und seine Reproduktion so günstig wie möglich sind." (Bourdieu 1983, S. 188, Hervorhebung im Original)

2. Als **objektiviertes kulturelles Kapital** bezeichnet Bourdieu kulturelles Kapital, das in materieller Form festgeschrieben ist (vgl. Bourdieu 1983, S. 188f.). Als Beispiele nennt er Kunstgegenstände oder technische Geräte. Solch übertragbares

---

[99] S. dazu auch das aktuelle Promotionsprojekt von Katrin Schlör an der *Pädagogischen Hochschule Ludwigsburg*.

6.1 Theoretische Bezüge

Kapital steht allerdings in enger Verbindung mit anderen Kapitalsorten: Ökonomisches Kapitel macht es materiell erwerblich, doch zu seiner symbolischen Aneignung ist inkorporiertes kulturelles Kapital notwendig (beispielsweise die Sprache, die Lesefähigkeit, das Kontextwissen bis hin zum literarischen Wissen zur Rezeption eines Romans oder bestimmtes technisches Wissen zur Bedienung einer Maschine).

3. Während inkorporiertes Kapital an die Person gebunden bleibt und seinen Träger zwingt, es ständig unter Beweis zu stellen, wird **institutionalisiertes kulturelles Kapital** unabhängig von seinem Träger garantiert (vgl. Bourdieu 1983, S. 189f.). Dies geschieht beispielsweise in Form eines Titels, der symbolisch das Vorhandensein inkorporierten kulturellen Kapitals vermittelt. Sein Wert ist dauerhaft und unabhängig von dem zu einem bestimmten Zeitpunkt tatsächlich vorhandenen, inkorporierten kulturellen Kapital.[100] Institutionalisiertes kulturelles Kapital ist unmittelbar an das ökonomische Kapital gekoppelt, allerdings bleibt sein Wert nur stabil, solange es sich um ein relativ rares Gut handelt, das seinen Träger vor anderen auszeichnet.

Soziales Kapital (vgl. Bourdieu 1983, S. 191ff.) bezeichnet bei Bourdieu die „Ressourcen, die auf der Zugehörigkeit zu einer Gruppe" (ebd., S. 191) basieren. Entsprechende soziale Beziehungen gründen auf materiellen oder symbolischen Tauschbeziehungen, die auch durch Tauschhandlungen aufrechterhalten werden. Diese Tauschbeziehungen können auch symbolisch ausgedrückt werden – Bourdieu spricht von „Institutionalisierbarkeit" (ebd.) –, beispielsweise mit der Übernahme eines Familiennamens oder der Mitgliedschaft in einer Partei. Das Maß an sozialem Kapital, über das eine Person verfügt, hängt von der Ausdehnung ihres Beziehungsnetzes ab und von der Möglichkeit, dieses zu nutzen, sowie vom gesamten Kapital aller Arten, über das die im Netz befindlichen Personen verfügen.

---

100 Im Jahr 2011 wurde in Deutschland der Wert institutionalisierten kulturellen Kapitals in einigen Fällen deutlich sichtbar, als Politiker, die einen Doktortitel führten, im Verdacht standen, dass dieser bei seiner Verleihung nicht dem Maß des tatsächlich inkorporierten Kapitals entsprochen hatte, also illegitimerweise erworben worden war (weil eine als Plagiat entlarvte Arbeit, die Grundlage der Promotion war, weniger eigene kulturelle Leistung enthielt als der Titel ausdrückt.) Verständlicherweise wurde Kritik auch seitens derer laut, die selbst einen entsprechenden Titel führen, da sie eine Abwertung des erworbenen institutionalisierten Kapitals fürchten mussten. Gleichzeitig drückte sich auch in der Reaktion von Menschen, die nur über verhältnismäßig wenig kulturelles Kapital verfügen, eine allgemeine Akzeptanz institutionalisierten kulturellen Kapitals aus: Die Legitimität der Promotion an sich als kulturelle Institution wurde dabei kaum in Frage gestellt.

Solche Beziehungen müssen ständig gepflegt werden. Bourdieu verweist hier auf „Institutionalisierungsriten" (ebd., S. 192), die der symbolischen (Re-)Produktion von dauerhaften Zugehörigkeiten dienen. Voraussetzung für erfolgreiche „**Beziehungsarbeit**" (ebd., S. 193) zur (Re-)Produktion von Sozialkapital ist eine bestimmte Kompetenz: die Fähigkeit, entsprechende Zusammenhänge zu erkennen und die Kunst, sie zu nutzen. Keupp (1997, S. 20) deutet darauf hin, dass es sozioökonomisch benachteiligten und marginalisierten Gruppen schwerer fällt, Beziehungsarbeit zu leisten, was von der Gesellschaft aber zunehmend gefordert wird – er nennt soziale Ressourcen als eine der fünf Voraussetzungen für eine erfolgreiche Identitätsarbeit. Während nach Bourdieu durch symbolischen oder materiellen Tausch gegenseitige Anerkennung und damit Anerkennung der Zugehörigkeit zur Gruppe ausgedrückt wird, findet gleichzeitig im Sinne der Gruppe eine verantwortungsvolle Bestätigung der Gruppengrenzen durch jedes Mitglied statt. Diese verlaufen dort, wo die Austauschbeziehungen aufhören, stattzufinden. Weil Gruppenneuzugänge die Gruppenidentität zu verfälschen drohen, werden sie – Bourdieu zeigt es am Beispiel der Heirat in traditionellen Gesellschaften[101] als Einführung in die Gruppe der Familie – in vielen Fällen durch bestimmte Institutionalisierungsriten vorgenommen, an denen die Gruppe symbolisch beteiligt wird. Zum Aufrechterhalten von sozialem Kapital muss Beziehungsarbeit langfristig geleistet werden und als Selbstzweck erscheinen, sodass das Sozialkapital zu einem späteren Zeitpunkt aktiviert werden kann (vgl. Bourdieu 1983, S. 195). Kapitalarten können in andere Kapitalarten umgewandelt werden, allerdings ist dafür häufig weiterer Aufwand nötig (vgl. ebd., S. 195ff.). So ist beispielsweise ökonomisches Kapital nicht direkt in inkorporiertes kulturelles Kapital umzuwandeln, jedoch ermöglicht es dessen Erwerb durch den Aufwand an Zeit, der nur mit vorhandenem ökonomischem Kapital realisiert werden kann. Wenn Bourdieu ein gesellschaftliches Teilfeld wie beispielsweise das Bildungswesen (s. u. a. Bourdieu 1968; Bourdieu/Passeron 1970, dt. in Bourdieu/Passeron 1971 u. Bourdieu/Passeron 1973) oder das künstlerische und literarische Feld in Frankreich (s. u. a. Bourdieu 1992, dt. Bourdieu 2001) im Hinblick auf seine Bedeutung für die Reproduktion sozialer Ungleichheit analysiert, dann spielen Prozesse der Legitimierung von Kapitalarten und deren Vererbung sowie die Ausbildung eines klassenspezifischen Habitus eine zentrale Rolle. Bourdieus Analysen richten sich dementsprechend doch stets auf die Gesellschaft als

---

101 Für Gesellschaften wie unsere, in denen Familien weniger an der Heirat und der Heiratsentscheidung beteiligt sind, macht Bourdieu andere Institutionen aus, die dem Erhalt der familiären Kontrolle dienen: beispielsweise bestimmte gesellschaftliche Anlässe, Orte oder Praktiken, die ein Zusammentreffen von bestimmten Menschen mit von der Gruppe gewünschten Eigenschaften wahrscheinlich machen (vgl. Bourdieu 1983, S. 193).

6.1 Theoretische Bezüge

Ganzes, die von ihm beschriebenen strukturellen Muster weisen über die Grenzen einzelner Kräftefelder hinaus:[102]

> „Die zu einem bestimmten Zeitpunkt gegebene Verteilungsstruktur verschiedener Arten und Unterarten von Kapital entspricht der immanenten Struktur der gesellschaftlichen Welt, d. h. der Gesamtheit der ihr innewohnenden Zwänge, durch die das dauerhafte Funktionieren der gesellschaftlichen Wirklichkeit bestimmt und über die Erfolgschancen der Praxis entschieden wird." (Bourdieu 1983, S. 183)

Gleichwohl hat Bourdieu in einer Vorlesung in Frankfurt explizit deutlich gemacht, dass seine Theorie auch auf einzelne, **eingegrenzte Teilfelder** anwendbar ist, und dass dort *andere* als die gesamtgesellschaftlich dominanten Kapitalarten[103] ausschlaggebend für soziale Positionierung sein können: „[F]aktisch korrespondiert jedem Feld oder Teilfeld die Kapitalsorte, die in ihm als Machtmittel und Einsatz im Spiel ist" (Bourdieu 1991b, S. 10). Zwar wird die Anschlussfähigkeit seines Konzeptes erkannt, wie beispielsweise von Nadja Kutscher, die eine quantitative Untersuchung zur „Wirkmacht kulturellen Kapitals bei der Nutzung des Internet" mit dem Fokus auf „virtuelle Räume Jugendlicher" (2009, S. 172) durchgeführt hat:

> „So stellen auch Internetseiten Felder dar, innerhalb derer Machtverhältnisse verhandeln werden. Betrachtet man das Verhältnis von Habitus und Feld, so wird deutlich, dass ungleiche Mobilitätsoptionen für die einzelnen Akteure je nach Habitus und Kapitalausstattung bestehen. So kann an vielen Internetseiten, die Jugendliche quer durch alle Schichten erreichen wollen, nachvollzogen werden, dass sich dort jedoch häufig vor allem formal höher gebildete Jugendliche wiederfinden und andere Gruppen sich darin nicht (mehr) etablieren (können)." (Kutscher 2009, S. 171)

Allerdings untersucht Kutscher in ihrer quantitativ angelegten Studie *nicht* Felder bzw. Räume (sie verwendet beide Begriffe), die sich im Internet erstrecken, hin-

---

102 Aufgrund dieser gesamtgesellschaftlichen Ausrichtung wird Bourdieus Theorie im deutschen Sprachraum häufig in Bezug auf die Lebensstilforschung oder die Rezeptionsforschung zugrunde gelegt, dabei spielt aber vor allem sein gut ausgearbeitetes Habitus-Konzept eine tragende Rolle (beispielsweise bei Schönauer 2004 und Michel 2006).

103 Obwohl sich Bourdieu, wie oben bereits angedeutet, ausdrücklich gegen eine Ignoranz der „brutale[n] Tatsache der universellen Reduzierbarkeit auf die Ökonomie" (Bourdieu 1991b, S. 196) wendet und gerade das ökonomische Prinzip im *sozialen* Raum hervorhebt, stellt er in diesem gesamtgesellschaftlichen Kräftefeld das ökonomische Kapital, bezüglich der Macht, die es verleiht, und seiner Begehrlichkeit, als nicht allein funktionale, aber dominante Kapitalart über die anderen Kapitalarten (vgl. Bourdieu 1991b, S. 196).

sichtlich ihrer *feldspezifischen* Kapitalsorten und Machtverhältnisse. Vielmehr zieht sie die formale Bildung als (einzigen) Indikator für die Ausstattung der Subjekte mit kulturellem Kapital heran und findet so heraus, dass Bildungsgrad und Nutzungsweise in bestimmten Punkten korrelieren. Daraus zieht sie den Schluss, dass Ressourcenausstattung – die sie vom Bildungsgrad ableitet – Einfluss auf die Erschließung bestimmter Angebote im Internet hat (vgl. Kutscher 2009, S. 172). Damit bezieht sie den Kapitalbegriff eben nicht auf die jugendkulturellen Felder und die subjektive Bedeutung bestimmter Ressourcen für die Nutzer, sondern übernimmt die gesamtgesellschaftlich normierte Sicht dessen, was als Kapital wertvoll ist (ohne dies selbst empirisch überprüft zu haben). Wenn auch Bourdieus Theorie dafür eigentlich nicht bemüht werden müsste, da sich die Aussagekraft im Prinzip lediglich auf den Zusammenhang zwischen formaler Bildung und Internetnutzung bezieht, ist die Fragestellung durchaus legitim und ihre Beantwortung wichtig in einem (notwendigerweise!) ebenfalls normativ zu führenden Bildungsdiskurs. Es wäre jedoch auch interessant zu erfahren, welche feldspezifischen Kapitalarten in den jugendkulturellen Kräftefeldern, die Kutscher meint, als wertvoll erachtet werden und wirkungsvoll sind. Bis heute sind dem Autor allerdings keine empirischen Studien bekannt, die sich bei der Analyse sozialer Räume im Social Web und der Strukturierung der entsprechenden Kräftefelder ausführlich und aus der Akteursperspektive mit Bourdieus Kapital-Konzept auseinandersetzen, um die entsprechenden, *spezifischen* Kapitalsorten dieser Felder herausarbeiten. Für das Feld der professionellen wienerischen DJ-Szene hat dies beispielsweise Rosa Reitsamer mit ihrer empirischen Untersuchung geleistet (vgl. Reitsamer 2011a; 2011b).

Um den Bogen zu dem oben skizzierten Konzept des relationalen Raumes zu spannen: Bourdieus Kapitalbegriff ist insofern mit dem Konzept des relationalen Raumes vereinbar, als Bourdieu, wenn er von Kräftefeldern im sozialen Raum spricht, ebenfalls einen Raum von Beziehungen denkt.

> „Er bezeichnet eine (An)Ordnung von Personengruppen auf der Basis gleicher bzw. unterschiedlicher Verfügungsmöglichkeiten über ökonomisches, soziales und kulturelles Kapital, welches sich in seinem ähnlichen oder verschiedenen Habitus zeigt." (Löw 2001, S. 181)

Wie die vorliegende Studie zeigt, eignet sich sein Kapitalbegriff, um die von Löw geforderte **strukturierende Dimension** für die Raumkonstitution mitzuberücksichtigen. Außen vor gelassen wird hier Bourdieus Konzept des **Habitus** als

> „System [...] dauerhafter *Dispositionen* [...], strukturierte Struktur [...], die geeignet [ist], als strukturierende Struktur [...] zu wirken, mit anderen Worten: als Erzeugungs- und Strukturierungsprinzip von Praxisformen und Repräsentationen, die

objektiv ‚geregelt' und ‚regelmäßig' sein können, ohne im geringsten das Resultat einer gehorsamen Erfüllung von Regeln zu sein" (Bourdieu 2009, S. 165).

Bourdieu schafft mit dem Habitus die Verbindung zwischen individueller und gesamtgesellschaftlicher Ebene. Für die vorliegende Studie, deren Ziel die Generierung einer materialen Theorie für den Gegenstand der Jugendkultur des C Walk ist, wird dieser Schritt bewusst nicht vollzogen. Eine Untersuchung der übergeordneten habituellen Ebene wird zugunsten einer genaueren Analyse der Bedeutung der Kapitalsorten nicht angestrebt. Die erhobenen Daten ließen auch keinen belastbaren Schluss auf den unter komplexen Einflüssen herausgebildeten Habitus der einzelnen Teilnehmer zu, dessen Erhebung im Forschungsdesign nicht vorgesehen war. Dennoch gehen zahlreiche Kontextdaten zum Umfeld der Befragten in die Analyse ein.

6.2 Erlebensraum C Walk – Konstruktion eines persönlichen, jugendkulturellen Sozialraumes

In Kapitel 4 wurde die Infrastruktur von *YouTube* skizziert, welche raumkonstituierendes Handeln in der digitalen Umgebung des Internet ermöglicht und zugleich mitstrukturiert. Dieses Kapitel verdeutlicht nun, wie C Walkers an diesem digitalen Ort mit seiner spezifischen Architektur im Handeln Raum schaffen. Dabei wird, mehr als in Löws theoretischem Konzept, dem Verknüpfen von *symbolischen* Objekten Bedeutung zugewiesen. Durch Tätigkeit entstehen der spezifische Raum und die Jugendkultur des C Walk, und nur durch das Handeln haben beide Bestand. Vorher besteht, in raumtheoretischer Abstraktion, nichts als eine von der Plattformarchitektur angebotene Möglichkeit, d. h. ein noch bedeutungsloser Ort. Mit der Konstruktion von relationalem Raum im C Walk auf *YouTube* eignen sich die Akteure zugleich in symbolischer Form die Welt an.[104]

---

104 Symbolische Aneignung der Welt findet, um vorweg nur ein Beispiel zu nennen, statt, wenn symbolisch an Geschlechterrollen angeknüpft wird. Der Umgang mit einem bestimmten Symbolvorrat bedingt eine Auseinandersetzung mit den dahinterstehenden Konzepten, welche die soziale Welt charakterisieren (vgl. Kapitel 6.5.2). Im folgenden Text findet der aufmerksame Leser zahlreiche Beispiele für die symbolische Weltaneignung, allerdings werden diese aufgrund ihrer funktionalen Vielfältigkeit zum Teil mit anderem Fokus als dem der symbolischen Aneignung behandelt, z. B., wenn es um die Darstellung jugendkulturellen Kapitals (s. Kapitel 6.3.1.5) oder um Spacing- oder Markierungsprozesse (s. Kapitel 6.2) bei der Raumkonstruktion geht.

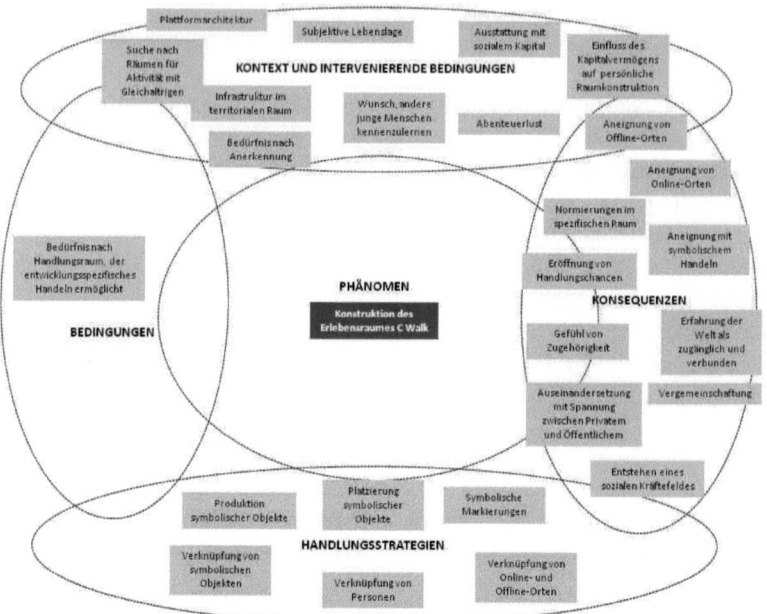

Abb. 22 Darstellung aus dem Codierprozess mit dem Fokus auf die Kategorie „Konstruktion des Erlebnisraumes C Walk" in Anlehnung an das Codierparadigma (© Christoph Eisemann).

Abbildung 22 zeigt ein unfertiges Arbeitsdokument vom Prozess des axialen Codierens, bei dem Kategorien zueinander in Bezug gesetzt werden. Hier liegt der Fokus auf der Konstruktion eines subjektiv wahrgenommenen, persönlichen, jugendkulturellen Sozialraumes, der im Folgenden auch als **Erlebnisraum C Walk** bezeichnet wird. In diesem Kapitel werden insbesondere die Handlungsstrategien der Platzierung und der Markierung behandelt, um den Prozess der Raumkonstruktion nachzuvollziehen.

a Symbolische Markierung

Mit der Anmeldung bei *YouTube* erfolgt automatisch die Erstellung eines dem Nutzerprofil zugeordneten Kanals (s. Kapitel 4.2.2). In der physischen Welt wird beispielsweise mittels Grenzstein oder Ortsschild ein Vermessungspunkt mit Sinn versehen. Bei einem C Walk Meeting wird die Tanzfläche als einziger legitimer Ort für „gültige" Battles (s. Glossar) mittels der im Kreis umherstehenden Walkers

6.2 Erlebensraum C Walk

gekennzeichnet. Und so erhält der *YouTube*-Kanal bei seiner Erstellung aufgrund des Codes zwangsläufig eine Markierung mit dem gewählten Benutzer- und einem Kanalnamen. Diese Markierung erscheint dann auf jeder zum Kanal gehörenden Seite, auf der Objekte wie beispielsweise Videos oder Kommentare betrachtet werden können. Es ist unter C Walkers außerdem üblich, von der fakultativen Personalisierung des eigenen Kanals mittels farblicher und grafischer Gestaltung des Kanal-Designs Gebrauch zu machen (s. Abbildung 23; Nils, Interview am 30.10.2009; Michael, Interview am 03.11.2009).

1. Auf diese Weise werden unterschiedliche Seiten durch die Wiederholung von gleichen visuellen oder diskursiv-symbolischen Elementen „gerahmt" und als Sinneinheit „Kanal" **zusammengefasst.**
2. Der Ort „Kanal" wird mittels a) präsentativer Elemente (Grafiken, Bilder, Farbgestaltung), b) diskursiver Elemente (Benutzer- und Kanalnamen) sowie c) Mischformen (ikonographische Verwendung diskursiver Zeichen in Benutzer- und Kanalnamen[105]) mit **symbolischem Sinn** versehen.

Maria hat ihren Kanal, wie alle anderen Teilnehmer der Studie auch, grafisch personalisiert und damit visuell gerahmt (s. Abbildung 23):

> „Der Kanal ist schwarz gehalten, die Schrift ist türkisblau in den Überschriften und dunkelblau in den Kommentar-Texten. […] Die Farben sind auf das Hintergrundbild abgestimmt. […] Ein Fantasie-Blumenmuster, das in den schwarzen Hintergrund übergeht, ist als Hintergrundbild eingefügt. Die floralen Muster im Airbrush-Stil sind türkis, weiß, blau gehalten, mit den vielen Sternen- und Licht-Effekten wirken sie ‚spacig' [gemeint ist: psychedelisch] und zugleich romantisch. Die Farben passen zu den Schriftfarben. Als Profilfoto bzw. Kanalfoto hat Maria einen Screen Shot ihres Videos eingestellt, in dem sie vor einer besprühten Mauer C-Walkt. Sie selbst ist darauf recht klein und darum schwer zu erkennen. Ihr Kanal-Name ist im Foto unten rechts lesbar." (Kb. 7)

Wer sich auf den Seiten bewegt, die zu Marias Kanal gehören – beispielsweise um Listen, Videos, Kommentare etc. zu betrachten – nimmt diese als zum Kanal gehörend wahr (vgl. oben, 1.). Gleichzeitig schließt Maria mit der Hintergrundgrafik und den Farben auf visueller Ebene (vgl. oben, 2a) und mit dem Kanalnamen, der an das englische Wort für Flügel erinnert, und in den sie einen aus Sonderzeichen

---

[105] Maria hatte ursprünglich diskursive Zeichen in der Form eines Schmetterlings in ihren Kanalnamen integriert.

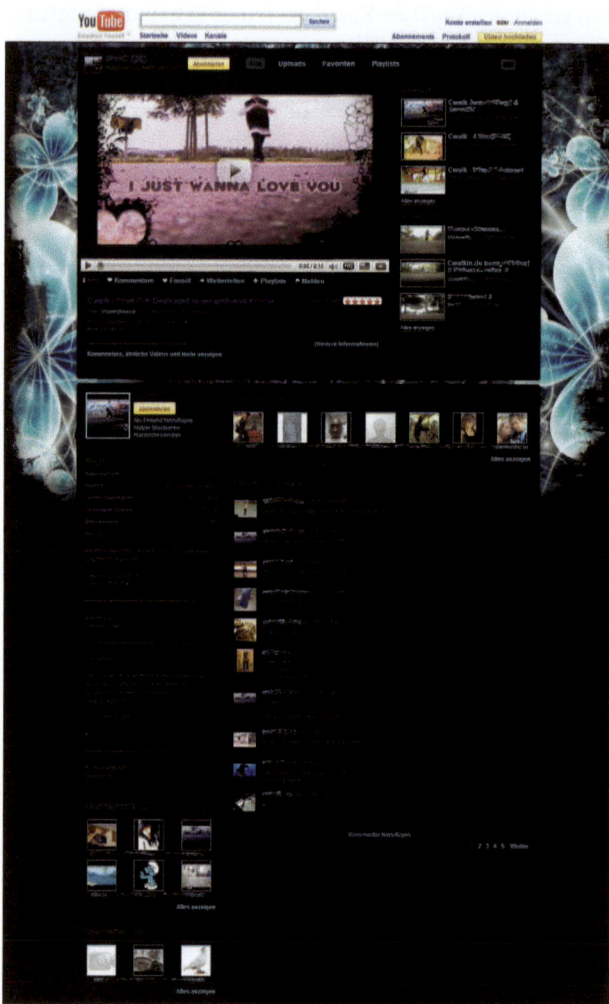

Abb. 23 Startseite von Marias YouTube-Kanal (© YouTube).

6.2 Erlebensraum C Walk

zusammengesetzten Schmetterling106 integriert hat, auf diskursiver und ikonographischer Ebene (vgl. oben, 2b, 2c) an bestimmte Konzepte an, die von jedem Rezipienten subjektiv interpretiert werden und den Autor an Fantasie, leicht melancholische Träumerei, Verspieltheit, die Jugendkultur des zum Hip Hop zu zählenden C Walk oder entsprechende Coolness erinnern (vgl. Fußnote 106).

Tags und **Kategorien** (s. Glossar), die von *YouTube* vorgegeben sind und einem Video oder einem Kanal zugewiesen werden können, funktionieren als strukturierende, symbolische Markierungen für den Handlungsort *YouTube*. Sie weisen einem Kanal oder einem einzelnen Objekt Sinn zu und stellen einen Bedeutungszusammenhang her. Die mit der Vorgabe von Kategorien und Tags einhergehende Fremdstrukturierung durch die Infrastruktur des Handlungsortes *YouTube* umgehen C Walkers aber häufig: Sie **ignorieren** die Möglichkeit der Zuweisung zu Kategorien oder nehmen diese willkürlich vor und verschlagworten hochgeladene Clips manchmal überhaupt nicht oder mit eigenen, jugendkulturellen Codes.

Michael hat ein C-Walk-Video (V. 5.1) unter der **Kategorie** „Sport" eingestellt. Im Interview gibt er als Hobbys unter anderem Leichtathletik, Schwimmen und Basketball an (s. Interview am 07.10.2009); es wird dort sehr deutlich, dass er sich nicht ohne Stolz als sportlich definiert („bin eher so der sportliche typ" (ebd.), „hauptsache meine übungen noch machen, damit ich in form bleib, damit's nicht einrostet" (ebd.)). Die symbolische Markierung, die er mit der Kategorisierung seines Videos in der Rubrik „Sport" vornimmt, stellt dieses in den Bedeutungszusammenhang mit einer Idee von Sportlichkeit, die mit dem Bild von Männlichkeit zusammenpasst, an dem sich Michael orientiert und das er sich als Selbstaspekt gerne und mit Stolz zuschreibt.[107] **Tags** hat Michael diesem Video nicht zugewiesen. Der **Benutzername**, unter dem er das Video veröffentlich hat, besteht aus einem

---

106 Den Schmetterling hat Maria nicht selbst kreiert, sondern „irgendwann mal kopiert gehabt von irgendjemandem" (Maria, Interview am 26.10.2009). Er erinnert sie an ein Tattoo, das sie trägt: „meinen walker-namen hab ich halt dadurch gewählt gehabt, dass ich ähm {räuspert sich}, ich hab nen schmetterling tätowiert und dann hab ich gedacht, okay, irgendwas so mit schmetterling, butterfly hört sich aber doof an und dann hab ich halt [*Kanalname*] genommen nur mit [*ausgetauschter Buchstabe im Kanalnamen*] damit's halt auch was besonderes hat" (ebd.).

107 Michael spricht auch von seinem Vorbild, dem Großvater, als sportliche Person und äußert einen physisch herausfordernden und zugleich traditionell männlich konnotierten Berufswunsch: „er [gemeint ist der Großvater] war seemann, er war kampfschwimmer bei der bundeswehr, hat immer sport- is jetzt noch topfit mit 60, so wirklich richtig topfit, macht mit mir immer so- abenteuerige dinge wie tauchen und so, des is echt cool, wenn- ich möcht auch mal zur bundeswehr gehen beruflich, kampfschwimmer

zusammengesetzten, an die US-amerikanische Umgangssprache angelehnten Wort, das sowohl an Sport als auch an Urbanität erinnert. Auch hier wird symbolisch ein Sinnzusammenhang mit Sport und amerikanischer Großstadt hergestellt (vgl. Kb. 5.1). In einem neuen Kanal, den Michael vier Wochen nach dem Interview eröffnet hat, trägt er einen Benutzernamen, der den Begriff „Goon"[108] beinhaltet, was aus dem US-Amerikanischen übersetzt „Schlägertyp", „Rowdy" oder „dumme Person" bedeutet. Derselbe Name wird von einem Hip-Hop-Produktionsteam geführt. Mit dieser symbolischen Markierung seines Kanals und seiner Videos verweist er zugleich auf die entsprechende Musik, den Erfolg ihrer Produzenten sowie – mit der eigentlichen Bedeutung der Worte – auf das Milieu US-amerikanischer Ghettos, das im C Walk häufig als Quelle für symbolisches Material dient. Seine Kanäle stellt Michael mittels symbolischer Markierungen in einen gemeinsamen Bedeutungszusammenhang sowie in einen Sinnzusammenhang mit den entsprechenden Milieus und Konzepten. So konstituiert er einen Raum mit bestimmten Eigenschaften und platziert sich dort in seiner Rolle als C Walker.

Ein weiteres Beispiel für symbolische Markierungen mittels **Tags** liefert das Dedication-Video von Nils (s. Va. V. 8.2; vgl. Exkurs). Er hat es mit über 20 Schlagworten markiert, die hier aus Gründen der Sicherung der Anonymität des Teilnehmers nicht wiedergegeben werden können. Darunter sind die Namen seiner Crews, sein Benutzer- und Kanalname, der Name seines Wohnortes sowie C-Walk-spezifische Begriffe. Alle Begriffe sind in englischer Sprache, keiner davon ist ein von *YouTube* vorgeschlagener Tag. Liest sich die Liste anfangs noch wie die typische Aneinanderreihung von Begriffen, so wird die Tagging-Funktion mit den letzten Schlagworten umgedeutet: Die Schlagworte formen einen mit Emoticons gespickten Satz, der nicht der Auffindbarkeit des Videos, sondern der humorvollen Kommunikation mit Lesern der Tag-List dienen soll: Sinngemäß[109] bedeutet er „hör auf zu lesen, ich liebe euch, Peace." Mit diesen Tags markiert Nils sein Video auf diskursiv-symbolische Weise und schreibt ihm mit der Bedeutung der Worte Sinn zu, verortet das Video im Bedeutungsraum des C Walk und der Unterhaltung und konnotiert dies durch die Umdeutung mit einem humorvollen Aspekt, der in der Liste von Worten einen Teil seiner Persönlichkeit aufblitzen lässt.

Die genannten Beispiele verdeutlichen die Funktion symbolischer Markierungen. Und sie weisen an mehreren Stellen schon auf das im Folgenden behandelte

---

machen, und daher is des natürlich echt super." (Interview am 07.10.2009; zum Thema Männlichkeit in Michaels Aussagen s. Kapitel 3.6.6).

108 Aufgrund der den Teilnehmern zugesicherten Anonymisierung kann hier nicht der volle Benutzername angegeben werden.

109 Der genaue Wortlaut wird zur Wahrung der Anonymität von Nils nicht wiedergegeben.

6.2 Erlebensraum C Walk

Prinzip der Platzierung von symbolischen Objekten hin. Denn markiert werden kann nur, was zuvor an einem Ort platziert wurde. Hier werden symbolische Markierung und die Platzierung von symbolischen Objekten voneinander getrennt betrachtet, obwohl beides gleichzeitig stattfinden kann. Es handelt sich also um eine analytische Trennung, um das Prinzip der Handlungen besser verständlich zu machen.

b Platzierung symbolischer Objekte

Erst Platzierungen unterschiedlicher Objekte an Orten und deren Verknüpfung spannen einen Raum auf, den die C Walkers als *den* Teil von *YouTube* wahrnehmen, in dem sie aktiv sind.[110] Es finden Platzierungen von Modulen (beispielsweise bestimmter automatisch oder manuell generierter Listen)[111] im Kanal statt, was konkret die symbolische Platzierung von anderen Kanälen, Personen und Objekten bedeutet. Ebenso hat die Platzierung von Personen mittels Kommentaren und anderen diskursiven Textelementen auf *YouTube* zusätzlich raumkonstituierende Funktion. Das Prinzip der Platzierung wird im Folgenden aber anhand des **Einstellens von Videos** dargestellt, denn das Hochladen eines Clips und dessen Verknüpfung mit anderen Objekten, Personen und Orten ist, was die produktive Nutzung angeht, die zentrale Handlung auf der Videoplattform (vgl. z. B. Nils, Interview am 30.10.2009). Während bei Löw in Bezug auf Raumkonstitution in der physischen Welt von der Platzierung von gegenständlichen Objekten die Rede ist, handelt es sich hier um **Spacings mittels symbolischer Objekte**, die wie Gegenstände mit verschiedenen Eigenschaften und mit Sinn behaftet sind und einem Ort entsprechende Bedeutung geben. Dies verdeutlicht das Beispiel des Dedication-Videos, das Nils hochgeladen und das er seiner Freundin Maria gewidmet hat (vgl. Exkurs). Nils agiert nicht bewusst raumkonstruierend, wenn er das Tanz-Video mit Schrifteinblendungen sowie symbolischen Markierungen (Tagging, Titel) platziert, die seinen Widmungscharakter verdeutlichen. Sein Handeln ist auf einer ersten Ebene der **Beziehungsarbeit** zuzuordnen: Mittels ritualisierter Abläufe, bei denen Maria ebenso wie das Publikum auf *YouTube* einbezogen wird, stellt Nils die

---

110 Diese räumliche Wahrnehmung der Örtlichkeit ihrer Aktivität drückt sich auch in der Verwendung räumlicher Metaphern aus: Es ist beispielsweise vom „Reinmachen" von C-Walk-Videos die Rede (Samir, Interview am 30.09.2009; Tai, Interview am 30.07.2009), von C-Walk-Freunden „in *YouTube*" (Sylvie, Interview am 8.2.2011) und von „Leuten", die „reinwollen" (Sylvie, Interview am 8.2.2011).

111 Die Anordnung von Modulen auf dem Kanal kann im Rahmen der vorgegebenen Möglichkeiten variiert werden. Es können eigene Hintergrundgrafiken integriert werden, was oben schon im Zusammenhang mit symbolischen Markierungen angesprochen wurde (s. 125ff.).

Verbindung zwischen sich und seiner Freundin dar und rekonstruiert sie zugleich in der performativen Handlung,[112] fügt ihr Sinn hinzu und überführt sie in eine stärker institutionalisierte Form. Quasi als Nebenprodukt ergibt sich Raum:

- aus der Platzierung des Videos am Ort seines Kanals,
- aus all den von Maria und anderen Nutzern hinterlassenen Kommentaren, die das Video mit deren Kanal und den dahinterstehenden Personen verbinden,
- aus den Verknüpfungen durch Links auf Marias und anderen Kanälen,
- aus den von *YouTube* vorgegebenen Algorithmen der Platzierung, die im Hintergrund automatisch ablaufen.

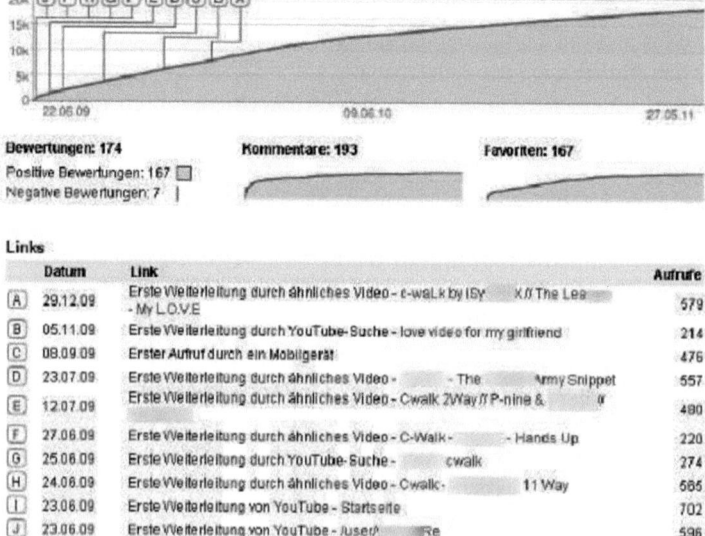

Abb. 24 Darstellung von Aktivitäten rund um das Dedication-Video V. 8.1 von Nils (© YouTube).

---

112 Zur Performativität von Sprechakten und anderen Handlungen s. u. a. die Arbeiten von John Austin (1962) und, insbesondere in Bezug auf die Reproduktion von Geschlechterrollen, von Judith Butler (z. B. 1991; 2009; s. a. Kapitel 6.5.2 und zur Bedeutung von Ritualen für performatives Handeln den Exkurs.

6.2 Erlebensraum C Walk

Dieses Video ist am beliebtesten in:

Abb. 25 Sehr grobe Darstellung der geografischen Verteilung der Orte, von denen aus das Dedication-Video V. 8.1 von Nils rezipiert wurde, nach Häufigkeit (© YouTube).

Nicht nur die Plattformarchitektur legt fest, an welcher Stelle Platzierungen möglich sind, sondern auch die von den Nutzern geteilten Normen: In seiner Eigenschaft als Beziehungsraum[113] beispielsweise fordert das im C Walk geteilte Konzept von Beziehung bestimmte Platzierung von bestimmten Personen an bestimmten Orten und verhindert andere. Insofern hat der entstehende Sozialraum institutionellen Charakter; er gibt Positionierungen und Handlungen an bestimmten Orten vor. Nils platziert ein Widmungs-Video auf seinem Kanal als Startvideo an prominenter Stelle. Maria, die Empfängerin des Widmungsvideos, verlinkt es auf ihrem Kanal ebenso gut sichtbar. Freunde, die als Teilnehmer des Rituals im Sinne der Beziehungsarbeit agieren, platzieren Kommentare unter dem Video und drücken ihre Zustimmung und Anerkennung über Bewertungen aus, sie integrieren das Video dabei in Favoritenlisten auf ihrem eigenen Kanal, was einer erneuten Platzierung entspricht. So hat Sarah, die mit Maria und Nils nur locker bekannt ist (vgl. Sarah, Interview am 27.12.2010), das besagte Dedication-Video mit fünf Sternen bewertet

---

113 Ein sich auf *YouTube* relational ergebender Raum kann für unterschiedliche Subjekte verschiedene Bedeutungen haben – so wie ein Raum im Alltagsverständnis verschiedene Funktionen erfüllen kann, die je nach Blickwinkel und subjektiver Perspektive hervortreten.

(vgl. ebd.); viele Nutzer, die sich mit Maria und Nils besonders verbunden fühlen, haben einen Kommentar hinterlassen (s. Abbildung 26).

```
WOW!!! that was sick bro!
Loved the whole thing. I'm possitive she loved it too bro(:
Keep up the good work.
               vor 1 Jahr 4 👍

this is so great        homie*
congratzz .
take care of her
peace
            vor 1 Jahr 4 👍

Kommentar entfernt
         vor 1 Jahr

uii..voll toll♥
endlich hat meine Frau mal nen gescheiten Kerl :D wünsch euch ganz viel Glück
für die Zukunft,..ihr seid echt sweet zusammen ;)
und pass mir ja auf se auf..ne? =P
```

Abb. 26 Einige der zuerst platzierten Kommentare zum Dedication-Video V. 8.1 (© YouTube).

Solche Platzierungen entsprechen den normierten Rollen, die manche Nutzer in ihrer Beziehung zum Paar einnehmen. Es ist durchaus möglich, dass von Akteuren, vor allem solchen, die nicht in einer Austauschbeziehung mit dem Kanaleigentümer stehen, Platzierungen vorgenommen werden, die nicht den geteilten Normen des spezifischen Sozialraumes entsprechen und die diese infrage stellen.[114] Das Übertreten dieser Normen wird schnell als Provokation empfunden, wie die Aussage von Tai bezüglich des Einstellens eines Videos als Videoantwort auf einen Clip eines anderen Nutzers zeigt:

---

114 Zum Phänomen der Haters s. Glossar.

"da gab's mal so ne geschichte von nem freund von mir. die ham einen five way gedreht, fünf leute im video, tanzen, hat ne ANDERE crew GENAU DES GLEICHE LIED auch five was, und ham so ne videoantwort gemacht. und dann dachten die so, ja, jetzt wollen die so nen vergleich machen, und die wurden voll wütend und so. ja. des ist halt so- des is schon bisschen provozierend." (Tai, Interview am 30.07.2009)

Die Platzierung des Objekts in der größtmöglichen Nähe zum Video von Tais Freund als Videoantwort wurde vom diesem als Affront gedeutet, weil damit auf seinem Kanal eine Grenzüberschreitung praktiziert wurde, die durch die Beziehung zwischen den beiden Nutzern aus seiner Sicht nicht gerechtfertigt war. Vermutlich wäre es unproblematisch gewesen, wenn der zweite Clip in größerem „Abstand" platziert worden wäre, sodass in der Rezeption und Syntheseleistung durch die Rezipienten der direkte Bezug nicht bestanden hätte. Dieses Beispiels verdeutlicht die Wirkungsmacht der Platzierung von symbolischen Objekten und macht entsprechende Reaktionen von Nutzern besser nachvollziehbar.

Am zunächst nur als infrastrukturelle Möglichkeit bestehenden Ort *YouTube* entsteht auf diese Weise sozialer Raum. Für Nutzer, die sich nicht als Teil dieser Raumkonstruktion erleben und die in keiner Tauschbeziehung zu Akteuren des Raumes stehen (vgl. dazu Kapitel 6.3.2), ist die sozialräumliche Eigenschaft irrelevant und wird möglicherweise nicht wahrgenommen.

6.3 Das Kräftefeld des C Walk

In Kapitel 6.1.3 ging es um die Bedeutung von Positionierungen bei der Raumkonstitution auf *YouTube*. Betrachtet man nun die Positionierung von Akteuren *in ihrem Verhältnis zueinander* sowie die Ausdehnung der verschiedenen, jeweils persönlichen Sozialräume innerhalb des Erlebensraumes C Walk, dann fällt auf, dass sich nicht alle Akteure in gleicher Weise und aus ihrer subjektiven Sicht immer erfolgreich positionieren (s. dazu beispielsweise die Beschreibung des Streits zwischen Sylvie und einer ehemaligen Freundin in Kapitel 6.3.2). Darum stellt sich die Frage, ob es strukturierende Prinzipien gibt, die die Handlungsfähigkeit der Akteure beeinflussen und damit auch die Ausdehnung ihres persönlichen Sozialraumes und ihre Positionierung. Um diesen Aspekt zu vertiefen, lässt sich der Erlebensraum C Walk auf *YouTube* – oben wurde seine Konstruktion als relationaler Raum beschrieben – in seiner Eigenschaft als **Kräftefeld** (s. Bourdieu 1991b, S. 27f.) betrachten. Die Analyse des empirischen Materials aus Forschungsgesprächen,

Beobachtung, Video- und Kontextanalysen hat gezeigt, dass das jugendkulturelle Feld des C Walk auf *YouTube* hinsichtlich der sozialen Position, die ein Akteur darin einnimmt und mit der sich ihm bestimmte Handlungsspielräume eröffnen, von spezifischen *Eigenschaften* strukturiert wird, mit denen die Akteure in unterschiedlichem Maße ausgestattet sind. Sie werden durch die Gesamtheit der Akteure in ständig ablaufenden und selten bewusst intendierten Aushandlungsprozessen definiert und mit ihrer spezifischen Bedeutung für die soziale Positionierung im Feld versehen. Es handelt sich um die für dieses Kräftefeld des C Walk auf *YouTube* spezifische Kapitalarten jugendkulturelles und soziales Kapital. Dennoch wird das Handeln der Akteure nicht gänzlich durch diese Struktur determiniert, im Gegenteil: Es zeigt sich, dass die Subjekte in der Lage sind, sich Handlungsräume zu eröffnen, die selbstbestimmtes Handeln ermöglichen, das keineswegs rein strukturalistisch[115] zu erklären ist, auch wenn im Folgenden der Schwerpunkt auf diesen Aspekt gelegt wird. Wenn im Folgenden an die Begrifflichkeiten und die Theorie von Bourdieu angeknüpft wird, dann nicht, weil dieses theoretische Modell dem Gegenstand übergestülpt wurde: Die beschriebenen Konzepte wurden erst während der Analyse beim axialen Codieren als solche erkennbar, als sich herauskristallisierte, dass sich aus dem Material herausgearbeitete, vorläufige und noch unscharf benannte Arbeitskategorien unter der Kategorie „*jugendkulturelles Kapital*" zusammenfassen bzw. sich zu dieser als ursächliche Bedingungen, Eigenschaften, Handlungsstrategien oder Konsequenzen in Bezug setzen lassen. Darunter fallen beispielsweise folgende Arbeitskategorien: „*Generierung von Anerkennung durch besondere Leistung*", „*Generierung von Anerkennung durch Distinktion*", „*Erregung von Aufmerksamkeit durch Kreativität*", „*Erregung von Aufmerksamkeit durch das Gut-Sein in etwas*", „*Erregung von Aufmerksamkeit durch Medienprodukte als Statussymbole*", „*Höfliche Gesten der Affirmation*" und viele andere. Ähnliches gilt für die ebenso vorläufigen Arbeitskategorien „*Gruppenzugehörigkeit*", „*Gruppengrenzen*", „*Neuzugänge zu Gruppen*", „*YouTube-Freundschaft*", „*Bezeichnung*

---

115 Handlungen werden, über die Struktur des Feldes hinaus, unter anderem auch durch eine jeweils spezifische Lebenslage beeinflusst. Handlungsmotive, persönliche Charakteristika und intervenierende Faktoren aus anderen Feldern aus dem Lebenszusammenhang spielen so vielfältig zusammen, dass eine rein strukturalistische Sicht auf das Kräftefeld des C Walk auf *YouTube* die subjektiven Bedeutungen von Handlungen nicht zu erklären vermag. Deswegen wird versucht, in den Falldarstellungen ein möglichst umfassendes Bild der aktuellen Lebenslage der Teilnehmer zu zeichnen und dieses bei der Analyse mitzubeachten. Andersherum gilt aber auch, dass das Handeln der Subjekte nur verstanden werden kann, wenn die Struktur des Feldes, in dem die Handlungen stattfinden, als ein wesentlicher Kontext verstanden wird. Wenn zur Entwicklung einer GTM nach den Handlungsstrategien gefragt wird, dürfen die Kontexte und intervenierenden Bedingungen, die dieses Handeln strukturieren, nicht vernachlässigt werden.

6.3 Das Kräftefeld des C Walk

als Bruder", *„Symbolisierung von Zugehörigkeit und Distinktion"*, *„Ausdruck von Verbundenheit"*, *„Feld der Verbundenheit"*, *„Beziehungsarbeit"*, *„Empfindung sozialer Kontinuität"* und *„Freundschaftsverständnisse"*, die mit zunehmender Abstraktion in der Kategorie „soziales Kapital" aufgehen bzw. mit ihr in Verbindung stehen. Beide Kategorien, jugendkulturelles und soziales Kapital, sind also aus dem empirischen Material heraus entstanden und in der theoretischen Auseinandersetzung mit Bourdieu geschärft worden. Im folgenden Kapitel wird dies anhand von Zitaten und Bezügen zum Material nachvollziehbar.

6.3.1 „Zeigen, was man kann" – das Prinzip des jugendkulturellen Kapitals im C Walk auf *YouTube*

Die Beherrschung bestimmter körperlicher und (jugend-)kultureller Fähigkeiten und Techniken, jugendkulturelles Wissen sowie soziale Kompetenzen haben besonderen Einfluss auf die möglichen Positionierungen von C Walkers im Sozialraum der Community bzw. in dem entsprechenden Kräftefeld. **Jugendkulturelles Kapital** im C Walk muss durch Zeit- und Ressourcenaufwand erworben und kann ebenso vermehrt werden. Seine strukturelle Bedeutung beruht darauf, dass es sich als Tauschwert einsetzen lässt, im Streben nach einer günstigen Positionierung im Kräftefeld bezüglich der dort angestrebten Handlungen. Das gilt insbesondere für die Konstitution von Raum und die Identitätsarbeit der Subjekte. Diesbezüglich strukturiert jugendkulturelles Kapital das Handeln im Feld (s. Abbildung 27).

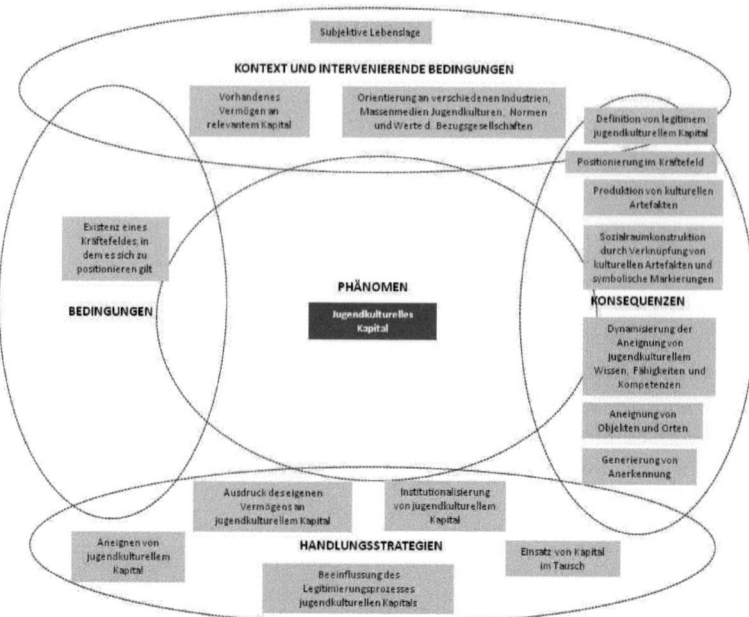

Abb. 27 Darstellung aus dem Codierprozess mit dem Fokus auf die Kategorie *jugendkulturelles Kapital* in Anlehnung an das Codierparadigma (© Christoph Eisemann).

Im Prozess des offenen Codierens ließen sich drei Arten jugendkulturellen Kapitals herausarbeiten, die im jugendkulturellen Feld des C Walk auf *YouTube* besonders wichtig sind.

6.3.1.1 Tänzerische Fähigkeiten

> *„es gibt schon übertrieben kranke sachen hier drin in You-Tube. die ziehen nen power move, da kannst du denken, BOAH! du wirst des nie im Leben nachmachen können."*
> (Phùc, Interview am 30.09.2009)

Die Beobachtung der Plattformaktivität der Teilnehmer rund um deren Videos ebenso wie die Aussagen in Forschungsgesprächen verdeutlichen, dass bestimmten tänzerischen Fähigkeiten im Erlebensraum C Walk ein hoher Stellenwert zukommt. Es geht dabei einmal um **technische Aspekte** des Tanzes: Häufig wird, in Abhängigkeit vom Subgenre des gerade ausgeführten C Walk, Leichtfüßigkeit und **Geschwindigkeit** bei der Ausführung der Schritte positiv bewertet:

> „es gibt so nen profi der ist auch- der- wegen dem ich auch dann aktiv geworden bin, der is wirklich echt gut. bei dem sieht man die füße gar nicht mehr so schnell tanzt der. also der is richtig gut." (Michael, Interview am 07.10.2009; vgl. Samir, Interview am 30.09.2009)

Ähnliches sagt Maria über ihren Freund Nils, der unter den Teilnehmern an dieser Studie der populärste C Walker ist:

> „'s gibt viele leute die zu ihm sagen ja keine ahnung, gazelle, der is voll schnell [...]des is halt wegen den breiten schritten weißte? sieht des ein bissl schneller aus, automatisch. (Maria, Interview am 26.10.2009).

Maria vermutet, dass manche C Walkers sogar versuchen, Schnelligkeit durch Zeitraffereffekte im Video zu suggerieren (vgl. ebd.) – hier wird die **Manipulierbarkeit von Bewegtbildern** bewusst wahrgenommen. Für einen leichtfüßigen Effekt kommt es auch auf eine flüssige Verbindung der Schrittfolgen, den „**Flow**", an (Tai, Interview am 30.07.2009). Unsauberkeit der Ausführung wird negativ bewertet: „voll schlecht", „voll unsauber" (Tai, Interview am 30.07.2009), eine „saubere" Ausführung von Schrittfolgen hingegen ist Anlass für Lob (vgl. ebd.).

Ein weiterer Aspekt tänzerischer Fähigkeit, der im Feld des C Walk Bedeutung als jugendkulturelles Kapital erhält, ist die **Kreativität**, mit der ein Walker seine Performance tänzerisch gestaltet. So bewertet Maria ihre eigene Leistung in einem ihrer frühen Videos, das sie inzwischen nicht mehr öffentlich auf der Plattform zeigt, als unzureichend aufgrund mangelnder Kreativität in der Schrittfolge:

> **Interviewer:** mhm, aber aussehen tut das ja finde ich ganz gut, so vom bild her siehts ja eigentlich cool aus, ooder?
> **Maria:** ja eigentlich schon. aber man- wenn man da halt bescheid weiß dann merkt man da halt voll viele wiederholungen und alles, schlecht.- naja. (Interview am 26.10.2009)

Es wird als wertvoll angesehen, wenn es jemand schafft, einen *eigenen* Stil zu erfinden, sich dabei aber immer noch im Rahmen dessen zu bewegen, was als C Walk oder eines seiner Subgenres anerkannt wird. Das zeigt die Vehemenz, mit der fast alle Teilnehmer unterstreichen, dass sie sich von anderen Tänzern unterscheiden:

Tai: {während er ein Video zeigt:} bei mir ist GANZ anders. pass mal auf. da ist halt immer bei dem so ein kleiner sprung dabei. und bei dem genauso. aber bei mir ist ganz anders. ich mach crown walk. das haben wenige. ich will halt so- meinen style unique machen. der hat auch immer so hopser drin. das nennt man clown walk. und trip hop ist halt das andere dann also eher am boden lang.

Interviewer: versucht man eigentlich mit dem oberkörper eher ruhig zu bleiben?

Tai: ich bleib eigentlich immer ruhig. zum beispiel bei mir ist es ganz anders. ich mach so andere moves. ich bin halt so- ich will halt nicht so wie die anderen tanzen. ich wills so anders machen. (Tai, Interview am 30.07.2009)

Der Ausdruck von Zugehörigkeit und Distinktion geschieht hier auf einem sehr feinen Grat. Das zeigt auch der mit dem obigen Beispiel von Maria kontrastierende Fall von Nils' Video V. 8.2. Sein Tanzstil darin wurde in der Community als besonders kreativ wahrgenommen, deshalb wurde ihm hohes Vermögen an jugendkulturellem Kapital zugesprochen (vgl. Videokommentare in Va. V. 8.2; s. dagegen zur Kritik an seinem Stil Kapitel 6.3.1.6). Ein Ausschnitt aus dem Text der Videoanalyse und ein Still[116] aus Videos von Nils veranschaulichen, welche Bedeutung Kreativität bei der Gestaltung einer Choreografie zukommt (s. Abbildungen 28-34).

Abb. 28 Still aus Nils' Video V. 8.2 (© YouTube).

---

116 Gemeint ist ein einzelnes Bild aus dem Video.

6.3 Das Kräftefeld des C Walk

Folgender Auszug aus der Videoanalyse (Va. V. 8.2) bezieht sich auf die in Abbildung 28 dargestellte Szene:

„In der nächsten Einstellung [Sequenz 11] tanzt Nils am unteren Ende einer Treppe zu einer Unterführung. Hier findet wieder ein Einstellungswechsel statt; dieses Mal wird Nils aus der Aufsicht in einer Totalen gezeigt. Im Tanz bezieht er die Betonwand ein, indem er sich mehrmals daran mit Beinen und Armen abstößt. Genau passend zu einer solchen Bewegung wird das Word ‚creativity' eingeblendet, dann, in einem Moment, in dem er in die Hände klatscht, das Wort „fun". Zum einen weist er damit stolz auf die kreative Technik hin, die er anwendet, zum anderen präsentiert er sich als lustigen, lebensfrohen Menschen, der Spaß an seinem Hobby hat. Diese Eigenschaft der Kreativität, die er sich selbst zuschreibt, sowie der Spaß, den er beim Tanzen empfindet, waren der Texteinblendung nach der Grund für seinen Erfolg, denn beides ‚developed my walk'. Im Wort ‚my' drückt sich aus, dass er seinen Tanzstil als sehr persönlich empfindet, was er auch im Interview ausgedrückt hat." (Auszug aus Va. V. 8.2)

Abb. 29 Still aus Nils' Video V. 8.2. Nils mit anderen Walkers in einer Fußgängerzone. Er wird gleich die Mütze (dunkler Gegenstand zu seiner Linken (rechts im Bild)) in einer einzigen, kurzen Drehung am Boden während des Tanzens aufnehmen und aufsetzen (© YouTube).

Noch deutlicher unterstreicht ein weiteres Zitat aus einem Gespräch mit Nils den Wert von kreativer Leistung im Tanz:

„da kommt jetzt gleich so ne stelle, das hab ich mir so gedacht, des da! des da, den move, des hat noch niemand so gesehen und des hab ich halt direkt auf den beat gemacht, des hörst du jetzt nicht, da kommt immer boum boum boum, und dann dieses-schleifen da. und des war halt die stelle, die das lied halt so besonders gemacht hat. und da machen zwei sekunden das video richtig gut." (Nils, Interview am 30.10.2009)

Eine Herausforderung besteht darin, die Balance zu finden zwischen einer Orientierung an den „legitimen" Codes des tänzerischen Ausdrucks, den Schritten (s. Kap. 6.3.1.2) und deren kreativer Weiterentwicklung:

Michael: {während der Betrachtung eines Videos von Nils und einem weiteren Walker} der macht so shuffle so geil find ich, irgendwie so nen kreis

Interviewer: würdest du jetzt auch so sachen probieren wie er das macht?

Michael: ich nehm schon sachen von ihm mit rein, aber- dann wirds wieder sein eigenes. c-walk ist cool. {lacht} (Interview am 03.11.2009)

6.3.1.2 Jugendkulturelles Wissen und Informiertsein

SevXXXcwalk: nicht schlecht maria;) den move von 0.30 kenn ich doch i-wo her :D haha =P *5
Kommentar eines Nutzers auf *YouTube* zu Marias Video V. 7.2.

Wissen über die Jugendkultur des C Walk erhält den Wert einer weiteren Ausprägung jugendkulturellen Kapitals: Das Bedürfnis, sich auf *YouTube* die Jugendkultur über spezifische Techniken (s. Kapitel 6.3.1.1, 6.3.1.3), aber auch über soziale Neuigkeiten aus der Walk-Szene zu informieren, wird in den Gesprächen von allen Teilnehmern implizit oder explizit ausgedrückt (s. beispielsweise Tai, Interview am 30.07.2009; Samir, Interview am 30.09.2009; Phùc, Interview am 30.09.2009; Maria, Interview am 26.10.2009; Nils, Interview am 30.10.2009). Die Bedeutung allgemeinen Wissens über die Jugendkultur wird erkennbar, wenn man Samirs Bestreben betrachtet, sich jugendkulturspezifisches Wissen anzueignen. Dabei ist zu beachten, dass er (bisher) kaum über inkorporiertes jugendkulturelles Kapital der oben beschriebenen Art (tänzerisches Können) verfügt und sich deswegen nicht traut, sich als aktiver C Walker auf der Plattform zu zeigen. Seine Zugehörig-

6.3 Das Kräftefeld des C Walk

keit über die Jugendkultur basiert noch zu einem großen Teil auf dem Bemühen, möglichst gut über sie Bescheid zu wissen – auch, um mit seinen Freunden über C Walk kommunizieren zu können:

> **Interviewer:** wenn du so videoplattformen benutzt, wofür machst du das am meisten?
> **Samir:** um mich zu informieren. übers tanzen. ich will immer auf dem neuesten stand bleiben. ja. zum beispiel des crumping hab ich auch nur kennengelernt, weil ichs- gesu- geguckt hab und so, und da hab ich den neuesten stand erfahren und so. halt durch meinen freund und so. (Samir, Interview am 30.09.2009)

Dabei geht es auch darum, zu wissen, welche sozialen Prozesse innerhalb der Community gerade stattfinden, und über das Alltagsgeschehen auf dem Laufenden zu sein. *YouTube* bietet mit seiner Plattformarchitektur hierfür gute Voraussetzungen:

> **Tai:** ähm youtube-profil benutz ich um – ähm also freunde von mir- ich kenn- ich hab viele freunde, die sind tänzer, un die stellen halt immer ihre tanzvideos auf youtube, und das kann man ja dann so schicken, weiterleiten. und dann schau ich halt immer wer hat was und so die neuesten videos, ich schreib immer so kanäle abonnieren heißt das, das heisst immer wenn ein neues videos reinkommt wird das sofort angezeigt bei mir, der hat neues video, und dann kann ich halt so schauen, ob der sich vielleicht verbessert hat und so. um halt so den status von anderen auch noch so herauszufinden. oder halt ähm... (Tai, Interview am 30.07.2009; Phùc, Interview am 30.09.2009)

Was Tai anspricht, bedeutet mit Blick auf die Handlungen in der Theorie des Feldes, dass es auch um die Beobachtung der Entwicklung des Vermögens an inkorporiertem jugendkulturellem Kapital anderer Mitglieder der Community geht. Tai findet es wichtig, zu „schauen, ob der sich vielleicht verbessert hat und so" und über den „Status von anderen" im Bilde zu sein. Denn nur im Verhältnis zu deren Vermögen kann der Wert des eigenen Kapitals eingeschätzt werden. Offenbar steht das inkorporierte jugendkulturelle Kapital in Zusammenhang mit der sozialen Stellung seines Trägers im Feld des C Walk. Zum jugendkulturellen Wissen gehört auch die **Kenntnis spezifischer Codes**. Denn wer die „legitime" Sprache (das können auch Gesten oder visuelle Zeichen sein) des Feldes nicht kennt, der beweist ein eher geringes Vermögen an inkorporiertem jugendkulturellem Kapital der Art des jugendkulturellen Wissens:

Interviewer: was is denn dieses [Name einer Crew], is des so-

Michael: des is so ne gilde. also gilde, kann man jetzt schwer sagen, des hab ich jetzt von wow [gemeint ist das Spiel *World of Warcraft*].

Interviewer: crew ham die glaub ich gesagt?

Michael: ja genau so crew. (Interview am 07.10.2009)

Wissen über die Jugendkultur beinhaltet auch die Kenntnis spezifischer Ausdrucksformen, die ebenfalls im Feld ausgehandelten Normierungen unterliegt. Genrespezifische Kriterien sollen auch bei der Produktion bestimmter Videos eingehalten werden. Ein Ausschnitt aus der Analyse von Kommentaren zu Marias Video V. 7.1, das sie als Snippet, also als Zusammenschnitt mehrerer älterer Videos eingestellt hat, verdeutlicht das:

„In einem Kommentar wird (neben Lob) kritisch geäußert, dass die im Titel angegebene Form des ‚Snippet' nicht eingehalten sei, da das Video hierfür eigentlich zu lang sei. Ein Snippet dauere nur ca. 40 Sekunden, so der Kommentator." (Va. V. 7.1)

Dagegen scheint das Video V. 8.2 von Nils den Ansprüchen an ein Mixtape zu genügen, zumindest in den Augen des Nutzers, der den folgenden Kommentar hinterlassen hat (s. a. Va. V. 8.2):

bomben Video ;)   gute Song auswahl   genau so soll ein Mixtape aussehen ;)

Ein weiteres Beispiel für ein Videogenre im C Walk ist das sogenannte *X Way*, ein Clip, in dem mehrere Walkers auftreten. Der Buchstabe X wird je nach Anzahl der Teilnehmer durch eine Zahl ersetzt (vgl. z. B. Sylvie, Interview am 8.2.2011). C Walkers generieren eigene Genres und handeln dafür ästhetische Normen aus, mitunter in Anlehnung an Genres aus Massenmedien oder an anderen Jugendkulturen. Für sozialwissenschaftliche Videoanalysen in jugendkulturellen Feldern bedeutet dies, dass klassische Filmanalysekriterien hinsichtlich Genres und formal-ästhetischer Aspekte völlig an der Bedeutung der Produkte aus der Subjektsicht vorbeizielen können. Es sind die eigenen Kriterien, nach denen ein Video innerhalb einer Jugendkultur beurteilt wird. Sich an diese Normen zu halten bzw. unter Verwendung der „richtigen" Begriffe an ihrer Aushandlung teilzunehmen, drückt entsprechendes Wissen aus, das einen Wert als Vermögen an jugendkulturellem Kapital erhält.

6.3.1.3 Medienproduktive Kompetenz und Bedienkompetenz

> „da hab ich mit sonyvegas ein overlay gemacht, grad hier oben transparent und hier unten dunkel. also schwarz. da bin ich dann ins schwarz gegangen {...} des is zum beispiel was, wie ich's halt bearbeite. das können nich so viele."
>
> (Nils, Interview am 30.10.2009)

Einen dritten Typus inkorporierten jugendkulturellen Kapitals bilden **medienproduktive Kompetenzen**,[117] die über eine bloß technische Bedienung und audiovisuelle Codierfähigkeit hinausgehen, weil sie nur im Zusammenhang mit dem Verfügen über die anderen Kapitalarten erfolgreich eingesetzt werden können (beispielsweise jugendkulturelles Wissen und Kreativität). Wer es schafft, im Rahmen der für den C Walk typischen Ästhetik[118] besonders kreative, auffällige Videos zu produzieren, wer dabei beispielsweise Musik aussucht, die als besonders passend oder gut gewählt empfunden wird,[119] wer seinen Kanal in den Augen der C Walkers besonders ansprechend gestaltet, der verbessert damit seine Chancen, wahrgenommen zu werden und Anerkennung zu generieren (s. a. Sarah, Interview am 27.12.2010; Nils' Texteinblendung in V. 8.2; Michael, Interview am 07.10.2009). Dabei erfüllen medienproduktive Kompetenzen zwei Funktionen: Erstens führt ihre Inkorporierung zu Kapitalvermögen an sich, zweitens hilft sie bei der notwendigen Vermittlung des Vermögens anderer Kapitalarten im medialen Umfeld von *YouTube*.

---

117 Der Begriff der Kompetenzen ist an dieser Stelle nicht normativ im Sinne einer von Pädagogen angestrebten Medienbildung gedacht, sondern rein aus der Subjektsicht, um deren Verständnis es hier geht.

118 Es gibt unter den Teilnehmern verschiedene Ansichten, wie ein C-Walk-Video quadriert sein sollte. Eine Meinung, die von mehreren C Walkers vertreten wird, ist, dass der Tänzer von den Füßen aus nur bis maximal zu den Schultern zu sehen sein sollte, damit der Blick nicht von den Fuß- und Beinbewegungen abgelenkt wird (vgl. beispielsweise Samir, Interview am 30.09.2009). Maria bevorzugt es, auch den Kopf abzubilden bzw. auf Videos zu sehen (vgl. Maria, Interview am 26.10.2009; vgl. Tai, Interview am 30.07.2009). Maria stellt allerdings klar, dass es darauf ankommt, in welchem Stil gewalkt wird (vgl. Maria, Interview am 26.10.2009). Was dem Nichteingeweihten, der ein C-Walk-Video durch die „Brille" klassischer Filmästhetik betrachtet, als „schlechte" oder „falsche" Bildgestaltung erscheinen mag („Der Kopf ist ja abgeschnitten!"), ist im Sinne der Jugendkultur und ihrer Alltagsästhetik eine legitime Darstellungsform, die einem dort geltenden Codierparadigma entspricht und einen bestimmten Stil ausdrückt.

119 S. Tai, Interview am 30.07.2009; Michael, Interview am 07.10.2009; Videoanalyse V. 7.1; Fragen zur Musikauswahl in Kommentaren auf Marias Video V. 7.1; vgl. im Gegensatz dazu die weniger „geglückte" Integration der Musik im Video von Michael in Videoanalyse V. 5.1, wobei zu beachten ist, dass von einigen Teilnehmern geäußert wurde, dass sich die Tonspur beim Hochladen eines Videos manchmal verschiebt (vgl. Maria, Interview am 26.10.2009).

Interviewer: glaubst du dass es heutzutage allgemein wichtig is, dass man mit medien umgehen kann?

Nils: ja auf jeden fall, des is ja ab und zu sogar ein statussymbol, wenn einer jetzt ein bild saugut bearbeiten kann, dann- nee das is wirklich so. wenn man ein bild richtig gut bearbeiten kann, dann bekommt man was weiß ich, respekt oder so von anderen. oder. ja. is einfach so.

Interviewer: okay. fällt dir da jetzt ne spezielle situation ein?

Nils: spezielle situation? ich weiß nicht zum beispiel auf youtube, beim- wenn man ein video ansehnlicher bearbeitet mit farben und allem, dann merkt man schon, dass man mehr klicks bekommt als stinknormale videos. (Nils, Interview am 30.10.2009)

Am Beispiel von Nils lässt sich gut nachvollziehen, wie sein Vermögen an inkorporiertem jugendkulturellem Kapital dank seiner relativ großen medienproduktiven Kompetenz[120] erfolgreich vermittelt wird. Betrachten wir das C-Walk-Video (V. 8.2), in dem Nils seine bisherige Aktivität als C Walker reflektiert: Es geht um die subjektiv wahrgenommene Bedeutung der Jugendkultur in seinem Leben und seinen Weg bis zum inzwischen erreichten Ruhm in der Community (vgl. Va. V. 8.2). Nils vermittelt damit sein Vermögen an allen bereits genannten Arten inkorporierten jugendkulturellen Kapitals: tänzerische Technik mit der dargestellten Performance, jugendkulturelles Wissen, beispielsweise mit Bezugnahmen auf andere C Walkers und mit der Verwendung entsprechender Codes (seine Kleidung, sprachliche Begriffe in Texteinblendungen u. a.), die Beherrschung medienproduktiver Techniken und das Vorhandensein von kreativem Potential zur Erstellung eines Videos mit für den C Walk überdurchschnittlich kreativen, ausgefallenen Kameraeinstellungen, Schnitten und Effekten (vgl. Abbildungen 30-34).

---

120 Kompetenz wird hier aus der Subjektsicht der C Walk*ers* gedacht.

Abb. 30 Still aus Nils' Video V. 8.2. Einblendung von Schrift vor einem visuellen Effekt, der an eine wabernde Wolke erinnert und der im Clip immer wieder auftaucht. Farbiges Bild, kurz darauf wird die Farbsättigung vollständig reduziert (© YouTube).

Abb. 31 Still aus dem Video V. 8.2 von Nils. Zoom (in Videonachbearbeitung hinzugefügt) auf Nils' Kopf (© YouTube).

Abb. 32 Still aus Nils' Video V. 8.2. Split Screen. Im kleinen Bildfenster ungewöhnliche Kameraperspektive (Untersicht) mit Kameraschwenk in Bewegungsrichtung (© YouTube).

Abb. 33 Still aus Nils' Video V. 8.2. Ungewöhnlicher Drehort Wald. Starker Wind bewegt die Bäume. Kurz darauf erscheint ein Auto im Bild (© YouTube).

6.3 Das Kräftefeld des C Walk

Abb. 34 Still aus Nils' Video V. 8.2. Schlusssequenz. Das Bid wird sukzessive wieder farbig. Nils wird der Kamera gleich den Rücken zuwenden und die Treppe hinabgehen, während ausgeblendet wird (© YouTube).

Kommentare zum Video, die andere Nutzer auf dem Kanal von Nils hinterlassen haben, zeugen davon, dass die Vermittlung von Nils' inkorporiertem jugendkulturellem Kapital mit diesem Video gelingt:

> Nils ich hatte echt tränen in den Augen . ey alle die es bis jetzt geschaut haben hat es berührt und viele konnten sich damit identifizieren du hast echt ein burner mixtape gemacht respekt bro echt geil mann . das ist PASSION :-* viel viel liebe Bro ♥♥♥♥♥♥♥♥♥♥♥♥♥
> jeder der c-walk macht kennt glaube ich [Benutzername von Nils] :D:D
> This is the best video I've seen!
> Awesome!
> I have the same dream :)
> boa 0_0 bestes mixtape ‚das ich gesehn hab!!!! einfach nur hammer !

Kommentare von Nutzern zu Nils' Video V. 8.2 auf *YouTube.*

Dass Nils' Vermögen an inkorporiertem jugendkulturellem Kapital im Feld als relativ hoch eingestuft wird und dass Nils deswegen für andere C Walkers Vorbildcharakter erhält, zeigt beispielhaft der folgende Ausschnitt aus einem Gespräch, das während des gemeinsamen Surfens auf *YouTube* mit Jonathan und Michael geführt wurde:[121]

> **Interviewer:** du hast auch erzählt, dass du auch so videos von anderen gut fandest, die dich auch inspiriert haben. kannst du mir das noch zeigen?
>
> **Michael:** des hab ich jetzt erst heute entdeckt, aber des fand ich voll geil eigentlich. {Er zeigt Video V. 8.2 von Nils.} seitdem ich des gesehen hab hab ich auch wieder bock.
>
> **Michael:** der is gut find ich.
>
> **Jonathan:** der is schon gut, aber ich find der machts irgendwie so- so wie jeder andere halt. der hat jetzt nicht so sein eigenes find ich.
>
> **Michael:** ah des find ich [eigentlich schon ja]
>
> **Jonathan:** [aber von der technik] is der schon auf jeden fall-
>
> **Michael:** hier des- {Er zeigt ein weiteres Video von Nils} der macht so shuffle so geil find ich irgendwie so nen kreis {unverständlich}
>
> **Interviewer:** wie kommt denn der für dich rüber, was is denn das für ein typ, was würdest du denken?
>
> **Michael:** hopper halt so {lacht}
>
> **Interviewer:** und sonst so, kannst du dir ein bild von dem machen was der so für ne person ist?
>
> **Michael:** ich schätz schon nett. irgendwie {lacht} nett einfach keine ahnung. kann man ja nicht sehen. --- ja der machts auch schon zwei jahre. aber der is trotzdem voll geil. (Interview am 03.11.2009)

Der Erfolg von Nils Video ist, von seinem tänzerischen Können einmal abgesehen, auch damit zu erklären, dass die meisten C-Walk-Videos von Jugendlichen und jungen Erwachsenen auf *YouTube* sehr einfach gestaltet sind. Die Quadrierung (s. dazu Fußnote 118) beschränkt sich häufig auf das Abstellen des Handys oder der Kamera auf dem Boden in Richtung des aufzunehmenden Walkers (eine Ausrichtung des Bildes wäre in dieser Position aufgrund schlechter Einsehbarkeit des Suchers sowieso kaum möglich). Die Bearbeitung wird in vielen Fällen mit einfacher,

---

121 Jonathan (sein Fall ging nicht in die detaillierte Analyse ein) und Michael wohnen weit weg von Nils, sie haben ihn noch nie persönlich getroffen. Der Kontakt zu den Teilnehmern wurde vollkommen unabhängig voneinander über unterschiedliche Wege hergestellt (über *YouTube* zu Nils, über ein Jugendhaus zu Jonathan und Michael).

vorinstallierter Software bewerkstelligt, sodass immer wieder ähnliche grafische und bildgestalterische Elemente in den Videos auftauchen (vgl. a. Videoanalysen):

> **Interviewer:** und in windows movie maker machst du dann die schrift rein?
> **Michael:** genau, die schrift, dann des zusammenschneiden, dann die effekte. (Interview am 07.10.2009)

Wer sich, wie Nils, mit professionelleren Programmen auseinandersetzt, wer kreative Videos einstellt, hat gute Chancen, dass seine Videos aus der Masse herausragen und positiv wahrgenommen werden (vgl. a. Sarah zu ihrem Lieblingsvideo eines anderen Nutzers im Interview am 27.12.2010).

Voraussetzung für die aktive Teilnahme an der Jugendkultur ist eine ausreichende **Bedienkompetenz**, also die Fähigkeit, wichtige Grundfunktionen der Videoplattform zu verstehen und zu verwenden. In Kapitel 4.2 wird deutlich, dass das nicht als selbstverständlich erachtet werden kann. Das Suchen von Inhalten auf der Plattform, das erstmalige Anmelden und Erstellen eines Kanals, insbesondere aber das Hochladen von Videos wird von manchen Teilnehmern als kompliziert empfunden: In der Vorstudie zu dieser Untersuchung äußert ein Jugendlicher, dass er lieber auf die Videoplattform MyVideo ausweicht, weil er sie einfacher bedienen kann. Auch Samir kämpft mit Schwierigkeiten, wenn er auf *YouTube* surft, und mehr noch, wenn er kommunikativ oder produktiv handeln möchte: Er hat bei der Eingabe von Suchbegriffen orthografische Schwierigkeiten. Unklare und fehlerhafte Verschlagwortungen (Tagging) von Inhalten durch andere Nutzer stellen eine weitere Hürde dar. Folgendes ereignet sich, als Samir erfolglos ein Video sucht, das er dem Forscher zeigen möchte:

> **Interviewer:** weißt du wie sein kanal heißt?
> **Samir:** das is das problem. ich kann mir keine namen merken, ich merk mir nur ein paar namen von videos.
> **Interviewer:** {schlägt einen Kanalnamen vor, den er vorher beim Surfen mit Samir gesehen hatte}, oder?
> **Samir:** ja {Samir tippt den vermeintlichen Namen ein. Dabei spricht er Silbe für Silbe mit. Danach gibt er weitere Worte ein:}-und-ko-lleg-tanzen. {*Die Suche liefert kein Ergebnis.*} --- hm. keine ahnung wo des is. (Interview am 30.09.2009)

Hier zeigt sich, dass die Vergabe von jugendkulturellen Begriffen und Spaß-Tags (vgl. Kapitel 6.2) dysfunktional sein kann. Zugleich wird deutlich, wie wichtig die Kenntnis szenespezifischer Codes als jugendkulturelles Wissen ist. Die Einordnung von und die Suche nach Videos entsprechend der von *YouTube* vorgegebenen Kategorien und Tags könnte theoretisch helfen. Allerdings werden diese in der Praxis kaum verwendet, weil sie nicht den jugendkulturellen Bedürfnissen des Ausdrucks jugendkultureller Zugehörigkeit entsprechen, der mit der Verwendung szenespezifischer Codes einhergeht.[122] Für die *kommunikative oder performative Nutzung* von *YouTube* müsste sich Samir einloggen, also einen Kanal erstellt haben und über die Zugangsdaten verfügen. Dies stellt die nächste Hürde für ihn dar, denn er hat sich das Passwort nicht gemerkt und damit die **Kontrolle über seinen Kanal** verloren (vgl. Samir, Interview am 30.09.2009). Zur Bedienkompetenz gehört es nicht nur, wichtige Daten wie Passwörter zu erinnern oder an sicherer Stelle zu notieren, sondern auch dafür zu sorgen, dass diese nicht missbraucht werden können. Enge Freunde teilen sich mitunter gegenseitig die Passwörter mit, so auch Maria und Nils:

> **Interviewer:** hast du denn die log-in-daten von ihm also kannst du theoretisch alles sehen, was er macht?
> **Maria:** ja. ich kann überall rein.
> **Interviewer:** ok. {Zu Nils:} du auch von ihr?
> **Nils:** {bejahend:} mhm. (Interview am 26.10.2009)

Die Weitergabe des Passwortes eines persönlichen Kanals, das den Zugang zu einem gemeinsamen Raum wie dem Beziehungsraum von Maria und Nils ermöglicht, wird als Vertrauensbeweis verstanden – ähnlich dem Überlassen eines Schlüssels für eine gemeinsam genutzte Wohnung. Das kann beispielsweise dann zu großen Problemen führen, wenn Freundschaften oder Beziehungen enden, was häufig mit gegenseitigen Verletzungen und Vertrauensverlust einher geht (vgl. Schilderung des Streits zwischen Sylvie und ihrer ehemals besten C-Walk-Freundin in Kapitel 6.3.2).

6.3.1.4 Inkorporierung jugendkulturellen Kapitals

Wie die Beispiele im vorangegangenen Kapitel zeigen, ist jugendkulturelles Kapital fest an die Person seines Trägers gebunden. Der Aufwand für seinen Erwerb muss zwingend von seinem Träger selbst erbracht werden, er kann ihn nicht, beispielsweise im Tausch gegen einen anderen Wert, delegieren. Vor dem Hintergrund des Bestrebens, im Feld des C Walk auf *YouTube* Anerkennung zu generieren und eine möglichst handlungsbefähigende Position im Feld einzunehmen, macht gerade diese

---

122 Wie in Fußnote 85 dargestellt, sind quantitativ begründete Aussagen zu auf *YouTube* verhandelten Themen, die von der Anzahl der Videos in *YouTube*-Kategorien abgeleitet werden, nicht valide.

6.3 Das Kräftefeld des C Walk

Unveräußerbarkeit jugendkulturellen Kapitals seinen Wert aus. Inkorporierung von jugendkulturellem Kapital erfordert die **Investition von Zeit** und anderen Ressourcen wie körperlicher Kraft, Ausdauer und geistiger Anstrengung (vgl. beispielsweise Nils, Interview am 30.10.2009; Samir, Interview am 30.09.2009). Beispielhaft sind folgende Aussagen von Michael, der zum Zeitpunkt des Gesprächs noch nicht viel jugendkulturelles Kapital im Sinne des Feldes des C Walk aufbauen konnte und sich in dieser Phase der Kapitalakkumulation befindet:

> **Interviewer:** was heißt üben, was übst du da?
>
> **Michael:** diese ganzen schritte nochmal langsam, dann üb ich combos, also jetzt am stück, dann schritte kombinieren und so.
>
> **Interviewer:** und des machste mit youtube offen, also du guckst des an und dann übst sofort?
>
> **Michael:** genau, genau. und dann- also meist üb ich vier stunden am tag. (Interview am 07.10.2009)

Dass großer Aufwand geleistet wird, um ein entsprechendes Vermögen an jugendkulturellem Kapital zu akkumulieren, verdeutlichen die Äußerungen von Nils' Freundin Maria über ihren Partner sowie von ihm selbst, und zwar diesmal aus der Perspektive eines im Vergleich zu Michael bereits „vermögenderen" Trägers jugendkulturellen Kapitals im Feld des C Walk:

> **Maria:** darf ich dazu was sagen, der is richtig schlimm. RICHTIG SCHLIMM. was videos angeht. selbstkritisch. der liegt auf dem boden erstmal flach und fängt fast an zu weinen weil er net mehr KANN, wirklich, der-
>
> **Nils:** -ja was hatt ich da, irgendwas am fuß, gell?
>
> **Maria:** nee, ja, du hattest voll kopfschmerzen und bauchschmerzen hattest du voll arg.
>
> **Nils:** ja bauchschmerzen. da gings mir echt net gut.
>
> **Interviewer:** und du machst es dann immer wieder, immer wieder, bis es perfekt ist, oder-
>
> **Nils:** -ja genau. bei mir war des dann- {zeigt Video} da bin ich halt richtig auf den beat eingegangen. (Interview am 30.10.2009)

In den ausgewählten Beispielen von Michael und Nils wurde besonders auf tänzerisches Können als kulturelle *Technik* im Sinne jugendkulturellen Kapitals Bezug genommen. Für dessen Erwerb wird Zeit investiert. Die Inkorporierung jugendkulturellen Kapitals im Sinne von medienproduktiven Kompetenzen erfordert die Auseinandersetzung mit Software und ständige Übung, was ebenfalls zeitintensiv ist.

> **Interviewer:** und computer, wofür benutzt du den?
> **Nils:** hauptsächlich zum chatten und videos und bilder bearbeiten.
> **Interviewer:** mhm. welches programm nimmst du da zum bilderbearbeiten?
> **Nils:** hm zum bilderbearbeiten, photoshop.
> **Interviewer:** kannst du damit umgehen?
> **Nils:** ziemlich ja.
> {Es wird über die verwendete Programmversion gesprochen.}
> **Nils:** des geht auch ganz einfach.
> **Interviewer:** und zum videos schneiden, was nimmst du da?
> **Nils:** ähm da hab ich angefangen mit movie maker, dann sony vegas, und letzt hab ich mir mal adobe after effects besorgt. aber des programm is, richtig schwer.
> **Interviewer:** mhm. is des zum schneiden oder is des mehr um effekte zu-
> **Nils:** -des is mehr um effekte zu machen. (Interview am 30.10.2009)

An dieser Stelle ist aber auch über das Bedürfnis vieler C Walkers zu sprechen, immer online zu sein. Es resultiert nicht nur aus dem Verlangen nach Verbundenheit, sondern auch aus einem gewissen Druck heraus, auf dem Laufenden zu bleiben. Für Phùc ist Online-Sein der Normalzustand im Alltag:

> **Phùc:** {...} ich bin meistens immer on oder so, also mein pc steht halt zu hause und ist immer on.
> **Interviewer:** habt ihr ne flatrate?
> **Phùc:** neeneenee! der is einfach nur, an!
> **Interviewer:** ach so, nicht online.
> **Phùc:** doch! ich bin auch online, im msn und so. des is andauernd on. ich geh da auch überhaupt nicht raus oder so. wenn mein pc auf standby ist halt, abwesend oder so. aber ich bin noch online.
> **Interviewer:** auch nachts?
> **Phùc:** ja. immer on.
> **Interviewer:** und wenn du mal nicht online bist, dann bist du tot {lacht}?

Phùc: {lächelnd} nicht unbedingt, aber dann- hat meine mutter wahrscheinlich den schalter runtergemacht, strom.
Interviewer: macht sie das manchmal?
Phùc: ja, wenn sie halt rausgeht, aus dem haus, macht sie halt alle schalter runter, damit des energie spart. (Interview am 30.09.2009)

6.3.1.5 Notwendigkeit des Darstellens inkorporierten jugendkulturellen Kapitals

„wenn man ein talent hat, will man's zegen."
(Nils, Interview am 30.10.2009)

In Kapitel 6.3.1 wurde es schon angedeutet: Seine Funktion erhält inkorporiertes jugendkulturelles Kapital erst, wenn die anderen Akteure im Feld über sein Vorhandensein informiert sind. Zu **zeigen, was man kann**, wird von allen Teilnehmern als zentrales Handlungsmotiv wahrgenommen. Im jugendkulturellen Feld des C Walk findet die Vermittlung inkorporierten jugendkulturellen Kapitals auf mehreren Ebenen und in verschiedenen Praktiken statt:

a Performanz in physischer Anwesenheit

„doch ich machs natürlich auch schon live. also. im schulhof mach ichs und wir gehn jetzt ins schullandheim und da wollen natürlich alle, dass ichs mach. also zumindestens alle mädchen. {lacht}"
(Michael, Interview am 07.10.2009)

Die konkreteste, dem Körperlichen und damit der Eigenschaft der Inkorporiertheit naheliegendste Art der Vermittlung jugendkulturellen Kapitals ist die Performanz in physischer Anwesenheit. An den fluiden Rändern des Erlebensraumes C Walk bieten sich dazu Orte wie der Schulhof, Partys oder C Walk Meetings an. Allerdings wird ein C Walker, der eine Position im jugendkulturellen Feld des C Walk einnehmen möchte, um dort an den spezifischen Praktiken teilzunehmen, früher oder später den Drang verspüren, seine Fähigkeiten mit Videos auf *YouTube* zu präsentieren.

Bei Samir scheint dieser Schritt kurz bevorzustehen. Er hat sich bisher, nach seinem als missglückt empfundenen Erstversuch der Selbstdarstellung als C Walker auf *YouTube*, nicht getraut, ein weiteres Video einzustellen. Am „Rand" des Erlebensraumes C Walk, in seiner Peer Group im physischen Raum, konnte er aber sein bisher inkorporiertes jugendkulturelles Kapital in Form von tänzerischen Fähigkeiten performativ vermitteln. Mit dem Ergebnis, dass er dort nun Spitznamen trägt, auf die er stolz ist: „Samir der Tänzer" und „Dance Freak" (Samir, Interview am 30.09.2009). Bezüglich der Vermittlung inkorporierten jugendkulturellen Kapitals ist das tatsächlich ein erster wichtiger Schritt, denn das bedeutet, dass sein neues Vermögen an inkorporiertem jugendkulturellem Kapital, dessen Wirkung an Vermittlung gebunden ist, nun auch unabhängig von seiner gerade aktuellen Performanz symbolisch ausgedrückt wird: jedes Mal, wenn sein Name genannt oder gedacht, also mit ihm in Verbindung gebracht wird.

Samir: ja ich tanz überall eigentlich. sogar in der bahn, wenn ich musik hör, egal auf welchen beat. oder einfach wenn jemand stampft, so mit den füßen macht, dann versuch ichs. und weil ich hab halt so den namen dance-freak gekriegt weil ich überall tanz. deswegen. {lacht} für ganz {Name seiner Heimatstadt} so! dass die gucken mal, wer ich bin und so! weil viele kennen mich halt- okay ich bin nicht mehr so berühmt als normaler samir, sondern alle nennen mich jetzt samir der tänzer und so, und dance freak und so. und deswegen. von daher es kennen mich eigentlich schon viele jetzt.

Interviewer: mhm. und die sollen sehen, was du kannst?

Samir: ja genau so. (Samir, Interview am 30.09.2009)

C-Walk-Meetings sind Anlässe für physisch-performative Vermittlung inkorporierten jugendkulturellen Kapitals. Indem das erworbene jugendkulturelle Kapital im Handeln dargestellt wird, erhält es erst seinen Wert (vgl. dazu Austin 1962; Austin/Savigny 2007). So wird getanzt, es wird kommuniziert, beobachtet, dargestellt und man misst sich in Battles (s. Abbildungen 35, 36).

„Wenn die Musik aufhört, gibt jedes Jury-Mitglied per Handzeichen (linke oder rechte Hand für links oder rechts stehenden Tänzer) bekannt, wer gewonnen hat. Die Urteile entstehen meist sehr schnell, sie werden nicht angezweifelt. Beide Tänzer geben sich daraufhin die Hand oder umarmen sich, bevor sie den Platz für die nächsten Tänzer freimachen." (Beobachtungsprotokoll Bp. Meeting)

6.3 Das Kräftefeld des C Walk

Abb. 35 Zeigen, was man kann: Zwei C Walk*ers* beim Battle auf einem Meeting. Vermittlung inkorporierten jugendkulturellen Kapitals (© Christoph Eisemann).

Abb. 36 Zeigen, was man kann: Zwei C Walkers beim Battle auf einem Meeting. Vermittlung inkorporierten jugendkulturellen Kapitals. Im Hintergrund macht ein Zuschauer aus Spaß eine Geste des Anhimmelns (© Christoph Eisemann).

Wenn diese Form der Vermittlung inkorporierten Kapitals in physischer Anwesenheit des Kapitalträgers auch sehr effektiv sein mag,[123] so kommt sie im dezentralen online-offline Feld des C Walk doch nur selten in Frage. Und ihre Wirkung bleibt **räumlich begrenzt** und **zeitlich** an die Dauer der Performanz **gebunden**. Abbildung 37, ein Foto vom Meeting, zeigt, wie die Grenzen des physischen Veranstaltungsraumes medial aufgebrochen werden und der Raum ins Internet erweitert wird.

Abb. 37 Zuschauerinnen bei einem C-Walk-Meeting fotografieren oder filmen Battles ihrer Freunde (© Christoph Eisemann).

---

123 Die Reichhaltigkeit von Face-to-Face-Kommunikation und Interaktion im Vergleich zu computervermittelter Kommunikation (CMC) wurde bereits in zahlreichen Arbeiten unter dem Stichwort der Kanalreduktion und der Filterung diskutiert, s. für den Bereich sozialer Netzwerke und *YouTube* beispielsweise Lange 2007, Baym 2000). Neue technische Entwicklungen führen zu einer Optimierung der CMC.

b Mediatisierte Performanz

> „wenn man ein Video von sich selbst hat und wo man tanzt, richtig gut tanzt, macht sich's berühmt."
> (Samir, Interview am 30.09.2009)

Inkorporiertes jugendkulturelles Kapital lässt sich auch medial vermitteln. Die performative Handlung der Herstellung von Kapitalwert, zum Beispiel durch die Darstellung bestimmter tänzerischer Fähigkeiten, wird von der Person gelöst, die nicht mehr anwesend sein muss. Video als audiovisuelles Medium eignet sich hierfür besonders gut. Bleiben wir beim Fall von Samir „dem Tänzer". Sein Ziel ist es, da er innerhalb seiner Peer Group am Rande des jugendkulturellen Feldes des C Walk bereits positive Erfahrungen gesammelt hat – diese nun auch auf die Community auf *YouTube*, also auf das entsprechende Feld auszuweiten: mittels performativem Ausdruck im Video und mit einem vermutlich wesentlich **größeren Wirkungskreis**.

Samir: demnächst machen wir eins {ein Video} rein. weil des problem ist, des macht sich berühmt. des macht sich in ganz {Name seiner Heimatstadt} berühmt. ich hab- also wenn man ein video von sich selbst hat und wo man tanzt, richtig gut tanzt, macht sichs berühmt. man schickts ner freundin, die freundin schickts ihrs, und dann schickt sie's und des immer weiter. und des wird ne kettenreaktion und dann wird man in ganz {name seiner Heimatstadt} berühmt. ja. (Interview am 30.09.2009).

Tai verallgemeinert über das Feld des C Walk hinaus, wenn er die Vorzüge audiovisueller Vermittlung dessen erklärt, was hier als jugendkulturelles Kapital theoretisch gefasst wird:

Interviewer: ja was denkst denn du, wie wichtig ist es heut generell für jugendliche, dass man sich in videos zeigt im internet?

Tai: hm kommt ganz drauf an. w- w- wenn ein jugendlicher was ganz gut kann sollte er es schon so zeigen. damit er auch so anerkennung von anderen kriegt und so. aber zum beispiel wenn er halt so kein talent hat oder so, muss er nicht unbedingt so- im youtube sein oder so.

Interviewer: mhm, aber warum sollte er es unbedingt in youtube zeigen, könnte er nicht auch auf dem pausenhof oder bei der party abends oder so?

Tai: doch doch! aber des is ja dann nur wenn man in youtube stellt, dann wird man so- so halt so weltweit und so. dann kanns jeder sehn, weils online ist. aber wenn ers halt nur so aufm pausenhof macht, dann könnens halt nur die aus der schule sehen und dann erzählen dies halt so anderen so ha der kann voll gut und so, aber man weiß halt nicht genau, aber wenn man es in youtube stellt, kann sich halt jeder einen eigenen, selber ein bild von ihm machen. (Interview am 30.07.2009)

Mittels Platzierungen von Videos auf *YouTube* wird jugendkulturelles Kapital, unabhängig von der physischen Präsenz seines Trägers, mit einer größeren Reichweite und über einen längeren Zeitraum hinweg dargestellt und dabei zugleich erst wirksam.[124] Tai erscheint dies als Vorteil der medialen, audiovisuellen Vermittlung, gegenüber der performativen Vermittlung in physischer Anwesenheit, auch wenn letztere nicht mit Problemen der medialen Codierung und der Kanalreduktion behaftet ist. Offenbar verleiht das Video, als Medium für die Vermittlung inkorporierten kulturellen Kapitals, diesem sogar eine ganz besondere Wertigkeit:

Tai: ich würd sagen, so im film, oder so auf youtube, da wos halt jeder sehen kann, im film oder so, so was kann einen voll inspirieren. zum beispiel wenn ich jetzt so fußball spielen geh, und ich schau so davor so irgend nen fußballfilm oder so, dann will ich auch unbedingt so fußball spielen.

Interviewer: warum?

Tai: ich weiß nicht, weil weil ders so gut kann und so, und dann dann will ich auch halt so gut sein.

Interviewer: und kann das auch im wirklichen leben sein, oder ist das eher so, dass des, was man im film sieht einen da stärker motiviert?

Tai: ähm das im film tut einen mehr inspirieren.

Interviewer: warum?

---

124 Auch die Darstellung von inkorporiertem jugendkulturellem Kapital über Veröffentlichungen auf *YouTube* macht dieses nicht unbegrenzt in ihrem Wert haltbar. Es bedarf auch hier in regelmäßigen Abständen der Erneuerung seiner Darstellung. Ansonsten wird die Inkorporiertheit in Frage gestellt, der performative Akt misslingt. Das verdeutlicht zum Beispiel Marias Anmerkung auf ihrem Kanal, in der sie sich entschuldigt, längere Zeit keine Videos einstellen zu können. Sie schreibt dort: „*IMPORTANT!! Well...I won't drop anything in the next few weeks because my left foot is partially fractured. So I'm going to take a break now. keep ya walk on...* " (Kb. 7). Im Interview gibt Maria zu, dass sie diese Information auf ihrem Kanal stehenlässt, obwohl ihre Verletzung längst verheilt ist (vgl. Interview am 26.10.2009). Sie hat wenig Zeit, neue Videos zu drehen, möchte aber die Wirksamkeit der Vermittlung ihres inkorporierten jugendkulturellen Kapitals so lange wie möglich aufrechterhalten, damit ihr die Abonnenten nicht verlorengehen (vgl. Interview am 26.10.2009).

Tai: warum? vielleicht ist es das vorbild von einem. zum beispiel jacky chan, des is, der is legende, finde ich für mich. des is, der is lustig, und ich mag seinen typ, seinen charakter, und der ist, der mag kung fu und so. und da ich würd schon glauben, dass viele leute dann auch so, jetzt auch so anfangen wollen mit kung fu und so, weil dies gut finden einfach, weil ders auch macht, vielleicht weils vorbild ist und so.

Interviewer: ja. aber weisste, angenommen der wär gar nicht berühmt und du hättest den im leben getroffen, und der würde auch desselbe machen und du hättests gesehen, aber wär der dann auch son vorbild für dich, oder ist das weil der im film ist?

Tai: neinnein, ich glaub im echten leben würd ichs nicht machen. weil im film ists ja auch so dass man dann zum beispiel mit anderen freunden darüber redet. der sagt dann- der freund von mir sagt dann auch so oah der ist voll cool und so. und dann will ich auch so cool sein wie er und dann will ichs auch machen! so- ich ich würd sagen so, irgendwas- so so irgendein talent was äh zum beispiel beatbox oder so, wenn das dann so in ner gruppe- wenn wir in einer gruppe sind und wenn viele sagen, das ist voll cool und so, dann würd ich auch so denken dass so einer von denen dann auch anfängt dann auch mit beatboxen und so. weil, er dann auch so sozusagen so sein will wie der andere, ders kann und so. (Interview am 30.07.2009)

Allein das Wissen um die mögliche Reichweite der performativen Darstellung, kombiniert mit einer **medialen Aura**, die das Medium Video mit seiner formatspezifischen Nähe zum Leitmedium Fernsehen und zu dem von Starkult mit hohem Identifikationspotential der Protagonisten geprägten Kinofilm offenbar noch heute umgibt, macht entsprechende audiovisuelle Darstellung jugendkulturellen Kapitals, bzw. der Fähigkeiten, die Kapitalwert erhalten, interessant. Hinzu kommt der Aspekt der Generierung von Zugehörigkeit über **geteilte Seherlebnisse** und entsprechend geteilte Themen. Damit wird die mediale, audiovisuelle Vermittlung, die gegenüber der Face-to-Face-Vermittlung funktional zuerst einmal eingeschränkt wirken mag, aufgewertet.

c Symbolischer Ausdruck inkorporierten jugendkulturellen Kapitals in der Plattformkommunikation

Ein weiterer Aspekt der Vermittlung inkorporierten jugendkulturellen Kapitalvermögens ist die „richtige", in der Logik des Feldes **legitime Verwendung sprachlicher Codes** in der Plattformkommunikation. Deren Anwendung vermittelt auf subtile, performative Weise, dass eine Kultivierung im Feld stattgefunden hat, wenn der Akteur den symbolischen Ausdruck des Feldes beherrscht. C Walkers signalisieren so neben Gruppenzugehörigkeit (s. Kapitel 6.4.3) auch, dass sie die kulturelle Technik der im Feld legitimen Sprache beherrschen, dass sie also über jugendkulturelles Kapital verfügen.

Eine Aufzeichnung aus dem Protokoll der teilnehmenden Beobachtung von Tais Surfen auf *YouTube* zeigt die Verwendung solcher Codes als Vermittlung jugendkulturellen Wissens:

Tai gibt nebenher einen Textkommentar zum Video ein:

„NomXPhong_"

Dann löscht er ihn wieder und schreibt stattdessen:

„*_*".

Er löscht auch dies wieder und schreibt dann:

"NomXPhong*_* 5* + fav :)"

Diesen Kommentar postet er (s. Sp. 1a). Kurz darauf fügt er das Video per Klick zu seinen Favoriten hinzu (s. ebd).

Tai drückt auf einer ersten Ebene aus, dass ihm das Video, auf das er sich bezieht, sehr gut gefällt. Auf einer subtileren Ebene, die nur demjenigen verständlich ist, der die symbolische Ausdrucksweise der Jugendkultur kennt und die vor allem bei der Betrachtung des Formulierungsprozesses deutlich wird, beweist er, dass er die kommunikativen Codes des C Walk auf *YouTube* beherrscht. Er präsentiert sich als „kultiviert" im Sinne der Jugendkultur: Neben der Variation von Emoticons („*_*") zur symbolischen Vermittlung von positiver Emotion über das gängige Smiley :) hinaus drückt die ikonografische Äußerung „5*" neben dem oben genannten Sinn auch aus, dass Tai die Bewertungspraktik auf *YouTube* kennt. Er bezieht sich symbolisch auf das *YouTube*-Bewertungssystem mit maximal fünf Sternen und adaptiert dieses symbolisch in den *YouTube*-Jargon: „5*" bedeutet „ich geben dem Video die bestmögliche Bewertung". Die Zeichen „+fav" bedeuten übersetzt „und ich füge das Video meiner Favoritenliste hinzu", was als Ausdruck von Anerkennung zu verstehen ist.

6.3.1.6 Institutionalisierung jugendkulturellen Kapitals

Auch wenn die *mediale* Vermittlung inkorporierten jugendkulturellen Kapitals eine geringere Abhängigkeit von der physischen Vermittlung durch den Träger zu einem bestimmten *Zeitpunkt* an einem bestimmten *Ort* gewährleistet, was als positiv wahrgenommen wird, so macht sie ihn dennoch nicht ganz von der Darstellung seines Vermögens in der Zukunft frei. Denn es wird erwartet, dass

6.3 Das Kräftefeld des C Walk

regelmäßig neue Videos eingestellt werden, sonst sinkt der Wert des Vermögens an entsprechendem jugendkulturellem Kapital des C Walkers mit dem Alter der Videos. Für C Walkers als Träger von jugendkulturellem Kapital kann es deshalb interessant sein, nach weiteren Möglichkeiten zu suchen, dieses möglichst effektiv und mit wenig Vermittlungsaufwand zu präsentieren. Aus diesem Grund haben sich im Feld des C Walk **Institutionen** herausgebildet, die einem Träger kulturellen Kapitals dessen Wert *unabhängig von seiner aktuellen Performanz* bescheinigen und das inkorporierte jugendkulturelle Kapital *dauerhafter* vermittelbar machen – losgelöst von der aktuellen Performanz durch die anwesende Person, aber auch losgelöst von der einzelnen, medialisierten Performanz.

Nils ist ein anerkannter C Walker, den manch anderer C Walker als seine „Inspiration" bezeichnet. Zum Beispiel in folgenden Kommentaren zu seinem Video V. 8.2:

> ur my inspiration _
> also ich find dein walk klasse [:
> du bist auch mein gröstes idol soger vor [Name eines Nutzers, Anmerkung des Autors] [:
> ihc liebe dein walk styl [no hommo]
> <33 5* + fav

> hey echt krass was du machst.. <33
> habe vor 6 tagen auch mit cwalk angefangen und du hast einen deiner träume erreicht.. du bist ne inspiration für mich (:
> ich liebe dich man ! XD

In der Logik des Feldes gesprochen verfügt Nils über ein großes Vermögen an inkorporiertem jugendkulturellem Kapital. Dieses muss von ihm aber ständig vermittelt werden, beispielsweise im Video, auf das sich die oben dargestellten Kommentare beziehen. Nur so kann es wirksam werden. Folgende Aussage von Nils, in der es vordergründig um den Umgang mit negativen Kommentaren geht, verdeutlicht diese Notwendigkeit des permanenten performativen Ausdrucks und Vermittelns von inkorporiertem jugendkulturellen Kapital, um eine bestimmte Position im Feld des C Walk zu erhalten:

Nils: da sagt EINER was wie zum beispiel dein style is immer derselbe und machst immer das gleiche, das sieht bei mir vielleicht aus, weil mein walk, der is einfach ein bisschen anderster von den basics sag ich mal.

Interviewer: und dann?

> **Nils:** ja dann hat einer das gesagt, und dann zwanzig leute das nachgebabbelt, und das hängt, das is mir was weiß ich- drei vier monate hinterhergehangen, und irgendwann macht das schon ein bisschen fertig.
> **Interviewer:** aha. und was macht man dann da?
> **Nils:** ähm, da macht man dann zum beispiel so was- da macht man dann ganz neue dinge. jetzt kommt das fight back video.
> **Maria:** mhm, mhm.
> **Nils:** da probiert man dann ganz neue dinge. das war zum beispiel auch ein battle auf pimpmywalk, des hab ich gewonnen, aber- {zeigt es} (Interview am 30.10.2009)

Angesichts solcher Schwierigkeiten, sein Vermögen an jugendkulturellem Kapital ständig neu zu beweisen, versucht Nils eines Tages, den auf der Internetseite www.cwalkin.de verliehenen „Approved C Walk Member Rang" (Nils, Interview am 30.10.2009) zu erlangen – eine Auszeichnung, die unter den C Walkers über die Grenzen der Internetseite bekannt ist und die darüber informiert, dass ihr Träger zu den besten C Walkers des Landes gehört:

> **Nils:** auf cwalkin.de gibts soränge, also wo's die hoch eingestuften walker gibt und die normalen. und die hoch eingestuften, also die den rang haben, also den approved c walk member rang.
> **Interviewer:** wie kriegt man den?
> **Nils:** durch ein video. und dann bewerten die des ob du dazu fähig, ob du gut genug bist. (Interview am 30.10.2009)

Nils' Ziel ist es, in der Logik des Feldes gesprochen, sein inkorporiertes jugendkulturelles Kapital durch die Ernennung zum Approved C Walk Member festschreiben zu lassen, sodass es als institutionalisiertes jugendkulturelles Kapital haltbar gemacht und sein jugendkulturelles Kapitalvermögen unabhängig von seinen ständigen Vermittlungsbemühungen ausgedrückt wird. Verliehen wird der „Rang" von „den hoch Eingestuften" (Interview am 30.10.2009), die selbst Träger des institutionalisierten jugendkulturellen Kapitals sind. Sie werden von den „Normalen" (ebd.) als legitime Instanz anerkannt, wenn es darum geht, das kulturelle Kapital der Bewerber um den Titel oder Rang zu bewerten, und sie haben Definitionsmacht, was die Maßstäbe der Bewertung angeht. Um mit Bourdieu zu sprechen, könnte man sagen, dass sie an der Definition von Legitimität jugendkulturellen Kapitals innerhalb des Feldes mit erhöhter Wirkungsmacht beteiligt sind.

Die Umwandlung von inkorporiertem jugendkulturellem Kapital in die institutionalisierte Form mit dem Titel „Approved C Walk Member" ist in diesem Fall missglückt: Nils' Vermögen an inkorporiertem jugendkulturellem Kapital wurde von der Institution der hoch eingestuften Mitglieder mit Rang nicht als ausreichend für die Verleihung des Titels und für die Aufnahme in ihre Gruppe angesehen. Nils' Kapitalvermögen wurde von ihnen abgewertet. Darauf reagiert er, wohl zum Schutz des eigenen Wertgefühls, seinerseits mit der Abwertung der Institution und Gruppe, die ihm Zugehörigkeit versagte: „die sind halt- die die walker die des [den Approved-C-Walk-Member-Rang] haben sind richtig eingebildet." (Nils, Interview am 30.10.2009)

Das skizzierte Beispiel verweist auf den Wert von Zugehörigkeit, deren Funktion sich im sozialen Kapital ausdrückt. Dem ist das folgende Kapitel gewidmet.

6.3.2 „Connections helfen weiter" – soziales und virtuelles soziales Kapital

> „ich find, umkreis, so freunde, und wenn man dann noch im internet irgendwie jemanden sieht, der gut ist und so, und man hat dann noch so connections, sag ich mal, das hilft schon weiter im leben."
>
> (Tai, Interview am 30.07.2009)

Im vorigen Kapitel wurde das funktionale Prinzip jugendkulturellen Kapitals im Feld des C Walk auf *YouTube* dargestellt. Immer wieder zeichnete sich dabei bereits die Existenz einer weiteren, für die soziale Positionierung des Subjekts im Feld relevanten Größe ab, auf die sich das jugendkulturelle Kapital in funktionaler Weise bezieht und mit der es in einer engen Wechselwirkung steht (zur Entstehung der Kategorie s. Abbildung 14): Es handelt sich um den Wert, der sich aus der sozialen Vernetzung ergibt. Bourdieu bezeichnet die „Ressourcen, die auf der Zugehörigkeit zu einer Gruppe" (Bourdieu 1983, S. 191) basieren, als **soziales Kapital** (s. Kapitel 6.1.3). Über Sozialkapitalvermögen zu verfügen, ist im C Walk auf *YouTube* maßgeblich für die Konstruktion und Erweiterung des sozialen Raumes. Dort finden Vergemeinschaftungsprozesse, die Generierung von Anerkennung und damit verbunden Identitätsarbeit statt, und es werden Aneignungsprozesse angestoßen (vgl. Abbildung 38).

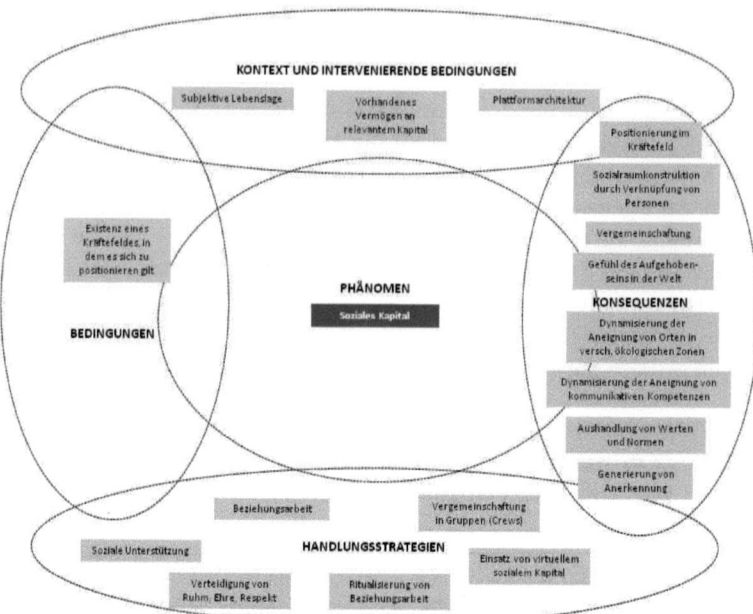

Abb. 38 Darstellung in Anlehnung an das Codierparadigma aus dem vorläufigen Codierprozess mit dem Fokus auf die Kategorie *Soziales Kapital* (© Christoph Eisemann).

Soziales Kapital beruht in seiner ursprünglichen Bedeutung auf verbindlichen Beziehungen, die durch Tauschhandlungen aufrecht erhalten werden (vgl. Kapitel 6.1.3). Andere Autoren haben gezeigt, dass Social-Network-Seiten im Internet für die Erhöhung des Sozialkapitalvermögens bzw. für dessen Erhalt funktional sein können (s. Leiner 2012, S. 118ff.). Woraus sich aber in einem spezifischen Feld soziales Kapital ergibt und was die feldspezifischen Charakteristika und Umgangsweisen mit sozialem Kapital sind, wurde bisher für kein spezifisches Feld im Social Web untersucht. Dabei fällt im hier untersuchten Feld des C Walk auf *YouTube* eine Besonderheit auf, die über das von Bourdieu beschriebene Prinzip des sozialen Kapitals hinausgeht: Es geht um eine spezifische Kapitalform, die ich im Folgenden als **virtuelles soziales Kapital** bezeichne. Wenn C Walkers auf *YouTube* interagieren – beispielsweise indem sie kommentieren, bewerten, abonnieren, verlinken oder Freundschaftsanfragen annehmen –, dann folgt daraus nicht zwangsläufig eine verbindliche Tauschbeziehung zwischen den beteiligten Akteuren, wie sie für

6.3 Das Kräftefeld des C Walk

Bourdieu die Grundlage sozialen Kapitals darstellt (zu den verschiedenen Freundschaftsverständnissen s. Kapitel 6.4.2).

Maria: freundesanfragen krieg ich so gut wie täglich. also irgendwelche leute die mich irgendwann mal gesehen haben in nem video und dann denken ah okay, [Marias Benutzername], neues gesicht, hab ich noch net gesehn, nehm wa se halt mal dazu. ne? (Interview am 26.10.2009)

Aus solchen sporadischen Handlungen allein ergibt sich noch keine mobilisierbare Beziehung, kein aktivierbares soziales Kapital in dem von Bourdieu gemeinten Sinne.[125] Dennoch haben derlei Verbindungen im C Walk auf *YouTube* einen besonderen Wert. Aus der Subjektperspektive besteht er für jeden einzelnen zunächst in der **Erhöhung der Aufmerksamkeit**, die ihm zuteilwird, beispielsweise weil Abonnenten automatisch über neu hochgeladene Videos informiert werden, sich also deren Reichweite erhöht. Tai unterstreicht diesen Aspekt im folgenden Zitat:

Tai: freunde von mir, die ham ja auch freunde die ich eigentlich nicht kenn- und die haben ja auch schon videos von mir gesehen und die machen sich ja auch ein bild von mir. die sagen dann ey, du kennst ihn doch, und sag mal gruß, und hey, der ist gut und der ist schlecht und so. und das spricht sich halt auch rum. das hat beides schon damit was zu tun. das umfeld muss eigentlich gut sein, also dass man auch leute kennt, und dann wenn man noch zum beispiel ein video im netz hat, dass dann die leute im umfeld auch so ähm sagen können ja der und der hat so was gesagt. das ist halt- ja.

Interviewer: und ist es dann vielleicht auch, dass man die dann auch irgendwann mal kennen lernen kann oder so?

Tai: ja doch, man- doch, das ist schon so. man kann dann schon so- zum beispiel giovanni sag ich mal. ich würd den GERNE mal sehen. und hätt ich jetzt nen freund, der auch giovanni kennt, mit giovanni befreundet ist, hätt ich auch- also zum ihm gesagt, mach mal nen termin aus, ich will mal den treffen und so. das machts schon aus, eigentlich. ich find, umkreis, so freunde, und wenn man dann noch im internet, irgendwie jemanden sieht der gut ist und so, und man hat dann noch so connections sag ich mal, das hilft schon weiter im leben.

---

125 Mit Mobilisierbarkeit und Aktivierbarkeit ist gemeint, dass damit positive Effekte bezüglich der eigenen Positionierung im Feld zu erlangen sind oder andere Ziele (besser) erreicht werden, indem Kapital eingesetzt wird – beispielsweise im Tausch, wenn ein schnitttechnisch sehr versierter Freund einem anderen stundenlang hilft, ein Video für ein bestimmtes Mädchen zu produzieren.

Interviewer: okay. ja.

Tai: oder auch im beruflichen leben sag ich mal. meine mutter kennt schon auch viele leute so, weil die gehen halt bei meiner mutter essen, und wenn ich zum beispiel bankkaufmann- meine mutter kennt auch sehr viele, die können dir dann auch so helfen und so auch-

Interviewer: willst du bankkaufmann werden?

Tai: nein. -- zum beispiel! oder designer oder so. architekt. so was. dann kann meine mutter mir halt auch helfen. die kann halt sagen ja ich stell dich dem vor, und dann kann der mir halt weiterhelfen. (Interview am 30.07.2009)

Dass mehr Abonnenten zu mehr Aufmerksamkeit für die eigenen Selbstdarstellungen führen, ist nicht verwunderlich.[126] Die Architektur der Videoplattform, in der auch sporadische Aufmerksamkeit Spuren hinterlässt und über den kurzen Moment der Beachtung hinaus sichtbar bleibt – z. B. durch die Darstellung der Anzahl von Klicks auf ein Video oder der einmal erfolgten Verlinkung zweier Kanäle –, führt dazu, dass Aufmerksamkeit in neuem Maße symbolisch akkumuliert werden kann. Das hat Auswirkungen auf den Bekanntheitsgrad. Die symbolische Darstellbarkeit auf *YouTube* ist typisch für Mediendienste im Social Web und unterstützt den Gedächtniseffekt, den Georg Franck – allerdings nicht mit Bezug auf das Internet – beschreibt:

> „Wer in sehr vieler Munde ist, der bleibt auch vielen im Gedächtnis. Wer vielen Menschen im Gedächtnis ist, genießt einen hohen Bekanntheitsgrad. Der hohe Bekanntheitsgrad ist das Wahrzeichen des Reichtums an Beachtung. Dieser Bekanntheitsgrad stellt nun [...] sehr wohl eine Form akkumulierter Beachtung dar. Das flüchtigste aller Einkommen wird im Gedächtnis der Mitmenschen verbucht und kann in dieser verbuchten Form aufgehoben und angehäuft werden." (Franck 1998, S. 114)

Indem mehr Bekanntheit zu mehr neuer Aufmerksamkeit verhilft, wirft der Wert der auf *YouTube* symbolisch dargestellten Aufmerksamkeit, auch wenn sie nur sporadisch war, längerfristig Zinsen ab. Franck spricht von „Reichtum heckendem Reichtum" (Franck 1998, S. 114). Sylvie äußert sich zu diesem Thema folgendermaßen:

Interviewer: warum sind abonnenten wertvoll?

Sylvie: {...} zum beispiel es gibt in deutschland welche die sind richtig gut. die kennt wirklich jeder. nicht nur in deutschland, sondern auch überall so. und

---

126 Zu weiteren Strategien der Generierung von Aufmerksamkeit und ihrer Bedeutung s. Kapitel 6.5.1.

6.3 Das Kräftefeld des C Walk

das sieht man halt auch teils an den abonnenten, weil es sind leute, die haben dann 2000 bis 3000 abonnenten und dann sieht man hey! die sind bekannter. es muss nicht unbedingt sein dass man die NICH kennt also die kennt man schon! (Interview am 8.2.2011)

Der Begriff „virtuelles soziales Kapital" unterstreicht die Bedeutung des längerfristigen symbolischen Akkumulierens und Darstellens lediglich sporadischer Aufmerksamkeit. Virtuelles soziales Kapital im C Walk ist eng mit der Medialität des Handlungsortes der Jugendkultur, *YouTube*, verbunden.

Folgendes Beispiel – es geht um einen Streit zwischen Sylvie und ihrer ehemals besten Freundin – verdeutlicht den Wert, der schwachen Verbindungen zu anderen Akteuren im C Walk auf *YouTube* beigemessen wird: Sylvie verfügt zum Zeitpunkt des Forschungsgesprächs mit 1528 verlinkten Freunden und circa 500 Abonnenten (vgl. Sylvie, Interview am 8.2.2011) über eine beachtliche Zahl an schwachen und starken Verbindungen zu anderen C Walkers. Obwohl für den Betrachter ihres Kanals nicht ersichtlich ist, von welcher Qualität diese Verbindungen sind, hat deren symbolische Darstellung Auswirkungen auf ihre Beziehung zu einer ehemals sehr guten Freundin, über die sie den Einstieg in den C Walk gefunden hatte, und mit der sie offenbar – wenn auch nach ihrem Empfinden unfreiwillig – um eine soziale Position im Feld konkurriert (vgl. ebd.). Sylvie mutmaßt, dass neben ihrem Vermögen an inkorporiertem jugendkulturellen Kapital, kurzgesagt: ihrer Fähigkeit zu walken (vgl. ebd.), vor allem ihr Sozialkapitalvermögen der Grund für den Zwist ist:

Interviewer: und welche rolle hat in dieser freundschaft oder beim ende der freundschaft youtube gespielt? hat es eine bedeutung gehabt?

Sylvie: irgendwo schon ein bisschen. weil es gibt halt so sachen wie abonnenten zum beispiel. da- äh sie walkt ja länger und ich find auch nen ticken besser. auch wenn viele sagen dass es nicht so is, aber ich find dass sie nen ticken besser is als ich, weil sie halt auch schon länger dabei is und mehr erfahrung hat sie zum beispiel hat- um die 100 abonnenten, ich um die 500-irgendwas, und ähm sie sagt dann immer das is alles nur weil du vorher noch ANDERE videos gemacht hat. obwohl das auch totaler schwachsinn is! weil vorher kannte mich da auch keiner und ich hab da einfach nur die videos hochgeladen, hab die auch nicht sonderlich rumgeschickt oder so, und- als ich dann anfing mit c walken hab ich ja die kontakte da geknüpft und deswegen da auch mehr abonnenten und so. (Interview am 8.2.2011)

Sylvies Schilderung zufolge spielt die *Qualität* der Beziehungen zwischen Sylvie und anderen C Walkers, die hinter der langen Freundesliste stehen, keine Rolle. Die Freundin unterscheidet offenbar nicht, ob daraus soziales Kapital im engeren Sinne oder virtuelles soziales Kapital resultiert, das aus schwachen Verbindungen hervorgeht. Dass die ehemalige Freundin sprichwörtlich vor Neid erblasst, wenn sie die Masse an Kontakten in der Liste der Person sieht, der sie die Tür in den C Walk einst geöffnet hatte, deutet darauf hin, wie wertvoll in ihren Augen jedwedes soziale Kapital ist, dessen Existenz auf *YouTube* symbolisch dargestellt wird.[127]

Im zweiten Teil des Zitats von Tai (Kapitel 6.3.2) geht es um den Wert schwacher, das heißt unverbindlicher und oberflächlicher Verknüpfungen für die Dynamisierung der **Aneignung der sozialen Welt über größere soziale Distanzen** hinweg. Er spricht über schwache Verbindungen seiner Mutter in verschiedene gesellschaftliche Felder. Tai vermutet, dass sie ihm den Zugang zu solchen Bereichen erleichtern könnten. Dieses Phänomen lässt sich mit Mark Granovetters Netzwerktheorie beschreiben. Der amerikanische Soziologe hat sie bereits Anfang der 1970er Jahre in „The Strength of Weak Ties" (1973) formuliert. Er zeigt, wie wertvoll gerade solche schwachen Verbindungen, „weak ties", sein können, weil sie Brückenfunktion einnehmen und größere soziale Distanzen überbrücken können als starke, also verbindliche Verbindungen, „strong ties", die in der Regel über kürzere soziale Distanzen hinweg bestehen (vgl. Granovetter 1973, S. 1364ff.). Diese Überlegungen stellte Granovetter vor der Verbreitung des Internet an. Inzwischen haben beispielsweise Wahnhoff (2012, S. 67), Jörissen (2012, S. 63f.) und Putnam (2000) gezeigt, dass insbesondere soziale Netzwerke im Internet das Potential haben, die Diversität im eigenen Beziehungsnetz zu vergrößern, also Brücken über eine große soziale Distanz hinweg zu schlagen (s.a. Kneidinger 2012, S. 80f.).[128] Das macht auch im C Walk auf *YouTube* den Wert schwacher, unverbindlicher Beziehungen aus.[129] Nun wurden zwei sehr konkrete Funktionen schwacher Verbindungen im C Walk aufgezeigt.

---

127 Ein Termin mit Sylvies Freundin war vereinbart worden. Da sie aber erfahren hatte, dass auch Sylvie an der Studie teilnehmen würde, mochte sie sich selbst nicht mehr äußern und entschuldigte sich kurzfristig.

128 Unter Umständen stehen der Diversität aber Algorithmen der Plattformarchitektur entgegen, die aus ökonomischem Interesse die Verknüpfung von homogenen Inhalten und Beziehungen fördern, z.B. mit dominanten Empfehlungen von sehr ähnlichen Inhalten (vgl. Jörissen 2012, S. 64).

129 Steinfeld, Ellison und Lampe (2008) haben mit dem Konzept des „maintained social capital" Online-Beziehungspflege v.a. über größere Distanzen beschrieben. Nach meinem Verständnis stellt dies jedoch keine eigene Form von sozialem Kapital dar,

6.3 Das Kräftefeld des C Walk

Es stellt sich die Frage, wie die Existenz dieses Wertes das Handeln beeinflusst und welche Auswirkungen sie für das Subjekt hat. Im Feld wurden drei unterschiedliche Arten des Umgangs mit dem Wert virtuellen symbolischen Kapitals beobachtet:

- Es wird die Strategie des intensiven **Sammelns von „Freunden" und Abonnenten**, also von symbolisch darstellbaren Verbindungen zu anderen C Walkers, betrieben. Das Kapitalvermögen der anderen Akteure im Feld wird, teilweise argwöhnisch, beobachtet (s. a. Franck 1998, S. 115). Dabei wird kaum zwischen den Qualitäten der symbolisierten Verbindungen zwischen Akteuren unterschieden. Das kann zu einer Fehleinschätzung der sozialen Position anderer C Walkers und der eigenen Position im Feld und zur Vernachlässigung der Pflege verbindlicher Beziehungen führen (wie im Falle von Sylvie und ihrer Freundin), sich also dysfunktional auswirken. Möglicherweise verleitet die Plattformarchitektur von *YouTube* manche Akteure zu einer solchen Konzentration auf die bloße Quantifizierung von darstellbaren Kontakten. Denn in vielen Fällen spült der Code jene Inhalte und damit ihre Urheber nach oben, die eine hohe Zahl an Klicks vorzuweisen haben.
- Im anderen Extrem wird die potentielle Bedeutung von virtuellem sozialem Kapital bzw. der ihm zugrunde liegenden unverbindlichen Beziehungen **ignoriert** (vgl. den Fall von Michael, seinem Freund Jonathan und Samir): wenn die Generierung von Anerkennung nur im direkten Umfeld von C Walkers gesucht wird, mit denen tatsächlich verbindliche Tauschbeziehungen unterhalten werden. Solche Nutzer erfahren ein quantitativ geringeres Maß an Aufmerksamkeit, was aber in ihrer Wahrnehmung durch die Qualität der wenigen gepflegten Beziehungen aufgewogen wird. Von den genannten Effekten der Diversifizierung ihres Beziehungsnetzes können diese Nutzer allerdings nicht profitieren, ihre Position bleibt zunächst am Rand der Gemeinschaft.
- Eine **Kombination** beider Handlungsstrategien hat sich als besonders erfolgreich herauskristallisiert: das Eingehen, Aufrechterhalten und Pflegen von verbindlichen Tauschbeziehungen in Kombination mit dem Eingehen von schwachen Verbindungen, also der Erhöhung von virtuellem sozialem Kapital und damit der Diversität im eigenen Beziehungsnetz. Diese Strategie kann besonders gut am Beispiel von Nils beobachtet werden. Hohes Vermögen an virtuellem Kapital kann dann über das Feld des C Walk hinaus wirksam sein, beispielsweise wenn auch Akteure aus anderen gesellschaftlichen Feldern auf die Selbstdarstellungen aufmerksam werden.

---

sondern es geht um die Art, wie online Beziehungsarbeit geleistet wird (oben, Kapitel 6.4.1) und Online-Freundschaften geführt werden (s. unten, Kapitel 6.4.2).

Das Spezifische am Feld des C Walk im Unterschied zu den von Bourdieu beschriebenen Feldern ist die Existenz und die Relevanz eines eigenen Wertes, der sich aus der Symbolisierung von unverbindlichen, sporadischen Verbindungen ergibt, die ihre strukturierende Kraft zu einem großen Teil durch die undifferenzierte Bedeutungszuschreibung innerhalb einer Gemeinschaft erhalten. Virtuelles soziales Kapital kann ganz real positiven Einfluss auf die Positionierung des Subjekts im Feld haben und soziale Geltung verschaffen. Wenn aber überhaupt keine Sensibilität für den Unterschied von Quantität und Qualität der Verbindungen im sozialen Netzwerk besteht und das Hauptziel jugendkulturellen Handelns das Sammeln von darstellbaren Verbindungen wird, verlieren schwache Verbindungen ihren Kapitalwert, weil die Person nicht mehr als authentisch wahrgenommen wird (s. den Leitspruch von Nils: „Tu's für die Leidenschaft, und nicht für den Ruhm.").

6.4 Zugehörigkeit und Vergemeinschaftung

Im Sinne aktivierbaren sozialen Kapitals in Bourdieus Sinne sind auch im C Walk auf *YouTube* **dauerhafte Beziehungen und Zugehörigkeiten** relevant, die auf wiederholter Interaktion zwischen den beteiligten Subjekten beruhen. Sie werden über **Beziehungsarbeit** hergestellt und lebendig gehalten. Dabei spielen symbolische Tauschakte und spezifische Rituale (s. insbesondere Exkurs) eine zentrale Rolle. Neben dieser strukturellen Sichtweise sind hier besonders entwicklungspsychologische Aspekte wichtig: Die Vergemeinschaftung mit Gleichaltrigen hat eine sozialisierende Funktion und Bedeutung für die Identitätsbildung, unter anderem bei der Ablösung vom Elternhaus und für das Einüben des Erwerbs von Anerkennung bzw. Status (vgl. Baacke 2000, S. 183ff.).

6.4.1 Beziehungsarbeit auf *YouTube*

> „man kriegt auch anerkennung wenn man zum beispiel
> so'n guter mensch ist oder so. dass die dann sagen, hey,
> wenn irgendwas ist, du kannst immer zu dem gehn und
> so. und, die wissen auch ganz genau dass wenn irgendwas
> ist dass ich die halt auch nicht im stich lassen würde."
>
> (Tai, Interview am 30.07.2009)

Oben war von der **Mobilisierbarkeit von Beziehungen** als Bedingung für die Wirksamkeit sozialen Kapitals (nicht *virtuellen* sozialen Kapitals) die Rede. Betrachten wir in diesem Kapitel genauer, wie diese Funktionalität erlangt wird: Beim offenen Codieren der Materialien wurden in einem ersten Abstraktionsschritt Codes wie „Kontakte knüpfen", „anderen helfen", „Tauschen", „Zugehörigkeit durch gemeinsames Handeln", „Feld der Verbundenheit" „Empfinden von sozialer Kontinuität" herausgearbeitet. Es stellt sich heraus, dass sich diese Codes unter der Kategorie **symbolische Tauschakte** fassen lassen oder mit ihr in Verbindung stehen – Handlungen, für die *YouTube* mit seiner Plattformarchitektur eine hervorragende Infrastruktur bietet. Diese Tauschakte wiederum sind zentraler Bestandteil dessen, was hier mit Bezug auf Bourdieu theoretisch unter der Kategorie **Beziehungsarbeit** erfasst wird (s. Bourdieu 1983, S. 193f.). Keupp weist darauf hin, dass es für das Individuum in unserer Gesellschaft immer wichtiger wird, selbst aktiv Beziehungsarbeit zu betreiben. Das fällt aber insbesondere sozioökonomisch unterprivilegierten Gruppen schwer (vgl. ders. 1997, S. 20). Im C Walk finden symbolische Tauschakte oder Tauschakte mit symbolischen Objekten statt. Dabei wird von den Teilnehmern der Jugendkultur in intensiver Form Beziehungsarbeit geleistet, die weitgehend unabhängig von ökonomischer Ausstattung funktioniert.

Einführend ein einfaches Beispiel: Maria und Nils sprechen immer wieder von Moritz, den sie über den C Walk kennengelernt haben und den sie mittlerweile beide als „guten Freund" bezeichnen (Maria, Interview am 26.10.2009; Nils, Interview am 30.10.2009). Maria berichtet, dass Moritz ihr beim Erstellen ihrer Videos hilft:

> **Maria:** ich bin halt walken gegangen, einfach nur so just for fun, hab dann ein paar sachen aufgenommen, bin dann heimgegangen, hab gemeint oh gott, des war so schlecht und alles und dann hab ich das video- hab noch mehrere videos dann dem moritz geschickt gehabt, hat gemeint oh des is doch voll gut und so und da stellt der halt so ein snip it zusammen und alles mögliche also ein snip it is so ein video was aus mehreren, oder aus so zwei videos zusammengeschnitten ist oder wo halt net so lange geht. (Interview am 26.10.2009)

Moritz erbringt für Maria gewissermaßen eine Dienstleistung. Er tut dies für einen Menschen, den er gerne mag, als Freundschaftsdienst und erwartet keine direkte Gegenleistung. Trotzdem hat die Handlung eine Funktion, die über reinen Altruismus hinausgeht: Sie festigt als Element einer Tauschhandlung die Verbindlichkeit der Beziehung zwischen den Freunden. Beispielsweise kann Moritz auf die Hilfe von Maria (und deren Freund Nils) zählen, wenn fremde *YouTube*-Nutzer auf seinem Kanal als Haters[130] auftreten und ihn absichtlich negativ bewerten, um ihn zu provozieren:

> „grad dieses problem mit diesen hatern hatte mal- wer war des? moritz hatte des problem mal gehabt dass jedes video von dem mit null sternen bewertet wurd oder mit einem stern was weiß ich von irgendwelchen leuten aus nem anderen- also aus ner anderen stadt und so- aber die ham dann auch wieder aufgehört. ich weiß nicht aber da hat man dann schon was dazu gesagt." (Maria, Interview am 26.10.2009)

Auch Maria empfindet es als normal, Moritz zu helfen, so wie es vermutlich die meisten Freunde spontan tun würden. Und trotzdem – oder gerade deswegen – ist auch diese Unterstützung Teil eines Tauschprozesses zwischen den Freunden, der ihre Beziehung aufrechterhält und festigt. Dieses Tauschhandeln im Online-Raum stellt Verbindlichkeit her.

Beziehungsarbeit zu leisten ist nur mit einigem Aufwand möglich (vgl. Bourdieu 1983, S. 193). Im Feld des C Walk meint das insbesondere die Investition von **Zeit** und kulturellem Kapital als Tauschwert, für dessen Erwerb wiederum Zeitbedarf besteht: sei es für das Erlernen des C Walk, den Erwerb von medialen Codierkompetenzen oder das Sich-Informieren über die Jugendkultur, um sich spezifisches Wissen anzueignen – Zeit, die im jugendkulturellen Erlebensraum verbracht wird, wobei die Nutzung von *YouTube* routiniert in den Alltag integriert ist (vgl. Maria, Interview am 26.10.2009). Für die meisten Teilnehmer ist es dank Flatrate ganz selbstverständlich, zumindest zu Hause **immer online** zu sein, sodass dort, im übertragenen Sinne, die Tür zum jugendkulturellen Erlebensraum zumindest angelehnt bleibt.[131] Das Besondere am Feld des C Walk mit *YouTube* im

---

130 Zum Phänomen des Flamings in sozialen Netzwerken im Internet s. beispielsweise Lange 04.09.2006. Für empirische Befunde der deutschen Jugend-Internetforschung zum Thema (s. a. Grimm et al. 2008).

131 Sowohl die Internetnutzungsfrequenz als auch die -nutzungsdauer Jugendlicher hat sich seit Beginn der Arbeit an dieser Studie erhöht; 2011 waren bereits 65 Prozent der Zwölf- bis 19-Jährigen täglich online, 90 Prozent mehrmals die Woche. Die höchste Nutzungsfrequenz haben 18- bis 19-Jährige mit 81 Prozent, die täglich das Internet

6.4 Zugehörigkeit und Vergemeinschaftung

Unterschied zu Feldern, die beispielsweise von Bourdieu untersucht wurden, ist hier die Relevanz des Umgangs mit dem rein Symbolischen (in Abgrenzung zum Materiellen, das ebenfalls in symbolischen Handlungen eingesetzt werden kann). Im Folgenden werden Typen von **symbolischen Tauschakten** und Tauschakte mit symbolischen Objekten dargestellt, die unter diesen Bedingungen besonders wichtig für die Beziehungsarbeit sind:

a Vorstrukturierte symbolische Tauschakte

Einen ersten Typus der Beziehungsarbeit stellt das **Bewerten von Videos** dar, das durch die Plattformarchitektur stark vorstrukturiert wird. Zu Beginn des Erhebungszeitraumes wurde es auf *YouTube* noch mit der Vergabe von einem bis fünf Sternen angeboten. Dann lösten die „Mag ich"- und „Mag ich nicht"-Buttons die Funktion ab. Diese stark vorstrukturierende, aber gerade deswegen sehr niederschwellige Art der Bewertung bietet im Sinne der Beziehungsarbeit die Möglichkeit des Austausches einfacher **Gesten der Anerkennung**.

b Diskursive symbolische Tauschakte

Einen zweiten Typus kommunikativer Tauschakte auf der Plattform stellen **Kanal- und Videokommentare** dar, die sich Nutzer gegenseitig hinterlassen. Sie drücken häufig **Anerkennung** aus. Das gilt auch im Falle von konstruktiv gemeinter Kritik. Dem stehen aber provozierend gemeinte Kommentare gegenüber, die nicht im Sinne der Beziehungsarbeit zu verstehen sind (s. „Haters"/„Flaming" im Glossar).

Michael und Jonathan beispielsweise vollziehen solche Tauschhandlungen der Anerkennung regelmäßig, indem sie ihre Videos auf der Plattform gegenseitig kommentieren, obwohl sie in enger Nachbarschaft leben und sich fast täglich persönlich treffen:

> **Michael:** nachricht schreib ich ja so gut wie nie, aber bei so kommentaren schreib ich dann zum beispiel deine moves gefallen mir, oder des kannst du noch besser machen, oder- der sagt auch- wir bewerten des auch ganz ehrlich wir beide- also er hat jetzt zum beispiel geschrieben, dass meine mütze beim letzten video cool war, dass meine moves cool waren, aber dass er des viel zu lahm fand jetzt. des is natürlich ehrlich, und des nehm ich dann zur kenntnis, und ähm, ich hab dann natürlich geschrieben dass des lied ein langsames is und dass des schon passen soll. aber wir haben natürlich ausgemacht wir sind beide speed wal- also speed

nutzen (vgl. Frees/Busemann 2012, S. 16). Es ist zu erwarten, dass in naher Zukunft eine vermehrte mobile Online-Nutzung von *YouTube* stattfindet, sodass eine ständige Verbindung zum Feld immer häufiger realisiert wird.

walk machen wir also schnell, da kann ichs natürlich auch verstehen und- aber ich war gestern irgendwie auch nich so gut drauf und dann hatt ich irgendwie keine lust so schnell zu tanzen, hauptsache meine übungen noch machen, damit ich in form bleib, damits nicht einrostet und dann- ja. also immer ehrlich bewert ichs. nicht nur so ja du bis cool und so damit der denkt ja okay der mag mich, dann stell ich ihm doch mal nen freundschaftsantrag oder so.

Interviewer: und ihr zwei, dein kumpel und du, wieso macht ihr das über die videoplattform und SAGT euch nich wie ihr des findet, ihr seht euch doch wahrscheinlich eh fast jeden tag?

Michael: jaaa aber des is halt einfach auch wichtig dass man dann die videos kommentiert. ja finden wir einfach wichtig. machen wir gegenseitig. (Interview am 07.10.2009)

Michael ist es wichtig, dass er sich mit Jonathan „ehrlich" austauscht. Die **Verbindlichkeit** der Tauschbeziehung basiert auf dem Vertrauen in die Aufrichtigkeit des Freundes. Sich auf *YouTube* zu unterhalten ist für die Jungen ganz natürlich – dort, wo auch die Vermittlung der spezifischen Kapitalsorten stattfindet, wo ihr Identitätsaspekt des C Walkers der dominante ist. Die Kommunikationssituation am Computer erlaubt es den Jungen, Lob und Kritik offen und konstruktiv zu äußern und anzunehmen – und zwar unbefangener als im Face-to-face-Kontakt. Indem sich die beiden mit dem Tausch von Kommentaren als C Walkers ernst nehmen und sich insofern gegenseitig Anerkennung zollen, festigen sie ihre Freundschaft, die sich um den C Walk konstituiert und inzwischen weiter reicht.

Besonders eindrücklich ist Beziehungsarbeit mittels Plattformkommunikation in Kommentaren bei Maria und Nils zu beobachten. Da sie in verschiedenen Städten leben und zur (Berufs-)Schule gehen, sehen sie sich nur, wenn sie es gezielt planen.[132] Die Kommentare auf *YouTube* helfen ihnen, ein **Gefühl der Nähe und Verbundenheit** aufrechtzuerhalten, was besonders gut funktioniert, weil sich die Kommunikation neben gemeinsamen Themen wie Schule und Alltagsbewältigung um eine gemeinsame Tätigkeit herum entwickeln kann, die online auch gemeinsam vollzogen wird: C Walk auf *YouTube*, wozu nicht nur der Tanz an sich, sondern auch die medialen und kommunikativen Praktiken auf *YouTube* gehören. Teil des kommunikativen Austauschs zwischen Maria und Nils zum Aufrechterhalten

---

132 Am Ende der Entstehung dieser Arbeit ist Maria zu Nils gezogen.

6.4 Zugehörigkeit und Vergemeinschaftung

ihrer Verbundenheit sind die folgenden Kommentare in Fortsetzung der Postings ihres Kennenlernens:[133]

> **Nils:**
> Huhu schatz =)
> Na wie war bei dir dein Tag?
> Meiner war verdammt kake bzw ist es.... BIn total kaputt xD hab bis um 4 uhr gelernt....
> Hat sich aber gelohnt hab im referat 75 von 100Punkten und abeim abfragen nur 1 frage nicht gewusst also ist insgesamt im 1 komma bereich würde ich sagen =)
> Ich leg mich jetzt wieder hin un penn weiter... Ich melde mich heute abend bei dir wie geplant =)
> Bis denne ich liebe dich mein schatz ♥

> **Maria:**
> Hey Schatz ♥
> nya ganz okay...jetz im ernst bis um 4??? genau um die uhrzeit bin ich auch ins bett xD oh man eh du armer...
> boah aber schatz das freut mich so dass es sich gelohnt hat! Siehst du?! Du packst alles wenn dus dir in den kopf setzt...bin so stolz auf dich =)
> bis später dann...♥
> Ich Liebe Dich auch...

> **Nils:**
> I love you too.... ♥

> **Maria:**
> Ich Liebe Dich ♥

> **Nils:**
> Wuhu schatz <3
> Ich schreibe mal wieder von meinem PC xD
> Mein I net geht wieder hab es gerade hinbekommen <3
> ♥♥♥♥Love you so much ♥♥♥♥

---

133 Auf jedem Kanal sind jeweils nur die Kommentare des anderen zu lesen. Sie wurden hier zur besseren Nachvollziehbarkeit chronologisch untereinander angeordnet.

Maria:
Ich bin so froh dich zu haben.... ich krieg immer Schmetterlinge im Bauch wenn ich dich seh... und das hört dann auch ne ganze Zeit lang nich mehr auf ^^
Du bist einfach alles was ich will...
Never without you ♥
Gute Nacht mein Schlumpf :-*

Nils:
Keine Schule Schatz :P
Hmm ich hab aus =)
Freu mich schon voll... Hab dich bald wieder im Arm<3
So in 5 Studnen oder so =)==))))))
I love you so much ♥

Maria:
Nope ich hab aua =(
Jaaaaaa <3 oh man ich freu mich so^^ haha ich krieg glei deswegen meine 5 minuten xD ♥ Ti amo ♥ ;)

Maria:
200 Abonnenten schatz ♥

Nils:
50 Subscribers :P
Angeberinn <3

Maria:
222 Abonnenten . ANGEBER =D
I love you ♥

Nils:
I love you, too <3
♥

Maria:
My LOVE ♥.... you mean everything to me...the whole world...i love you more than everything baby ♥

Nils:
♥ I just wanna love you ♥

6.4 Zugehörigkeit und Vergemeinschaftung

Maria:
♥....my one and only ♥
good night 'nd sweet dreams baby...

Maria:
ach schatz gott sei dank hab ich dich...<33 ich liebe dich so sehr :*

Nils:
Ahh schatzi ich liebe dich auch <3333

Maria:
hey baby :-*

Nils:
Oh baby...

Neben dem in den Kommentaren diskursiv vermittelten Inhalt wird Emotionalität, die für ein Gefühl der Nähe grundlegend ist, hier mit der Verwendung von Zeichen des Netzjargons hergestellt, von denen es in der Plattformkommunikation auf *YouTube* nur so wimmelt: Mit Smileys zum Ausdruck verschiedener Gefühlszustände (xD / =) / :-* / =)==)))))) / =(/ ;) / . / =D / :*/ :P / ^^) und dem Herzsymbol (♥ bzw. zusammengesetzt aus ASCHII-Zeichen <3 / 33 / <3333). Sie drücken auf einer einfachen, visuellen Ebene Freude, Zuneigung, Liebe, Aufmerksamkeit, Enttäuschung, Ironie usw. aus und reichern das diskursiv Vermittelte um eine latentere, aber emotional wirkungsvolle Bedeutungsebene an (s. a. Fritsch 2007).

Neben dem Posten öffentlicher Kommentaren können auf *YouTube* auch **private Nachrichten** verschickt werden, was ebenfalls Bedeutung im Sinne der Beziehungsarbeit erhält. In Abgrenzung zum öffentlichen Kommentar wirkt eine private Nachricht mit dem Ausschluss anderer Leser exklusiver und somit unter Umständen verbindlicher im Sinne der Beziehungsarbeit zwischen zwei Personen (vgl. Sarah, Interview am 27.12.2010).

c Performativität symbolischer Tauschakte

Während es in den obigen Beispielen auch um den inhaltlichen Aspekt des Austauschs geht, findet man auf den Kanälen häufig Kommentare, deren diskursive Aussagekraft auf ein Minimum reduziert ist. Auch sie erfüllen eine Funktion: Sie dienen dazu, ein Beziehungsfeld aufrechtzuerhalten, einen ersten Kontakt herzustellen oder an einen flüchtigen Kontakt, sei es im physischen Raum oder beispielsweise nach der Bewertung eines Videos auf *YouTube*, anzuknüpfen. Folgender Kanalkommentar zeigt ein Anknüpfen an einen flüchtigen Kontakt. Er wurde auf Marias Kanal hinterlassen:

> **Xxx012**
> ahhh sorry :D
> ich erinnere mich an dich XD
> kenn uns jaa (:

Die **performative Bedeutung** ist bei dieser Form des symbolischen Tauschs von **Gesten der Aufmerksamkeit** im Sinne der Beziehungsarbeit wichtiger als die inhaltliche Aussage des Diskursiven. Diese Dimension des Performativen ist in allen hier beschriebenen Tauschhandlungen enthalten. Symbolisch wird Anerkennung des anderen und die Wertschätzung der Verbindung zueinander ausgedrückt – allein die Geste des Kommentierens kann im Sinne von Beziehungsarbeit dazu beitragen, eine Verbindung zu schaffen, oder aufrechtzuerhalten, die Plattformarchitektur begünstigt das.

Folgende Kanalkommentare wurden für Maria hinterlassen; von dieser Art finden sich zahlreiche auf den Kanälen der C Walkers. Sie dienen dem Aufrechterhalten eines Beziehungsfeldes und haben stärker symbolische als inhaltliche Bedeutung:

> **XXXCwalk**
> Maaarrriiiicheeeen :)
> wie gehts dir ?
> was machst du sooo? :)
> hdl

> **KrayzieXXXX**
> hey maria ich hab dich mal mit all meinen accounts gesubbt :D
> und das mache ich bestimmt nicht aus langeweile ;)
> liep u my best friend <3
> XXXXCwalk
> na was machst feines?
> wie gehts dir maria? :D
> heut so geiles wetter :]
> bestimmt wieder walken mh? :P
> hab dich Lieb =)

Auch der **Tausch von symbolischen Objekten** wie Videos mittels Platzierung von Links und Verknüpfung in Listen bieten sich im Rahmen Beziehungsarbeit an, bzw. das „Zur-Verfügung-Stellen" des eigenen Kanals als Raum, um auf Videos eines anderen Teilnehmers aufmerksam zu machen. Besonders stark ist der performative

Tauschcharakter beim Widmen von Videos an eine Person (s. Exkurs). Dem kommt eine besonders große Bedeutung in der Beziehungsarbeit zu.

Viele der nun genannten Praktiken der Beziehungsarbeit sind im Prinzip auch auf anderen Social Network-Seiten möglich. Die Besonderheit von *YouTube* ist die zentrale Einbindung von Videos als Ausdruck jugendkulturellen Kapitals und zugleich als **Katalysatoren** für Beziehungsarbeit. An ihnen kondensieren soziale und kommunikative Aktivitäten.

d Herstellen des Gefühls sozialer Nähe mit Video

Das Einstellen von Videos unterstützt, wie die genannten Arten der Plattformkommunikation, ein **Gefühl der Nähe und Verbundenheit**. Beim Codieren des Materials mit den sich ergebenden Codes *„Ausdruck von Beziehung/Nähe als Thema eines Videos"* und *„Aura des Persönlichen von Fotos"* wurde das besonders deutlich. Audiovisuelle Darstellungen eignen sich besonders gut, um ein Gefühl von Nähe zur gezeigten (und umgekehrt zur zeigenden) Person herzustellen. Patricia Lange hat mit dem Begriff des „videos of affiliation" (Lange 2009, S. 71) auf die funktionale Bedeutung von Videos zur Herstellung eines Gefühls der Nähe hingewiesen. Die Arbeit der US-amerikanischen Anthropologin und Jugend-Internetforscherin verdeutlicht, dass der subjektiv empfundene Wert von Videos nicht allein in deren Inhalt zu suchen ist, sondern dass er auch in der kommunikativen Verbindung zwischen Menschen *durch* das Video liegt. Die vorliegende Studie bestätigt das.

Beispielsweise schafft es Nils, in seinem Video (V. 8.2) ein Gefühl der Nähe zu seinen Freunden herzustellen, die das Video betrachten: hinsichtlich seiner Verbundenheit mit Maria, seinem Freund Moritz, den Mitgliedern seiner Crew, den C Walkers, die auf einem bestimmten Meeting anwesend waren und – obwohl er ihn niemals persönlich getroffen hat – mit dem US-amerikanischen C Walker, der ihn inspiriert hat, und von dem er eine Videosequenz mit dem Untertitel „I wanted to be as good as my inspiration [Name des C Walkers]" in seinem Clip einarbeitet hat (s. V. 8.2, s. Abbildung 39). Wie er dies realisiert, zeigt folgender Ausschnitt der Analyse von Video V. 8.2 und Kommentare, die von dargestellten Personen zu dem Video hinterlassen wurden:

„Einblendung eines nicht formatfüllenden Gruppenfotos (Totale, s. Abbildung 40) mit neun jugendlichen Personen, die meisten sehen männlich aus. Es handelt sich um die Crew von Nils. Alle tragen sommerliche, weite Kleidung. In der Mitte ist Nils zu erkennen, daneben Maria, beide haben die Arme um den Rücken des anderen gelegt. [...] In der linken, oberen Ecke des Fotos ist das Logo[134] der Crew erkennbar, welches der Marke Baby Milo (A bathing Ape) entliehen und mit dem Namen der Crew versehen wurde. Das Foto wird größer, dabei bleibt der Flacker-Effekt vor dem Bild erhalten, das dann ausgeblendet wird. „new friends" wird unten zentral eingeblendet, wird etwas herangezoomt, wird ausgeblendet.

Dazu werden 2 Fotos nacheinander und sich zeitlich überschneidend ein- und ausgeblendet (s. Abbildung 42):

Rechts ein Foto von einem jugendlichen Jungen in weiten hellen Hosen mit schwarzem T-Shirt, heller Kapuzenjacke und heller Schirmmütze, es ist Moritz (Halbtotale). Dieser steht in einem Raum und hält sich, wie an einem Denkmal posierend, an einer fast ebenso großen Figur fest, die aussieht wie ein Phallus.

Auf dem Bild, das am linken Bildrand [...] eingeblendet wird, ist eine große Gruppe von Jugendlichen zu sehen (Totale), die in einem Halbkreis vor dem Fotoapparat stehen. Sie tragen sommerliche Hopper-Kleidung. Im Hintergrund Gebäude wie in einer Einkaufsstraße und zentral in der Straßenflucht die Kuppe eines Schlosses (desselben wie im ersten Bild). Bild wird ausgeblendet.

Zentral, oberhalb des Flackereffekts, wird eine Nahaufnahme, ein Portrait von Maria eingeblendet (s. Abbildung 41). Die Umrisse ihrer schwarzen Haare verlieren sich im schwarzen Hintergrund. Sie hat den Blick oder die Lider gesenkt. Blickrichtung „zurück", also von rechts nach links unten. Ihre Haut sieht sehr ebenmäßig aus, ihre Augen scheinen geschminkt gesmultichminkt zu sein wie auch ihre Lippen (alles schwarz-weiß). Texteinblendung unter Foto und Flackereffekt: „and my true love"

Am rechten Bildrand wird ein Foto (Nahe) eingeblendet, das die Gesichter von Nils und Maria zeigt, die sich auf den Mund küssen, dabei aber in die Kamera schauen. Die Schrift (s. oben) ist in diesem Moment noch im Verblassen begriffen. Zusätzlich werden, etwas verzögert, am linken Bildrand auf gleicher Höhe zwei Fotos im Breitbildformat eingeblendet. Darauf sind zwei beschriebene Zettel zu sehen: „Schatz, ich will dich nie verlieren! Wir halten zhm! I ♥ U" und „Ich Liebe Dich Für Immer ♥". Ausblendung.

---

134 Einblendungen der Crew-Logos in C Walk-Videos sind häufig, meist im Vor- und/oder Abspann, manchmal auch während des Videos am Bildrand (s. Videoanalyse V. 7.1).

Abb. 39
Screen Shot aus Nils'
Mixtape-Video V. 8.2.
Videoausschnitt eines
Videos von Nils' „Inspiration", Nennung dessen
C Walk-Namens (© YouTube).

Abb. 40
Screen Shot aus Nils'
Mixtape-Video V. 8.2. Foto
und Logo seiner Crew
(© YouTube).

Abb. 41
Screen Shot von Nils'
Mixtape-Video V. 8.2. Foto
von Maria und Text „and
my true love" (das Smiley
dient der Anonymisierung,
© YouTube).

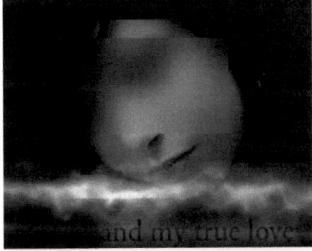

Abb. 42
Screen Shot von Nils'
Mixtape-Video V. 8.2.
Foto der Teilnehmer
eines Meetings, einzelnes Foto seines besten
C-Walk-Freundes
(© YouTube).

Abb. 43
Screen Shot von Nils'
Mixtape-Video V. 8.2.
Texteinblendung: „if you
can share all this with
other walkers friends and
your love" (© YouTube).

Andere C Walkers erhalten im Video in gemeinsamen Tanz-Szenen ihren Platz (s. Abbildungen 40, 43). Personen, die mit Fotos oder im Bewegtbild im Video gezeigt werden, haben unter dem Clip auf Nils' Kanal unter anderem folgende Kommentare hinterlassen:

Maria, unmittelbar nachdem das Video von Nils eingestellt wurde:
♥♥♥♥♥

Ein Crew-Mitglied:
_ very very good job
As you know, you are my biggest inspiration and
yeah I Hope you'll still walk on with me, with us
-with DLW
5* & faved bro
still can't believe we are very good friends now <3
it's the great vicious ladies and gentlemen ;-)

Maria, etwas später:
Schatz…das Mixtape ist echt unglaublich gut geworden und drückt wirklich genau das aus, was viele vergessen. Aber vor allen Dingen zeigt es auch wie du wirklich bist…deine Einstellung kommt gut rüber und es ist nicht übertrieben wie manch andere Mixtapes ^^
Finds einfach sau toll <333
Bin so unglaublich stolz auf dich!!!
Mach einfach weiter so und lass dir nix von iwelchen leuten erzählen…

6.4 Zugehörigkeit und Vergemeinschaftung

> **Ein Crew-Mitglied:**
> Sry das ich erst jezz commi mache xD
> Voll hamma auf jeden –,herzergreifend
> aber ich kann jezz nix Sentimentales rüber bringen **tränen wisch** :'(
> xD
> 5* <33

> **Ein Crew-Mitglied:**
> nils ich hatte echt tränen in den Augen . ey alle die es bis jetrzt geschaut haben hat es berührt und viele konnten sich damit identifizieren du hast echt ein burner mixtape gemacht respekt bro echt geil mann . das ist PASSION :-* viel viel liebe Bro ♥♥♥♥♥♥♥♥♥♥♥♥♥
> mit viel liebe : [Name des Kommentierenden] und die [y-stadter] walker ♥♥♥♥ echt hammer man :-*

> **Nils:**
> What the fuck?
> Danke Jungs hab euch auch alle voll lieb^^
> Habt ja auch nen platz im mixtape bekommen ☒

> **Ein Walker, den Nils als seine Inspiration ansieht und den er im Video mit dem Hinweis auf diese Bedeutung zeigt:**
> That was hella awesome man. Your walk is sick! I'm so glad that i helped you on your journey as a great cwalker. Never give up your dreams man. Aim high. Keep it up. **faved**

Für wie wichtig das Einstellen von Videos auf *YouTube* erachtet wird, wenn es darum geht, Verbindungen (und damit auch soziales Kapital) aufrechtzuerhalten, zeigen Fälle, in denen Teilnehmer plötzlich verhindert waren, neue Videos zu produzieren und zu posten.

So erging es Maria in der Zeit der Abiturvorbereitung: Um ihre gefühlte Abwesenheit auf der Plattform aufgrund des Mangels neuer Videos mit einem ihrer Meinung nach angemessenen Entschuldigung zu erklären, hinterließ sie folgenden Eintrag (s. Abbildung 44).

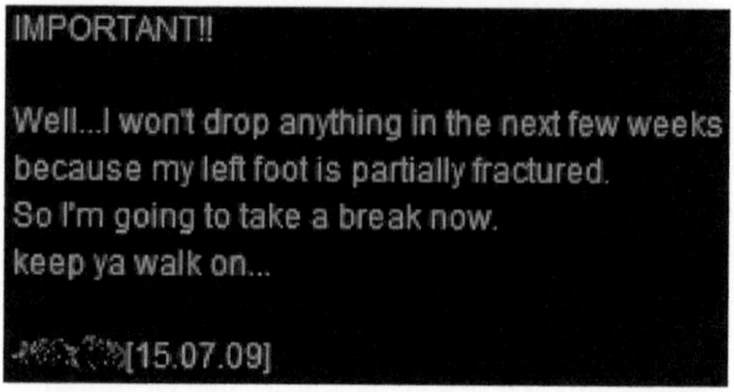

Abb. 44
Ausschnitt aus Marias Profil-Text auf ihrem *YouTube*-Kanal aus der Zeit ihrer Abiturvorbereitung, als sie über einen längeren Zeitraum kein neues Video einstellte (© YouTube).

> IMPORTANT!!
> Well...I won't drop anything in the next few weeks because my left foot is partially fractured. So I'm going to take a break now. keep ya walk on...
> [15.07.09]

Maria erklärt auf ihrem Profil, dass sie aufgrund eines Beinbruchs nicht C-Walken könne. Tatsächlich steht dieser Text noch online, als der Bruch längst verheilt ist. Beim gemeinsamen Surfen liest Maria vor und erklärt:

> „ich hab jetzt zum beispiel angegeben, important, well i won't drop anything in the next three weeks because my left foot is partic- was? ja keine ahnung was ich da geschrieben hab aber es war angebrochen, so i'm going to take a break now, keep your walk on. also die wissen da schon bescheid ja ich hab des und des. okay. des hab ich zwar jetzt schon lange net mehr aber, ja." (Maria, Interview am 26.10.2009, s. a. Abbildung 44)

Tai, der bereits während des ersten Gesprächs von akuten Knieschmerzen spricht, muss einige Zeit später wegen eines Tumors am Knie operiert werden. Eine Zeitlang kann er keinen C Walk praktizieren, keine Videos einstellen. Er fürchtet, den Kontakt zu seinen C-Walk-Freunden zu verlieren und stellt in der Zwischenzeit Videos ein, in denen er bei gemeinsamen Ausflügen mit Freunden zu sehen ist. So überbrückt er die Zeit, bis er wieder in der Lage ist, neue C-Walk-Videos hochzuladen, und hält das Beziehungsfeld aufrecht.

e Symbolische Darstellung bestehender Beziehungen mit Video

Nicht nur das *Herstellen* von Verbundenheit und Nähe zwischen Personen wird mit Videos unterstützt, auch das *Informieren* anderer C Walkers über bestehende Beziehungen wird damit symbolisch vorgenommen – ebenso wie mit dem Verlinken anderer Personen in Listen. Maria fasst dieses Thema im Gespräch aus ihrer Sicht zusammen:

Interviewer: glaubst du denn allgemein dass es heute für jugendliche wichtig ist, dass sie mit videos oder fotos im internet sind?

Maria: also ich denk schon dass grad mit fotos wird immer ein bisschen also da wird viel ausgedrückt mit fotos. grad wenn man in ner beziehung steckt dann irgendwie ein album mein schatz und ich oder wie was, das is schon- des machen eigentlich fast- eigentlich alle, die ich kenn. {...}

Interviewer: okay aber mit diesen fotos sagste, wird viel ausgedrückt? so was man grade macht oder-

Maria: ja genau, in w w w was grad in ner beziehung wenn man grad in ner beziehung is, okay ich hab meinen schatz gefunden, lasst mich in ruhe oder keine ahnung. wenn man da irgendwie ein bilder von pferden hat okay mein hobby is reiten.

Interviewer: mhm okay, das heißt die bilder sagen dann in dem fall-

Maria: -bisschen was über persönlichkeit aus und über die hobbies und, alles. {...}visuell nehmens die leute immer, leichter auf und besser, wie geschrieben halt einfach. (Interview am 26.10.2009)

6.4.2 Freundschaften

„ich könnt nicht mal eben von heute auf morgen alles löschen und sagen ich mach da nichts mehr. weil es gibt da halt auch freunde durch die ähm mit denen man über youtube kontakt hat."
(Sylvie, Interview am 8.2.2011)

Alle Teilnehmer an dieser Studie pflegen unterschiedlich intensive Beziehungen rund um den C Walk, die sie als **Freundschaften** bezeichnen. Dabei gibt es, wie in anderen Lebensbereichen auch, freundschaftliche Beziehungen verschiedener Intensität und Ausprägung. Sie reichen von der gelegentlichen Interaktion auf *YouTube* bis hin zur partnerschaftlichen Paarbeziehung. Irritiert von einer als inflationär empfundenen Verwendung des Freundschaftsbegriffs in sozialen Netzwerken im Internet und inspiriert von neuen Vergemeinschaftungsformen, haben sich in jüngster Vergangenheit verschiedene Autoren mit dem Freundschaftsbegriff im deutschen Sprachraum und im Social Web befasst (s. z. B. Fuhs 2012; Kneidinger 2012; Schipper 2012; Wanhoff 2012). Sie kommen unter anderem zu dem Schluss, dass sich – stark vereinfacht gesagt – die Bedeutung des Begriffs unter dem Einfluss globaler Mediendienste und deren häufig englischsprachiger Bezeichnung

von sozialen Beziehungen gewandelt hat.[135] In der vorliegenden Arbeit wird die Subjektperspektive eingenommen. So wird gezeigt, was die jungen C Walkers tatsächlich unter Freundschaft verstehen und welche Qualitätsstufen sozialer Beziehungen im Feld des C Walk auf *YouTube* relevant sind (Abbildung 45 zeigt C Walkers bei einen Meeting).

Abb. 45 Ein Junge und ein Mädchen einigen sich, wer zuerst tanzt (© Christoph Eisemann).

1. Virtuelle Freundschaften

Zuerst sind sogenannte „Freundschaften" zu erwähnen, wie sie zum Beispiel beim gemeinsamen Surfen mit Tai thematisiert wurden: Beim gemeinsamen Besuch des *YouTube*-Kanals eines jungen Mannes namens Gianni beschreibt Tai seine Beziehung zu diesem als „befreundet". Im Gespräch (s. Tai, Interview am 30.07.2009) stellt sich bald heraus, dass Tai den jungen Mann zwar (ob seines inkorporierten jugendkulturellen Kapitals) bewundert und seine Videos regelmäßig anschaut – was zu einem Gefühl der Verbundenheit führt (vgl. S. 208ff.). Allerdings handelt es sich um eine parasoziale Beziehung: Zwischen beiden besteht bisher weder online noch offline ein Austausch, der über das Verlinken der Kanäle hinausgeht.

---

135 Der Beitrag von Fuhs ist auch bezüglich der Bedeutung von Privatheit und Öffentlichkeit für Kinder und Jugendliche im Social Web wertvoll.

6.4 Zugehörigkeit und Vergemeinschaftung

Wie Gianni zu Tai steht, ist völlig ungewiss.[136] So lässt sich aus dieser symbolisch angezeigten „Freundschaft" also zunächst auch nur virtuelles soziales Kapital (s. S. 195ff.) ableiten. Obwohl Teilnehmer hier den Begriff der Freundschaft verwenden, der auch von *YouTube* mit der „Freundschaftseinladung" zum Verlinken von Kanälen vorgeschlagen wird, ist für dieses Konzept die Bezeichnung „virtuelle Freundschaft" passender, weil sie den qualitativen Unterschied zu den im Folgenden beschriebenen Konzepten verdeutlicht.

2. Inspirations

> *„du warst für mich immer eine inspiration kannst meine*
> *freunde fragen ich hab nur noch von dir geredet nachdem*
> *du ein video hochgeladen hast *.**
> *5* + Fav*
> *so lang nix von dir gehört und nun das :D*
> *du warst vorbild für viele nicht nur für mich da bin ich*
> *mir ganz sicher :D*
> *hoffe du hörst niemals mit c-walk auf :P"*
> (Kommentar zu Nils' Video V. 8.2)

In diesem Kontext muss der Begriff **Inspiration** (engl.) behandelt werden, der in Videos, in der Plattformkommunikation und in Gesprächen mit C Walkers häufig auftaucht (s. z. B. Screen Shot von V. 8.2 in Abbildung 39). Als Inspiration werden Walkers bezeichnet, die aufgrund ihrer Leistung und deren Vermittlung auf *YouTube* (inkorporiertes jugendkulturelles Kapital), aber auch aufgrund ihrer Persönlichkeit als motivierendes Vorbild wahrgenommen werden. Dabei weiß die inspirierende Person über ihre Bedeutung für einen anderen C Walker nicht immer Bescheid: So wird Nils, ohne davon zu wissen, von Michael, den er weder als Person noch als C Walker kennt, als Inspiration bezeichnet (s. Michael, Interview am 03.11.2009). Offiziell als Inspiration eines anderen Walkers bezeichnet zu werden, wird als Ehre und Geste größter Anerkennung empfunden. Das äußert auch Maria:

> **Maria:** also ich hatte da zum beispiel eine, moment, die isi. ja. des is so eine, die hat nach mir angefangen zu walken, und hats aber auch knallhart durchgezogen also die war so schlecht am anfang gewesen wirklich und dann hat se auch zu mir gesagt eh du bist meine inspiration und {Marias Benutzername} und alles hin und her und jetzt ist sie selbst so gut geworden dass die viel besser is als ich einfach, jaja. des is ihr neuestes video vor einer woche des hab ich noch gar net gesehen und mittlerweile ist die schon so ne art inspiration zu der guck ich

---

136 Leider konnte diese Frage nicht geklärt werden, da ein vereinbartes Forschungsgespräch nicht zustande kam.

schon auf, aber wie se zu mir gesagt hatte ja {Marias Benutzername} voll toll und alles da hab ich mich schon ein bissl geehrt gefühlt. das passiert dem {sie deutet auf Nils} ein bissl öfters wie mir. so einmal am tag oder so {Maria lacht}

Interviewer: wo wohnt die?

Maria: die wohnt- wo wohnt denn die? na in deutschland aber wo weiß ich jetzt net so ich glaub im osten irgendwo. (Interview am 26.10.2009)

3. Online-Freundschaften

Als wertvoll empfundene Beziehungen müssen aus der Sicht der Teilnehmer nicht zwangsläufig an gemeinsamen physischen Orten gepflegt werden. Sylvie führt mehrere verbindlich empfundene **Online-Freundschaften** mit C Walkers. Beispielsweise berichtet sie von einem Jungen, den sie noch niemals an einem physischen Ort getroffen hat, dem sie sich aber trotzdem verbunden fühlt:

Interviewer: fällt dir denn ein beispiel ein, bei dem youtube in einer freundschaft ne wichtige rolle gespielt hat? oder ne große bedeutung hatte? fällt dir da ne ganz bestimmte situation ein, und wenn du willst, dann kannst du die mal so ganz von vorne erzählen?

Sylvie: ähm es gibt mehrere, wo sich sehr gute freundschaften wirklich entwickelt haben. ähm an allererster stelle würd ICH sagen, als ich anfing zu walken, das is im januar 2010 gewesen, also so gut ziemlich vor einem jahr. und da gabs halt zwei personen, die von anfang an immer gesagt haben, ja, du wirst noch richtig was schaffen so. weil du hast schon sehr gute anfänge und alles. und ähm dann hat man halt- also die zwei die haben angefangen mir zwei dedications zu machen. und ich war da total stolz drauf, weil ich kannte mich damit kaum aus, und ich fand das dann immer so faszinierend, dass mir halt in dem punkt, die hatten beide auch noch nicht SO lange gewalkt, hatten auch noch nich einen SO guten walk, und die waren halt auch ähm für mich schon sehr weit, weil ich hatte da noch nicht SO gute gesehen, dann war ich halt total stolz dass sie videos für mich gemacht haben, mit bildern von mir drin, dass die dann auf youtube waren und so, und dann ähm- kams dann halt dazu dass man auch eher so- ähm kontakt dann aufgebaut hat, über icq, msn oder keine ahnung was es da noch gab, ja und dann fand ich das auch so ganz gut, weil den EINEN, den hab ich bis heute noch nicht gesehen, aber ich hab bis heute noch kontakt mit ihm! und derjenige hat mir in der zeit, in der wir uns gekannt haben, schon fünf dedications gemacht {lacht} und-

Interviewer: -woher kommt der?

6.4 Zugehörigkeit und Vergemeinschaftung

Sylvie: der kommt aus {Name einer Stadt in der Nähe}, das is eigentlich gar nicht so weit weg, aber man kam nicht dazu, sich zu treffen! was man aber nachholen wird. und ähm- keine ahnung. das einer der von anfang an immer unter jedes video was ich gemacht hab geschrieben hat was ich besser machen muss und dass er wirklich so, sag ich mal, an mich GLAUBT. und des war- hat mir halt immer so gezeigt, ey da gibts leute, die wollen dass ich weitermach, und dann ja. und dann- keine ahnung hat man auch mit denen sehr guten kontakt angefangen. (Interview am 30.07.2009)

Es wäre verkürzt, würde man diese Bekanntschaft als reine C-Walk-Verbindung interpretieren und ihr wenig Alltagsrelevanz zuweisen. Für Sylvie hat diese Online-Freundschaft auch Bedeutung für die Verarbeitung anderer als spezifisch jugendkultureller Alltagsthemen. Es handelt sich um eine **verbindliche Freundschaft**, aus der, theoretisch gesprochen, auch soziales Kapital geschöpft werden kann:[137]

Interviewer: okay. und ähm mit dem den du bis heute nicht gesehen hast, welche themen gibts da so über die ihr euch so unterhaltet?
Sylvie: alles mögliche. worüber man sich auch mit anderen leuten unterhält halt. äm fängt an bei walken natürlich so. mit den fortschritten und alles. geht weiter über walker die man halt gut findet und so, ja und so weiter, dann schule, freundin, freund, ähm generell freunde, was man so gemacht hat, wo man wann sein wird, was man wann wo machen wird, und halt so was. ganz normale gespräche die man auch so führen würde.
Interviewer: und wie kommuniziert ihr miteinander?
Sylvie: ähm sms, msn und halt auch telefonieren. (Interview am 8.2.2011)

Sylvie berichtet weiter von einer Online-Bekanntschaft mit einem C Walker, die sich um das Interesse des Erwerbs einer Fremdsprache konstituiert:[138]

„man knüpft einfach so kontakte man schreibt auch so miteinander, added sich zum beispiel in msn, und dann gibts leute die mir spanisch beibringen wollten oder so, das gibts auch schon, das fand ich sehr gut, deswegen, ich würd das

---

137 S. dazu auch Fußnote 129.
138 Sylvie erzählt nach dem Forschungsgespräch auf dem gemeinsamen Weg zum Bus, dass sie darüber nachdenkt, einen Beruf mit Fremdsprachen zu ergreifen. Sie lernt sehr gerne neue Sprachen und übt diese auch gerne mit *YouTube*-Bekanntschaften aus anderen Ländern, die sie über den C Walk knüpft.

nicht einfach von heute auf morgen so- wegschmeißen sag ich jetzt mal." (Sylvie, Interview am 8.2.2011)

Sylvie kennt an vielen Orten in Deutschland und im Ausland C Walkers, zu denen sie mehr oder weniger verbindliche Online-Freundschaften unterhält. Deren Verbindlichkeit – aus der, funktionalistisch gedacht, soziales Kapital entsteht – wird beispielsweise durch die Tatsache verdeutlicht, dass Sylvie solche Bekanntschaften mit in ihre Abwägung einbezieht, ob sie demnächst mit ihrer Mutter in einen anderen, weit entfernten Teil Deutschlands ziehen soll, wo viele ihrer Online-Freunde leben, oder lieber dort wohnhaft bleibt, wo sie heute lebt.

Es wird deutlich, dass der Grad der Verbindlichkeit von Online-Freundschaften von Fall zu Fall variiert. Fest steht, dass es sich nicht um irrelevante Kontakte und nicht um einen minderwertigen Ersatz von Freundschafen handelt, die im territorialen ökologischen Nahraum (s. Kapitel 6.1.1) gepflegt werden, sondern dass der Erlebensraum C Walk auf *YouTube* einen alternativen Raum der Aneignung darstellt, der quer zum physischen Raum verlaufen kann. Bei den von Sylvie angeführten Online-Freundschaften handelt es sich um verbindliche Tauschbeziehungen, die helfen können, soziales Kapital aufzubauen, das, auch über das Feld des C Walk hinaus wertvoll sein kann, was im obigen Zitat bezüglich Reisen und Wohnortwahl beispielhaft deutlich wird.

4. Beste Freunde
Sylvie berichtet weiter von einer ursprünglich als Online-Freundschaft geknüpften Beziehung, die sich zu einer online und offline stattfindenden **besten Freundschaft** entwickelt hat:

> **Sylvie:** {…} und ähm dann gabs halt den zweiten noch, der hat mir auch dann die erste dedication gemacht dann, je nachdem dann die zweite, ich weiß jetzt nicht wer von denen erster is, is aber auch egal, auf jeden fall ähm mit dem äh der is auch in- der hat auch mit mir und meinem besten freund die crew aufgemacht der eine davon, ähm mit dem hatt' ich nach zwei monaten schon ziemlich sehr guten kontakt, man hat sich auch getroffen, der wohnt ähm in {Name einer Stadt} also auch nicht sehr weit weg, und dann hat man da, ein treffen ausgemacht nach zwei monaten, nicht nur allein, sondern mit noch zwei anderen. davon ist einer mein bester freund jetzt, und ähm das war halt irgendwie so ne aneinanderreihung von- keine ahnung, auf jeden fall fand ich das richtig- genial so. ähm dann hat man sich zum beispiel auch getroffen um für jeweils einen der anderen beiden irgend nen kuchen zu backen oder sonst

6.4 Zugehörigkeit und Vergemeinschaftung

was. und dann hat man sich immer öfter gesehen, und immer öfter, und öfter, und dann- bis heute zieht sich das so, jetzt haben wir immer besseren kontakt, und von den beiden kann ich wirklich nur sagen, dass die zur zeit wirklich meine besten freunde sind so, ähm die ich wirklich schon von anfang bis ende kenn, die auch SO privat immer so für mich da waren und mit denen man immer spaß gehabt hat und- so was alles. die beiden würd ich immer so im vordergrund bringen. und halt den einen, den ich bis heute noch nicht einmal gesehen hab. aber so das wären so die beispiele die ich nennen würde. (Interview am 8.2.2011)

Auch die anderen Teilnehmer der Studie berichten von solchen unterschiedlichen Freundschaftserfahrungen. In Abgrenzung zu virtuellen Freundschaften und weniger engen Online-Freunden verwenden C Walkers Begriffe, die deutlicher auf eine sehr enge Bindung hinweisen. Maria (vgl. Interview am 26.10.2009) und Michael (vgl. Interview am 07.10.2009) sprechen von einem „*guten Freund*", Maria, Nils und Sylvie jeweils von ihrem „*besten Freund*" (Maria, Interview am 26.10.2009; Maria/Nils, Interview am 30.10.2009; Sylvie, Interview am 8.2.2011), Tai spricht über einen engen Freund ganz selbstverständlich als seinen „*Zwillingsbruder*" (Tai, Interview am 30.07.2009), und auch Sylvie bezeichnet einen engen Freund als „*mein Bruder*" (Interview am 8.2.2011).

YouTube kann die Kontaktaufnahme erleichtern und eine Wahrnehmungserweiterung der sozialen Umwelt bedeuten. Das zeigt sehr gut das Beispiel der heute als intensiv erlebten Freundschaft zwischen Michael und Jonathan, die in enger Nachbarschaft leben, sich aber erst über *YouTube* gefunden haben, um ihre flüchtige Bekanntschaft online auszubauen und diese dann erst wieder in die physische Welt in der Nachbarschaft zurückzuführen:

Interviewer: glaubst du dass man dann tatsächlich leute kennenlernen kann über die plattform, freunde kriegen?
Michael: ich hab johnny jetzt erst richtig kennengelernt über diese plattform. ne freundin, also meine beste freundin hat gesagt ja der kann auch c walk richtig gut, dann hab ich dem des video gezeigt, und dann hab ich gesagt ja nee ich stell mal kontakt mit dem auf und jetzt sind wir richtig gute freunde geworden.
Interviewer: und ihr kanntet euch vorher nicht?
Michael: doch aber nur vom sehen.
Interviewer: und der wohnt-
Michael: der wohnt genau neben mir und des- also fast genau neben mir also fünf minuten zu fuß, des hat voll gut gepasst.

Interviewer: und warum habt ihr euch nich mal so angesprochen, war des einfacher über die plattform, oder anders?

Michael: nein, aber, wir wussten halt- er wusste nich von mir dass ich c walk mache, ich wusste nicht von ihm dass er c walk macht man hat sich halt begrüßt mitm handschlag mehr nich, nich so viel geredet und dann weiß man des natürlich nicht.

Interviewer: okay, und da habt ihr dann zum ersten mal richtig kontakt über die plattform-?

Michael: ja da haben wir geschrieben, kontakt, und dann haben wir gesagt, ja komm, können wir uns mal treffen, dann haben wir uns getroffen, haben c walk gemacht, gegenseitig immer besser geworden, immer mehr gemacht, immer besser befreundet geworden, und dann sind wir eigentlich richtig gute freunde geworden. (Interview am 07.10.2009)

Der an physische Orte gebundene soziale Raum wird im C Walk auf *YouTube* über alle Zonen außerhalb des ökologischen Zentrums hinweg im Sinne einer **Augmented Reality** erweitert: Die auf der Plattform verfügbaren Informationen ergänzen die in der physischen Welt vorhandenen, zum Beispiel um das für Freundschaft relevante Merkmal eines geteilten Interesses.

5. Partnerschaftliche Beziehungen

Die – zumindest formal – engste Form der persönlichen Verbundenheit zwischen zwei Akteuren, die sich über den C Walk auf *YouTube* konstituiert hat und die von den Teilnehmern thematisiert wird, stellt die **partnerschaftliche Paarbeziehung** dar. Maria und Nils führen eine solche, und die steht in engem Zusammenhang mit dem Hobby, das beide teilen: C Walk. Im Folgenden wird zur Bebilderung das Kennenlernen von Maria und Nils über den C Walk auf *YouTube* nachgezeichnet, denn es ist später auch für das Verständnis eines auf *YouTube* durchgeführten Rituals wichtig (s. Exkurs). Im Gespräch schildern Maria und Nils, wie sie sich kennengelernt haben, und wie sie ein Paar wurden (s. insbesondere Maria, Interview am 26.10.2009 und Nils, Interview am 30.10.2009).

Maria wurde beim Surfen auf Kanälen von C Walkers auf *YouTube* durch ein C-Walk-Video von Nils auf ihn aufmerksam. Auf Nils' *YouTube*-Kanal konnte sie lesen, dass bald ein C-Walk- Meeting in ihrer Nähe stattfinden würde, zu dem zu kommen auch er plante. Nach einigem Zögern traute sie sich, ihm eine Freundschaftseinladung zu senden. Nils nahm diese noch am selben Tag an, seither sind die beide Kanäle miteinander verlinkt. Nils schrieb Maria – zuerst über die Kommentarfunktion der Videoplattform, später über den ICQ-Chat. Fügt man

6.4 Zugehörigkeit und Vergemeinschaftung

die Kommentare zusammen, die auf den beiden Kanälen von Maria und Nils hinterlassen wurden, dann kann man die Kommunikation der beiden bis zu dem Moment nachvollziehen, als sie sich in den geschlossenen ICQ-Chat begaben. In chronologischer Reihenfolge sieht der Dialog folgendermaßen aus:[139]

NILS:
Dankce für die einladung :)

MARIA:
np...hey hab gelesen dass ihr am 21.03 en meeting in [XY-Stadt] am hbf habt... werd auf jeden fall auch kommen un mirs mal angucken...wenn ich darf ;)<3

NILS:
Ja wir machen wieder ein meeting in [XY-Stadt] :)
Kannst auch gerne vorbeischauen und so...
Aber, da wir davon ausgehen, dass es diesmal nicht regnet usw denke ich, dass wir nicht am Bahnhof sind, sondern irgendwo in [XY-Stadt] an nem Ort, wo man gut chillen kann usw :)
Den kennen wir leider nur noch nicht xD
Naja ist ja noch bisschen Zeit bis zum 21ten...
Lg

MARIA:
Alles klar :)
wär toll wenn du mir bescheid sagen könntest...haste vllt msn oder icq? =)
Lg

NILS:
Ja icq...

NILS:
451-xxx-xxx
Joa eins kann ich schon mal sagen.....
Wir treffen uns um so 14 Uhr im HBF am Megges^^

MARIA:
ok add dich^^
yayyyyyyyy wird toll <3

---

139 Die Kommentare von Maria und Nils wurden jeweils auf dem Kanal des anderen hinterlassen und hier zur Nachvollziehbarkeit untereinander angeordnet.

So wie Nils es später darstellt, hatte er sich anfangs kaum Hoffnungen auf eine erfolgreiche Anbahnung einer Beziehung gemacht; zu unwahrscheinlich erschien es ihm, dass sich die zwei Jahre ältere Maria ernsthaft für ihn interessieren könnte. Er hatte, wie er selbst sagt, zunächst kein gesteigertes Interesse an einer festen Paarbeziehung. Doch dann begannen die beiden zu telefonieren und fanden heraus, dass sie viele Gemeinsamkeiten und Interessen teilen. Ungefähr zwei Monate nachdem Nils das Video hochgeladen hatte, aufgrund dessen Maria ihn kontaktierte, trafen sich beide beim angekündigten C-Walk-Meeting, „und dann hat's auch gleich gefunkt" (Maria, Interview am 26.10.2009). Seither führen die beiden eine Beziehung und verbringen viel Zeit miteinander.

Legt man die Schablone der Kapitaltheorie an, dann wird deutlich, welche Bedeutung[140] die Beziehung von Maria und Nils für ihre Positionierung im Feld des C Walk auf *YouTube* auch aus funktionalistischer Sicht hat. Auch wenn das sicherlich nicht der Grund für das Eingehen der Beziehung ist, so ist aus Marias Sicht eine enge, exklusive soziale Verbindung zu Nils auch deswegen wertvoll, weil sich aus ihr eine deutliche Erhöhung ihres sekundären, also über die Verbindung mit Nils erlangten sozialen Kapitals ergibt: Durch die Partnerschaft erhält sie automatisch Zugang zum Netzwerk, das Nils geknüpft hat und das, aufgrund seiner verhältnismäßig hohen Ausstattung an jugendkulturellem Kapital, dicht und weit gespannt ist. Maria fällt es nun verhältnismäßig leicht, ihr eigenes Netzwerk mit dem von Nils zu verknüpfen und selbst soziales Kapital im jugendkulturellen Feld des C Walk aufzubauen. Ein Kommentar, den ein Nutzer auf ihrem Kanal hinterlassen hat, lautet: „Hey du bist also [Nils Benutzername]´s freundin? hmm ziemlich guder walk :D". Auch Sylvies Aussage zu bekannten C Walkers in Deutschland verdeutlicht das.

> **Sylvie:** dann gibts halt zu beispiel pfffff mmoment. ähhm—mit nils hast du geredet, ge- also der gehört find ich irgendwie auch dazu, also den kennt man auf jeden fall auch, und seine freundin, maria also die beiden kennt man auf jeden fall auch.
>
> **Interviewer:** maria auch?
>
> **Sylvie:** äh maria eher weniger, also ich wusste vorher nichts von ihr, ich hab sie dadurch kennen gelernt, dass ich halt von IHM was gehört hatte. (Interview am 8.2.2011)

---

140 Es wurde bereits darauf hingewiesen, dass die Beziehung nicht auf ihre funktionale Sicht verkürzt werden soll, dass diese aber *einen* Aspekt zur Beschreibung der Struktur des Feldes C Walk auf *YouTube* liefert, der hier betrachtet wird.

6.4 Zugehörigkeit und Vergemeinschaftung

Voraussetzung für erleichterte Verknüpfung des sozialen Kapitals von Nils mit dem eigenen durch Maria ist die **Anerkennung der Beziehung als Institution** im Feld des C Walk. Es herrscht unter den Akteuren im Großen und Ganzen Einigkeit darüber, was „Beziehung" bedeutet. Das geteilte Konzept ist dabei nicht feldspezifisch, sondern es wurde aus einem größeren Bedeutungskontext ins jugendkulturelle Teilfeld des C Walk auf *YouTube* importiert, denn es handelt sich um die in unserer Kultur vorherrschende Vorstellung von zweigeschlechtlichen Intimbeziehungen als legitime Vergemeinschaftungsform.[141] An dieser Legitimität, die auch für das Feld des C Walk auf *YouTube* Geltung hat,[142] setzt auch die funktionale Bedeutung der Beziehung im Feld des C Walk auf *YouTube* für Nils an: Als junger Mann erfährt er Anerkennung dafür, dass er mit einer jungen Frau eine Beziehung eingegangen ist. Seine soziale Rolle als Mann wird hierdurch gefestigt. Es handelt sich für beide Partner auch um das Bearbeiten einer Entwicklungsaufgabe, nämlich das Aufnehmen einer engeren Beziehung und, damit verbunden, die Auseinandersetzung mit der Gestaltung von Partnerschaft. Die Verbindung zu Maria stärkt auch die sozialen Beziehungen zu anderen Akteuren im Feld, die dem „Zusammenkommen" der beiden in seiner rituellen Form „live" beigewohnt haben. Allerdings werden einige lose Verbindungen im Sinne der zuerst genannten Art von „Freundschaften" zugunsten der stärkeren Bindung zu Maria abgebrochen bzw. nicht mehr geknüpft, weil sie deren Exklusivität in Frage stellen würden. Was aus der Subjektsicht zum Vorbeugen von Eifersucht geschieht, die auf die Orientierung an einem Konzept der exklusiven Zweierbeziehung zurückzuführen ist, erhält mit dem Blick auf das soziale Kapital auch eine funktionale Dimension.

Interviewer: und zum thema eifersucht mal noch. ähm du bekommst- du hast ja wahrscheinlich nicht nur von ihr immer solche nachrichten bekommen, oder?

Nils: ja ahm. ich sag mal so. einmal, ganz k- nach dem wir zusammengekommen- einen tag später, hab ich was- hab ich bei nem mädchen zurückgeschrieben, weil ich einfach noch so gewohnheit, weil ich hab mir da nichts schlimmes bei gedacht oder so, aber des war einfach noch so ein bisschen die gewohnheit, dann gabs so ein bisschen stress und so,-

Interviewer: -woran- wie hat sie denn das gemerkt?

Nils: schuelervz gelesen.

---

141 S. zur rituellen Herstellung und Vermittlung von Zusammengehörigkeit im Rahmen von Beziehungsarbeit auch den Exkurs.

142 Zur Legitimität bzw. der Normorientierung im Feld des C Walk auf *YouTube* hinsichtlich des Konzepts der Paarbeziehung siehe die Kanalkommentare von Marias und Nils' *YouTube*-Kanälen, in denen auf die Beziehung der beiden Bezug genommen wird.

Interviewer: hat sie da auch ein bisschen kontrolliert auch?

Nils: da war ich arbeiten, und da war sie neugierig, is halt reingegangen, hat des halt gelesen-

Maria: -des war auch net- ich hab des aber net am tag danach direkt.

Nils: ja des war erst ein bisschen später. und da gabs da halt noch stress, aber da hab ich dann irgendwann gar nicht- da hab ich dann gar nichts mehr gemacht, ich geb den mädchen immer einfach nur noch abfuhren oder schreib gar nichts hin. (Interview am 30.10.2009)

Soziales Kapital im Feld des C Walk als Jugendkultur funktioniert mitunter deswegen, weil dort Verständigung über mehr oder weniger formalisierte Beziehungen vorausgesetzt werden kann. Nur wenn hinter Phänomenen und den dazugehörigen Begriffen wie „Freundschaft" in den verschiedenen Ausprägungen und „Beziehung" geteilte Konzepte stehen, resultiert daraus der Wert sozialen Kapitals.

6.4.3 Gruppenzugehörigkeiten

Nicht nur die Vergemeinschaftung mit einzelnen Personen, sondern auch mit Gruppen sind für die meisten C Walkers ein zentraler Bestandteil ihrer Aktivität im C Walk mit *YouTube*: Sie schließen sich zu **Crews** zusammen, um – ähnlich einer Mannschaft im Sport oder einer Band in einer Musikszene – an mehr oder weniger normierten jugendkulturspezifischen Praktiken des gemeinsamen Auftretens und des Wettbewerbs teilzunehmen. Die Mitglieder einer Crew teilen eine Gruppenidentität und sind auch über gruppeninterne Tauschbeziehungen (s. Kapitel 6.4.1) miteinander verbunden. Jede Crew trägt einen eigenen Namen, der von seinen Mitgliedern in unterschiedlichen Kontexten genannt wird und den symbolischen Ausdruck der Zugehörigkeit ermöglicht. Häufig wird auch ein Logo entworfen, das, beispielsweise in Videos, Zugehörigkeit visuell leicht vermittelbar macht (vgl. Maria, Interview am 26.10.2009; Nils, Interview am 30.10.2009). Zusätzlich zu den persönlichen *YouTube*-Kanälen der C Walkers unterhalten Crews häufig einen gemeinsamen Crew-Kanal, manchmal auch eine weitere Internetseite oder ein Forum außerhalb von *YouTube* als Ort der Gemeinschaft (vgl. Maria, Interview am 26.10.2009; Nils, Interview am 30.10.2009).[143]

---

143 Nils hat für die Crew, der er vorsteht, ein eigenes Internetforum angelegt, in dem sich die Mitglieder der Crew austauschen können.

6.4 Zugehörigkeit und Vergemeinschaftung

Verschiedene Crews treten bei Battles gegeneinander an, um sich zu messen. Wenn dort, ähnlich dem sportlichen Wettkampf, die Beherrschung der Technik und die Kreativität verglichen wird, handelt es sich aus funktionalistischer Sicht zugleich um ein In-Bezug-Setzen des eigenen inkorporierten jugendkulturellen Kapitals zu dem anderer und um die Verhandlung darüber, was als legitimes jugendkulturelles Kapital angesehen wird. So werden beispielsweise bestimmte Gesten der Provokation im Real Life Battle (s. Glossar) oder über Kommentare oder Abwertungen auf *YouTube* bis zu einem gewissen Grad vom Publikum mit Zustimmung und Anerkennung quittiert, wenn sie als kreativ oder witzig empfunden werden. Auf die Überschreitung einer gefühlten, normativ begründeten Grenze, beispielsweise durch zu starke Provokation, starkes Flaming (s. Glossar), Gewalt oder andere Grenzüberschreitungen, wird dahingegen ablehnend reagiert.[144] Eine Crew im Feld des C Walk hat einen spezifischen Ruf, der sich auf die Summe des jugendkulturellen und sozialen Kapitals seiner Mitglieder bezieht. So meint beispielsweise Tai in Bezug auf die Positionierung im Feld seiner Crew, der er seit drei Monaten angehört (vgl. Tai, Interview am 30.07.2009): „Wir sind eigentlich schon vorne dabei." (ebd.) Zum einen trägt jedes Mitglied mit seinem inkorporierten Kapitalvermögen zum Gesamtkapital der Crew bei, zum anderen kann sich jedes Crew-Mitglied auf das akkumulierte Gesamtkapital, also die Summe des Kapitals aller Mitglieder, berufen, sodass es darüber auch vom persönlichen, sogar vom inkorporierten Kapital der anderen Crew-Mitglieder profitiert. Bourdieu spricht in diesem Zusammenhang von **Kreditwürdigkeit** (Bourdieu 1983, S. 191), die der Einzelne dank seiner Gruppenzugehörigkeit erlangt. Das trifft auch hier zu: Als Nils von einem Battle auf *YouTube* spricht, bei dem er gegen einen anderen Walker antreten muss, informiert er über dessen tänzerische Fähigkeiten (jugendkulturelles Kapital), indem er auf seine Crew-Zugehörigkeit verweist, anstelle beispielsweise seine Tanztechnik oder gewinnende Ausstrahlung zu beschreiben:

„des war zum beispiel, da gibts ein tournament, also da warn turnier, von cwalkin. de, also das größte turnier, und da war halt die qualifikation, und da musst ich halt in der qualifikation gegen nen eigentlich richtig guten. yummyXX der is-

---

[144] Beim C-Walk-Meeting wies Maria mich auf einen Jugendlichen hin, der sich ihrer und der Meinung anderer Teilnehmer nach zu sehr in den Vordergrund drängte. Er verhalte sich anderen gegenüber auch unhöflich, obwohl er sich das eigentlich gar nicht „leisten" könne, womit sie auf sein Vermögen an jugendkulturellem und sozialem Kapital anspielt. Zwar wurde er toleriert und nicht von den gemeinsamen Praktiken ausgeschlossen, jedoch fanden kleine Riten, wie sie zwischen anderen C Walkers beobachtet wurden (das spontane „Antanzen", freundschaftliche körperliche Berührungen und freundschaftliche Gesten) nicht mit ihm statt.

vor nem jahr war der in der erfolgreichsten crew sag ich mal. und die war auch international richtig erfolgreich. {...} und da hab ich mich richtig angestrengt, und ich weiß noch da beim walken war meine freundin dabei, und da hab ich noch voll rumgestresst, und boah, des is voll schlecht des video, und ich verlier bestimmt." (Nils, Interview am 30.10.2009)

Manche C Walkers sind Mitglieder in verschiedenen Crews, so beispielsweise Nils (vgl. Nils, Interview am 30.10.2009), der einer Crew vorsteht (vgl. Nils, Interview am 30.10.2009). Die Abbildungen 46 bis 49 zeigen Verweise auf Crews in YouTube-Kanälen von C Walkers.

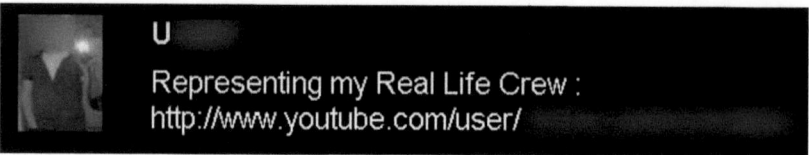

Abb. 46 Ausschnitt aus dem Kanal eines Mitglieds der Crew, der Nils vorsteht. Der Nutzer verlinkt hier stolz seine „Real Life Crew" (s. Glossar, © YouTube).

6.4.4 Gruppenzugangs- und Gruppengrenzen-Management

Wenn die Zugehörigkeit zu einer Crew von so großer Bedeutung ist wie oben beschrieben, dann stellt sich die Frage, wie ein C Walker Teil einer solchen werden kann. Der Zugang steht tatsächlich nicht jedem jederzeit offen. Ein hohes Vermögen an sozialem und jugendkulturellem Kapital erhöht die Chance, in eine Crew aufgenommen zu werden:

> **Interviewer:** mhm, diese crew, also wie formiert sich so was eigentlich wie passiert das?
> **Maria:** also es is eigentlich, zumindest meistens nur freundschaftlich, dass man sich halt freundschaftlich kennt und der hat uns zum beispiel einfach gefragt wollt ihr in meine crew? also in unsre crew und dann ham wir gesagt, ja warum net? {...} (Interview am 26.10.2009).

Ansonsten ist die Aufnahme in eine Crew mit **Aufnahmeriten** mit der Funktion von Institutionalisierungsakten (vgl. Bourdieu 1983, S. 191) verbunden, die im C

6.4 Zugehörigkeit und Vergemeinschaftung

Walk entwickelt wurden und die heute in ihrer praktischen jugendkulturellen Umsetzung stark von der Medialität der Videoplattform *YouTube* geprägt sind: sogenannten **Tournaments** und **Tryouts** (s. Glossar):

Maria: {...} abers gibt auch leute- ah moment da kann ich gleich mal auf den {Name ihrer Crew}-channel gehen moment. hier. {Öffnet Kanal ihrer Crew.} da gibts dann auch so videos die wir machen- {...} da gibts dann so sachen wie zum beispiel turniere die man machen kann, da battlen sich dann halt ein paar leute oder so {...} und der der dann zum schluss das tournament gewinnt, der kommt dann in unsre crew zum beispiel. des ham wir jetzt vor kurzem gemacht, aber 's is irgendwie ein bisschen in die hose gegangen.

Interviewer: okay, wieso?

Maria: die organisation war nicht so gut.

Interviewer: aha. wer hat das gemacht, die organisation?

Maria: wer hat den das gemacht? einer von unsrer crew halt. {Unverständliches}

Interviewer: und was muss man denn dann alles organisieren?

Maria: ja also die ganzen leu- also da macht man dann halt irgendwie ein video, wo man dazu aufruft, ja wir machen ein tournament.{...}

Interviewer: ah ja da steht dann- okay, dann schreibt man dazu wann die deadline ist-

Maria: mhm.

Maria: ja da steht unten drunter jetzt closed also des war, ham wa zugemacht. {...}

Interviewer: aber des bedeutet, dass jeder für sich ein video macht und des einstellt. man trifft sich nicht- am anfang?

Maria: nee, das wird einfach so gemacht, dass wir halt auslosen wer gegen wen battlen muss, - uuund des wird dann halt auch gefilmt, dass da irgendwie nix gefälscht werden kann oder so, und dann müssen die halt gegeneinander battlen oder so und dann wird halt der bessere gewählt, zumindest meistens. net bei allen- leuten. aber meistens. {...}

Interviewer: und wer hat dann- also wie geht dann die kommunikation also dass ihr von der crew dann abstimmt? {...}

Maria: {...} wir haben da so ne son so ein forum. aber des zeigt der {Sie meint Nils.} dir dann später weil der hats auch aufgebaut. naja und dann haben wir noch so- so tryouts für [Name der Crew, der beide angehören], die probieren dann halt in die crew zu kommen mit so dem- mit so nem video wo se dann halt zeigen was se können. und da- äh tun wir halt von der crew denen sagen ob sie jetzt drin sind oder net, oder halt, bewerten oder was weiß ich (Maria, Interview am 26.10.2009).

Tournaments und **Tryouts** dienen als medial durchgeführte Institutionalisierungsriten der Rekonstruktion der Gruppe „Crew", dem Gruppengrenzen-Management, bzw. aus Sicht des Mitgliedschaftsanwärters dem Erlangen der Gruppenzugehörigkeit und damit neuen sozialen und jugendkulturellen Kapitals. Die spezifischen, meist symbolischen Tauschakte, die nur innerhalb der Crew stattfinden (es handelt sich hauptsächlich um symbolischen Ausdruck der Gruppenzugehörigkeit in Verbindung mit öffentlichen Gesten der Anerkennung, außerdem um den Einsatz des eigenen jugendkulturellen Kapitals für die Gruppe, beispielsweise bei Battles), sind die Grundlage der daraus resultierenden sozialen Beziehungen und damit des gruppenspezifischen akkumulierten Kapitals, das jedem Mitglied zugute kommt. Der Geltungsbereich einer Crew endet mit den symbolischen Tauschbeziehungen unter den Gruppenmitgliedern, und so erhält jedes einzelne Crew-Mitglied, indem es im Selbstverständnis dieses Geltungsbereichs handelt, die Funktion des „Wächters über die Gruppengrenzen" (Bourdieu 1983, S. 192)). Das folgende Beispiel stellt einen symbolischen Tauschakt dar, der eine Form der Konstitution von Gruppengrenzen verdeutlicht.

Bei einem C-Walk-Meeting drehen vier anwesende Mitglieder einer Crew, darunter Tai, ein gemeinsames Video, in dem sich alle einen Namen geben – er wird durch Schrifteinblendungen im Video vermittelt –, der an Tais *YouTube*-Namen angelehnt ist. Das Tauschen bzw. die Adaption des Namens durch alle Mitglieder der Crew symbolisiert zum einen Zugehörigkeit der Tänzer untereinander und hebt dabei Tai, dessen Name spontan als gemeinsames Identifikationssymbol gewählt wurde, in einer Geste der Anerkennung hervor. Zum anderen grenzt die Handlung die vier Tänzer von den anderen anwesenden C Walkers ab, die nicht an der Handlung beteiligt sind. So werden performativ die Gruppengrenzen gezogen und gleichzeitig nach außen vermittelt: an die Anwesenden beim Meeting und an alle Betrachter des Videos, also potentiell an alle Akteure des Feldes C Walk auf *YouTube*:

> „zum beispiel hier hier hier ist auch ein video. da bin ich auch dabei. {Tai startet das Video „XXChickenwayXXX"} […] Eigentlich bin ich nur chicken {Tai nimmt hier Bezug auf seinen *YouTube*-Namen, der das Wort Chicken beinhaltet}, aber die {er meint die anwesenden Mitglieder seiner Crew} wollten es so aus spaß machen, dass alle chicken sind.

6.4 Zugehörigkeit und Vergemeinschaftung

{...} da war C-Walk-meeting. das war halt ein meeting, da waren voll viele da. aber da haben nur wir vier gedreht weil wir uns halt kennen. (Tai, Interview am 30.07.2009)

Teil der **Gruppenidentitäten** – häufig werden sie symbolisch im Namen der Crew ausgedrückt – kann beispielsweise eine geteilte nationale Herkunft (vgl. Michael, Interview am 07.10.2009) mit entsprechenden **kulturellen Orientierungen** sein. Mehrere Teilnehmer berichten von asiatischen Crews (häufig wird dann das Wort „Asia" oder „Viet" im Crew-Namen verwendet und drückt eine entsprechende Identität aus), und es fällt auf, dass sich viele Jugendliche mit vietnamesischen Wurzeln zum C Walk zusammenfinden:

„ja also die vietnamesen machen nur C Walk! die GANZEN vietnamesen, egal ob des kleine sind, große, aber meistens des sind nur jungs. und die können ALLE C Walk. ich weiß nicht warum, ich weiß nicht von wo die des haben, die könnens einfach. wahrscheinlich weil ein junge in amerika, also in chinatown, der is auch vietnamese, den kennen auch mein cousin der in chinatown lebt und der hat glaub ich damit angefangen die videos in *YouTube* reinzustellen. durch dieses C Walk. und dann denken die hier in deutschland oh ja! der is vietnamese! der macht C Walk! komm wir machen auch! und wahrscheinlich dadurch." (Phùc, Interview am 30.09.2009).

Andere Crews identifizieren sich mit einer bestimmten **Stilrichtung des C Walk** (s. Kapitel 5), der sich alle Tänzer verpflichtet fühlen („wir haben natürlich ausgemacht wir sind beide speed wal- also speed walk machen wir also schnell" (Michael, Interview am 07.10.2009)). Es kann sich aber auch um latente Identitätsaspekte handeln, welche die Stimmung und die Umgangsweisen innerhalb der Crew betreffen. Bei der Neueingliederung von Mitgliedern ist es darum wichtig, alle Mitglieder zu beteiligen. Dazu eignen sich Rituale wie Battles oder Tryouts.

Maria deutet allerdings an, dass sich manchmal hochrangige Mitglieder über den Gruppenkonsens hinwegsetzen. Das kann auf längere Sicht den Zusammenhalt der Gruppe und deren Funktionalität im Sinne des Kapitalvermögens negativ beeinflussen, weil die entsprechende Legitimität nicht hergestellt wurde. Der **Legitimierung** dient beispielsweise auch das Filmen des Losverfahrens, wenn es darum geht, festzulegen, wer gegen wen im *YouTube*-Battle antreten soll. Die Videos von der Verlosung werden dann veröffentlicht und sollen den Prozess für alle am Ritual Beteiligten nachvollziehbar machen. Auch die crewinterne Abstimmung über die Qualität von Videos bei Tryouts im Forum und bei Battles durch Anerkennung der

Video-Bewertungen durch *YouTube*-Nutzer dient dem Zweck der Legitimierung des neuen Gruppenzugangs.[145]

Mit Aufnahme in die Crew wird eine symbolische Wirklichkeit (die Zugehörigkeit zu einer im Feld mehr oder weniger anerkannten Gruppe und die Teilhabe an deren akkumuliertem Kapitalvermögen) geschaffen, die für den Einzelnen im jugendkulturellen Feld statusstabilisierend wirkt und die dem Mitglied mit den Worten Bourdieus „den Zauber des Geweihten" verleiht (Bourdieu 1983, S. 192).[146] Zugleich wird das Mitglied implizit verpflichtet, sich an den **Tauschbeziehungen** innerhalb der Gruppe zu beteiligen.

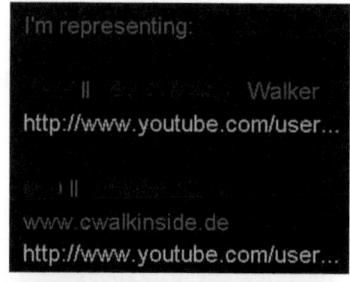

Abb. 47
Stolzer Verweis auf Crew-Zugehörigkeiten im Profil von Nils auf seinem *YouTube*-Kanal (Crew-Namen geschwärzt, © YouTube).

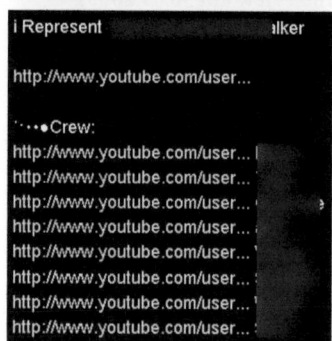

Abb. 48
Stolze Verweise auf die Crew-Zugehörigkeit und Liste der Crew-Mitglieder im Profil eines weiteren Mitglieds von Nils' Crew (© YouTube).

---

145 Die Funktionalität der Videoplattform *YouTube* (mit ihrer Angebotskombination zur Selbstdarstellung im Video, mit dem Charakter eines sozialen Netzwerkes, mit Kommentar-, Bewertungsfunktion, der Funktion, ein Video als Antwort auf ein anderes Video einzustellen etc.) wird bei Bedarf um die Funktion von weiteren Internetangeboten wie Foren erweitert (vgl. Nils, Interview am 30.10.2009; Maria, Interview am 26.10.2009).

146 Eine weihevolle Aura umgibt auch die in Kapitel 6.3.1.6 und im Exkurs angesprochenen Träger des Titels „Approved C Walk Members", solange sie nicht, wie im Falle des frustrierten Nils, durch Anzweifeln ihrer Legitimität „entweiht" werden.

6.4 Zugehörigkeit und Vergemeinschaftung   241

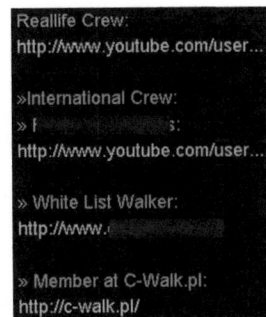

Abb. 49
Stolze Verweise auf
Crew-Zugehörigkeiten
im Profil des Kanals eines
weiteren Mitglieds von
Nils' Crew (© YouTube).

6.4.5 Interne Struktur von Crews – das Delegationsprinzip

Crews selbst sind zum Teil insofern strukturiert, als sie einen „Anführer" (Tai, Interview am 30.07.2009) haben, der über mehr Machtbefugnisse verfügt als andere Gruppenmitglieder. Er vertritt die Crew nach außen (s. Abbildung 50).

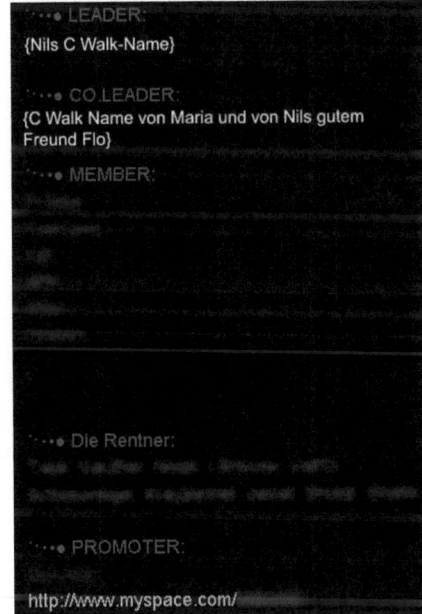

Abb. 50
Screen Shot der Auflistung der Mitglieder von Marias und Nils' Crew nach Rang im Profil des Crew-Kanals. Nils ist der „Leader", als Co-Leader werden seine Freundin Maria und sein bester C-Walk-Freund Flo geführt. Vermutlich wurden die beiden von Nils als Co-Leaders benannt, was als Hinweis für die Relevanz von Sozialkapitalbeziehungen für die Position innerhalb von Crews und damit auch im Feld interpretiert werden kann (© YouTube).

Im Fall von Tais Crew ist der „Anführer" einer der beiden Gründer der Gruppe:

Tai: {...} lil hopser ist der anführer. von uns. also er- er und noch so zwei andere haben die crew gegründet. ich bin erst seit drei monaten drin.
Interviewer: echt? wieviele sinds insgesamt?
Tai: elf. lil hopser wohnt auch in x-stadt. dreizehntausend aufrufe.
(Interview am 30.07.2009)

Hier wird Macht im feldspezifischen Sinne symbolisch an einen oder mehrere Crew-Mitglieder delegiert. Diese Form der institutionalisierten Delegation hat Bourdieu beschrieben: Sie kann in jeder Gruppe existieren und ermöglicht die Konzentration ihres gesamten Kapitals auf eine Person oder wenige Personen (vgl. Bourdieu 1983, S. 193). Im C Walk auf *YouTube* wird das Kapital symbolisch auf eine Person mit der Funktion des „Anführers"[147], „Leaders" oder „Boss" als legitimer Repräsentant der Crew übertragen.

Während der teilnehmenden Beobachtung bei einem C-Walk-Meeting wurde deutlich, wie die Rolle des Anführers gestaltet werden kann und wie sich dessen Kapitalvermögen und sein entsprechender Auftritt auf die gesamte Crew auswirken. In einem dokumentarischen Videoausschnitt vom Meeting ist zu sehen, wie Nils freundlich, aber bestimmt die Organisation des Meetings und der Battles vor Ort übernimmt. Dabei wird er von Maria flankiert und unterstützt, die, wie auf dem Kanal ihrer Crew zu sehen ist, als Co-Leader geführt wird (s. Abbildung 50). Die Gruppierung der Teilnehmer auf dem Terrain und ihre Haltung gegenüber Nils lassen den Schluss zu, dass seine Führungsrolle in dieser Situation anerkannt wird. Auch bezüglich der Zusammensetzung der Jury für das Battle, der Maria und zwei Freunde von Maria und Nils angehören (ein Mädchen und ein Junge) – beide sind Mitglieder ihrer Crew – äußert niemand Kritik. Maria übernimmt zudem mit einer Fernbedienung in der Hand selbstbewusst die Musikauswahl (s. Abbildung 63). Es scheint, als rechtfertige die im Vergleich zu den anderen anwesenden C Walkers wesentliche höhere feldspezifische Kapitalausstattung von Nils seine Stellung und als wirke sich dieses Vermögen im Sinne des Prinzips der Teilhabe am Gruppenkapital auch auf seine Crew als institutionalisierte Form der Tauschbeziehungen zwischen ihren Mitgliedern aus. Dieser Anführerfigur obliegt es in besonderem Maße, sich für den Erhalt des Respekts vor der gesamten Crew im Wettstreit mit anderen Crews sowie für den Respekt vor den einzelnen Mitgliedern einzusetzen

---

147 Es handelt sich um Begriffe, die von den C Walk*ers* verwendet wurden (s. u. a. Tai, Interview am 30.07.2009; Eintrag im *YouTube*-Kanal der Crew von Nils).

6.4 Zugehörigkeit und Vergemeinschaftung

(vgl. hierzu analog zum Erhalt der Ehre[148] Bourdieu 1983, S. 194). Allerdings kann diese Delegation auch negative Folgen für Mitglieder der Crew haben, wenn der „Anführer" mit anderen Crews im Streit liegt bzw. wenn er selbst nicht mehr als respektabel erachtet wird.

Folgende Kanalkommentare dokumentieren einen kurzen Streit zwischen Maria und einem ihr unbekannten Nutzer, der ein Video von Maria und ihrer Crew auf Marias Kanal schlecht bewertet hatte. Es handelte sich dabei offenbar um einen Racheakt aufgrund eines Streits mit dem damaligen Anführer von Marias Crew, Der Nutzer hatte dessen *YouTube*-Kanal mit dem von Maria verwechselte. Nachdem der Nutzer Marias Video schlecht bewertet hatte, folgte eine kurze Auseinandersetzung in Kanalkommentaren, die jeweils nur auf dem Kanal des Kommentarempfängers nachzulesen sind. Die Kommentare werden hier zusammengetragen und in umgekehrter chronologischer Reihenfolge wiedergegeben:

Maria:
danke für die 1*-bewertung…echt ma was solln der scheiss? weißt kennst mich kein meter un alles nur wegen der Crew? fuck off so ***** ich begeb mich mal nich auf euer niveau…

---

xxxmaster19xx:
ja ihr habt angefangen unsere videos runterzuwerte män-.-
guck wir hatten 25 bewertungen und 5 sterne und ihr habt tausend mal bewertet dulli jetzt sind es 40 oda so xDDD
wer biste dachte dü wärst dieser vietXXX falls nicht sorry ;-)

Maria:
ja ka ich hab damit NIX zu tun… un ich bin nicht VietXXX ich bin das Mädel in dem vid… aber egal…wäre nett wenn ihr das mal lassen könntet dann…

---

xxxmaster19xx:
jo sry hab dich verwecheslt…hab halt stress mit euren boss …kann man net ändern ;-)

Der positive Effekt für alle Gruppenmitglieder ist aber die Ausstrahlung des Anführers mit seinem Kapitalvermögen und der ihm entgegengebrachten Anerkennung auf die gesamte Crew nach dem Prinzip der Teilhabe am Gruppenkapital.

---

148 Statt des Ehrbegriffs wurde von den Teilnehmern der Begriff „Respekt" verwendet (vgl. u. a. Samir, Interview am 30.09.2009; Phùc, Interview am 30.09.2009).

EXKURS:
Ritualhaftigkeit symbolischer Performanz – Beispiel eines Rituals der Beziehungsarbeit

Viele der Handlungen, die bei der Auseinandersetzung mit Beziehungsarbeit im C Walk auf *YouTube* stattfinden, zum Beispiel Tryouts und Battles (s. Kapitel 6.4.3), haben rituellen Charakter. Auf diesen **Aspekt des Ritualhaften** wird im folgenden, ausführlichen Exkurs fokussiert. Das Ritual hat sich als besonders relevant für die Rekonstruktion der sozialen Struktur des jugendkulturellen Feldes C Walk auf *YouTube* erwiesen. Erst ein Bewusstsein dafür macht viele Handlungen und Artefakte, die man auf *YouTube* beobachten kann, verständlich.

Als **Ritual** lässt sich aus sozialanthropologischer Sicht zuerst einmal ein „kulturell konstruiertes System symbolischer Kommunikation" (Tambiah 2006, S. 228) bezeichnen, das „bestimmte formale und strukturelle Eigenschaften" besitzt und „besondere kommunikative und semiotische Instrumente" verwendet (Leach 1954, S. 11, zit. nach Rappaport 2006, S. 193). Es „dient dazu, den Status des Individuums innerhalb des strukturellen Systems, in dem es sich gegenwärtig befindet, auszudrücken" (ebd.). Andersherum ist es „der Mechanismus, der die zerstreuten Gefühle der Individuen einigt und das Erlebnis der Gemeinschaft hervorbringt" (Bergesen 2006, S. 51). Albert Bergesen betrachtet Rituale noch differenzierter (s. ebd., S. 52ff.). Er baut dabei auf die soziologische Theorie zur Funktionalität der Religion von Émile Durkheim auf (s. Durkheim 1981) und identifiziert so im Prinzip dieselben drei Ebenen ritueller Praxis, die auch empirisch aus dem Material der vorliegenden Studie abgeleitet werden.

a Rituelle Vermittlung zwischen Individuum und sprachlicher Struktur

Die erste Ebene der **Mikroriten**, die zwischen Individuum und der Struktur der Sprache (*Langue*, s. u.) auftreten, und die damit letztlich auf die Gesellschaft verweisen, umfasst **sprachliche Codes**, die mit der gesprochenen Alltagssprache (*Parole*, s. u.) verwendet werden (vgl. Bergesen 2006, S. 54ff.).[149] Wenn Sprache, vereinfacht gesagt, als codierte Struktur betrachtet wird, bedeutet allein ihre Verwendung durch das Individuum zum Ausdruck seiner Gedanken die Teilnahme an einem verbalen Ritual, das nicht zwischen verschiedenen Akteuren im sozialen Raum, sondern nur zwischen dem Individuum und der allgemeinen, nicht individuellen Struktur stattfindet. Damit reproduziert das Individuum mit jeder Äußerung diese Struktur und bestätigt deren Existenz, wenn es auch durch

---

149 Bergesen bezieht sich hier auf Bernstein (1975).

6.4 Zugehörigkeit und Vergemeinschaftung

abweichenden Gebrauch zur Strukturveränderung beitragen kann. (Die Sprachwissenschaft spricht in Anlehnung an Ferdinand de Saussure von der *Parole* als gesprochene Sprache, die in diesem Falle die *Langue* als Sprachsystem verändert; vgl. Saussure 2001, S. 13ff.).

Wenn Bergesen von Sprache spricht, meint er implizit die diskursive Sprache. Im jugendkulturellen Feld des C Walk auf *YouTube* lassen sich solche **diskursiven Mikroriten** auch beobachten, was wenig verwundert, weil sie in jedem Feld, in dem kommuniziert wird, zwangsläufig auftreten – also auch in der computervermittelten Kommunikation, hier beispielsweise in diskursiven Äußerungen in Kanalkommentaren. Interessanter ist, dass dieser Sprachbegriff nun zu erweitern ist, denn im C Walk auf *YouTube* als multimedialem, kommunikativem Raum wird sehr deutlich, dass Mikroriten immer dann auftreten, wenn Äußerungen in einem viel weiteren als dem diskursiven Sinne vorgenommen werden: sei es hier mit Zeichen oder Symbolen wie Emoticons, die in die diskursiven Äußerungen integriert werden oder auf einer ganz banalen Ebene mit der **performativen Äußerung** durch das Klicken auf den „Mag ich"- oder „Mag ich nicht"-Button – eine Handlung, die in ihrer schlichten Bedeutungsbinärität die extremste Form vorstrukturierten Ausdrucks von subjektivem Empfinden im C Walk auf *YouTube* darstellt. Dabei ist zu beachten, dass diese Vorstrukturierung – also das Zeichensystem, auf das zurückgegriffen wird – nicht durch die Gemeinschaft, sondern durch den Plattformbetreiber vorgenommen und von den Nutzern zunächst nur widerwillig angenommen wurde (vgl. Sarah, Interview am 27.12.2010). Das vorherige, quinäre System der Bewertung mit Sternen hatte einen differenzierteren Ausdruck zugelassen,[150] dennoch wird die implementierte binäre Struktur nun mit jedem Klick im Sinne eines Mikroritus bestätigt und reproduziert – übrigens hat die Wendung „I like" als Ausdruck des Wohlgefallens inzwischen über die Plattformen des Social Web hinaus Eingang in die Alltagssprache gefunden. Das hinsichtlich seiner Nuancierbarkeit andere Extrem von Ausdruck, der im Sinne von Mikroriten ebenfalls zugleich eine Reproduktion von Struktur bedeutet, ist der präsentative, audiovisuelle **Ausdruck im Video**. Hier können auch latente Aspekte vermittelt werden, die sich dem rein Diskursiven entziehen. Das selbstaufgezeichnete Bewegtbild mit Ton mag zunächst wenig vorstrukturiert erscheinen, doch auch solche nichtdiskursiven Äußerungen enthalten Elemente, die auf Strukturen verweisen (s. Niesytos Begriff der Symbolmilieus, Kapitel 2.4). Die Erforschung

---

150 Die Übernahme von Sprachcodes wie „5*" in Kommentaren verdeutlicht, wie sehr die von außen (Plattformbetreiber) vorgegebene Struktur inkorporiert wird und Eingang in den individuellen Ausdruck (und die individuelle Wahrnehmung) findet.

dieser audiovisuellen Struktur in ihrem *alltäglichen*, nicht kunstwissenschaftlichen Gebrauch hat gerade erst begonnen (s. ebd.).[151]

Oben wurde gezeigt, welche Bedeutung die „richtige" oder „legitime" Ausdrucksweise im Sinne einer Vermittlung inkorporierten jugendkulturellen Kapitals für die Generierung von Anerkennung im Feld hat: Es gilt, bestimmte Begriffe zu verwenden, bestimmte Kriterien für Videogenres ästhetisch und formal zu erfüllen und so weiter. In Mikroriten im C Walk auf *YouTube* verbindet die geteilte Struktur der Codes, Zeichen und Codierregeln und deren Anwendung als Ausdruck des inkorporierten jugendkulturellen Kapitals das Subjekt mit dem Feld, ohne dass eine direkte Interaktion mit anderen Akteuren notwendig wäre. Diese Mikroriten führen zu einem subjektiven **Gefühl der Verbundenheit** mit dieser Gruppe, oder, im negativen Falle (bei Mangel an inkorporiertem jugendkulturellem Kapital), der Fremdheit.

b Rituelle interpersonale Vermittlung zwischen Akteuren

Dieselben Handlungen erlangen aber auch in der interpersonalen Kommunikation rituelle Bedeutung: Auf einer zweiten Ebene der rituellen Ordnung verortet Bergesen **soziale Interaktionsrituale**, wie sie bei Begegnungen zwischen Menschen vollführt werden. Insbesondere Goffman hat sich ihrer Erforschung gewidmet (s. Goffman 2006). Es geht dabei um die Gesten der Ehrerbietung von Angesicht zu Angesicht. Bergesen bezeichnet solche Rituale als **Mesoriten** (vgl. Bergesen 2006, S. 60ff.). Mit ihnen werden die soziale Struktur und die Hierarchien zwischen den am Ritual Beteiligten anerkannt und bestätigt; andersherum stellt ihr Übertreten durch Störungen der rituellen Ordnung diese in Frage (s. Fußnote 153). Im C Walk auf *YouTube* lassen sich zahlreiche Handlungen beobachten, die den Charakter solcher Interaktionsrituale haben: sei es das Bewerten von Videos, das Kommentieren, das Schreiben von privaten Nachrichten, symbolische Aussagen in Videos (s. V.8.2) oder diverse Möglichkeiten körperlichen Ausdrucks im C Walk Battle, mit denen sich der Tänzer respektvoll oder respektlos, achtungsvoll oder verachtend, bewundernd oder ablehnend gegenüber dem anderen Tänzer verhalten kann, was ebenfalls im Video wiedergegeben wird und dann auf der Plattform erneut seinen Sinn entfaltet. Gerade die ritualisierten Battles sind darauf ausgelegt, in spielerischer Weise nach einer festgelegten Form Hierarchien innerhalb der Community auszuhandeln.

---

151 Einen Hinweis auf das Vorhandensein visueller Mikroriten im Sinne einer Reproduktion von Zeichensystemen gibt die Dissertationsschrift von Pannier/Pannier, in der sich die Autoren mit dem Einfluss von Mediensozialisa-tion auf die Gestaltung von Kriegsfotografie beschäftigen (s. Pannier/Pannier 2012).

c Rituelle Vermittlung zwischen Akteur und Gemeinschaft

Auf einer dritten Ebene des rituellen Handelns sind nach Bergesen **Makroriten** anzuordnen (vgl. Bergesen 2006, S. 62ff.). Auch sie spielen im C Walk auf *YouTube* eine Rolle. Gemeint sind all jene Praktiken, die wir in der Regel auch nach unserem Alltagsverständnis als Ritual erkennen würden und die auch unter einem engeren Ritualbegriff, wie er beispielsweise in der Geschichtswissenschaft verwendet wird (s. Lersch 2008), zu fassen sind. Ihr Erneuerungs- oder Reproduktionspotential bezieht sich nun, im Gegensatz zu den Mesoriten, die ja interpersonal wirken, auf eine ganze Gemeinschaft: Beispielsweise eine Nation, eine Familie oder eine jugendkulturelle Gemeinschaft wie die Community des C Walk. Makroriten drücken zum einen Werte dieser Gemeinschaften und kollektive Identitäten aus, zum anderen sind sie relevant für die Definition von Gruppengrenzen bzw. für Statusübergänge des Eintritts und des Austritts der Gruppenmitglieder. Insofern ist ihre Betrachtung besonders interessant, wenn es um die Beziehungsarbeit, die Definition von Gruppengrenzen und die (Re-)Produktion sozialen Kapitels im Rahmen der Strukturierung des jugendkulturellen Feldes des C Walk auf *YouTube* geht. Oben wurde bereits das Ereignis der Bewerbung von Nils um den Status des Approved C Walk Member beschrieben, um darzustellen, weshalb die damit angestrebte Institutionalisierung jugendkulturellen Kapitals im C Walk auf *YouTube* interessant sein kann (s. Kapitel 6.3.1.5, b). Dieses Ereignis hat zugleich rituelle Eigenschaften, und zwar im Sinne eines Übergangsritus zum Aufstieg in einen anderen sozialen Status, der mit der Verleihung des Titels Approved C Walk Member ausgedrückt wird.

Nils bewirbt sich mit einem Video um die Aufnahme in den erlauchten Kreis der Approved C Walk Members. Der Titel wird von C Walkers vergeben, die ihn selbst bereits führen. Sein Wert basiert auf seiner Rarität und drückt, in institutionalisierter Form, hohes Vermögen an jugendkulturellem Kapital aus. Die Approved C Walk Members haben die Definitionsmacht über die Anforderungen an Bewerber, d. h. über das legitime jugendkulturelle Kapital, das zum Titelerwerb notwendig ist. Das Ritual des Übergangs in diesen Rang soll Nils dazu verhelfen, seine soziale Position dauerhaft abzusichern, indem sein jugendkulturelles Kapitalvermögen dauerhaft vermittelbar festgeschrieben wird. Indem die Jury seine Ernennung ablehnt, rekonstruiert sie rituell die soziale Stellung von Nils bzw. ihrer eigenen Mitglieder. Sie bestätigt die soziale Struktur des Feldes und die Definition legitimen jugendkulturellen Kapitals im C Walk, indem der auf das inkorporierte jugendkulturelle Kapital bezogene Gegensatz zwischen „gut genug" (Nils, Interview am 30.10.2009) und damit der Gruppe der „Hocheingestuften" (ebd.) würdig oder „zu schlecht" und damit der Gruppe der „Normalen" (ebd.) zugehörig, rekonstruiert wird. Letztlich verweist das Ritual zwischen Nils und der Jury über die Gruppe der Approved C Walk Members hinaus auf die Identität der gesamten Community der C Walkers, da die Gruppe als Auswahl der Besten der gesamten Community in Deutschland angesehen wird. Deswegen ist das Ritual auch maßgeblich für den Legitimierungsprozess für jugendkulturelles Kapital im gesamten Feld. Aus dieser Tatsache ergibt sich die machtvolle (und für Nils erstrebenswerte) Stellung der Approved C Walk Members, denen besondere Ehrerbietung und Anerkennung zuteilwird (außer von Nils, der sich aufgrund des Scheiterns nun zunächst gegen die Praktiken der Gruppe wendet, die ihn ausgeschlossen hat, und die Legitimität ihrer Entscheidung anzweifelt).

Ähnlich und ebenfalls in ritueller Form funktioniert die Rekonstruktion von Gruppengrenzen bei der Aufnahme neuer Mitglieder in eine Crew. Dies geschieht mit den Makroriten Tournament oder Battle und Tryout, wie sie Maria beschreibt und wie sie oben als Institutionalisierungsakte analysiert wurden (s. Kapitel 6.4.4). Dass diese Institutionalisierungsakte als Rituale organisiert sind, erleichtert die Einbeziehung einer Vielzahl von Gruppenmitgliedern in den Prozess, ohne dass dieser jedes Mal neu verhandelt werden müsste: Er umfasst zum Beispiel die Ausrufung und Eröffnung ebenso wie das Schließen des Rituals durch die Crew und die organisierte Bewertung durch die Crew bei Tryouts oder durch das abstimmende Publikum bei Tournaments und Battles mithilfe der Mikroriten der Videobewertung, oder – im physischen Raum – des symbolischen Ausdrucks mit dynamischem Beifall. Es werden dabei nicht nur Gruppenneuzugänge geregelt, sondern auch gruppenintern die Rollen und sozialen Positionen rekonstruiert.

d Das rituelle Widmen von Videos in der Beziehungsarbeit

Ein besonderes Ritual mit großer Bedeutung für die Beziehungsarbeit im C Walk auf *YouTube* stellt das weit über das Feld des C Walk hinaus verbreitete Genre der Dedication (s. Glossar) dar: die Praktik, ein eigenproduziertes Video einer Person zu widmen.

Die Widmung selbst wird in symbolischer Weise, beispielsweise mit dem Videonamen oder Schrifteinblendungen im Video, aber auch auf ikonographische Weise, beispielsweise mit Foto- und Video-Einblendungen der anderen Person, ausgedrückt. (Das ist ein Beispiel für die oben angesprochene Notwendigkeit, Sprache als Mikroriten über das rein Diskursive hinaus zu denken.) Dabei wird Beziehungsarbeit geleistet, die nicht nur die widmende Person und die Person, der das Video gewidmet ist, einschließt, sondern die mit den angeschlossenen Riten auch das „Publikum" der Kanalbesucher mit einbezieht, die über die Bewertungs-

6.4 Zugehörigkeit und Vergemeinschaftung

und Kommentarfunktion aktiv beteiligt sind und hier deswegen als „Teilnehmer am Ritual" bezeichnet werden (s. dazu Rappaport 2006, S. 192).

Ein Ereignis aus dem Forschungsmaterial von Maria und Nils zeigt, welche Rolle ein Dedication-Video für die Beziehungsarbeit im Sinne der Herstellung und des Erhalts von sozialem Kapital im C Walk auf *YouTube* spielen kann. Nils produziert und veröffentlicht ein Dedication-Video für seine Freundin. Er leistet damit einen Beitrag zur Beziehungsarbeit auf *YouTube*, mit der die Tauschbeziehungen der beiden und aller am Ritual Beteiligten rekonstruiert und neu definiert werden, was Einfluss auf deren soziales Kapital und damit deren soziale Position im Feld hat:

Maria geht es nicht so gut, als sie eines Tages ihren Freund Nils spontan nach Schule besucht. Er ist aber mit einem Freund zum C-Walken verabredet und möchte dieses Treffen nicht absagen. Maria bleibt und ist enttäuscht. Noch zwei Tage später ist das Verhältnis zwischen beiden ob Nils' Verfehlung angespannt. Er drückt es so aus: „Da war's noch so lala. Hatte mir eigentlich schon verziehen, aber trotzdem war ich noch ein Dummkopf" (Nils, Interview am 30.10.2009). Im Bestreben, sich zu entschuldigen und seiner Liebe zu Maria glaubhaft Ausdruck zu verleihen, greift Nils auf eine ritualisierte Form präsentativ-symbolischen Ausdrucks zurück. Er wählt als Handlungsfeld das mediale Feld des C Walk und produziert ein Dedication-Video für seine Freundin. Mit dessen Veröffentlichung vollzieht er ein im C Walk auf *YouTube* bekanntes Ritual, dessen symbolischer Sinn innerhalb der Jugendkultur verstanden wird, und auf dessen Durchführung Maria schon lange drängt:

> **Nils:** weil sie wollt's [das Dedication Video] sehr lange schon haben, und.
> **Interviewer:** ah hat sie das geäußert, dass sie gerne eins hätt?
> **Nils:** geäußert ist schlecht ausgedrückt. sie hat mir DRUCK gemacht, sozusagen.
> **Interviewer:** ja? wie denn?
> **Nils:** ja ab und zu schon. zum beispiel wenn andere walker, die sie auch gemocht hat, für ihre freundin dann ne dedication gemacht hat, dann hat sie immer gesagt, schatz, warum machst du mir keine und so weiter. ja. (Interview am 30.10.2009)

Im Folgenden werden die einzelnen von Nils und den anderen Beteiligten vollzogenen Handlungen beschrieben, die den ritualisierten Akt der Beziehungsarbeit ausmachen.

1. Vorbereitung einer Inszenierung

Abb. 51
Stills aus Nils' Dedication-Video für Maria
(© YouTube).

Nils gibt sich viel Mühe bei der Produktion des Produkts, das im Mittelpunkt einer rituellen, symbolischen Handlungsfolge stehen wird, die aus funktionaler Sicht dem Erhalt und der Festigung einer Tauschbeziehung, also auch sozialen Kapitals, dient: Er betrachtet Tutorial-Videos auf *YouTube*, um sich an den Dedication-Videos anderer zu orientieren und um Ideen zur technischen Umsetzung zu sammeln (vgl. Nils, Interview am 30.10.2009). Das ist insofern wichtig, als nur ein gewisser, wenn auch im Vergleich zu anderen Ritualen recht geringer Grad der Formalität die Videopraktik in ihrer rituellen Bedeutung für die Empfängerin und die anderen Teilnehmer erkennbar macht (s. a. Rappaport 2006, S. 191). Konkret geht es um das Befolgen der ästhetischen, inhaltlichen und performativen Kriterien, auf die man sich in der Jugendkultur des C Walk auf *YouTube* verständigt hat. Anders ausgedrückt handelt es sich um die Durchführung von Mikroriten (s. oben), also den Einsatz von „Sprache" im erweiterten Sinne. Ihrer Struktur hat sich Nils vorher noch einmal beim Betrachten anderer Videos versichert. So vorbereitet dreht er das Video und bearbeitet es an seinem Rechner. Dazu sucht und installiert er passende Schriften für Texteinblendungen, versucht sich in einem professionellen Bildbearbeitungsprogramm und fügt schließlich visuelle Video-Effekte ein. So entsteht ein Clip von 129 Sekunden. Nils' persönliche Ausdrucksform im Tanz ist körperlich und gestisch, erweitert durch die medialen, symbolischen Ausdrucksformen, die für ein Dedication-Video typisch sind (s. Abbildung 51): Schrifteinblendungen, visuelle Symbole (Herz), symbolische Farbigkeit (rosa zur Symbolisierung von Liebe) und ausgewählte Musik. Die symbolischen

6.4 Zugehörigkeit und Vergemeinschaftung

Handlungen, die nun folgen, ereignen sich nicht entlang einer hier suggerierten, streng chronologischen Reihenfolge. Nur um der Übersichtlichkeit willen wurde diese Darstellung gewählt. Beteiligt sind Nils als die widmende Person, Maria als diejenige, der ein Video gewidmet wird, sowie eine zunächst dispers wirkende Gesamtheit eines Publikums, *YouTube*-Nutzer, bei denen es sich hauptsächlich um den Kreis der C Walkers handelt, mit denen beide Hauptakteure regelmäßig im Austausch stehen und zu denen teilweise auch Tauschbeziehungen im Sinne sozialen Kapitals unterhalten werden.[152]

2. Das Einstellen des Videos durch die widmende Person

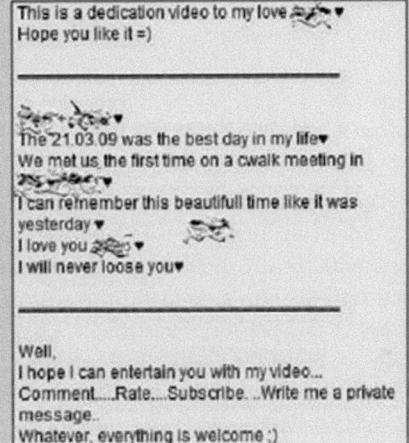

Abb. 52
Beschreibung des Videos durch Nils auf seinem *YouTube*-Kanal (© YouTube).

Mit der Veröffentlichung des Videos durch Nils unter dem formalen Hinweis auf seinen rituellen Charakter bereits im Titel „Dedicated to my ♥ Maria" wird die symbolische Handlung im Sinne der Beziehungsarbeit eröffnet. Begleitet wird dieser Akt durch werbende Gesten, um andere Personen als Teilnehmer zu beteiligen. Dieses Werben um Aufmerksamkeit geschieht

- durch diskursive Erläuterungen beim Einstellen des Videos (bezüglich der Raumkonstitution wäre von der Platzierung zu sprechen), vor allem im Videotitel („Dedicated to my ♥ Maria") und in der Videobeschreibung (s. Abbildung

---

[152] Auch Marias Mutter und eine Freundin schauen das Video mit Maria an.

52) sowie in den vergebenen Tags, welche auf den symbolischen Gehalt des Videos aufmerksam machen (bezüglich der Raumkonstitution wäre hier von der symbolischen Markierung zu sprechen). Sie machen das Video als Teil der spezifischen symbolischen Handlung kenntlich und wecken das Interesse andere C Walkers auf *YouTube*.
- Durch Verknüpfungen mit dem Ziel, zu beteiligende Personen aus dem Feld des C Walk auf *YouTube* zu integrieren: zum Beispiel mit Links zum Video, die auf anderen Kanälen gepostet werden, mit dem Hinzufügen des Videos in (Favoriten-) Listen oder mit der Auswahl des Videos als Start-Video, das jeder Besucher des Kanals als erstes zu sehen bekommt. An dieser Stelle weitet sich die Beziehungsarbeit bereits auf weitere Personen aus, denn allein die Handlung des Postens eines Links auf einem Kanal oder des Hinterlassens einer Nachricht oder eines Kommentares hat performativen Charakter und kann im Sinne von Beziehungsarbeit verbindend wirken.

3. Die Rezeption des Videos durch die Person, der es gewidmet ist

Im Falle eines erfolgreichen Verlaufs decodiert Maria als die Person, der das Video gewidmet ist, den symbolisch vermittelten Sinn, der mit der rituellen Handlung ausgedrückt werden soll: die exklusive Verbundenheit zwischen Maria und Nils, im Sinne der Kapitaltheorie die exklusive Tauschbeziehung, die zwischen den beiden besteht und die nun eine institutionalisierte Rahmung bekommt, die sich im Konzept „Paarbeziehung" ausdrückt. Dass Maria diesen Sinn versteht, ist nur möglich, wenn ihr der kulturelle Kontext bekannt ist, wenn sie also über das entsprechende (jugend-)kulturelle Kapital verfügt: Sie muss verstehen, was es im Feld des C Walk bedeutet, ein Dedication-Video zu erhalten. Deswegen ist es wichtig, dass Nils die formale Form, welche die Handlung als Ritual kennzeichnet, einhält. Außenstehenden erschließt sich der ganze Sinn eines Dedication-Videos kaum auf Anhieb, weil sie mangels jugendkulturellen Wissens den rituellen Charakter nicht erfassen. Sie würden vielleicht fragen, warum es denn nicht besser sei, das Video *nur* der Person zu zeigen, der es gewidmet ist. In diesem Fall wäre die Beziehungsarbeit, die geleistet wird, aber weniger effektiv und nur auf die beiden Hauptpersonen beschränkt; s. unten.

6.4 Zugehörigkeit und Vergemeinschaftung

4. Die Reaktion der Person, der das Video gewidmet ist

Maria als die Person, der das Video gewidmet ist, führt die Handlungsfolge fort, indem sie mittels Plattformkommunikation ausdrückt, dass sie den symbolischen Sinn decodiert hat und ihn bestätigt. Dies geschieht zum Beispiel

- mit der öffentlichen Bewertung des Videos im Bewertungssystem der Plattform
- mit der öffentlichen Kommentierung des Videos auf der Plattform
- mit der Aufnahme des Videos in (Favoriten-)Listen im eigenen Kanal oder der Definition des Videos als eigenes Start-Video
- mit dem Posten von Links zum Video in Kanälen anderer Nutzerinnen und Nutzer
- mit dem Einbinden des Videos in eigene Social-Network-Profile.

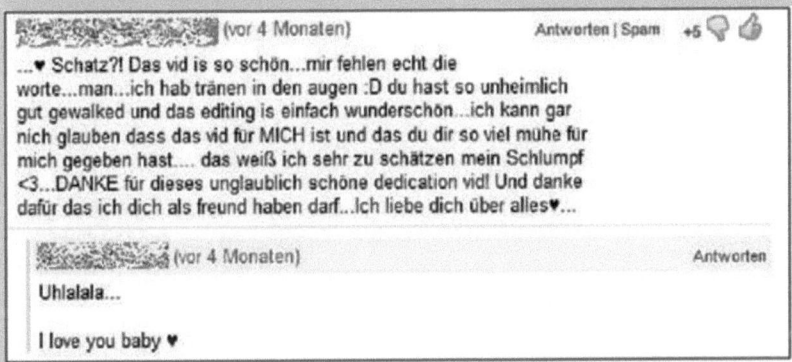

Abb. 53 Kommentar von Maria zum Video, das Nils ihr auf YouTube gewidmet hat. Darunter Nils' Antwort auf den Kommentar von Maria (© YouTube).

Damit erkennt sie auf zwei Ebenen den vermittelten Sinn und die soziale Ordnung an, die er ausdrückt: einmal im Sinne eines Mikroritus, indem sie die strukturell vorgesehenen Zeichen und performativen Ausdrucksformen (Kommentieren, Bewerten) wählt und damit diese Struktur rekonstruiert. Außerdem bestätigt sie im mesorituellen Sinne den von Nils mitgeteilten Sinn der Zusammengehörigkeit entsprechend dem Konzept der Paarbeziehung (s. Abbildung 53).

5. Die Rezeption und Reaktion der Teilnehmer am Ritual

Die Gesamtheit der online anwesenden Teilnehmer am Ritual setzt sich, abgesehen von möglichen Zaungästen, aus anderen C Walkers zusammen. Ihre Teilnahme ist wesentlich, damit das Ritual seine Wirkung auf einer dritten, makrorituellen Eben entfalten kann, letztlich also für das Gelingen der Beziehungsarbeit mit mehreren Beteiligten. Die mediale Infrastruktur von *YouTube* ist insofern funktional sehr praktisch, als ohne Umstände ein großer Personenkreis angesprochen werden kann. Erst die von vornehrein in der Logik dieses Aktes der Beziehungsarbeit mitgedachte, antizipierte „Anwesenheit" der anderen Akteure verleiht den Handlungen ihren symbolischen, makrorituellen Sinn. Ebenso wie die Person, der das Video gewidmet wurde, bestätigen auch die übrigen Teilnehmer ihrerseits die Decodierung des symbolisch vermittelten Sinns. Gleichzeitig informieren sie damit über ihre Anwesenheit bei der Handlung und drücken wie Maria ihre Anerkennung[153] der im Ritual symbolisch vermittelten sozialen Ordnung und der damit verbundenen Normen und Werte aus: des Konzepts der Paarbeziehung, des Konzepts der romantischen Liebe, eines spezifischen Rollenverständnisses von Frau und Mann, aber auch des Konzepts der Freundschaft, das ihre Beziehung zu Maria und Nils regelt. Indem sie ihre Anerkennung performativ ausdrücken, sind sie selbst Teil des performativen Aktes (s. Abbildungen 54ff.)

 (vor 4 Monaten)   Antworten | Spam +4

Soooo süß
wir wissen dochj alle das du sei liebst und sie dich
hoffe es hält bei euch 4-ever ihr seid so en süßes dream paar
Greetz
*5

 (vor 4 Monaten) Antworten | Spam +4

uii..voll toll♥
endlich hat meine Frau mal nen gescheiten Kerl :D wünsch euch
ganz viel Glück für die Zukunft,..ihr seid echt sweet zusammen ;)
und pass mir ja auf se auf..ne? =P

---

153 Der Ausdruck von Ablehnung an dieser Stelle käme der Störung eines Rituals gleich, ähnlich beispielsweise der Störung durch eine despektierliche Äußerung über die Verbindung von Braut und Bräutigam auf einer Hochzeit, die eine am Ritual beteiligte Person vermeiden würde. So ist es auch wahrscheinlicher, dass das Dedication-Video-Ritual eher von einem „Zaungast" als von einer Person aus dem engeren Kreis des beteiligten Publikums gestört wird.

6.4 Zugehörigkeit und Vergemeinschaftung

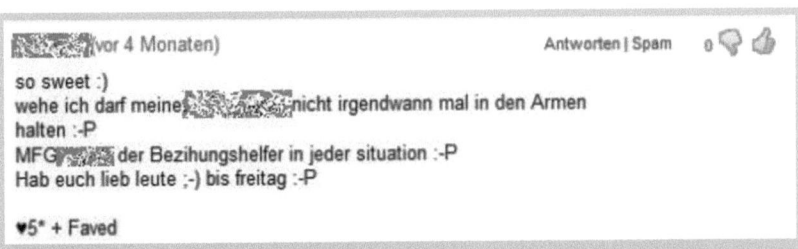

Abb. 54, 55, 56 Abbildungen 54-56: Kommentare zu Nils' Video von anderen Nutzern. „5*" bezieht sich auf die beste zu vergebende Bewertung (© YouTube).

6. Die Rezeption der Reaktionen durch die widmende Person und die Person, der das Video gewidmet ist

Die widmende Person und die Person, der das Video gewidmet wurde, erhalten in der Rückspiegelung durch die reagierenden Teilnehmer Gewissheit über die erfolgreiche Durchführung des Rituals. Die Existenz ihrer nun institutionalisierten Tauschbeziehung nach dem Konzept der „Paarbeziehung" wird anerkannt und bestätigt, damit wird sie im Feld bezüglich des mit ihr verbundenen sozialen Kapitals real.

Durch das im Beispiel behandelte Einstellen eines Dedication-Videos auf *YouTube* entschuldigt sich Nils nicht nur für seine Verfehlung und drückt seine Liebe zu Maria aus, er kommuniziert darüber hinaus mit dem Video einen sozialen Vertrag mit Maria, und mehr noch: er vollzieht diesen zugleich. Das Ritual „tut etwas", Nils handelt im Sinne Austins performativ, er „tut" eine Äußerung und „vollzieht" damit eine Handlung (vgl. Austin/Savigny 2007, S. 30): Seine Entschuldigung wird in der Handlung wirksam, die Stellung aller Beteiligten innerhalb des Feldes C Walk auf *YouTube* erhält eine neue Qualität oder wird bestätigt: Zum einen wohnt dem nun realisierten Konzept der Paarbeziehung ein Tauschprozess inne, weil sich das Kapitalvermögen von Maria und Nils nun in ihrer Wirkung teilweise auch auf das Vermögen des jeweils anderen erstreckt. Zum anderen werden die Beteiligten, indem sie ihre Anerkennung des sozialen Vertrags ausdrücken, als Vertraute dieser Paarbeziehung indirekt auch Teilhaber am gemeinsamen Gesamtkapital des Paares, soweit sie zumindest mit einem der beiden in einer Tauschbeziehung stehen, zum Beispiel als Freunde. Gleichzeitig verpflichten sich alle Teilnehmer für die Zukunft auf ein entsprechendes Verhalten, das ihrer Rolle (des Partners, des Freundes) angemessen ist (vgl. Goffman 2006, S. 325): Bei Maria und Nils bezieht sich dies zum Beispiel auf den Erhalt der

Exklusivität ihrer Tauschbeziehung, auch indem die Plattformkommunikation mit anderen potentiellen Partnern verringert wird. Von den anderen Teilnehmern wird zum Beispiel erwartet, dass die Exklusivität der Beziehung in Zukunft sowohl in der Online- als auch in der Offline-Interaktion anerkannt und nicht unterwandert wird. So verdichtet sich in der Handlung des Widmens eines Videos der symbolische Sinn und schafft neue soziale Realität. Es handelt sich um eine neuartige Form des Medienrituals:[154]

> „[D]ie Ritualität von Handlungen, die [...] medienvermittelt sind (wobei ihre Medialität eine sinnstiftende Rolle spielt und damit nicht nur zu [sic!] technischen Übermittlung dient, deren Sinn aber zugleich im sozialen Raum der Handelnden liegt." (Eisemann 2011a, S. 126)

Dieser Sinn wird im Kapitel Beziehungsarbeit auf *YouTube* (s. Kapitel 6.4.1) konkret dargestellt.

---

[154] An anderer Stelle habe ich gezeigt, dass es, wenn im wissenschaftlichen Diskurs von Medienritualen die Rede ist, meist um drei Arten von Ritualen geht: „1. um medienvermittelte Rituale, deren Sinn nicht vorrangig in ihrer Medialität, sondern in einem anderen sozialen oder kulturellen Feld liegt; zum Beispiel die Live-Übertragung einer Ostermesse oder die Berichterstattung einer königlichen Hochzeitszeremonie. 2. geht es um medienvermittelte Rituale, deren Sinn eng mit ihrer Medialität verknüpft ist, wie beispielsweise im TV-Format „Germany's Next Topmodel" [vgl. Decker 2011, Anmerkung des Autors] oder im Duell zweier Kanzlerkandidaten. 3. geht es um Rituale der Medienrezeption, deren Sinn weniger in ihrer Medialität und mehr in eigenen statt in einem medienvermittelten sozialen Feld liegt; beispielsweise beim gemeinsamen Betrachten eines Sportereignisses durch Fans, eine Familie, einen Freundeskreis oder eine andere soziale Gruppe, deren Nähe im Moment der Rezeption über das gemeinsame Erleben des medialen Angebots hergestellt wird." (Eisemann 2011a, S. 126; zum letzten Punkt s. a. Rhein 2011)

6.5 Identitätsarbeit im C Walk auf YouTube

In Kapitel 6.1.3 wurde gezeigt, wie in den jugendkulturellen Praktiken der Erlebensraum des C Walk auf *YouTube* entsteht. Insbesondere in Kapitel 6.3 wurde analysiert, welche Kapitalsorten die Machtverhältnisse innerhalb der Community im spezifischen Kräftefeld des Erlebensraumes beeinflussen. Nun hat sich herausgestellt, dass eines der wichtigsten Ziele, auf die Handlungen im C Walk mit *YouTube* direkt oder indirekt gerichtet sind, die Generierung von Anerkennung ist. Anerkennung wiederum ist, wie in der anfänglichen Aufarbeitung des Forschungsstandes bereits dargestellt, die basale Grundvoraussetzung für die Herstellung eines Gefühls von Identität. Wofür aber den Akteuren im spezifischen Kräftefeld Anerkennung zuteilwird, hängt wiederum von der feldspezifischen Definition des jugendkulturellen Kapitals ab. Im Folgenden wird genauer betrachtet, was Anerkennung und ihre Generierung unter diesen Voraussetzungen und aus der Sicht der C Walkers bedeutet.

6.5.1 Generierung von Anerkennung

Im C Walk auf *YouTube* muss zwischen drei sich teilweise überschneidenden und miteinander in Beziehung stehenden Konzepten differenziert werden, die alle mit Anerkennung im weiteren Sinn zu tun haben. Die drei Begriffe werden von den Teilnehmern der Studie auch häufig synonym gebraucht, sodass ihre Verwendung häufig, aber nicht immer mit der im Folgenden verwendeten Bezeichnung für die analytischen Konzepte übereinstimmt. Diese sind *Aufmerksamkeit, Respekt* und *Anerkennung im engeren Sinne*:

a. Aufmerksamkeit

"walk for the passion not for the fame"
(Nils, Interview am 30.10.2009)

Das Streben nach Aufmerksamkeit ist ein zentrales Handlungsmotivs der C Walkers auf *YouTube*. Auch wenn Eitelkeit und wahlloses Gier nach Anerkennung einen schlechten Ruf haben und Selbstdarstellungen im Internet häufig im Verdacht stehen, diese schlechten Eigenschaften auszudrücken, ist die Erfahrung von Aufmerksamkeit und Anerkennung doch notwendig für das Selbstwertgefühl und für ein Gefühl der Identität. Dass das Subjekt heute vor besonderen Herausforderungen bei ihrer Generierung steht, wurde ausführlich gezeigt (vgl. Franck 1998; Keupp 1999; vgl. Kapitel 2.3). So kann man Georg Franck zustimmen, wenn er zuspitzt:

„Die höchsten und edelsten Ziele hier auf Erden lassen sich in den Auftrag zusammenfassen, diejenige Wertschätzung zu maximieren, die die eigene Person selbstkritisch und guten Gewissens für sich in Anspruch nehmen darf." (Franck 1998, S. 75)

Die Frage lautet, wie und wozu genau mit Selbstdarstellungspraktiken im C Walk auf *YouTube* Aufmerksamkeit generiert und Anerkennung angestrebt wird. Zunächst ist festzuhalten, dass die Architektur der Videoplattform beste Voraussetzungen zur Generierung von Aufmerksamkeit bietet (s. Kapitel 4.2.2). Akteure im C Walk wenden dabei ähnliche Techniken an, wie sie aus kommerziellen Vermarktungsstrategien bekannt sind. Man muss sich von der Masse abheben und auffallen, andererseits jedoch die spezifischen Normen des Feldes nicht zu weit übertreten (vgl. Kapitel 6.3.1). Im C Walk gilt es, symbolische Objekte sichtbar zu platzieren und Videos entsprechend symbolisch zu markieren, zu „taggen" (s. Glossar), damit sie häufig angeklickt werden (vgl. Kapitel 6.3.1.5). Was in Kapitel 6.3.2 mit dem Streben nach einer Anhäufung von virtuellem sozialen Kapital beschrieben wurde, ist zugleich Teil der Strategie der Generierung von Aufmerksamkeit als Basis für Anerkennung und damit nicht nur Grundlage für Beziehungsarbeit, sondern auch für Identitätsbildungsprozesse. Der schlechte Ruf von Eitelkeit und wahllosem Verlangen nach Aufmerksamkeit hat auch im jugendkulturellen Feld bestand. Unter keinen Umständen darf das Handeln der Akteure als wahlloses Streben nach Aufmerksamkeit entlarvt werden, sonst ist die gewonnene Aufmerksamkeit wertlos für die Generierung von Anerkennung und schlägt möglicherweise in Ablehnung um. Die reine Leidenschaft am C Walk soll im Vordergrund stehen, das Kalkül bzw. das Handlungsmotiv des Strebens nach Ruhm und Aufmerksamkeit, das bei allen Teilnehmern identifiziert wurde, wird – mit Bourdieus Begriff ausgedrückt – „verschleiert" (vgl. Bourdieu 1976, S. 337):

„der typische walker-spruch is is immer, walk for- äh walk for the passion not for the fame. also tus für die leidenschaft und nich- nicht für den ruhm." (Nils, Interview am 30.10.2009).

Einige dieser Verschleierungspraktiken spricht Michael im Zitat unten an. Nur in bestimmten Fällen ist es sinnvoll, jemandem ein Video direkt zu „zeigen"; Michael weiß, dass es besser ist, die Aufmerksamkeit in dezenterer, unaufdringlicher Weise auf sich zu lenken:

Michael: [...] ich mag des auch nicht so dann angeben damit oder so, des find ich dann auch nicht so wie jetzt dann kann man sich auch gleich wenn man so muskeln hat auf den schulhof nackt hinstellen so huuäää und so. da da bin ich jetzt nicht so. aber ich machs dann- im schullandheim wollt ich sowieso ein video machen, dann können sie zugucken, da hab ich kein problem und dann- ein freund bringt nen ghettoblaster mit, dann ist natürlich laut und dann ist echt cool. [...]

Interviewer: wenn du das video machst, in dem moment, denkst du dann dran wer des mal angucken könnte?

Michael: eigentlich nicht. natürlich hofft man, dass des coole typen angucken, also echt gute c-walker und dann sagen was man gut machen kann und schlecht machen kann. – wenn man jetzt aber will dass es ein bestimmtes mädchen sieht dann tut mans ihr einfach in kwick in ihr gästebuch machen, dann merkt sie dass da was drin ist, guckts an, und dann hat sies gesehen.

Interviewer: ist des dann nicht so ein bisschen wie guck mal was ich kann, ist das dann okay?

Michael: ja des is okay, weil wenn man das dann für bestimmtes mädchen macht, dann ist das ja nicht wie guck mal was ich kann, sondern dann ist das ja extra was für SIE. (Interview am 07.10.2009)

Weitere Praktiken, die auch der Generierung von Aufmerksamkeit dienen, wurden bereits in anderem Zusammenhang beschrieben. Es handelt sich um das symbolische Markieren, beispielsweise mit der Gestaltung des eigenen Kanals (s. Abbildung 26), das Taggen und Kategorisieren, aber auch das Institutionalisieren von jugendkulturellem und sozialem Kapital (s. Kapitel 6.3.1.6 und 6.4.5), das Platzieren und Verlinken von symbolischen Objekten und Personen (s. Kapitel 6.2). All diese Praktiken haben auch die Funktion, die Aufmerksamkeit anderer C Walkers auf den eigenen Kanal, die eigenen Videos und damit auf die eigene Selbstdarstellung zu lenken.

b Respekt

Mit dem Begriff Respekt bezeichnen C Walkers zwei Konzepte:

1. wird der Begriff synonym für Anerkennung im engeren Sinne verwendet. Die gilt zum Beispiel einer bestimmten Leistung oder Kompetenz (vgl. Nils, Interview am 30.10.2009). Der Begriff Respekt steht dann in engem Bezug zum Konzept des jugendkulturellen Kapitals: „du hast echt ein burner mixtape gemacht respekt bro" (Nutzer in einem Kommentar zu Nils' Video V. 8.2). Vor allem bezeichnet Respekt aber
2. das Achten der Grenzen, deren Überschreiten eine Verletzung der Persönlichkeit darstellen würde – sei es in physischer oder in psychischer Weise. Respektiert zu

werden heißt in diesem Sinne, keinen Versuchen ausgesetzt zu sein, den persönlichen Raum, die soziale Positionierung und das Ich-Konzept bewusst physisch oder psychisch zu verletzen. Respekt ist auf die Stellung im sozialen Raum bezogen und hängt unmittelbar mit der Position im jugendkulturellen Kräftefeld des C Walk zusammen, also mit dem Vermögen des Einzelnen an sozialem Kapital; vgl. hierzu die Fälle von Samir (s.Kapitel 3.6.2) und Phùc (s. Kapitel 3.6.3).

Neben Aufmerksamkeit ist Respekt eine weitere Voraussetzung für die Generierung von Anerkennung im engeren Sinne und damit für einen dialogischen Identitätskonstruktionsprozess.

c Anerkennung im engeren Sinne

> *„wenn ein jugendlicher was ganz gut kann sollte er es schon so zeigen. damit er auch so anerkennung von anderen kriegt und so."*
>
> (Tai, Interview am 30.07.2009)

Zeigen, was man kann ist ein zentrales Handlungsmotiv, das von den Teilnehmern dieser Studie auch selbst benannt wird. Die aus dem Material heraus generierte Kategorie „Anerkennung für besondere Leistung" wurde auffallend vielen Textstellen zugewiesen. Sie steht in engem Zusammenhang mit dem Konzept „jugendkulturelles Kapital": Denn dessen Definition klärt, für welches „Können", welche „Leistung" in der Jugendkultur des C Walk überhaupt Anerkennung gezollt wird.[155] Es zeigt sich aber, dass auch solche Aspekte anerkannt werden, die über das Feldspezifische hinausgehen: Das sind insbesondere soziale Unterstützungsleistungen[156] und Äußerlichkeiten in Orientierung an Modetrends,[157] wobei abgesehen von Markenkleidung, vor allem Schuhen, bei den Teilnehmern Statussymbole wie teure Handys oder Computer keine so wesentliche Rolle für die Anerkennung einzelner Personen spielen (darum wurden sie hier nicht unter „jugendkulturelles Kapital" verortet, denn dort geht es mehr um die Kenntnis und die symbolische Verwendung der Logos entsprechender Labels zum Ausdruck der Inkorporiertheit von jugendkulturellem (Marken-)Wissen)[158].

---

155 In Kapitel 6.3.1 wird dieser Aspekt ausführlich behandelt.
156 Codiert als „Generierung von Anerkennung durch soziale Unterstützungsleistung".
157 Codiert als „Generierung von Anerkennung durch Äußerlichkeiten".
158 Besonders Tai legt zwar Wert auf Markenprodukte und orientiert sich stark an entsprechenden Moden, für die Generierung von Anerkennung im C Walk spielt dies aber keine wesentliche Rolle.

6.5 Identitätsarbeit im C Walk auf YouTube

Wie auch für die Generierung von Aufmerksamkeit stellt *YouTube* eine besonders funktionale Umgebung für den Ausdruck von Anerkennung bereit; das Bewerten, Kommentieren und Schreiben von Nachrichten und das Widmen von Videos wurde im Hinblick auf seine Funktion im symbolischen Tauschhandeln als Beziehungsarbeit in Kapitel 6.4.1 bereits besprochen. Wenn Menschen im C Walk auf *YouTube* für entsprechende Fähigkeiten, Handlungen und Eigenschaften Anerkennung oder Ablehnung erfahren, dann bedeutet das eine sehr unmittelbare Bestätigung oder Ablehnung von Identitätsaspekten. Darauf wird gegebenenfalls wiederum mit veränderten Rollenübernahmen und Selbstdarstellungen reagiert, deren Wirkung dann erneut überprüft wird. Da der Erlebensraum C Walk nicht kontextfrei und isoliert von der Gesellschaft existiert, wirken deren Normen und Werte als intervenierende Bedingungen in den Sozialraum des C Walk hinein; Orientierungsmuster in der Jugendkultur verweisen auf Diskurse außerhalb des sozialen Teilfeldes. Aus dem empirischen Material ließen sich vielfältige Orientierungen an Rollen und Lebensentwürfen herausarbeiten, die im Rahmen der Identitätskonstruktion eine Rolle spielen (vgl. Code „Vielfältigkeit der Orientierungen" in den Codelisten im Anhang). Inzwischen wurde in einer wesentlich allgemeineren Untersuchung von Videokulturen auf *YouTube* eine ebenso allgemeine Dominanz US-amerikanischer Popkultur und US-amerikanischer Medienereignisse als Orientierungsmuster festgestellt:

"The patterns of cultural tastes and practices observed in our study are undoubtable related to those associated with the dominant forms of contemporary US popular culture more broadly – characterized by an engagement with dominant media events like the 2008 US Presidential Election; and by a preference for humor, vernacular video, Top-40 music and teen idols, tabloid culture, and celebrity gossip. But there is a certain 'YouTube-ness' to these patterns as well. The intensity of engagement around particular bands, artists, celebrities, and video genres is at least partly produced within *YouTube* itself – how else to explain the fact Ron Paul was, at times, more important to YouTube's attention economy than either Barack Obama or Hillary Clinton; or the Jonas Brothers more adored than any other pop artist?" (Burgess/Green 2009, S. 51)

Auch im C Walk auf *YouTube* findet starke symbolische Orientierung an der US-amerikanischen Kultur statt (vgl. insbesondere Kapitel 5.1 und 6.6 a).

6.5.2 Orientierung am Beispiel der Geschlechterrollen

Aus dem empirischen Material heraus wurde eine Kategorie entwickelt, die sich auf Vorkommnisse im Datenkorpus bezieht, die man leicht hätte übersehen können. Denn sie berühren einen Aspekt, der uns aufgrund unserer Sozialisation als so selbstverständlich und natürlich erscheint, dass wir gelegentlich dazu tendieren, ihn nicht mehr wahrzunehmen (s. dazu Gildemeister/Robert 2011, S. 96). Es handelt sich um die Kategorie „Orientierung an Geschlechterrollen". Die Auseinandersetzung mit Geschlechterrollen, die in der Identitätstheorie als eine der zentralen Handlungs- oder Entwicklungsaufgaben Heranwachsender beschrieben wird (vgl. Erikson 1974c, S. 110ff.; s. Abbildung 3), findet im C Walk auf *YouTube* explizit und implizit in vielen der bereits beschriebenen Praktiken statt.

Mit dem Einzug des Internet in den Alltag der Menschen in den meisten Gesellschaften ging die Vorstellung einher, dass in bestimmten Bereichen für jeden Nutzer eine freie Entfaltung von Identitätsaspekten (multiplen Identitäten, s. Kapitel 2.3) möglich sei, auch – und insbesondere – was die Geschlechtsidentität betrifft, die als besonders relevant für Selbstdarstellungen im Internet gilt, da die geschlechtliche Einordnung eine der prägnantesten und wichtigsten Kategorisierungen ist, die wir im Kontakt mit einer Person vornehmen. Für bestimmte Bereiche im Netz konnte das Phänomen des Genderswapping (vgl. beispielsweise Turkle/Sandbothe 19.03.1996) empirisch vermehrt beobachtet werden:

> „Die Besonderheit der MOOs besteht darin, daß die Teilnehmer nicht nur ihre Identität selbst neu erfinden, sondern auch den Raum erzeugen können, innerhalb dessen sie und die anderen Teilnehmer sich bewegen. [...] Die Teilnehmer sind nicht nur Autoren des Textes, sondern zugleich Erfinder ihrer eigenen Rollen. MUDs und MOOs sind Welten, in denen Menschen anonym miteinander interagieren können und in denen man Rollen spielen kann, die so weit entfernt oder so nahe am ‚wirklichen Selbst' sind, wie man es möchte." (Turkle/Sandbothe 19.03.1996)

Diese Erkenntnisse beruhen auf Untersuchungen von Gruppen, die bereits vor der Entstehung des Social Web mit seinen funktionalen Annehmlichkeiten wie leicht bedienbaren und ansprechend gestalteten Benutzeroberflächen ihren Alltag auch im Internet zunächst noch mittels textbasierter Kommunikation sozial gestalteten. Ähnliche Beobachtungen werden heute in den symbolischen Welten von Online-Spielen gemacht (s. dazu beispielsweise die Arbeiten von Jutta Zaremba, z. B. in Zaremba 2007). Es besteht aber die Gefahr, dass solche Erkenntnisse verallgemeinernd auf das gesamte Internet übertragen werden, das dann als grenzenloser Raum zu Entwicklung von Identitätsaspekten erscheinen mag – frei von strukturierenden Normen und sozialen Mechanismen, die einschränkend wirken:

> „Das Internet ist das erste elektronische Medium, das die Möglichkeit bietet, anonym und körperlos miteinander zu kommunizieren [...] unerlaubtes und unerprobtes kann gefahrlos erprobt werden, denn im Netz sind dem Persönlichkeitsdesign keine Grenzen gesetzt. Daher ließe sich auch die alte Ordnung der Geschlechter regelrecht auf den Kopf stellen, indem Frauen zu Männern, Männer zu Frauen werden. Und weit

6.5 Identitätsarbeit im C Walk auf YouTube

mehr: Den Akteuren bietet sich nun die Gelegenheit, mit gänzlich neuen Formen der Geschlechterdarstellung zu experimentieren oder gar als Neutrum zu erscheinen." (Funken 2002, S. 158)

Tatsächlich beziehen sich solche Aussagen vornehmlich auf textbasierte Kommunikation, und die angebliche Befreiung von geschlechterspezifischen Fesseln im Internet wird inzwischen angezweifelt (s. z. B. ebd., S. 159, 165f.). Es ist nun, da das Social Web zur alltäglichen Lebenswelt der meisten Jugendlichen und jungen Erwachsenen unserer Gesellschaft gehört und auch audiovisuelle Selbstdarstellung mit geringem Aufwand zu realisieren ist, interessant zu sehen, wie sich Mädchen und Jungen im C Walk auf *YouTube* verhalten: welche Orientierungen dort nämlich bei der Aneignung von und dem Umgang mit Geschlechterrollen eine Rolle spielen und wie es in diesem spezifischen Feld diesbezüglich überhaupt um den Handlungsfreiraum für das Subjekt steht.

Seit Ende der 1980er Jahre hat die Geschlechterforschung mit dem konstruktivistischen Konzept des Doing Gender (West/Zimmerman 1987) ein Verständnis von Geschlecht (engl. *gender* in Abgrenzung zum biologischen Geschlecht *sex*) entwickelt, das auch für die oben in den Zitaten beschriebenen Phänomene eine theoretische Grundlage bildet: Danach sind Männlichkeit und Weiblichkeit keine determinierten, natürlichen und starren Gegebenheiten, sondern das Geschlecht und damit der Unterschied zwischen den Geschlechtern wird in performativer Tätigkeit sozial produziert (s. West/Zimmerman 1987; vgl. Gildemeister/Robert 2011).

> „Nicht eine vorgängige, basale Differenz führt aus dieser Perspektive zu – ‚weiteren' – Unterschieden, sondern Differenzen werden als relevante Unterscheidungen sozial erst hergestellt, elaboriert, mit Bedeutungen versehen und verfestigt: eben ‚gemacht'."(Gildemeister/Robert 2011, S. 95)

So wird dem sozialen Geschlecht ein größerer Spielraum zugestanden: Unabhängig vom biologischen Geschlecht wird theoretisch Raum für Identitäten eröffnet, die von traditionellen Entwürfen bis hin zu radikal alternativen Entwürfen reichen. Die Genderforschung macht zu ihrem Gegenstand, wie Geschlecht in unterschiedlichen Kontexten konstruiert wird – ein Aspekt, der sich beim offenen Codieren des Materials auch für den C Walk auf *YouTube* als relevant darstellte. Es wurde deutlich, dass das biologische Geschlecht und das kulturell konstruierte und tradierte Konzept der Dualität der Geschlechter im C Walk auf *YouTube*, gemeinsam mit der Bedeutung jugendkulturellen und sozialen Kapitals, eine stark strukturierende Funktion hat: für die Konstruktion von Raum, die Verortung des Einzelnen darin und für dessen Handlungsfähigkeit.

a Männlichkeit

Wer sich ins Feld des C Walk begibt, merkt schnell: Diese Jugendkultur ist männlich dominiert. Die Teilnehmer bestätigen das: „c walk machen nur jungs, fast nur jungs." (Michael, Interview am 07.10.2009; vgl. a. Kommentare auf Marias Kanal; Sarah, Interview am 27.12.2010; Sylvie, Interview am 8.2.2011). Während die Jugendkultur für männliche C Walkers ein recht klar definiertes, wenn auch nicht unbedingt durchweg alltagstaugliches Bild von Männlichkeit bereitstellt, das hinsichtlich Verhalten, Aussehen („jungs eher cooles outfit" (Michael, Interview am 07.10.2009)) und eines insgesamt männlichen Habitus (s. Baacke 2000, S. 53) als Orientierung dienen kann, stehen für aktive weibliche C Walkers überhaupt keine jugendkulturspezifischen Rollenmodelle zur Verfügung: „die meisten {Mädchen} machen's {C Walk} halt nicht so. {lachend:} weil des halt einfach nicht zu nem mädchen passt" (Michael, Interview am 07.10.2009).

Das im C Walk dominante Konzept von Männlichkeit schließt an die Symbolwelt der jugendkulturellen Ursprünge in der US-amerikanischen Gang-Kultur der *Crips* und der *Bloods* und des Hip Hop an (s. Sookee 2011).[159] Es ist aber anschlussfähig für ein traditionelles Bild von Männlichkeit in den meisten ursprünglich patriarchalisch geprägten Gesellschaften (vgl. Baacke 2000, S. 53). Neben symbolischen Anleihen an die Gangster-Kultur (Kleidung im Hopper-Stil, blaue und rote Banderas etc.) und dem symbolischen Charakter der Musik verweisen auch die Begrifflichkeiten im C Walk auf eine harte Welt, in der sich ebensolche Männer gegenseitig an ihrer Leistung messen, wenn sie um soziale Positionen konkurrieren: Die Rede ist beispielsweise von „Battles" oder von „Fight-Back Videos" (Nils, Interview am 30.10.2009). Diese sprachliche Praxis drückt, im Sinne der im Exkurs beschriebenen Mikroriten, Zugehörigkeit zur übergeordneten Jugendkultur des Hip Hop aus und reproduziert eine entsprechende Idee der sozialen Ordnung und der Rolle des Mannes. Im Zentrum steht der machohafte, dominante, körperlich starke, rationale, harte und der Frau übergeordnete Mann (s. Abbildung 57). Ein Konzept, das seinen Gegenpol gleich mit anlegt: Weichheit, Sanftheit, Verletzlichkeit und Emotionalität sind diesem Männlichen diametral gegenübergestellt und werden dem Konzept des Weiblichen zugewiesen. Entsprechende Symbolisierungen stehen für diese als natürlich wahrgenommenen Unterschiede. Als Gegenentwurf zur legitimen Männlichkeit steht den jungen Männern das Stereotyp des Homosexuellen, bzw. „Schwulen" zur Verfügung, auf den alles vermeintlich Unmännliche projiziert wird und von dem man sich abgrenzt (vgl. Maria, Telefoninterview am 03.12.2011; Kapitel 5.2).

---

159 Für mehr Informationen zur Entstehung der Gangs in einem US-amerikanischen Klima des Rassismus und der Unterdrückung s. Kapitel 5.1.

6.5 Identitätsarbeit im C Walk auf YouTube

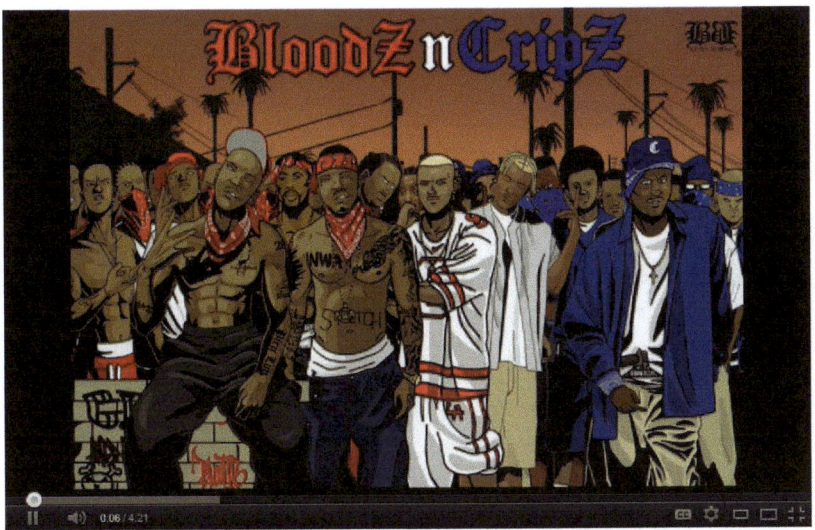

Abb. 57 Beispiel für eine Darstellung (mit nicht eindeutiger Urheberschaft) der Gangs *Bloods* und *Crips*, wie sie auf *YouTube* verfügbar ist (© YouTube).

Um Missverständnissen vorzubeugen: Zweifelsohne handelt es sich bei dem hier skizzierten Bild von Männlichkeit ausdrücklich nur um *einen* Entwurf von Geschlechterrollen, der zum Abgleich der eigenen Geschlechtsidentität und zur Orientierung zur Verfügung steht. Die C Walkers werden in anderen Alltagsbereichen, in denen sie andere Identitätsaspekte stärker ausleben, auch mit anderen Geschlechterrollenkonzepten konfrontiert. So nennen die Teilnehmer beispielsweise mediale Figuren – z. B. Chacky Chan (vgl. Tai, Interview am 30.07.2009), ältere Freunde (vgl. Samir, Interview am 30.09.2009), den eigenen Vater (vgl. Nils, Interview am 30.10.2009) oder den Großvater (vgl. Michael, Interview am 07.10.2009) als wichtige Vorbilder. Außerdem orientieren sich C Walkers nicht nur an den stark stilisierten medialen Vorbildern aus dem Hip Hop und den genannten Gangs. Jeder C Walker kann mindestens einen anderen, nicht professionellen C Walker nennen, der ihn „inspiriert" und wie der er „gerne sein" möchte (vgl. z. B. Tai, Interview am 30.07.2009; Nils' Video V. 8.2, bzw. Va. V. 8.2; Michael (dessen Inspiration Nils ist): Michael, Interview am 03.11.2009). Dennoch: Zumindest für die Teilidentität des C Walkers ist das entsprechende Rollenmodell relevant, und der Einfluss auf die Geschlechterrollenentwicklung eines männlichen Jugendlichen, der sich der Jugendkultur zugehörig fühlt, hängt dann von der Dominanz dieser Teilidentität im Patchwork vieler Identitätsaspekte ab. In jedem Fall unterscheidet sich die im Hip Hop beschriebene symbolische Welt, auf die im C Walk Bezug genommen wird, mehr oder weniger drastisch von der Lebenswelt und der Realität der Teilnehmer (s. Falldarstellungen vs. Peralta): In den persönlichen Gesprächen scheinen bei allen Teilnehmern der Studie sanfte, emotionalere Seiten durch, viele von ihnen sind sozial in verschiedene Kontexte eingebettet, die nicht im Geringsten mit jenen der Gangsterfiguren des Hip Hop übereinstimmen. Außerdem gehören Dedication-Videos für beste Freunde, emotionale Freundschafts- und Liebeserklärungen sowie liebevolle und motivierende Kommentare für Freunde des anderen und desselben Geschlechts – alles als Teil der notwendigen Beziehungsarbeit (s. Kapitel 6.4.1) – zur alltäglichen Praxis im C Walk auf *YouTube* und sind auch als soziale Unterstützungsleistung im Feld anerkennungswürdig. Das bedeutet einen Bruch mit der beschriebenen Rollenorientierung und der Symbolwelt, auf die gleichzeitig Bezug genommen wird.

Die Teilnehmer sehen normierte Charaktereigenschaften, wie sie Männern und Frauen zugeschrieben werden, häufig als biologisch determiniert, als natürlich gegeben an (vgl. Maria, Interview am 26.10.2009). Das kann bei einer starken Orientierung an der Geschlechterrolle des C Walk zur Folge haben, dass

1. eigene Bedürfnisse oder Eigenschaften, die der hier dominanten Vorstellung von Männlichkeit widersprechen, als Abweichung vom Natürlichen empfunden werden. Damit wird
2. eine kritische Reflexion der als natürlich empfundenen Norm unwahrscheinlicher (vgl. a. Gildemeister/Robert 2011, S. 96).

Von manchen C Walkers wird das im Abgleich mit der eigenen Identität als subtiler Druck wahrgenommen, der im alltäglichen jugendkulturellen Handeln durch andere männliche Akteure aufrechterhalten wird.

"des merkt man total an unserem forum wenn da neue leute kommen, die werden dann gleich auf herz und nieren überprüft, also wie die sich verhalten, wie die sich im forum geben, wie die sich in youtube präsentieren, des wird halt erst mal nur beobachtet und dann bildet man sich ne meinung, und wenn einer mal sich seine meinung gebildet hat, dann schließen sie sich eigentlich auch alle dem an. des is so gruppenzwangmäßig eigentlich." (Maria, Telefoninterview am 03.12.2011; vgl. a. Kommentare zu Nils' Video, V. 8.2)

Diese Dynamik entsteht, weil andere C Walkers – selbst um die Darstellung ihrer Männlichkeit bemüht – auf Abweichungen bei anderen häufig stark abwertend

6.5 Identitätsarbeit im C Walk auf YouTube

reagieren, um sich selbst in der eigenen vermeintlichen „Unzulänglichkeit" hinsichtlich des Idealbilds vom Verdacht der Unmännlichkeit zu befreien und um sich vom Gegenkonzept zu distanzieren. Maria kann distanzierter über den Druck sprechen, dem männliche C Walkers auf *YouTube* ihrer Meinung nach ausgesetzt sind. Ihre Aussagen basieren vor allem auf Beobachtungen ihres eigenen Freundes und eines „besten Freundes", die beide aktive C Walkers sind.[160]

Interviewer: dürfen männer weicher sein?

Maria: Boah des is, des is ne ziemlich gute frage, tatsächlich is es nämlich so, dass andere jungs oder männer wie auch immer man die beschreiben soll {lacht} dass die, wenn die zum beispiel auf rnb lieder walken ziemlich schnell als weich eingestuft werden. des passt alles nicht zum c walk und des MACHT man einfach so nicht. und die leute, also die jungs, die dann auf rap walken, die sind mehr anerkannt. auf jeden fall. ich weiß nicht. passt einfach mehr. {...} dass des halt HÄRTER is oder so keine ahnung. (Telefoninterview am 03.12.2011)

Viele C Walkers praktizieren eine deutliche symbolische Abgrenzung vom Gegenkonzept zur legitimen Männlichkeit. Im Sinne des Doing Gender reproduzieren sie damit das Konzept des Machismo im jugendkulturellen Feld: Es ist üblich, missverständlichen Aussagen oder Handlungen den programmatischen Slogan „no homo"[161] (keine Homosexuellen) anzufügen.[162] Diese dem Hip Hop entlehnte Äußerung (vgl. Sookee 2011) soll klarstellen, dass mißverständliche Handlungen oder Aussage nicht als Abweichung von einer heterosexuellen Norm zu interpretieren sind und sie legitimieren. Beobachtet wurde das zum Beispiel bei emotionalen, freundschaftlichen Äußerungen zwischen männlichen C Walkers. Zugleich zeigt diese Strategie die Befangenheit gegenüber einem für die Beziehungsarbeit, die

---

160 In einem zusätzlichen Telefon-Interview (Telefoninterview am 03.12.2011) wurden, im Sinne des theoretischen Sampling, mit Maria noch einmal Fragen der Geschlechterrollen im C Walk fokussiert; das Gespräch wurde als Tondatei aufgezeichnet und teilweise transkribiert.

161 Der Ausdruck „no homo" zum Ausdruck der Ablehnung von Geschlechterrollen, die von der heterosexuellen Norm abweichen, ist nicht nur im C Walk, sondern allgemein im *Hip Hop* weit verbreitet (vgl. Sookee 06.12.2011; s. Kommentare auf *YouTube* zu C-Walk-Videos). Seine Verwendung wird unter anderem von den deutschen Rappern Sookee und Tapete in ihrem Video „pro homo" scharf kritisiert (vgl. Sookee/Tapete 2010).

162 Die Kenntnis der Formulierung und ihre Verwendung ist zugleich Ausdruck inkorporierten jugendkulturellen Kapitals und schafft als Mikroritual ein Gefühl der Zugehörigkeit zum Kreis jener, die die Kenntis des Codes teilen.

Erfahrung von Zugehörigkeit und sozialer Unterstützung notwendigen Umgang zwischen Freunden. Als Prädikat oder Siegel auf dem Profil platziert, wertet der Slogan abweichende Konzepte von Männlichkeit symbolisch ab und schließt sie für den jeweiligen Ort des eigenen *YouTube*-Kanals prophylaktisch aus (s. Abbildung 58).

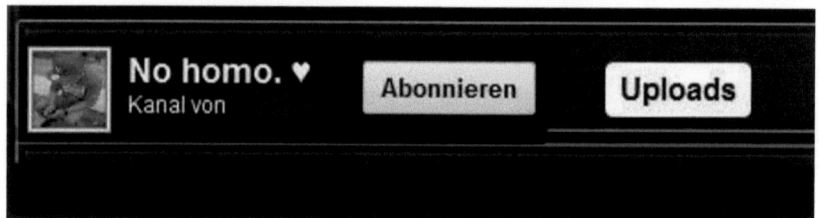

Abb. 58 Ein Nutzer hat den Slogan „no homo" als Kanalnamen ausgewählt. Kanalnamen sind häufig eng mit eigenen Identitätsaspekten verknüpft und sollen diese symbolisch ausdrücken (vgl. Maria, Interview am 26.10.2009). Die Wahl des Kanalnamens, einer beim ersten Kontakt gleich präsenten Symbolisierung, verdeutlicht die Relevanz, die der Nutzer der Abgrenzung von einer illegitimen männlichen Geschlechterrolle zuweist (© YouTube).

Einerseits wird mit der symbolischen Markierung „no homo" das duale Konzept von legitimer Männlichkeit, als Konstruktion des Heterosexuellen, und illegitimer Männlichkeit, verkörpert im Bild des Homosexuellen, reproduziert, was die Zuweisung entsprechender Identitätsaspekte zum Legitimen oder Illegitimen aufrechterhält. Andererseits ermöglicht ironischerweise gerade die Markierung „no homo" jungen Männern im C Walk, eben solche Aspekte auszudrücken oder auszuleben, ohne Gefahr zu laufen, als homosexuell abgestempelt zu werden. Diese widersprüchliche Strategie, die dann trotz gegenteiliger Symbolisierung den Handlungsfreiraum zu erweitern scheint und dann als „Undoing Gender" (Butler 2004) zu interpretieren wäre, geschieht zum Schutz der Unversehrtheit der Konstruktion der eigenen, normierten Geschlechtsidentität, und zum Schutz vor dem Verdacht der anderen, vom Normalen abzuweichen, und abgelehnt zu werden. Längerfristig sind zwei Entwicklungen denkbar:

- dass die Wiederholung der symbolischen Markierung bestimmter Handlungen und der Identitätsaspekte mit „no homo" zu einer Reproduktion oder Verstärkung der Vorstellung von einer abweichenden Männlichkeit und deren Ablehnung führt, dass männliche Jugendliche im Feld also das Ausleben entsprechender Identitätsaspekte weiterhin, oder sogar stärker konflikthaft oder als Bruch erleben (Dominanz des Doing Gender).

6.5 Identitätsarbeit im C Walk auf YouTube

- Oder dass die Legitimierungen durch ständige Markierung mit „no homo" auf Dauer obsolet werden, weil ein Prozess der Normalisierung eintritt, sodass der Gegenentwurf als solcher verblassen würde (Dominanz des Undoing Gender).[163] Das würde im besten Fall ein Aufbrechen der einengenden männlichen Geschlechterrolle bedeuten und einen freieren, weniger konfliktbehafteten Umgang mit eigenen Identitätsaspekten männlicher Jugendlicher im Feld des C Walk.

Interessanterweise sind es ausgerechnet die jungen Frauen im C Walk, die im Sinne des Undoing Gender Impulse geben, männliches Rollenverhalten zu durchbrechen (s. Zitat unten); die Betroffenen selbst sind dazu aufgrund der Struktur des Feldes kaum in der Lage.

Auf die Frage, ob es ihrer Meinung nach homosexuelle C Walkers gibt, berichtet Maria von folgender Situation:

> **Maria:** ne auf gar keinen fall. auf GAR KEINEN fall. einfach- grad- ich find des auch lustig, weil auf unserem forum hatten wir mal die diskussion. über schwule. und da gabs tatsächlich auch welche, also einer, der heißt jérémy, also {YouTube-Name des C Walkers}, der – also dem seine äußerung war schon- wie soll ich sagen- nicht angebracht. er hat halt gemeint, dass er das halt nicht verstehen kann, dass des von gott einfach nicht gewollt ist, dass ähm männer und männer halt ne beziehung führen oder frauen und frauen, wobei: unter frauen is es ja dann was anderes, weil da is es ja dann wengistens schön anzusehen, aber bei männern geht des überhaupt nicht! und ich hab dann auch meinen kommentar dazugeschrieben, was des eigentlich soll, diese einstellung, dass es so halt net klar geht, und- total altmodisch is, diese ansichtsweise, aber ja mein gott aber – ganz ehrlich, leute die walken, die hörn in der regel hip hop. und hast du schon mal jemanden schwulen gesehen der hip hop hört? (Maria, Telefoninterview am 03.12.2011)

Ein anderes Mal berichtet Maria, dass sie, nachdem sich ein C-Walk-Freund über Schmink-Videos lustig gemacht und behauptet hatte, er könne das besser als die meisten Mädchen, diesen zum Beweis drängte: Sie verlangte von ihm, binnen einer

---

163 Zumindest in der Gruppe um Nils herum äußern sich gute Freunde häufig sehr emotional und liebevoll in Kommentaren. Wie bereits erwähnt, sind auch Nils' Videos nicht alle typisch für den C Walk, was seine Darstellung als Mann angeht – er selbst scheint sich weniger am oben genannten Bild zu orientieren. Dabei ist aber anzumerken, dass er seine Beziehung zu Maria auf *YouTube* öffentlich macht, und diesbezüglich zumindest keine ernsthaften Vorwürfe fürchten muss, mehr dem homosexuellen Gegenentwurf von Männlichkeit als dem „normalen", heterosexuellen Entwurf zu entsprechen.

bestimmten Frist ein Schmink-Video zu produzieren und auf *YouTube* einzustellen, und ging, um der Sache Nachdruck zu verleihen und ihm einen Anknüpfungspunkt auf der Videoplattform zu bieten, mit gutem Beispiel voran (deswegen findet sich in ihrem C-Walk-Kanal auch ein einziges Schminkvideo, das übrigens auf große Resonanz stieß). Zwar begann der besagte Freund tatsächlich, ein solches Video zu produzieren, doch traute er sich nicht, es einzustellen. Maria kann das verstehen, findet es aber schade, denn ihr hätte diese kleine Irritation der bestehenden Ordnung gefallen (vgl. Maria, Telefoninterview am 03.12.2011).

Indem Maria mehr Toleranz und die Anerkennung alternativer Konzepte von Männlichkeit fordert, bricht sie die Reproduktion der männlichen und damit auch der weiblichen Geschlechterrolle durch männliche C Walkers auf. Sie irritiert die bestehende Ordnung für einen Augenblick und schafft zumindest Anreize zur Reflexion.

Nun hat die Geltung des dominanten Konzepts von Männlichkeit im C Walk auf *YouTube* auch eine positive Kehrseite hinsichtlich der Ermöglichung und Eröffnung von Handlungsraum im bestehenden gesamtgesellschaftlichen System. Sie erschließt sich, wenn man die Sicht erweitert: von einer Mikrosicht auf das Teilfeld C Walk auf eine Sicht der gesamtgesellschaftlichen Einbettung in den Alltag:

Nils hatte schon immer eine Leidenschaft für tänzerischen Ausdruck. Es eröffnete sich ihm jedoch in seinem Umfeld vor seiner Zeit als C Walker kein Zugang zum Tanz, den er als Junge als legitim und ehrenwert, also für sich gangbar betrachtete:

> **Interviewer:** sag mal, hast du früher eigentlich auch schon mal getanzt gehabt?
> **Nils:** des des des war ja das ding, bei mir war das so, ich hab popstars und dance-star geliebt, und wollt immer hip hop tanzen, aber ich konnts einfach nicht bzw. ich war zu faul, des zu lernen. in ne tanzschule wollt ich nicht gehen weils mir peinlich war-
> **Interviewer:** warum wars dir peinlich?
> **Nils:** weiß nicht. ein junge in ner hip hop tanzschule wo nur mädchen drin sind, und du kannst selber nix, und als junge ist das immer halt so, da kommt man sich dumm vor [...] (Maria/Nils, Interview am 30.10.2009)

Erst mit der Entdeckung des per se als männlich konnotierten Feldes des C Walk auf *YouTube* eröffnet sich ihm, gerade wegen des dort vorherrschenden Bildes von Männlichkeit, ein Raum, in dem er seiner Leidenschaft nachgehen kann:

> **Nils:** [...] ja und dann kams halt dazu, dass ich nen kumpel im internet kennengelernt hab, bei nem spiel wieder, da haben wir geredet, und der hat sich dann

6.5 Identitätsarbeit im C Walk auf YouTube

als ein walker ausgegeben, und gesagt guck mal das bin ich, und hat mich halt verarscht, und dann hab ich halt 's erste Video mal gesehen, das c-walk-video und fands saugeil und dann hab ich halt selber angefangen." (Ebd.)[164]

Inzwischen ist Nils innerhalb dieses Feldes in der sozialen Hierarchie aufgestiegen. Er hat viel jugendkulturelles und soziales Kapital angehäuft, er genießt Anerkennung und Respekt. Aus dieser Position heraus lässt sich aus der Abweichung vom „normalen" C Walker, die er beispielsweise mit seinem Video V. 8.2 praktiziert, in dem er sich nachdenklich und emotional zeigt, sogar Anerkennung generieren. Das ist schwer vorstellbar für einen Neuling im Feld, der nicht über ein entsprechendes Kapitalvermögen verfügt, über das er Respekt und Anerkennung sichert. So haben kapitalvermögende Akteure in besonderem Maße die Möglichkeit, Reproduktionsmuster zu durchbrechen und für die Aufweichung tradierter Normen – hier des männlichen Rollenmodells – zu sorgen. Das ist jedoch nur dann der Fall, wenn sie die Notwendigkeit dazu im Moment des Erreichens eines solchen sozialen Ranges (noch) verspüren, wenn der Druck, Rollenerwartungen gerecht werden zu müssen, überstanden wurde und anderen „Emporkömmlingen" den Weg in eine konkurrierende Position erschwert. Hier wird auch noch einmal deutlich, welche Bedeutung jugendkulturelles und soziales Kapital haben: Sie verhelfen zu Anerkennung und beeinflussen damit die Positionierung im Feld. Zugleich statten sie ihre Träger mit einer gewissen Definitionsmacht aus. Damit sind sie ein Einflussfaktor für die Eröffnung von Handlungs- und Identitätsräumen.

---

164 Dass es der C Walk als männlich konnotiertes Feld Nils Nils nun möglich erscheinen lässt, ein vorher als eher unmännlich wahrgenommenes Interesse zu verfolgen, weist darauf hin, dass das oben skizzierte Männerbild nicht nur im spezifischen jugendkulturellen Feld, sondern darüber hinaus als Orientierung bei der Konstruktion von Geschlechtsidentität relevant ist. Das legt nahe, dass die skizzierte Problematik (Empfindung subtilen Drucks und Einschränkung bei der Konstruktion der Geschlechtsidentität) auch außerhalb des spezifischen gesellschaftlichen Teilfeldes besteht, auch wenn dies in der vorliegenden Studie nicht empirisch überprüft werden kann.

b Weiblichkeit

> *„ich will net nach dem bewertet werden, was ich da oben hab, sondern nach dem, was ich da treib!"*
> (Maria, Interview am 26.10.2009)

Wenn auch das Weibliche im „Haupt-Jungentanz" (Sylvie, Interview am 8.2.2011) C Walk auf *YouTube* wenig präsent erscheint, so wird es doch stets mitgedacht: Gerade wegen der starken Orientierung am oben beschriebenen männlichen Entwurf dient es der Abgrenzung, auf die sich auch die Konstruktion von Männlichkeit bezieht. Es ist unverzichtbarer Gegenpol in der Dualität der Geschlechter und die zweite Säule, die das System aufrechterhält. Derart funktional gedacht, wäre es gar nicht notwendig, Mädchen oder Frauen eine *aktive* Rolle im C Walk zuzuweisen. Tatsächlich finden weibliche C Walkers zunächst keine geschlechtsspezifischen Entwürfe vor, an denen eine Orientierung stattfinden könnte. Das bedeutet nicht, dass Mädchen und junge Frauen in der Jugendkultur grundsätzlich abgelehnt würden: Alle Teilnehmerinnen haben vor allem positive Erfahrungen gemacht; die Jungen freuen sich häufig über die Präsenz der (wenigen) Mädchen, was sich unter anderem in deren Kommentaren ausdrückt (vgl. Sarah, Interview am 27.12.2010). Die Teilnehmerinnen gehen auch davon aus, dass sie aufgrund ihres Geschlechts weniger negative Kommentare erhalten als männliche C Walkers.

Was die Bewertung der tänzerischen Leistung angeht, werden unterschiedliche Maßstäbe angelegt: Videos von Mädchen werden besser bewertet als solche von Jungen, stellt Maria fest (s. unten) – eine Durchsicht der Kommentare bestätigt ihre Beobachtung. Darüber freuen sich die Mädchen zwar einerseits, als Kehrseite allerdings nimmt insbesondere Maria mit Bedauern wahr, dass sich die Bewertungen häufig nicht auf ihre Leistung beziehen (vgl. Maria, Interview am 26.10.2009). Für die Beantwortung der Frage, mit welchem Bild von Weiblichkeit sich Mädchen und junge Frauen im Feld auseinandersetzen, lohnt es sich auch hier wieder, zunächst die Aussagen des anderen Geschlechts, das hier zudem die größere Definitionsmacht hat, zu betrachten. Auf die Frage, wie sich Mädchen auf *YouTube* darstellen könnten, um Anerkennung zu erhalten, fokussiert Michael in seiner Antwort stark auf Äußerlichkeiten:

Interviewer: und wie sollt sich ein mädchen darstellen?
Michael: {überlegt} wenn ich hässlich wär als mädchen würd ich mich nicht auf youtube stellen. sie sollte schön sein {lacht}. weil natürlich, die jungs dann halt s-so wie ichs kenn dann sagen uäh und so iih {lacht} des is dann natürlich, des kommt nicht gut an.
Interviewer: sind so äußerlichkeiten sehr wichtig?

6.5 Identitätsarbeit im C Walk auf YouTube

Michael: find ich bei mädchen schon.

{...}

wenn jetzt ein mädchen halt klamotten findet dass es gut aussieht die andere eigentlich scheisse finden, dann is ja wieder des wiedersprochen was halt-

Interviewer: was passiert dann mit ihr?

Michael: ja dass sie halt gemobbt wird. man soll sich also schon ANPASSEN, find ich. (Interview am 07.10.2009)

{...}

Interviewer: okay. ähm, glaubst du dass die mädchen dann in gewisser weise eingeschränkt sind, wenn sie sich auf ner videoplattform darstellen wollen?

Michael: mädchen glaub schon eher.

Interviewer: eher als jungs? warum?

Michael: weils halt bei den jungs- bei den mädchen gehts dort nicht so unbedingt bei den- ähm ums aussehen, aber bei den jungs gehts bei den mädchen natürlich sehr ums aussehen. bei mir jetzt. also ich würd jetzt wenn ich ein mädchen jetzt total nett finde aber die so hässlich ist, würd ich niemals mit ihr zusammenkommen. – aus dem sinne weil dann halt auch die umgebung darauf negativ reagieren würde. (Interview am 07.10.2009)

Schönheit und Sexyness sind, aus männlicher Sicht, wichtige Attribute des Weiblichen.[165] Dabei wird Schönheit von Michael weniger subjektiv denn als normiertes Konzept gedacht: Schön ist, was allgemein als schön anerkannt wird. Die Schönheit der Freundin, so vermutet Michael, garantiert auch dem Freund Anerkennung. Allerdings ist auch diese Haltung nicht zu pauschalisieren: Nils ist der männliche Teilnehmer, der die differenziertesten Aussagen zu Geschlechterrollen im C Walk

---

165 Tanja Carstensen beobachtet eine häufige Reproduktion von stereotypen Geschlechterrollen auf dem sozialen Netzwerk StudiVZ, einem in Deutschland zu Beginn des Erhebungszeitraumes noch weit verbreiteten sozialen Netzwerk der Holtzbrinck-Gruppe, das zunehmend Marktanteile an *Facebook* verloren hat (vgl. o. V. 09.02.2012). Sie setzt sich mit der dort stattfindenden sozialen Konstruktion von Weiblichkeit und Männlichkeit auseinander und begründet ihre Beobachtung mit der zentralen Funktion der Plattform für das Flirten und die Partnersuche, weshalb das soziale Geschlecht als wichtigste Kategorie bei der Selbstdarstellung hervortrete (vgl. Carstensen 2009, S. 2). Bei den C Walkers auf *YouTube*, insbesondere Maria, ist dieses Nutzungsmotiv weniger zentral: „wenn ich jetzt zum beispiel schuelervz im vergleich nehm, is es eher langweilig. {...} weil ich ja schon nen freund hab, ich brauch halt keine neuen typen mehr kennenzulernen." (Maria, Interview am 26.10.2009) Dennoch wird Marias Selbstdarstellung zunächst häufig mit einer entsprechenden Haltung von Jungen rezipiert (s. Text oben).

macht und der ihnen selbst weniger streng verhaftet zu sein scheint. Während Michael und Jonathan beim gemeinsamen Surfen zunächst abweisend auf Marias Videos reagieren, in denen sie sich als C Walker in männlich wirkender Hopper-Kleidung präsentiert –

> **Michael:** also mit der würd ich nicht zusammenkommen wollen. {lacht} also des is jetzt nicht so-
> **Jonathan:** ne nicht unbedingt.
> **Michael:** sieht nicht so sehr nach mädchen aus. so ein mädchen mit hopper-klamotten is irgendwie ein bisschen komisch. (Interview am 03.11.2009)

beide sind durch die symbolische Neutralisierung des Geschlecht von Maria sichtlich irritiert –, findet Nils genau diese Darstellung Marias attraktiv, erlebt sich damit aber selbst als Ausnahme (vgl. Nils, Interview am 30.10.2009).

Auch wird passives Verhalten im Umgang mit dem anderen Geschlecht mitunter mit Weiblichkeit assoziiert. Ein eindrückliches Beispiel liefert Samir. Er stellt sich im Gespräch gerne als Unterstützer der Schwachen dar:

> „die wo keinen respekt haben. die wo wie so depps aussehen oder so. und genausowelche mag ich. also ich beschütz so welche. ich mags nicht wenn jemand so gedabbt wird, weil er so hässlich aussieht oder so. des kann ich gar nicht leiden." (Samir, Interview am 30.09.2009)

Seine abwertende Aussage zu einem Mädchen in seinem Umfeld, das Opfer von Cybermobbing geworden ist,[166] weil sie den Ruf hatte, sich auf viele Jungen oder Männer einzulassen und schließlich sehr jung Mutter wurde und vom Vater des Kindes verlassen wurde, erscheint da als starker Bruch:

> **Samir:** 's gab eine, aber ich glaub das wurde gelöscht, weil das war wirklich hart. sie heißt {Vor- und Nachname} aus {Name der Stadt und des Stadtteils}. und ja und da gibt's ein schlimmes video von ihr, dass sie fotos von ihr nur, und ein lied. und des geht um schlampe, um du bist ne hure, und du bist dies und all das und- ja.
> **Interviewer:** und was is dann mit ihr passiert?

---

166 Für aktuelle Daten zu Cybermobbing, s. Medienpädagogischer Forschungsverbund Südwest 2011, S. 39.

6.5 Identitätsarbeit im C Walk auf YouTube

Samir: ja nix, sie is- immer noch eine schlampe {lacht}. sie hat mit 15 jahren ein baby gekriegt. und- und und sie hat den mann- der mann hat sie verlassen uns sie hat gleich sich mit anderen männern getroffen- halt so wie ich so ältrige getroffen und des eine nur getan und so. ja.
Interviewer: und kennst du die persönlich?
Samir: ja.
Interviewer: wie gings der als die das video gesehen hat?
Samir: scheisse aber- 's is ja klar, wenn sies so jedem rumerzählt, und was weiß ich jedem sagt, dass sie mit dem schon hatte und dem und dem.
Interviewer: mhm. und weißt du wer des video reingemacht hat?
Samir: nein. des problem is, des wurde mir nur gezeigt. ich würd gern wissen, wer des gemacht hat. {lacht} aber ich weiß des nicht.
Interviewer: und dann?
Samir: ja nix, ich würd sagen gut gemacht!
Interviewer: ja. aber vorhin hast du ja gesagt du beschützt so leute, die so gedisst werden.
Samir: ja aber, des problem- des des is ja die WAHRheit dass sie ne schlampe IS!
Interviewer: ach so.
Samir: des is ja kein mädchen wo geschlagen wird oder so. die wird ja durchs internet so fertiggemacht. ich beschütz eher so leute, wo wirklich dann – so vor denen beleidigt wird und geschlagen und so. (Interview am 30.09.2009)

So wie Samir die Realität konstruiert, besteht offenbar kein Widerspruch zwischen seinem Anspruch, sich für Schwache und Unterdrückte einzusetzen, und seinen Äußerungen über das gemobbte Mädchen, für das er kein Mitgefühl empfinden kann. In seiner Realität hat sie „in Wahrheit" falsch gehandelt, deshalb verdient sie es jetzt nicht anders. Daraus spricht ein männlich konstruierter Ehrbergriff des Weiblichen, der auf Passivität und Enthaltsamkeit im Umgang mit Jungen und Männern setzt. Die Verantwortung des Vaters für die ehemalige Sexualpartnerin und das Kind werden von Samir gar nicht erwähnt. Diese traditionelle, vermutlich auch religiös und kulturell verwurzelte Vorstellung hat bei Samir ihren Ursprung vielleicht in seiner Sozialisation in einem traditionellen, islamisch geprägten Umfeld (vgl. Falldarstellung Samir), wobei es nicht viel Fantasie bedarf, um sich die Aussage im dem Mund eines mit traditionellen Werten aufgewachsenen Jugendlichen einer anderen Religion vorzustellen (s. dazu Baacke 2000, S. 53). Schon Erikson weist darauf hin, dass sich Jugendliche in der Phase der Verunsicherung ob ihrer eigenen Geschlechterrolle

> „für eine Weile durch diese unvertraute Lage hindurch[helfen], indem sie Cliquen bilden und sich selbst, ihre Ideale und ihre Feindbilder zu Stereotypen vereinfachen. [...] Es ist schwer, tolerant zu sein, wenn man im tiefsten Innern noch nicht ganz sicher ist, ob man ein richtiger Mann (eine richtige Frau) ist, ob man jemals einen Zusammenhang in sich finden und liebenswert erscheinen wird" (Erikson 1974c, S. 111).

Samirs Aussage verdeutlicht, wie gnadenlos Abweichungen von als legitim erachteten Identitätskonzepten hinsichtlich der Geschlechterrollen im Social Web verfolgt werden können.[167] Dabei ist es wichtig zu verstehen, dass für Einstellungen und den Umgang mit verschiedenen Geschlechterkonzepten auch andere Kontexte der Sozialisation als jugendkulturelle Räume im Social Web relevant sind: Die Konzepte, auf denen das Doing Gender aufbaut, werden nicht im C Walk mit *YouTube* erfunden, aber sie werden dort verhandelt, Orientierungen werden hier deutlich. *YouTube* ist nur ein weiterer Ort, an dem Doing Gender praktiziert wird. So sind auch hochproblematische Aspekte wie Mobbing im Social Web nicht dem Ort der Austragung, dem medialen Umfeld des Internet allein anzulasten. Sozialisation findet stets eingebettet in gesellschaftliche, soziale und kulturelle Kontexte statt, Sozialisationsinstanzen wie Familie, Peers, Schule und Massenmedien spielen hier eine wichtige Rolle (vgl. Eisemann 2007). Im Social Web, hier auf *YouTube*, werden solche Konzepte aufgegriffen, reproduziert und teilweise auf verhängnisvolle Weise verstärkt, was mit der Architektur der Mediendienste und der Struktur der hier herrschenden Kräftefelder zusammenhängt. Aber zurück zu Samirs Aussagen: Hier wird bezüglich der weiblichen Rolle im C Walk auf *YouTube* ein Bruch mit Michaels Forderung nach Schönheit und Sexyness deutlich. Und dieser Bruch stellt eine besondere Herausforderung für Mädchen und junge Frauen bei der Selbstdarstellung im Social Web dar, eine Gratwanderung zwischen den Gipfeln der anerkennungswürdigen Sexyness und dem Abgrund des Verlusts der weiblichen Ehre (während ein Junge durchaus Anerkennung genießt und es seiner Männlichkeit keinen Abbruch tut, wenn er aktiv zahlreiche Kontakte zu Frauen herstellt (vgl. Samir über Phùc im Interview am 30.09.2009)). Folgende Kanalkommentare zeigen diese widersprüchlichen Pole, zwischen denen sich die Mädchen und jungen Frauen im C Walk bewegen – zumal eine wie auch immer geartete Verortung in der binären

---

167 Besonders kritisch ist anzumerken, dass Samir die psychische Verletzung, die dem Mädchen zugefügt wird, als wenig schlimm betrachtet, obwohl er das Video als „wirklich hart" bezeichnet (zum Umgang Jugendlicher mit Gewalt im Internet (auch Mobbing) s. Grimm et al. 2008).

Geschlechterordnung für die Teilnahmer an den meisten sozialen Praktiken im Social Web als notwendig erachtet wird.[168] Sarah erhielt beispielsweise die unten zitierten Kommentare für ein Foto, das sie als Hintergrundbild auf ihrem Kanal eingestellt hatte:

X0XBoii
sexy pic __ xD
wadXXX
ja du muschi, schau doch mal dein hintergrundbild an xD

Wie aber nehmen de weiblichen C Walkers selbst die Konfrontation mit dem Rollenmodell wahr, und wie gehen sie damit um? Maria hat sich besonders zu Beginn ihres Engagements als C Walker auf *YouTube* einem männlichem Blick ausgesetzt gefühlt, der ihr unangenehm war:

Maria: ich kann dir mal ein video zeigen, da hab ich ein t-shirt angehabt, ein ganz normales t-shirt, ne? und dann- bei mädels ist das ja dann so {lachend} dass dann halt die oberweite ein bissl, mitwackelt oder was, und dann schreiben die jungs da halt drunter boah anna, deine möpse, und so, die haben schon bounce und so was weiß ich, ich will so halt net dargestellt wer- ich will net nach dem bewertet werden, was ich da oben hab, sondern nach dem, was ich da treib! und deswegen zieh ich halt dann auch so weite und lange sachen an.

Interviewer: ah das heißt daraufhin hast du's anders gemacht dann.

Maria: ja genau, also wie ich des dann da- ja. das ist mir peinlich {lacht} auf jeden fall. jaa. und dann hab ich so gedacht boah ne! des mach ich net mehr. so was, so was würd ich echt net mehr machen. das hat mir schon einmal gelangt. da ham ses dann auch wirklich übertrieben ein zwei mal, okay, wenn da jemand was sagt, okay da kann man drüber lachen, aber wenns dann ständig kommt, hat er auch mal was dazu geschrieben dass ses jetzt bitte mal lassen sollen. weil irgendwann mal gehts dann halt mal zu weit.

Interviewer: und das problem haben jungs auch? oder-

Maria: ne {lacht}. die finden- also es gab mal so ein fall bei- {lacht} bei jemandem von uns, der heisst {name} und da hat mal halt in der hose halt mal was, so andeutungen gesehen oder so aber, ich mein da hat man jetzt net so viel drüber geredet.

---

168 Die Studien von Heintz 1997 und Faulstich 2004 haben gezeigt, dass der Umgang mit Personen, deren soziales Geschlecht nicht erkennbar ist, für andere Menschen im Alltagshandeln nur schwer möglich ist (vgl. Gildemeister/Robert 2011, S. 97).

> **Interviewer:** da kamen dann keine kommentare dazu?
> **Maria:** nee ich glaub net. naja und deswegen. ich denk halt es gibt- also die meisten jungs, schreiben halt, dass des ziemlich unsexy ist halt mädels in so klamotten und keine ahnung, sieht man ja keine kurven oder irgendwas, da is ja nix weibliches mehr da, das geht einfach nur glatt runter. von der seite wie von vorne {lacht} einfach nur alles glatt runter. (Interview am 26.10.2009)

Sylvie hat ähnliche Erfahrungen als Mädchen im C Walk gemacht wie Maria:

> **Interviewer:** ein mädchen hat mir mal erzählt, dass sie in so nem engen t-shirt gewalkt hat, und dass dann so viele kommentare von jungs kamen, die auf ihre oberweite angespielt haben, und dass sie das unangenehm fand-
> **Sylvie:** jaa {räuspert sich} – es passiert auch. das passiert auch deswegen wie gesagt je nachdem wer will- ich hab- generell eigentlich nur videos in breiten klamotten drin, außer zwei stück, oder drei? und es wird halt immer so auf die figur angespielt, als mädchen. weil es machen halt fast nur jungs, und die jungs kommen immer an, ha, hier, has ne geile figur oder so was, aber- das überspielt man irgendwann. das- achtet man dann nicht mehr drauf. dann konzentriert man sich auf die kommentare die wirklich verbesserungsvorschläge geben, oder die sagen hey, du bis wirklich gut geworden- und da, achtete man dann eher drauf. also, es gibt diese kommentare, äh wo gibts die schon nicht! das is ja nicht nur beim walken so.
> **Interviewer:** stört dich das?
> **Sylvie:** eigentlich nicht. mich stört das nicht, ich mach mir da nichts draus. die sollen schreiben was sie wollen, dann ignorier ich das halt oder lösch die kommentare, und dann- ja. (Interview am 8.2.2011)

Während Sylvie die Nutzer-Kommentare nach brauchbarem Feedback und den in ihren Augen unbrauchbaren Kommentaren mit ausschließlichem Bezug auf ihr Aussehen filtert, stört Maria die Reduktion auf ihre körperlichen Reize stärker. Beide Mädchen haben eine Strategie entwickelt, um die Aufmerksamkeit davon weg und auf die Darstellung ihres Könnens zu lenken (ihr jugendkulturelles Kapital der Art tänzerischen Könnens (s. Kapitel 6.3.1.1)), für das sie ernsthaftes Feedback bekommen möchten: Sie verhüllen beim Tanzen ihren weiblichen Körper und kleiden sich eher geschlechtsneutral, auch wenn sie meist, für ihre Bekannten immer, als junge Frauen erkennbar bleiben. Für Maria ist dieses Vorgehen auf Dauer nicht befriedigend, sie gefällt sich in ihrer Weiblichkeit und möchte sich immer weniger verstecken: Zwei Jahre nach dem oben zitierten Gespräch berichtet sie

6.5 Identitätsarbeit im C Walk auf YouTube

in einem Telefoninterview, dass sie sich in stärker figurbetonter Kleidung besser gefällt und ihren Kleidungsstil beim Tanzen entsprechend geändert hat, sich aber eines kleinen Tricks bedient:

> **Maria:** wenn du dir jetzt auch mal meine videos anguckst, diese neueren eher, ich hab da zwar engere t-shirts AN, aber ich hab zum beispiel nen schal drüber nen großen, dass man halt nicht auf meine- äääh guckt, wie die da {lachend} wackeln oder was weiß ich, sondern dass da halt eher ein schal drauf liegt, dass des trotzdem halt immer noch – jaa. so bissl verdeckt ist und man halt eher wirklich des wahrnimmt was ich mach und net ähm was da wackelt oder net. (Telefoninterview am 03.12.2011).

Auch mit chauvinistischen Sprüchen mancher Jungen im C Walk (vgl. Kommentar unten) finden sich die Teilnehmerinnen bis zu einem gewissen Grad ab (vgl. u. a. Sylvie, Interview am 8.2.2011). Zum Beispiel mit solchen wie dem folgenden Kommentar, der auf Sarahs Kanal hinterlassen wurde:

SayXXX:
^^
{…} "women are good for 4 things cleaning, cooking, vagina and their sisters vagina" hahahahahahah

---

Diese „Anpassung" an das Feld im Sinne einer Toleranz für männliches Verhalten und Riten, von der Sylvie im Zitat spricht, bedeutet auch eine gewisse Ignoranz und Lockerheit gegenüber Symbolen und Bedeutungen, die Frauen eigentlich abwerten. So tanzt Maria beispielsweise in einem X-Way-Video ihren Solo-Part gleichberechtigt zwischen männlichen C Walkers, und just zu ihrer Walk-Einlage heißt es im Text des Liedes „Suck my dick!" (s. Abbildung 59).

Abb. 59 Maria walkt mit den männlichen Mitgliedern ihrer Crew. Ihr Walk endet auf die Textzeile im Lied „Suck my dick", ihr Heben der Arme und Achselzucken wirkt wie ein humorvoller Kommentar auf die vermutlich zufällige Text-Bild-Schere (© YouTube).

Die Aussagen der interviewten C-Walkerinnen lassen den Schluss zu, dass sich Mädchen im C Walk teilweise aktiv dagegen wehren, bloß als Begleitung oder attraktive Freundin wahrgenommen und in ihrer Identität auf diese Aspekte reduziert zu werden. Sie wollen auf gleicher Augenhöhe mit männlichen C Walkers agieren. Maria drückt im Telefongespräch explizit aus, dass sie es schätzt, beim C Walk – trotz der oben angeführten kritischen Punkte – eben nicht der typisch weiblichen Rolle entsprechen zu müssen, auch wenn sie die bei anderen Gelegenheiten gerne ausfüllt (vgl. dazu Telefoninterview am 03.12.2011).

> „dann vergess ich halt mehr dieses ah ich muss schön aussehen, und dann is für mich eher wichtig, dass des mit den schritten funktioniert. ja. (Maria, Telefoninterview am 03.12.2011)

Sylvie, die – wie auch Maria – aufgrund ihres Äußeren sicherlich auch Anerkennung im Sinne des oben genannten, als „typisch weiblich" empfundenen Geschlechterverständnisses generieren kann (vgl. dazu Marias Selbstdarstellung auf ihrem SchuelerVZ-Profil, die stärker dem weiblichen Bild entspricht), äußert sich explizit

6.5 Identitätsarbeit im C Walk auf YouTube

zu ihrer Aktivität in männlich dominierten Feldern und schlägt eine Brücke zu anderen Lebensbereichen, in denen sie ebenfalls gerne in Gesellschaft von Jungen ist, weil sie deren Aktivität schätzt:

Sylvie: {...} deswegen bin ich da MEISTENS in so ner jungengruppe drin. obs jetzt halt beim walken ist, wenn zum beispiel auch schulsport find ich. da ähm mess ich mich eher mit den jungs, als mit den mädchen. und wirklich- fünfzig prozent der mädchen is so- die machen nichts. die sitzen da, oh ich hab angst mir nen nagel abzubrechen, es ist zu anstrengend, da hab ich überhaupt keinen bock mehr drauf, und dann gibts so ein paar mädchen, drei, bei uns in der klasse ist das jetzt vielleicht bezogen auf vier mädchen. drei. da sagt man, da sagt auch der lehrer immer ey, die machen wenigstens was. passt euch denen doch mal an. die, sind wirklich immer dabei, die wollen auch immer mehr lernen, wollen auch wirklich immer aktiv dabei sein, und wenn dann der lehrer sagt, mädchen machen da zwei teams, und die jungs machen da zwei teams, das war total langweilig. deswegen gehen meistens die drei mädchen und ich dann zu den jungen und sagen hey, wir wollen hier bleiben. die da die sind wieder so in null bock stimmung. also ich find schulsport ist auch ein sehr gutes beispiel dafür.

Interviewer: bei uns war das noch getrennt.

Sylvie: boah wenn das getrennt gewesen wär, ich glaube ich hätte mich als junge verkleidet und wär immer zu den jungs gegangen. (Interview am 8.2.2011)

Da verwundert Sylvies Desinteresse an spezifischen Sozialräumen nur für Mädchen im Social Web nicht, wie sie beispielsweise mit Lizzy.net angeboten werden (vgl. Tillmann 2008; dies. 2010). Auf solche Angebote angesprochen, wehrt Sylvie ab:

Sylvie: also es gibt auch in bestimmten foren, wie zum beispiel cwalkin.com gibts halt so bestimmte bereiche, wo nur mädchen reinkönnen. wo halt sich die mädchen untereinander unterhalten. ja.

Interviewer: wer regelt des?

Sylvie: die administratoren. da gibts halt weibliche administratoren, und männliche. das is dann alles schon so abgeregelt- also es gibt solche seiten, aber ich finde das is nicht wirklich notwendig. weil wenn man sich wirklich an den walk anpassen will und alles, dann sollte man sich auch an die jungs da anpassen. weil ich find, wenn man- diesen bestimmten getrennten bereich hat, dann kommen wieder dumme sprüche, dass man denkt, dass man in dem punkt was besseres wär, und deswegen so nen abgetrennten bereich hat und so. also wäre so was da, würde ich es nicht nutzen. weil ich brauch so was nicht. (Interview am 8.2.2011)

Um auf gleicher Augenhöhe zu agieren, möchte Sylvie keine speziellen Räume für Mädchen aufsuchen, der die Dualität der Geschlechter in ihren Augen verstärkt. Sie empfände einen solchen Raum nicht als Schutzraum, den sie persönlich nicht benötige, sondern sähe darin eher einen exklusiven Raum, um sich als „etwas Besseres" zu fühlen. Das unterstreicht wiederum ihr positives, selbstbewusstes weibliches Selbstbild, das sie, wie auch Tillmann (2008) zeigt, nicht mit allen Mädchen teilt. Statt Schutzräume zu suchen, motivieren sich die wenigen aktiven Mädchen häufig gegenseitig, sich im Sinne der Jugendkultur tänzerisch weiterzuentwickeln und sich im C Walk zu positionieren (vgl. Sylvie, Interview am 8.2.2011).

Viele männliche C Walkers weisen nicht nur sich, sondern auch weiblichen C Walkers bestimmte Eigenschaften als natürlich zu. Dabei scheint immer wieder eine defizitäre Sicht des Weiblichen durch:

Interviewer: machen das eigentlich viele mädels auch?
Tai: nein weniger.
Interviewer: warum?
{...}
Tai: das ist- s is schwerer zu lernen. und mädchen können das nicht so gut, so beinkontrolle und so. (Tai, Interview am 30.07.2009)

Teilweise wird diese defizitäre Sichtweise auch von den Mädchen reproduziert. Das wird in Selbstaussagen der Teilnehmerinnen deutlich, in denen sie sich Dispositionen bzw. Defizite als „natürlich" zuschreiben. Es lässt sich hier keine Aussage dazu machen, ob diese Zuschreibungen stärker durch männliche Sichtweise oder durch eine Selbstzuschreibung der Frauen entstehen, jedenfalls sind beide Geschlechter an der Konstruktionsleistung beteiligt. Besonders auffällig ist die defizitäre Selbstzuschreibung, was medienproduktive Kompetenzen angeht. Alle Teilnehmerinnen äußern, dass sie ihre Videos entweder bis heute von anderen Nutzern schneiden lassen, oder dass es lange gedauert hat, bis sie ein Interesse daran entwickelten, sich mit entsprechenden Techniken auseinanderzusetzen (vgl. Maria, Interview am 26.10.2009; Sarah, Interview am 27.12.2010; Sylvie, Interview am 08.02.2011). Für männliche C Walkers stellt gerade die medienproduktive Kompetenz eine wichtige Art jugendkulturellen Kapitals dar (vgl. Kapitel 6.3.1.3). Alle männlichen Teilnehmer sind viel stärker als die weiblichen bestrebt, sich entsprechende Kompetenzen anzueignen und diese auszubauen (vgl. Michael und Jonathan im

6.5 Identitätsarbeit im C Walk auf YouTube

Interview am 03.11.2009; Nils im Interview am 30.10.2009)[169], bzw. sich zumindest als medientechnisch kompetent darzustellen (vgl. Samir, Interview am 30.09.2009). Weibliche C Walkers hingegen setzen an dieser Stelle eher ihr soziales Kapital ein, um sich die entsprechende Leistung im Tausch zu erhalten. Eine solche Verteilung der Kapitalarten beeinflusst folglich auch die Geschlechterordnung im Feld des C Walk auf *YouTube*.

Maria: also ich mein ich kanns {das Produzieren von Videos} ja net und ich hab ja leute dafür, die das ja dann machen. also ich denk mal dass, dass dass dann alle leute, also die ich jetzt zum beispiel kenn meine freunde und so =die orientieren sich dann halt immer an denen dies dann können, lassen sich des zeigen oder schicken denen dann grad des video und sagen mach mal! du kannst des besser wie ich und dann lad ichs grad noch auf meinen channel hoch.

Interviewer: mhm. und stört dich des net, des nicht selber zu können?

Maria: net so wirklich. also es gibt wichtigere sachen=wie zum beispiel schule! {Maria spricht die letzten Worte mit einem Lachen in Stimme, es ist nicht sicher, ob sie es ernst meit, oder aus Spaß, oder aufgrund sozialer Erwünschtheit antwortet. Allerdings ist das Bestehen des anstehenden Abiturs gerade ein wichtiges, teilweise auch belastendes Thema für sie}

Interviewer: und glaubst du dass es meistens die mädels sind, die das nicht so gut können, oder kann man das so nicht sagen?

---

169 **Interviewer:** wegen der technik, deine freundin hat gesagt, dass sie dich fragen würde weils dus besser kannst, wie wär das umgekehrt, wenn sie es besser könnte und du würdest sie fragen, wär das für dich okay, oder-? **Nils:** ich glaub das wär ganz und gar nicht okay! ich glaub dann würd ich mich ein paar nächte hinsetzen und ÜBEN, ganz einfach üben. weil des is einfach- ich weiß nicht, ich will- ich will so was nicht von meiner freundin machen lassen. **Interviewer:** okay. würdest du es eher von nem kumpel machen lassen? **Nils:** ja auf jeden fall. **Interviewer:** woran liegt das? **Nils:** ich weiß nicht. woran liegt des? unterwürfigkeit. man will sich nicht so unterwerfen in ner beziehung. da frägt man halt lieber nen guten kumpel, ob ers macht. **Interviewer:** aber sie machts ja. warum is es dann für sie kein problem? **Nils:** ich denk eher weil se halt zu faul is, des selber zu lernen. oder des halt nicht will weil se andere interessen hat. **Interviewer:** und glaubst du für sie is es dann kein blödes problem, unterwürfigkeit oder so was? **Nils:** nene. **Interviewer:** warum nicht? **Nils:** sie hat einfach die anderen interessen und, ich weiß nicht. ihr macht des nich so spaß weil mir macht des ja auch sogar spass so was deswegen mach ich das. und sie hat andere interessen. (Interview am 30.10.2009)

Maria: also doch, eigentlich schon also ich denk dass die mädels im größten- im doch im weitesten eigentlich technisch net so begabt sind wie die jungs. die können so was schon besser.

Interviewer: woran liegt denn das?

Maria: ich weiß net ich glaub jungs denken einfach ein bisschen, logischer und direkter und alles und deswegen sind jungs auch meistens besser in mathe, denk ich. ja also ich kenn wenige mädels die gut sind in mathe. oder mit technischen sachen. auch die jungs im informatikunterricht haben meist bessere noten wie wir.

Interviewer: mhm. meinst du des liegt daran, dass die mädchen das nicht so gut können, oder liegts daran, dass man immer denkt mädchen könnens nicht so gut und deswegen ähm probieren sies gar nicht?

Maria: ja. ich denk mal dass es auch zum teil bissl klischeehaft ist, so wie ichs auch grad gesagt hab, aber ich glaub einfach dass mädels nicht so das talent dafür haben so für technische und logische sachen wie männer=es gibt auch ausnahmen ich hab auch ne mathelehrerin ist ja kein ding es GIBT auch ausnahmen, aber ich glaub jungs können so was einfach besser. – dafür sind mädchen halt in andere bereiche- in anderen bereichen begabter.

Interviewer: zum beispiel?

Maria: keine ahnung, künstlerisch zum beispiel, ham se da mehr geduld für oder so.

{...}

Interviewer: fändest dus dann eher toll wenn ne frau dann so was kann, oder ist es eher- oder findest dus eher erstrebenswert, wenn ne frau dann in diesen-

Maria: -klischee-

Interviewer: -weiblichen dingen besonders gut ist?

Maria: also ich finds, TOLL wenn ne frau sich durchsetzen kann, und- sind bei- also wenn ich jetzt mal von mir ausgeh, ich glaub einfach dass ziemlich wenige mädchen sich so anziehen wie ich so mit weiten klamotten oder so=ich geh auch so in die schule=ich hab damit gar kein problem, aber da wird man dann auch mal so schräg angeguckt, so wie läuft denn die rum und alles gell, bei jungs ist des sonst schon mal ne sache wenn er dann so mit seinen weiten klamotten da rumläuft da gucken ihn dann auch schon die leute an, aber wenn man dann noch ein mädchen damit sieht, ach gott. das is schlimm. aber ich hab damit keine probleme. (Interview am 26.10.2009)

6.5 Identitätsarbeit im C Walk auf YouTube

Prinzipiell ist es problematisch, dass Defizite bezüglich bestimmter Kompetenzen als natürlich angesehen werden, weil diese Annahme nahelegt, dass solche Kompetenzen erstens von Mädchen und Frauen per se gar nicht oder nur schwer erwerbbar sind. Zweitens werden spezifische Defizite, beispielsweise die von Maria unterstellte Unfähigkeit, mathematisch zu denken oder technische Arbeiten leisten zu können, sogar gepflegt, um sich als weiblich zu definieren (das kann in anderen Bereichen auch für Männer gelten, beispielsweise beim Umgang mit Emotionen). Zu ihrer Überwindung besteht dann unter Umständen gar kein Anreiz. Das schränkt allerdings erstens den Handlungsraum ein und führt zweitens zu einer systematischen Abhängigkeit von Subjekten, die sich mit dem Gegenkonzept definieren: in diesem Fall einer Männlichkeit, der eben diese Attribute zugeschrieben werden. Eine Abhängigkeit entsteht, die sich im Tauschhandeln mit sozialem Kapital ausdrückt (als Einsatz der weiblichen C Walkers) für jugendkulturelles Kapital (inkorporiert durch männliche C Walkers): wenn beispielsweise von männlichen Teilnehmern jugendkulturelles Kapital wie die Kompetenz, Videos zu schneiden, im Tausch mit einer Teilnehmerin gegen soziales Kapital bzw. ihre Aufmerksamkeit eingesetzt wird. Das ist im Einzelfall nicht problematisch, wird aber kritisch, wenn es als Verhaltensmuster habitualisiert und das Defizit als legitimes oder sogar natürliches Merkmal des Weiblichen betrachtet wird.

Die „krasse Aufteilung" (Nils, Interview am 30.10.2009) in männlich und weiblich, die Nils auf *YouTube* beobachtet und die zu einer Engführung der Konzepte des Weiblichen ebenso wie des Männlichen führt, wird im C Walk insbesondere durch die weiblichen Akteure aufgebrochen: Denn es muss unterstrichen werden, dass diese allesamt in einer als nicht typisch weiblich im traditionellen Sinne angesehen Art und Weise in einem männlich dominierten und von männlichen Symbolen und Riten durchsetzen Feld agieren und sich präsentieren. Dabei entwickeln sie Aspekte ihrer Identität und setzen sie sich zwangsläufig mit dem oben genannten weiblichen, passiven Rollenbild auseinander, dem viele männliche C Walkers, aber auch Mädchen und junge Frauen selbst, mehr oder weniger verhaftet sind.

Auch wenn der Erlebensraum C Walk auf *YouTube* erst im Handeln entsteht und seine auf Normierungen basierende Feldstruktur von den Akteuren selbst konstruiert wird, zeigt sich, dass sowohl Mädchen als auch Jungen mit sehr rigiden, in unserer Gesellschaft überholt geglaubten Geschlechterrollenkonzepten konfrontiert werden. Die Konzepte von Weiblichkeit und Männlichkeit legen im C Walk (solange sie nicht durchbrochen werden) Handlungsrahmen für Mädchen und Jungen fest, die umso undurchlässiger sind, je stärker normierte weibliche und männliche Eigenschaften als natürlich gegeben wahrgenommen werden. Denn dann sind sie der kritischen Reflexion kaum ohne äußere Impulse oder erst nach dem Empfinden stark belastender Brüche zwischen eigenen Identitätsaspekten und den Anforderungen des Feldes zugänglich.

Mädchen werden im C Walk auf *YouTube* mit einem Rollenverständnis konfrontiert, das stark auf Äußerlichkeiten und Schönheit fokussiert, aber wenig auf aktive Partizipation und Leistung aufbaut. Ihnen wird dabei eine Gratwanderung abverlangt: Zwar werden sie anerkannt, wenn sie sexy und begehrenswert sind. Schnell schlägt die Anerkennung aber um, sodass sie als ehrlose „Schlampe" ausgestoßen werden. Sich auf diesem Grat zu bewegen oder andere Wege zu finden, mit denen sich Anerkennung generieren lässt, ist eine Herausforderung an die Mädchen und jungen Frauen im C Walk. Jungen hingegen sehen sich mit einem stark machohaften Männlichkeitsbild konfrontiert, dem entsprechen zu müssen – teilweise gegen die Entfaltung eigener Identitätsaspekte – einen subtilen Druck ausüben kann, der als Belastung wahrgenommen wird. Dieser wird vor allem unter den männlichen Jugendlichen im Feld (re-)produziert, wobei Abgrenzungspraktiken als Teil des Doing Gender mit der gnadenlosen Abwertung alternativer Konzepte von Männlichkeit einhergehen können („no homo!").

Unter den oben genannten Bedingungen gelingt es den wenigen im C Walk aktiven Mädchen häufig, das einengende weibliche Rollenbild zu durchbrechen: Indem sie aktiv an den zuerst als unweiblich empfundenen Praktiken in der männlich dominierten Jugendkultur teilnehmen. Sie schaffen es – wenn auch mit einigen Schwierigkeiten – Anerkennung für andere als die typisch weiblich wahrgenommenen Eigenschaften zu generieren: für die Positionierung im Feld durch das „Zeigen, was man kann" im Wettstreit mit anderen Akteuren. Für Jungen ist es schwieriger, das im Feld dominante männliche Rollenverständnis aufzubrechen: Nur wer über hohes jugendkulturelles und soziales Kapital verfügt und entsprechend respektiert wird, kann Abweichungen riskieren, ohne von vornherein in einen Strudel der Ablehnung zu geraten, der ihm den Erwerb sozialen und virtuellen sozialen Kapitals und damit eine erfolgreiche Positionierung im Feld erheblich erschwert. Männliche C Walkers beobachten sich sehr genau gegenseitig und sanktionieren Abweichungen vom normierten Verhalten unmittelbar öffentlich – mit starker Sogwirkung bezüglich der Meinungsbildung anderer C Walkers. Interessanterweise sind es gerade die wenigen Mädchen im C Walk, die allein durch ihre Präsenz im Feld und ihre Forderung der aktiven Teilnahme auf Augenhöhe zu einer Irritation eingrenzender Geschlechterkonzepte beitragen. Ihre Anwesenheit und ihre Beiträge zu Diskussionen um Männlichkeit, die sie – im Gegensatz zu den Jungen – ohne Risiko der Verletzung der eigenen, in der Entstehung befindlichen Geschlechtsidentität einbringen können, tragen zur Reflexion darüber bei, ob alle geschlechtsspezifische Zuweisungen wirklich „natürlich" sind. Sie wirken bezüglich der Geschlechterrollen dem von Jörissen kürzlich beschriebenen „Echokammer-Effekt" (Jörissen 2012, S. 64) entgegen: der Tendenz in sozialen Netzwerken, Anderes zu unterdrücken und Ähnliches zu fördern.

6.6 Dynamisierung von Aneignungsprozessen

In Kapitel 6.1.3 wurde die Konstitution von sozialem Raum im C Walk auf *YouTube* betrachtet. Mit diesem Raum sind auch physische Orte verknüpft: mit symbolischen Bezügen, oder weil dort in jugendkulturellen Praktiken Platzierungen und symbolische Markierungen stattfinden, die raumkonstituierend sind.[170] Die Aneignung solcher physischen oder territorialen Orte ist auch Bestandteil der Aneignung der sozialen und kulturellen Welt *außerhalb* des C Walk, sie weist über den jugendkulturellen Raum hinaus. Die Motivation, aktiv und eigenproduktiv an der Jugendkultur C Walk teilzunehmen, dynamisiert Aneignungsprozesse. Aneignung wird, um an Baackes Begriffe anzuknüpfen (s. Kapitel 6.1.1), vollzogen im ökologischen Nahraum, in ökologischen Ausschnitten bis hinein in die ökologische Peripherie. Die Wahrnehmung des Erlebensraumes C Walk im Online- und Offline-Raum wirkt damit einer „Verinselung", wie sie Zeiher vor allem für Kinder in Großstädten beschreibt (s. ebd.), entgegen.

Um C Walk-Praktiken ausführen zu können, sind geeignete Orte notwendig. Entlang der Anforderungen werden Orte über alle ökologischen Zonen hinweg angeeignet.

a Symbolische Bedeutung territorialer Orte

Unabhängig vom Wohnort des C Walkers, von seinem Herkunftsmilieu, von seinem Geschlecht oder seiner Lebenslage werden häufig folgende Orte als Kulisse für Videos ausgewählt und dabei umgedeutet: mit Graffiti besprühte Wände (vgl. z. B. Michael, Interview am 07.10.2009; s. Maria V. 7.4; Nils V. 8.2), Parkplätze (vgl. Michael, Interview am 07.10.2009) oder Parkhäuser, Straßen mit Hochhäusern (vgl. Michael, Interview am 07.10.2009), Unterführungen, Durchgänge und Treppen (s. Nils, V. 8.2), Bahnhöfe (s. Nils, V. 8.4, V. 8.5), große, städtische Plätze, Gehsteige

---

170 Das Funktionsprinzip der Platzierungen und Markierungen an *physischen* Orten wird von Löw ausgiebig beschrieben (vgl. Kapitel 6.1.2), auf eine theoretische Darstellung für den C Walk wurde hier deswegen verzichtet. Die andersartige Positionierung symbolischer Objekte und die symbolischen Markierungen an Online-Orten werden in Kapitel 6.1.3 ausführlich behandelt.

und Fußgängerzonen (s. V. 8.3). Orte, die symbolisch auf die Welt der Straße[171] und der US-amerikanischen Großstadt verweisen, insbesondere des „Ghettos" als Ursprungsort des C Walk, bzw. auf die (medienvermittelte) Vorstellung deutscher C Walkers von diesen Orten.[172] So beispielsweise bei Michael, der in einem gepflegten, eher gehobenen Wohngebiet in einem bürgerlichen Vorort einer großen süddeutschen Stadt lebt: „des soll schon ein bisschen so- ghetto aussehen" (Michael, Interview am 03.11.2009):

> **Interviewer:** und an welchen orten machst du des am liebsten?
> **Michael:** also man machts halt so dass es cool aussieht, also wirrrr- ich such mir speziell- orte, zum beispiel, dieses ja des is auch ghetto. {...} ich bin jetzt halt nicht der der in so nem ghetto wohnung wohnt, obwohl ich halt eigentlich diesen style halt hab, und auch so, und ähm, ich mach zum beispiel vor hochhäusern uns so also vor diesen block-wohnungen vor diesen richtigen, des is bei uns in {stadteil x} auch oben, ja und dann auch vor graffitis natürlich richtig geil, des ham wir auch gemacht, oder so vor wos halt dann wirklich aussieht als obs halt im ghetto wär. sodass halt passt. und des neulich ham wir auch im jugendhaus gemacht, weil da is auch so richtig geiles graffiti unten in der tanzhalle, ja. (Interview am 07.10.2009)

Es finden aber auch Abweichungen von dieser typischen Auswahl von Drehorten statt:[173] In den Videos, die von den Teilnehmern stammen oder von ihnen thematisiert werden, finden sich als Drehorte zum Beispiel ein Waldweg oder der nahegelegene Lieblingspark mit der Sicht auf ein barockes Schloss (vgl. Sarah, Interview am 27.12.2010). Damit lösen sich die Teilnehmer von der typischen Ästhetik des C Walk. Stattdessen wird symbolisch auf Aspekte der eigenen Lebenswelt verwiesen. Bei Sarah geht es darum, an einem Ort zu filmen, den sie gerne aufsucht und mit dem sie persönlich etwas verbindet.

Die Funktion von Orten wird symbolisch umgedeutet, wenn C Walkers sie ungeachtet des von der Erwachsenenwelt zugewiesenen Behavioral Setting erschließen

---

171 Die Straße als Ort, dem bestimmte Eigenschaften (Freiheit, Verruchtheit, Erwachsensein, Zugang zur Ferne etc.) zugewiesen werden, ist für Jugendliche besonders bedeutungsvoll (vgl. u. a. Baacke 2000).

172 Einzige Ausnahme ist Phùc, der seine Videos meist in der Tanzschule der Eltern seiner Freundin aufnimmt, wo er auch Tanzunterricht gibt.

173 Möglicherweise ließen sich hier mit einem anderen Forschungsdesign und einer erheblich höheren Fallzahl weitere Erkenntnisse zu feinen Nuancen in der Symbolverwendung je nach Herkunftsmilieu generieren.

(vgl. dazu Baacke 1984, S. 81): Die Unterführung dient nicht mehr der schnellen Passage, der Parkplatz nicht dem Abstellen eines Autos, die Betonwand hat nicht die Funktion von Schallschutz – das Funktionale der modernen Großstadt wird zum Dekorativen, zur Kulisse von Urbanität. Die symbolische Aneignung in Orientierung am Symbolvorrat des C Walk ermöglicht es, ausgerechnet solche Orte zu erschließen und für sich mit positiven Erfahrungen zu besetzen, sie also in das eigene „Revier" (Baacke 2000, S. 74) zu integrieren, die in ihrer reinen Funktionalität gemeinhin als besonders abweisend oder hässlich wahrgenommen werden und keinen Aufenthaltswert zu haben scheinen.

Niesyto verwendet den Begriff des Symbol-Milieus, um den „Zusammenhang von soziokulturellem Milieu und symbolischer Darstellung" zu beschreiben (Niesyto 1991, S. 169; s. u. a. auch Niesyto 2001b, S. 59; Niesyto 2002). In dieser Studie lässt sich bei den C Walkers kein empirisch begründbarer Zusammenhang zwischen der Symbolwelt und dem sozialen Milieu der Teilnehmer herstellen. Im Gegenteil nutzen hier Jugendliche ganz unterschiedlicher Milieus dieselben Symbole einer Jugendkultur, auch wenn diese Symbole *ursprünglich* milieuspezifisch sind. Allerdings variiert die *Motivation* für die Symbolverwendung je nach Lebenslage: Während beispielsweise Michael, Sohn eines wohlsituierten Ärzteehepaares, die seinem Herkunftsmilieu fremden Symbole der „Straße" funktional nutzt, um seiner Selbstdarstellung einen stärker verruchten, roheren Charakter zu verleihen, erlebt Samir, Sohn algerischer Immigranten, diese Symbolwelt stärker als seiner Alltagswelt zugehörig, zum Beispiel dem „Araberhof", wo er sich häufig aufhält und sozial integriert ist. Die Form der Aneignung ist also je nach Lebenslage eine andere, das verwendete Symbolmaterial gleicht sich innerhalb der Jugendkultur weitgehend. So wäre hier eher von Aneignungsmilieus als von Symbolmilieus zu sprechen.

Manchmal wird, neben der oben angesprochenen Bemühung, auch die bürgerlichste oder ländlichste deutsche Wohngegend urban nach US-amerikanischem Vorbild aussehen zu lassen, eine starke Identifikation mit dem Wohnort und ein Gefühl der Zugehörigkeit zur dort ansässigen C Walk-Szene ausgedrückt, wie beispielsweise von Tai, der neben der Lokalität seiner aktuellen Heimat, unter anderem mit seinem Benutzernamen, zugleich auch seine vietnamesischen Wurzeln als Aspekt seiner Persönlichkeit betont:

Interviewer: ja. aber wollt ihr auch zeigen, dass der ort wichtig ist? also das IHR dann zum beispiel aus {x-stadt} seid, oder so?

Tai: ja auch manchmal. zum beispiel bei dem video da steht ja auch six way und dann in {x-stadt}. da steht ja groß {x-stadt} drauf. und dann weiß jeder, die kommen aus {x-stadt}.

Interviewer: seit ihr denn stolz drauf, aus [x-]-
Tai: -klar sind wir stolz auf {x-stadt}. dass wir hier in {x-stadt} sein dürfen und so. ich find {x-stadt} ist ne tolle stadt! da gibts voll viel, so. hier gibts viele beatboxer, hier gibts viele tänzer, hier gibts viele jugendhäuser die so voll ok sind, so wie hier, viele nette leute so, viele gute läden so in {x-stadt}, da gibts die ganzen hiphop-läden, ich würd sagen {x-stadt} ist schon cool - - - oder [name des fußballvereins von x-stadt]. jeder kennt doch [name des fußballvereins von x-stadt]. man wohnt in {x-stadt} und dann kann man so sagen, hey, ich spiel {name des fußballvereins von x-stadt} {Tai lacht}. (Interview am 30.07.2009).[174]

b Technische Eignung territorialer Orte zum Walken

Ein weiteres Kriterium zur Auswahl des Drehorts und damit zur Aneignung von Raum ist dessen **Eignung zum Tanzen**, vor allem hinsichtlich des Untergrunds – meist werden ebene, feste Böden bevorzugt, zum Beispiel Straßenbeläge. Allerdings wird beispielsweise die kreative Idee des Walkens auf Eis, das sich aufgrund der Glätte eigentlich schlecht eignet, wegen der erhöhten Schwierigkeit von manchen Teilnehmern als besonders anerkennungswürdig betrachtet.

c Erreichbarkeit territorialer Orte

Über alle genannten Zonen hinweg ist die Erreichbarkeit eines Ortes ein wichtiges Auswahlkriterium für seine Aneignung (vgl. beispielsweise Michael, Interview am 07.10.2009). Mobilität ist, sobald es über den Nahraum hinausgeht, mit Kosten verbunden (an dieser Stelle spielt das ökonomische Kapital in das Feld hinein). Besondere Bedeutung für die eigenständige Aneignung der Welt an entfernteren Orten kommt deshalb insbesondere für finanziell schwächer ausgestatte C Walkers dem Angebot des öffentlichen Nahverkehrs mit speziellen Verbundtickets für Schüler und Auszubildenden, günstigen Angeboten der Bahn wie Ländertickets oder Sparpreis-Tickets für den Fernverkehr zu (vgl. beispielsweise Maria, Interview am 26.10.2009; Sylvie, Interview am 8.2.2011; Tai, Interview am 30.07.2009).

---

174 S. zur Betonung der eigenen Lokalität z. B. Maria in Kb.7, Maria, Interview am 26.10.2009; Kanalkommentare, z. B. auf Marias Kanal: „ööh ich komm aus potsdam xDD liegt nen bissle entfernt von Berlin xD", s. a. Maria, Interview am 26.10.2009).

6.6.1 Aneignung über verschiedene Zonen hinweg

a Das ökologische Zentrum als Hinterbühne

Die Teilnehmer der Studie äußern, dass zum Erlernen des C Walk der heimische Computer sehr wichtig ist, der in den meisten Fällen im eigenen Zimmer steht: Hier werden Tutorial Videos auf *YouTube* angeschaut und die Schritte ein erstes Mal eingeübt. Deshalb liegt die Vermutung nahe, dass in den eigenen Zimmern auch Videos aufgenommen werden, zum Beispiel mit der Webcam (s. Glossar) des Computers. Die empirischen Daten zeigen aber, dass private Räume in der eigenen Wohnung, die nach Baacke dem ökologischen Zentrum zuzurechnen sind, von den Teilnehmern kaum als Drehorte für C-Walk-Videos genutzt werden und nicht in die symbolische Konstruktion des Sozialraumes C Walk auf *YouTube* eingehen.[175] Nach Baacke ist es

> „gerade für den Adoleszenten [...] wichtig, dass für ihn eine *Intim-Zone* zur Verfügung steht, die seinem wachsenden Distanzierungsbedürfnis entspricht. Die ‚eigene Welt', die so entstehen kann, ist oft der verräumlichte Ausdruck der eigenen Erwartungen, Interessen und Wünsche" (Baacke 2000, S. 74, Hervorhebung im Original).

In seiner Existenz neben dem persönlichen Online-Ort des *YouTube*-Kanals und anderer sozialer Netzwerke oder privater Internetseiten gewinnt das häusliche Zimmer für die Teilnehmer an dieser Studie (die Aussage kann nicht für Selbstdarstellungen in anderen Kontexten pauschalisiert werden) die Bedeutung einer Hinterbühne: Hier bereiten die C Walkers ihre Präsentation vor, in der Regel wird aber kein Einblick in diesen intimen Raum gewährt (vgl. z. B. Michael, Interview am 07.10.2009). Das Private wird nicht wahllos veröffentlicht, auch wenn der symbolische Ausdruck von Zugehörigkeiten und Abgrenzungen an die als funktional empfundenen Orte im Internet verlagert wird.[176] Impression Management ist dort besser möglich:

> **Interviewer:** würdest du in deinem zimmer was filmen und das dann reinstellen?
> **Tai:** weiß nicht, aus meinem zimmer, weiß nicht. vielleicht ist das auch schlecht. zum beispiel er kann was, was gutes, filmt in seinem zimmer, man mag die person an sich, im hintergrund poster tokio hotel. {lacht} da kommt des halt

---

[175] Maria drehte allerdings ihr einziges „Schuhvideo" im eigenen Zimmer. Allerdings ist dort nicht viel vom Hintergrund zu erkennen.

[176] S. beispielsweise die symbolisch-performative Darstellung und öffentliche Konstruktion der Paarbeziehung zwischen Maria und Nils.

auch so rüber. und wenn man tokio hotel nicht mag dann denkt man halt so äh der ist bestimmt voll so und so und dann kommt das auch so negativ rüber. {...}

Interviewer: mhm aber stell dir mal vor, du würdest in deinem zimmer jetzt ein video machen. und würdest du dann drauf achten, dass man manchen sachen, die da stehen oder hängen oder liegen-

Tai: -auf jeden fall. auf jeden fall.

Interviewer: nämlich, kannst du mir sagen was?

Tai: in meinem zimmer, ich war früher the-rasmus-fan, so ne rockgruppe, und oben auf meinem schrank ist noch so sesamstraße so ein karton, ganze spielzeugsachen, und oben auf meinem schrank ist auch noch so äm so ne kiste mit beyblade nennt man des, das sind so kreisel, die kann man so drehen, dann kämpfen die so gegenander. und halt so ganz viele kindersachen noch von mir, und äh was is da noch, ah ja mein bett, gell, neben meinem bett da is so- aber jetzt nicht lachen, gell?

Interviewer: nein.

Tai: ja da da is so ein diddl, so ein plüschtier.

Interviewer: und warum würdst du das jetzt zum beispiel nicht zeigen?

Tai: weil das so so so so pussy kommt. das kommt dann so- weiß nicht.

(Interview am 30.07.2009)

Die Möglichkeit der Kontrolle der Privatsphäre bei der Selbstdarstellung auf der Videoplattform *YouTube* wird geschätzt; „man kann da halt auch seine privatsphäre mit machen" (Tai, Interview am 30.07.2009; vgl. a. Samir, Interview am 30.09.2009).[177] Interessant ist auch, dass Privatsphäre in der Vorstellung von Tai nichts ist, das man *hat* und das es zu schützen und zu erhalten gilt, sondern etwas, das man *macht*, das man aktiv konstruieren muss, wenn alles potentiell öffentlich ist. Das Private behält trotzdem einen hohen Wert für eine geschützte Auseinandersetzung mit sich und der Welt. Es wäre interessant, den Aspekt der Wahrnehmung des Privaten und des Öffentlichen durch junge Menschen hinsichtlich der veränderten Aneignung

---

177 Die ARD/ZDF-Online-Forschung zeigt, dass die Gefahren im Netz von immer mehr Nutzern wahrgenommen werden und dass im Jahr 2012 immerhin der Großteil der Nutzer von Communities im Social Web Privatsphäreeinstellungen auf den eigenen Profilen vornimmt (76 % der 14- bis 19-Jährigen und 83 % der 20- bis 29-Jährigen). Zugleich verdeutlicht das, dass hier insbesondere bei jüngeren Nutzern weiterhin Aufklärungsbedarf besteht.

6.6 Dynamisierung von Aneignungsprozessen

von Welt in online-offline-vernetzten Räumen ausgiebiger zu ergründen, auch vor dem Hintergrund der Kommerzialisierung des privaten Raums als wirtschaftliche Ressource im Social Web.

b Ein neuer Blick für den ökologischen Nahraum

Am Dreh außerhalb des privaten Raumes der Wohnung wird die Möglichkeit der symbolischen Anknüpfung an die Welt der Straße als Welt der Erwachsenen geschätzt. Auch aufgrund der geringeren Gefahr einer unbeabsichtigten Offenbarung von Dingen, die als sehr privat oder sensibel betrachtet werden, weil sie das zu vermittelnde Bild des Selbst möglicherweise stören könnten (Impression Management); zum Beispiel, wenn es darum geht, die eigene Geschlechterrolle zu definieren und sich symbolisch entsprechend zu verorten. So wird die Nachbarschaft des ökologischen Zentrums mit einem neuen Blick erkundet und sich angeeignet: auf der Suche nach geeigneten Orten zum Tanzen allein oder mit Freunden und zum Drehen von Videos, die später veröffentlicht werden sollen.

c Übernahme sozialer Rollen in ökologischen Ausschnitten

Seltener werden von den Teilnehmern zum Tanzen und Produzieren von Videos halböffentliche Räume aufgesucht, beispielsweise der Proberaum einer Tanzschule mit seinem speziellen Boden und seinen Spiegeln (vgl. Phùc, Interview am 30.09.2009), oder institutionelle Räume, die eine gewisse Anpassung an Regeln fordern und die Übernahme bestimmter Rollen fördern, wie ein Raum in einem Jugendhaus, der unter anderem wegen der vorhandenen Graffitis aufgesucht wird, die als Kulisse dienen (vgl. Michael, Interview am 07.10.2009). In beiden Fällen werden diese Räume zwangsläufig auch in ihrer sozialen oder kulturellen Bedeutung außerhalb des C Walk wahrgenommen und befördern die Übernahme sozialer Rollen. So verdient Phùc in der Tanzschule inzwischen Geld, indem er dort Kurse gibt. Dabei erlebt er sich in der Rolle des Trainers, der Verantwortung für seine Schüler übernimmt. Ein Sozialarbeiter des Jugendhauses berichtet Ähnliches über Michael und Jonathan, die, als Angehörige eines für den Besucherkreis des Hauses eher untypischen Milieus, den Ort zunächst als Proberaum für sich entdeckt hatten. Inzwischen sind beide stärker in die Gemeinschaft der Jugendlichen und Sozialarbeiter integriert, haben an gemeinsamen Angeboten teilgenommen und diese als C Walkers mitgestaltet, die – auch als Anfänger – anderen Jugendlichen etwas beibringen können.

d Mach dich auf! – Aneignung in der ökologischen Peripherie

Die Jugendkultur des C Walk fördert mit zunehmender sozialer Involviertheit auch den Wunsch, sich aus der alltäglich erlebten Zone des ökologischen Nahraums und der ökologischen Ausschnitte hinauszubewegen an Orte der ökologischen Peripherie – gelegentlich aufgesuchte Stätten, die nach Baacke alternative Sichtweisen zu denen aus der unmittelbaren Umwelt eröffnen und denen er große Bedeutung für die Entwicklung zu einem gesellschaftsfähigen Individuum zuweist. Das hat insbesondere in einer demokratischen Gesellschaft große Bedeutung, in der es auch darauf ankommt, andere Perspektiven einzunehmen und Kompromissfähigkeit zu erlernen:

> „Je vielfältiger und reichhaltiger die ökologische Peripherie ist, desto offener und erfahrener wird ein Heranwachsender, denn er erweitert nicht nur den Radius seines Handlungsraumes, sondern erwirbt damit auch mehr Ausweichmöglichkeiten und Alternativen zu seiner unmittelbaren Umwelt." (Baacke 2000, S. 75)

Solche Orte werden mit Bekannten und Freunden, zum Teil auch in der Sicherheit einer größeren Gruppe und verbunden mit einem sinnhaften, in der Jugendkultur begründeten Ziel, erschlossen. Dabei wird das auf der Videoplattform erworbene soziale Kapital relevant, denn mit einem im territorialen Raum ausgedehnten sozialen Netzwerk ist es einfacher, die Fremde zu erkunden. Solche Erfahrungen werden manchmal im Rahmen kleiner Ausbrüche aus dem häuslichen Regelwerk gemacht: Das berichtet zum Beispiel der 15-jährige Tai, der sein Verhältnis zur Mutter, die er trotz ihrer Strenge als Vorbild ansieht, als sehr gut und vertrauensvoll erlebt. Er räumt ein, dass er sie trotzdem manchmal anschwindelt, um seinen Erlebensraum auch auf territorial weiter entfernte Orte ausdehnen zu können (vgl. Tai, Interview am 30.07.2009):

> **Interviewer:** in deinem alltag, zum beispiel wenn du dich da in nem video zeigst, kanns dann auch was- kann das in deinem umfeld irgendwelche probleme haben?
> **Tai:** es kann schon probleme haben! okay, sagen wir jetzt mal, ich bin irgendwo, aber ich sag zu meiner mutter, ja mama, ich bin heute DA. bei DEM. und dann machen wir jetzt so ein video. ja? da steht so drauf: c walk hannover {Hannover ist mehrere hundert Kilometer von Tais Wohnort entfernt}. und ich hätt zu meiner mutter gesagt ja ich bin bei meinem freund hier in {x-stadt} übernachten. und dann sehens viele leute, erzählens rum und vielleicht kommts später zu meiner mutter, und dann schaut dies auch an, hannover, schaut die aufs datum, du warst da in hannover! und dann gibts probleme!
> **Interviewer:** ja. sieht die eigentlich deine videos manchmal?
> **Tai:** meine mutter hat die schon gesehen.

6.6 Dynamisierung von Aneignungsprozessen

Interviewer: mhm. okay, mhm, achtest du dann da manchmal drauf, wenn du videos machst, dass solche sachen, also dass man dann so was nicht schreibt, oder dass man-
Tai: immer. ich acht immer da drauf.
Interviewer: fällt dir ein beispiel ein?
Tai: ja heidelberg. da steht ja auch nicht heidelberg. [da steht ja einfach nur c-walk].
Interviewer: [weeeil deine mutter wusste nicht, dass- ?]
Tai: nein. {lacht}
Interviewer: ah okay. und dann habt ihr geschaut, dass halt nicht das schild von heidelberg oder so drauf ist.
Tai: ja. weil hätten wirs so gerade gemacht, also dass man den bahnsteig gerade sieht, dann steht da so heidelberg hauptbahnhof. deshalb haben wirs so umgedreht. (Interview am 30.07.2009)

Derartige Reiseerfahrungen erleben auch Maria, Nils, Sarah und Sylvie. Die damals 17-jährige Sylvie unternimmt Ausflüge zu anderen C Walkers mit der Erlaubnis ihrer Mutter, die sich aber mit möglichst vielen Informationen über den Aufenthaltsort der Tochter absichert und mit den Eltern Kontakt aufnimmt, deren Kinder Sylvie besuchen möchte.

Interviewer: das klingt so, als würdest du auch viel unterwegs sein.
Sylvie: ja schon.
Interviewer: extra für c walk, oder-?
Sylvie: -größtenteils für c walk auch. also es gibt ja auch die leute die man durchs walken kennen gelernt hat, zu denen fährt man dann auch mal so- abgesehen von nem meeting halt- so hin, trifft sich einfach nur so, aber größtenteils, so wenn man das sagen würde, ich- war jetzt in städten, da hab ich wirklich lange hinfahren müssen, da konnt ich dann aber auch bleiben irgendwo, und ähm war eigentlich ganz okay so. jetzt frankfurt is ja auch nicht grade nah, oder ähm hannover war dabei, jetzt bald hamburg, dann kommt man schon ein bisschen rum {lacht}. nach berlin auch noch bald irgendwann, aber des muss ich mir noch überlegen, eher in den sommerferien dann, weil da hab ich mehr zeit. ja.
Interviewer: und wie finanzierst du des?
Sylvie: taschengeld, mama papa halt, dass die noch was dazugeben wenn taschendgeld nicht reicht, oder halt auch ähm ich hab da ja gekellnert auch und

das werd ich jetzt auch bald wieder machen und dadurch hab ich auch noch geld bekommen dazu. (Interview am 30.07.2009)

Für die Aneignung weiter entfernter territorialer Orte sind **C Walk Meetings** besonders wichtig, die von den C Walkers selbst organisiert werden. Betrachten wir ein solches C Walk Meeting in der Nähe eines großen Bahnhofs genauer (s. Abbildungen 60-63).

Abb. 60 Eine Bahnhofshalle als Treffpunkt für die Teilnehmer an einem C-Walk-Meeting (© Christoph Eisemann).

6.6 Dynamisierung von Aneignungsprozessen

Abb. 61 Eine von einer niedrigen Mauer umgebene kleine Baumgruppe auf einem kargen Platz wird ausgewählt, um sich darunter niederzulassen (© Christoph Eisemann).

Abb. 62 Einzelne Crews verteilen sich auf dem Platz, um sich auszutauschen und sich mit Tanzschritten aufzuwärmen (© Christoph Eisemann): „manchmal is es so, da wirds aufgeteilt. da gehen die große gruppe an asiaten an eine stelle, und halt die anderen an eine andere stelle." (Sylvie, Interview am 8.2.2011)

Abb. 63 Die Jury platziert sich zentral auf einer kleinen Mauer, Maria übernimmt die Auswahl der Musik (© Christoph Eisemann).

Während eines **C Walk Meeting** wird ein öffentlicher Ort, der zunächst keine besonderen Voraussetzungen für jugendliche Aktivität zu bieten scheint, belebt und spontan in einen jugendkulturellen Ort **umgedeutet**. Die Umgebung wird entsprechend umfunktionalisiert: Die Bahnhofshalle dient als Sammlungsort (s. Abbildung 60). Man begrüßt sich, stellt sich vor, sucht den Kontakt oder steht noch etwas verloren herum und wartet auf bekannte Gesichter. Schließlich zieht die Gruppe zu einem nahegelegenen, recht unbelebten und kargen Platz vor dem Banken- und Büroviertel in der unmittelbaren Nähe des Bahnhofs. In gleicher Entfernung, auf der anderen Seite des Gebäudes, liegt ein großer Park mit weitläufigen Wiesen und geteerten und gepflasterten Flächen. Aus der Sicht eines unbeteiligten Erwachsenen bietet dieser eine höhere Aufenthaltsqualität als der ausgewählte Platz, der nun von der Gruppe eingenommen wird. Als einzige Landmarke auf der Freifläche bietet eine kleine Baumgruppe einen Bezugspunkt, der angesteuert wird, um sich dort niederzulassen. Eine kleine Mauer wird als Sitzgelegenheit genutzt, dort platziert sich zentral die „Jury" mit einer batteriebetriebenen Stereoanlage (s. Abbildung 61). Die große Freifläche vor der Mauer, eingefasst von der Jury und den im Kreis sitzenden und stehenden Walkers, wird zur Tanzfläche, auf der die Battles stattfinden. Entferntere Bereiche des Platzes werden von einzelnen Crews genutzt, um sich auszutauschen und sich mit Tanzschritten aufzuwärmen (s. Abbildung 62). Vereinzelte Passanten, in diesem Fall hauptsächlich elegant gekleidete Mitarbeiter der umgebenden Banken und Büros, werden zu Zuschauern – sie sind als Statisten in den C-Walk-Videos durchaus erwünscht. Die strenge Architektur des Bankenviertels und das monumentale Gebäude des Bahnhofs, der laute Straßenverkehr und das Gewimmel von Bahnreisenden in der Ferne bieten eine urbane Kulisse, die eine symbolische Bezugnahme auf das städtische Milieu der Ursprünge des Straßentanzes ermöglicht. Infrastrukturelle Einrichtungen wie die Imbiss-Passage im Bahnhofsgebäude werden zur gemeinsamen Stärkung in Pausen genutzt. Später, als sich die Gruppe gemeinsam durch eine große Fußgängerzone bewegt, wird ein romantischer schmiedeeiserner Pavillon aus dem 19. Jahrhundert, in dem eine kleine Blaskapelle gerade ihre Instrumente einpackt, spontan zum Austragungsort eines exponiert stattfindenden, freundschaftlichen Battle vor den Augen der staunenden Passanten. Die Bewegung der jungen Menschen durch die Stadt vollzieht sich in der Gruppe oder in kleinen Teilgruppen und immer entlang des Interesses, Orte zu finden, die zum Walken geeignet sind. Später, nachdem neue Bekanntschaften geschlossen und ältere aufgefrischt wurden, vermischt sich dieses Motiv zunehmend mit anderen Interessenslagen, und der öffentliche Raum dieser für die meisten Teilnehmer fremden Stadt wird gemeinsam oder in kleineren Teilgruppen auch zum Essen, Bummeln, Sich-Unterhalten, Einkaufen oder einfach zum entspannten Herumhängen und Erleben der Gemeinschaft erschlossen.

6.6.2 Zugänglichkeit des Erlebensraumes

Die Teilnehmer der Studie nehmen den öffentlichen Raum keineswegs als zu sehr „verregelt" oder jugendfeindlich wahr – im Gegenteil, sie fühlen sich in ihrem Nahraum wohl und loben sogar die Möglichkeiten, die er ihnen bietet.[178] So berichtet Tai, der in einer Großstadt aufgewachsen ist, wo er bis heute lebt, von einer schönen Kindheit in einem als erlebenswert empfundenen Nahraum:

> **Tai:** ich hatte ne schöne kindheit! aber jetzt hab ich mein- als ich kleiner war, in der grundschule, neben meinem haus ist ein kinderhaus. und da bin ich auch so groß geworden und so. und betreuer voll nett, und des ist ja gleich neben meinem haus. ich konnt essen, wieder rübergehen, fussball spielen, das gibts fussballplatz, spielplatz, so richtig groß. das is voll großes kinderhaus. und ähm dann in meiner nachbarschaft, in meinem block, ich kannte da auch jeden, wir

---

178 Vgl. z. B. Maria, Interview am 26.10.2009; Michael, Interview am 07.10.2009; Nils, Interview am 30.10.2009; Phùc, Interview am 30.09.2009; Samir, Interview am 30.09.2009; Sarah, Interview am 27.12.2010; Sylvie, Interview am 8.2.2011; Tai, Interview am 30.07.2009.

waren immer so inliner fahren, so ich hab mich mit allen gut verstanden, aber die sind halt alle umgezogen jetzt.
Interviewer: da habt ihr schon da gewohnt, wo ihr jetzt wohnt?
Tai: ja. und jetzt gegenüber von mir wohnen auch so thailänder, meine mutter is voll gut mit denen, und dann treffen wir uns auch immer so thailändisch essen oder so, und ä dann ah genau vor meinem haus, so paar paar hundert meter oder so, aber genau über der straße, da ist so ein getränkeladen, bei uns ist alles so. wenn wir was zum trinken brauchen, gehn wir kurz raus, eine kiste kaufen.
Interviewer: also es ist so richtig gut, dass du da wohnst.
Tai: ja, das is schon gut da. und gleich oben, so 500 meter, so ein kilometer hinter meinem haus, ich wohn halt {Name seines Wohnviertels} da. da gibts ein freibad {Auslassung} da gibts edeka, capri eis gibts da, und meine schule ist das auch gleich, und meine grundschule, ähm ich brauch eine minute bis zu meiner grundschule. (Interview am 30.07.2009

Mit dem C Walk und *YouTube* verbinden die Jugendlichen und jungen Erwachsenen nun über alle Zonen hinweg Orte zu einem als zusammenhängend wahrgenommenen Erlebensraum. Wie gezeigt wurde, haben soziales und jugendkulturelles Kapitalvermögen indirekt Einfluss auf dessen Ausweitung und Zugänglichkeit, weil beide Kapitalarten die Position im sozialen Feld und damit die Handlungsfähigkeit beeinflussen.

Die „Verinselung" der jungen Menschen, wie sie Zeiher und Zeiher für Großstadtkinder beschrieben haben (vgl. Zeiher/Zeiher 1998, S. 27), fußt auf der Problematik, dass es im Umkreis zu wenig Möglichkeiten gibt, in einem von Erwachsenen dominierten Raum zufällig Kontakte zu anderen Kindern anzubahnen. So muss auf voneinander abgeschnittene, institutionelle Räume ausgewichen werden (vgl. ebd., S. 182). Dieses strukturelle Problem wird im C Walk durch die funktionale Nutzung der Videoplattform aufgeweicht: Als zusätzliche, virtuelle Ebene über den ökologischen Nahraum gelegt, werden Gleichgesinnte in der territorialen Umgebung sichtbar. So werden zufällige Kontakte auf *YouTube* angebahnt und dann in der physischen Welt realisiert (s. insbesondere die Falldarstellung von Michael; vgl. Maria, Interview am 26.10.2009; Michael, Interview am 07.10.2009). Die Welt erhält mit dieser Ebene, die territoriale Orte mit symbolischen Objekten und Platzierungen von Personen verknüpft, die Eigenschaft einer Augmented Reality, welche die in der physischen Welt sinnlich erfahrbaren Eindrücke um Informationen erweitert und etwaige Prozesse der Verinselung oder Verregelung

6.6 Dynamisierung von Aneignungsprozessen

durch die Struktur der Erwerbswelt der Erwachsenen unterminiert.[179] Auch weiter entfernte Orte werden erreichbar, soziale Kontakte über große Distanzen werden als wertvoll und selbstverständlich betrachtet (vgl. z. B. Sylvie, Interview am 8.2.2011). Die Hinwendung zur Videoplattform *YouTube* und damit die Bindung an das Medium Internet und den Bildschirm des Computers (die Teilnehmer nutzen *YouTube* bisher nur in Ausnahmefällen von mobilen Endgeräten aus) führt im Falle des C Walk nicht, wie zunächst angenommen werden könnte, zu sozialem Rückzug, einer reinen Verlagerung von sozialen Kontakten in die Online-Welt, einer Abkehr vom Körperlichen und von der unmittelbaren Erfahrung und Aneignung der physischen Welt. Hier trifft nicht zu, was Sherry Turkle (2011) in anders gelagerten Fällen junger Menschen im Internet beobachtete; die Vereinsamung inmitten einer Vielzahl von Online-Kontakten. Die Teilnehmer an dieser Studie verspüren Sehnsucht nach einem Ausbruch in die weite Welt voller Abenteuer, ein Drängen, das für diese Lebensphase typisch ist (vgl. Baacke 2000, S. 77). Auch Baacke identifiziert in der Welt der Erwachsenen in unserer Gesellschaft problematische Aspekte, die zu Unzufriedenheit bei jungen Menschen führen: Nach Baacke führen „zu viele Kontrollen und zu viele Anforderungen; zuviel Nüchternheit und Gleichförmigkeit; zuviel Alltagsroutine" (ebd.) zu Enttäuschung und Unbehagen. Hier vermutet er den Grund für das Ausreißen vieler Jugendlicher, weil die Diskrepanz zwischen „ökologischer Valenz der Lebenszone", das heißt zwischen dem „Reizreichtum" der Lebenszone und der „ökologischen Potenz" der Jugendlichen, als zu groß erlebt wird (vgl. ebd.). Zwar lässt sich in dieser Studie der Zusammenhang zwischen dem positiven Empfinden des eigenen Nahraums und seiner Erweiterung im C Walk mit *YouTube* nicht endgültig belegen, aber die Aussagen der Teilnehmer und die Beobachtungen liefern deutliche Hinweise darauf, dass die Jugendkultur in Verbindung mit der Funktion der Videoplattform eine Tür zur sie umgebenden Welt darstellt, die es den Teilnehmern ermöglicht, ihrem Bedürfnis der Erweiterung des Handlungs- und Erlebensraumes entlang ihrer jugendspezifischen Interessen nachzukommen und dabei das lokale Verortetsein positiv zu erleben. Die Teilnah-

---

179 In der Welt vieler Erwachsener ist es inzwischen ebenso üblich, Raum mit Hilfe solcher künstlicher Ebenen informativ anzureichern, und diese Entwicklung wird zunehmen: Wer z. B. im Burgund die weitgehend zerstörte historische Benediktiner-Abtei von Cluny, wichtiges Zentrum der mittelalterlichen Christenheit, betrachten möchte, eignet sich den Raum an, indem er ganz selbstverständlich „durch" mobile Bildschirme „hindurch"-blickt, die ihm das Bauwerk in die reale Welt projizieren und diese um die verloren gegangene Information anreichern (vgl. a. Harmant 2006). Für viele alltäglicher ist die Suche nach einem geeigneten Partner in der Umgebung mittels Online-Plattform, die Nutzung einer Fahrplanauskunft mittels Smartphone oder einer privaten Mitfahrgelegenheit auf gemeinsamer Strecke, die erst mit einer Anwendung auf dem GPS-fähigen Smartphone erkannt wird (vgl. Rodenhausen 14.03.2012).

me an der Jugendkultur mit der Videoplattform *erhöht* die „ökologische Potenz" (Baacke 2000, S. 78) der Jugendlichen und jungen Erwachsenen.

6.6.3 Aneignung und Kompetenzerwerb

Im relationalen Raum des C Walk wird für junge Menschen zur realen, wenn auch zunächst online vermittelten Erfahrung, was laut Baacke „jenseits der ökologischen Peripherie der ihnen zugänglichen Räume" (Baacke 2000, S. 77) liegt. Es handelt sich um Erfahrungen, die in der Regel nicht nur auf den eigenen Sprachraum beschränkt sind. Um die Ausweitung des persönlichen Kommunikationsraumes zu fördern, werden wichtige Informationen, wie die Selbstdarstellung im Profiltext, häufig auf Englisch verfasst, so zum Beispiel von Sylvie:

> **Interviewer:** mir ist aufgefallen, du schreibst in englisch, warum?
> **Sylvie:** ja. ähm das liegt einfach daran, ich hab in youtube ziemlich viele freunde die nicht aus deutschland kommen. heißt die kommen aus überwiegend polen, weil ich halt auch halb-polin bin, hab ich da halt auch kontakte gesucht-
> **Interviewer:** kannst du auch polnisch?
> **Sylvie:** ja. dann kommen die auch aus tschechien, italien, spanien und so weiter, und dann wärs halt nicht gerade sehr gut, wenn man das alles auf deutsch schreibt. und deswegen schrieb ich überwiegend alles in englisch damit das jeder versteht. weil englisch dürft jeder können, deswegen. (Interview am 8.2.2011)

C-Walk-Freundschaften mit Walkers aus anderen Ländern nutzt Sylvie bewusst, um ihre Fremdsprachenkenntnisse zu verbessern – sie hat Spaß am Erlernen fremder Sprachen und möchte später einen Beruf ergreifen, in dem Fremdsprachenkenntnisse gefordert werden. Das jugendkulturelle Handeln im C Walk selbst kann aber auch die Motivation sein, Fremdsprachen zu lernen. Samir, der – abgesehen von Schulbüchern – in seinem Leben erst ein einziges Buch gelesen hat, lernt jetzt amerikanisches Englisch mit einem Lehrbuch, das er sich extra dafür selbst angeschafft hat. Es ist das erste Buch, das er sich bisher aus eigenem Antrieb gekauft hat. Denn den Englischunterricht in der Schule empfindet er als zu wenig alltagsrelevant und wenig hilfreich für den Zweck der Kommunikation mit jungen C Walkers:

> **Interviewer:** und kannst du gut englisch?
> **Samir:** ja es geht, ich bin grad am lernen, richtig so englisch überhaupt. so amerikanisches englisch.

6.6 Dynamisierung von Aneignungsprozessen

Interviewer: in der schule?
Samir: nee, daheim. aber in der schule machen wir auch englisch, aber des normale englisch. und ich versuch des amerikanische englisch.
Interviewer: und wie machst du das?
Samir: ein buch. (Interview am 30.09.2009)

Die größte Motivation für seinen selbst initiierten Spracherwerb ist Samirs Traum, einmal in die USA zu reisen, um dort C Walkers zu treffen und mit ihnen zu tanzen. In seiner Vorstellung ist es kein Problem, auf der Straße Kontakt zu amerikanischen Jugendlichen aus der C-Walk-Szene aufzubauen. Durch die häufige Rezeption der Videos, dank der geteilten Codes und Zeichen und der Beobachtung ihrer Aktivität auf *YouTube* erscheinen sie ihm gar nicht so fremd. Beim gemeinsamen Surfen mit dem Forscher zeigt Samir auch Videos amerikanischer C Walkers:

Samir: und ich hab nen guten tänzer gesehen. {startet ein Video auf *YouTube*} egal welche videos, weil er macht's übertrieben schnell, wo man überhaupt seine füße nicht mitkommt. deswegen.
Interviewer: ahja. wo is der? usa oder?
Samir: ja. man sieht auch so von den häusern her.
Interviewer: warst du mal in den usa?
Samir: nein noch nicht, aber ich hab vor mal hinzugehen. new york gerne. wo crumping und so überhaupt herkommt. ich will die geschichten richtig erfahren und so. und überhaupt auch die tänzer da sehen.
Interviewer: meinst du du kannst da so kontakt zu denen kriegen, wenn du nach new york gehst?
Samir: ja des glaub ich schon.
Interviewer: wie willst du das machen?
Samir: weil bei mir- ist des problem, und des schätzen alle meine freunde, ich freund mich sehr schnell an. ich – ich bau gleich kontakt mit denen auf, und red gleich mit denen und, versuch immer- so. deswegen.
Interviewer: würdest du dann da hingehen, wo die des machen?
Samir: ja und dann würd ich sagen, ob ich tanzen dürfte und so. (Interview am 30.09.2009)

Auch wenn der von Samir gehegte Wunsch unerfüllt bleiben sollte: Die Art und Weise, wie selbstverständlich er hier spricht, verdeutlicht, dass seine Vorstellung von der Welt und vom Raum des C Walk die einer global verbundenen Welt ist. Das eigene Eingebettetsein in einen lokalen Kontext, das von allen Studienteilnehmern sehr geschätzt und als wichtig erachtet wird, ist die Ausgangsposition einer alltäglichen medialen, aber stark personalisierten Erfahrung von umgebender, globaler Welt, in der Alltagskommunikation über weite territoriale Entfernungen hinweg stattfindet.

Die starke persönliche Involvierung der C Walkers in die jugendkulturellen Praktiken unterstützt Aneignungsprozesse in vielerlei Hinsicht und motiviert

3. zu **sozialräumlicher Aneignung** online und offline im relationalen Raum der Jugendkultur
3. zu **Aneignung territorialer Orte** in den verschiedenen ökologischen Zonen
   a. mit einer starken Dynamisierung in der Zone des ökologischen **Nahraums** der Nachbarschaft, der zu einem jugendkulturellen Raum umgedeutet und in dieser Eigenschaft als zugänglich erlebt wird
   b. in **ökologischen Ausschnitten**, wo mitunter spezifische Rollen übernommen werden
   c. in der **ökologischen Peripherie**, häufig verbunden mit Gruppenerfahrungen
4. zur Aneignung von **medienproduktiven Kompetenzen**, z. B. Videoschnitt und Videobearbeitung
5. zur Aneignung von **Interpretationsmustern**, die die Decodierfähigkeit von Medienprodukten unterstützen
6. zu **Bedienkompetenzen** von Mediendiensten wie *YouTube*
7. zur Aneignung von **kulturellen Techniken**, die den Wert jugendkulturellen Kapitals erhalten, z. B. zum Erwerb von Fremdsprachen.

Mit diesen Aneignungsprozessen, die entlang subjektiver Interessen erfolgen, findet zugleich eine Auseinandersetzung mit sozialen Aspekten der Vergemeinschaftung in Gruppen statt. Es wird in hohem Maße Selbstwirksamkeit erfahren, was Identitätsbildungsprozessen zugutekommt.

7 Zusammenfassung und Fazit – Dynamisierung von Raumerweiterungs-, Aneignungs- und Identitätskonstruktionsprozessen

In der vorliegenden Studie wurde mit explorativer Herangehensweise die Jugendkultur C Walk untersucht, die zu einem großen Teil im Internet stattfindet, insbesondere auf der Videoplattform *YouTube*. Das Handeln der C Walkers hinterlässt Spuren, die Aufschluss geben über soziale und subjektive Prozesse. Im Zentrum des Handelns stehen dabei Videos mit Selbstdarstellungen als C Walker, die auf persönlichen *YouTube*-Kanälen veröffentlich werden. Ziel dieser Studie war es, die Motive, Bedeutungen und Konsequenzen jugendkulturellen Handelns der C Walkers besser verständlich zu machen und damit auch mehr Verständnis für das Alltagshandeln junger Menschen im Social Web insgesamt zu schaffen. Abschließend werden nun die zentralen Ergebnisse der Studie zusammengefasst.

1 C Walk als Jugendkultur

C Walk als Jugendkultur basiert auf einem gleichnamigen Straßentanz, der seinen Ursprung im Milieu der Straßengangs *Crips* und *Bloods* in US-amerikanischen Großstädten hat und der über den Hip Hop Eingang in die globale Populärkultur fand. Über die Videoplattform *YouTube* eignen sich Jugendliche auf der ganzen Welt die Schritte an. Mit den Füßen werden Bewegungen ausgeführt, die in ihrer ursprünglichen Form symbolische Bedeutung hatten, vor allem zum Ausdruck von Zugehörigkeit zu einer Gang. In den inzwischen entwickelten jugendkulturellen Unterarten des Tanzes haben die Schritte nicht mehr diese Bedeutung. Zentral ist heute das Einstellen von eigenen C-Walk-Videos auf *YouTube*. Es handelt sich um meist einfach produzierte Clips, in denen C Walkers ihr tänzerisches Können zur Schau stellen. Diese Videos bilden eine wichtige Grundlage für soziale und kommunikative Praktiken: zum Beispiel für den Austausch von Feedback mittels Bewertungen und Kommentaren, für das Vernetzen von *YouTube*-Kanälen – zum

Beispiel mit Freundeslisten oder Listen von Lieblingsvideos –, für das Anbahnen neuer und für die Pflege bestehender Bekanntschaften oder für Vergemeinschaftung in Crews, die sich in Battles miteinander messen.

2 Sozialraumkonstruktion

Mit jugendkulturellem Handeln, das online und offline stattfindet, geht die Konstruktion sozialen Raumes einher, der aus der subjektiven Perspektive als Erweiterung des persönlichen Erlebensraumes wahrgenommen wird. Die Raumkonstruktion erfolgt mit Spacing-Prozessen quasi als Nebeneffekt jugendkulturellen Handelns, indem symbolische Objekte wie Videos und Kommentare sowie Verweise auf Personen auf den *YouTube*-Kanälen platziert und symbolisch miteinander verknüpft werden. Die Syntheseleistung bezeichnet die räumliche Wahrnehmung der Gesamtheit dieser verknüpften Objekte. Jugendkultureller Raum umfasst digitale und territoriale Orte, zum Beispiel persönliche *YouTube*-Kanäle, Performance- und Drehorte.

3 Strukturierung von Handeln

Handeln in der Community des C Walk auf YouTube wird auf drei Ebenen strukturiert:

Erstens gibt die **Plattformarchitektur**, der Code von YouTube, den Handelnden eine Struktur vor. Es hat sich gezeigt, dass dabei sein ermöglichender gegenüber seinem einschränkenden Charakter überwiegt. Das liegt auch daran, dass die Handelnden potentiell einschränkende Funktionen des Codes umfunktionalisieren, beispielsweise indem sie YouTube-Kategorien umgehen und eigene Ordnungsprinzipien wie Kanäle für Videos der eigenen Crew oder jugendkulturelle Schlagworte erfinden.

Zweitens wirken sich **gesellschaftliche Werte**, **Normen** und **Orientierungsangebote** handlungsstrukturierend aus, beispielsweise Geschlechterrollenmodelle. Auch wenn sie im medialen Umfeld von *YouTube* präsent sind und dort verhandelt werden, wirken sie zunächst als äußere Kontexte in diesen Raum hinein. Sie haben auch Einfluss auf die dritte, im Folgenden beschriebene Form der sozialen Strukturierung.

Drittens wirkt in der Community des C Walk, wie in jedem gesellschaftlichen Bereich, in dem Menschen als soziale Gruppe interagieren, ein ganz spezifisches **Kräftefeld**. Es beeinflusst die Stellung der Akteure zueinander und ihre Handlungsoptionen. In diesem Kräftefeld haben spezifische Eigenschaften und Fähig-

7 Zusammenfassung und Fazit

keiten, mit denen die Akteure in unterschiedlichem Maße ausgestattet sind, einen Wert, der zur günstigen – das heißt handlungsbefähigenden – Positionierung im Feld eingesetzt werden kann. Pierre Bourdieu hat für andere Felder und stets mit dem Blick auf die gesamtgesellschaftliche Ordnung solche Eigenschaften und Fähigkeiten als Kapitalarten beschrieben. In der vorliegenden Studie wurde die Erkenntnis gewonnen, dass in der Jugendkultur des C Walk auf *YouTube* die spezifischen Kapitalarten soziales und jugendkulturelles Kapital dominant sind, dass also entsprechendes Kapitalvermögen maßgeblich die soziale Position innerhalb der Community beeinflusst.

Soziales Kapital bezeichnet den Wert, der sich aus sozialen Verbindungen ergibt. Eine Besonderheit im C Walk auf *YouTube* stellt **virtuelles soziales Kapital** dar. Es handelt sich um den Wert, der aus schwachen Verbindungen zu anderen Akteuren resultiert, zu denen keine verbindliche Tauschbeziehung besteht. Diese Verbindungen werden auf *YouTube* symbolisch als Verknüpfungen dargestellt. Um zu verstehen, wie sich daraus Kapitalwert in Bezug auf die soziale Positionierung der Einzelnen ergibt, sind drei Aspekte zu beachten, die charakteristisch für den medialen Handlungsort *YouTube* sind:

a. Es überrascht kaum, dass eine Vielzahl schwacher sozialer Verbindungen – begünstigt durch ihre mediale, symbolische Darstellung als Verknüpfungen – die Wahrscheinlichkeit erhöht, mit den eigenen Videos **Aufmerksamkeit** zu generieren. Aufmerksamkeit ist wiederum die Voraussetzung für eine Reihe von jugendkulturellen Handlungen (darunter identitätsrelevante Prozesse).

b. Eine Vielzahl schwacher Verbindungen wirkt sich positiv auf die weitere Generierung von sozialem Kapital aus – nicht nur aufgrund der Erhöhung der dem Einzelnen zuteilwerdenden Aufmerksamkeit, sondern weil derjenige, der über eine Vielzahl von symbolisch dargestellten Verbindungen gleichwelcher Art verfügt, als besonders attraktiver potentieller Kontakt wahrgenommen wird. Im C Walk auf *YouTube*, wo schwache Verbindungen beispielsweise mit Listeneinträgen oder medialen Spuren von Interaktionen symbolisch dargestellt werden, steigert eine große Zahl an verlinkten C Walkers auf einem Kanal das Interesse daran, die eigene *YouTube*-Präsenz mit diesem Kanal zu verknüpfen und eine neue symbolische Verbindung herzustellen.

c. Schwache soziale Verbindungen können die **Diversität** im sozialen Netz erhöhen. Weil sie eher als starke Verbindungen in andere soziale Milieus geknüpft werden, ermöglichen sie es, über eine große soziale Distanz hinweg Brücken zu schlagen – manchmal über die Grenzen des jugendkulturellen Feldes hinaus in andere gesellschaftliche Felder und kulturelle Zusammenhänge.

Eine weitere dominante Kapitalart im Feld des C Walk auf *YouTube* ist **jugendkulturelles Kapital**: Sein Wert ergibt sich aus der Relevanz, die im Feld bestimmten Fähigkeiten, Kompetenzen und spezifischem Wissen zugewiesen wird. Wer das versteht, kann den Sinn in den sonst unverständlich erscheinenden jugendkulturellen Artefakten im C Walk auf *YouTube* erkennen. Als relevant erachtet werden

a. **tänzerische Fähigkeiten**: Es wird auf eine schwer zu realisierende Balance zwischen Orientierung an tradierten Bewegungsmustern und kreativer Leistung in der Performance geachtet. Schnelligkeit und Leichtfüßigkeit, für die körperliche Fitness eine Voraussetzung ist, werden geschätzt.
b. **jugendkulturelles Wissen und Informiertsein**: Dazu gehört beispielsweise das Wissen über die historische Entwicklung der Jugendkultur, über verschiedene aktuelle Stilrichtungen mit ihren spezifischen Schritten und Charakteren und über die entsprechenden sprachlichen und audiovisuellen Codes, auf die man sich verständigt hat. Auch dem Informiertsein über das soziale Feld kommt Bedeutung zu, beispielsweise der Kenntnis aktueller Ereignisse und Neuigkeiten.
c. **medienproduktive Kompetenzen und Bedienkompetenzen**: Das beginnt beim Dreh von Videos, wenn beispielsweise am Drehort die Perspektive gewählt und die Quadrierung vorgenommen wird und geht dann über die Nachbearbeitung des Videos mit Effekten und Musik in einfachen oder professionellen Schnittprogrammen bis zum Einstellen auf *YouTube* (was in den Bereich der Bedienkompetenz einzuordnen ist). In der Regel finden diese Produktionsschritte bei den C Walkers auf niedrigem Niveau statt. Wer das übertrifft, erhält dafür in besonderem Maße Anerkennung. Wichtig ist auch die Fähigkeit, *YouTube* effektiv zu nutzen, z. B. mithilfe von Tagging (s. Glossar) und Suchfunktionen.

Wer über derartige Fähigkeiten, Kompetenzen und Wissensbestände verfügt, kann dies als Kapital im Tausch einsetzen: zum Beispiel in der Beziehungsarbeit, wenn ein Freund einem anderen Freund hilft, ein Video zu bearbeiten, was wiederum seinem sozialen Kapital zugutekommt. Der Erwerb jedweden jugendkulturellen Kapitals ist mit Aufwand verbunden. Um tänzerische Fähigkeiten, Codier- und Bedienkompetenzen zu entwickeln, um sich Wissen anzueignen und um sich zu informieren, muss vor allem Zeit aufgewendet werden, die im jugendkulturellen Raum verbracht wird. Damit jugendkulturelles Kapital seinen Wert entfalten kann, muss das vorhandene Vermögen kommuniziert werden. Das geschieht präsentativ, also in physischer Anwesenheit bei offline stattfindenden Treffen, oder medial mithilfe von jugendkulturellen Artefakten und symbolischen Objekten wie Videos und Sprache in Textkommentaren. In beiden Fällen muss das eigene Kapitalvermögen immer wieder unter Beweis gestellt werden, denn seine einmal erfolgte Darstellung ist nicht von dauerhaftem Wert. Von dieser Notwendigkeit können sich spezifische jugendkulturelle Institutionen eine Zeitlang befreien: Ein bestimmtes Kapitalvermögen kann institutionell für einen längeren Zeitraum festgeschrieben werden, indem ein Titel („Approved C Walk Member") verliehen wird, der einen C Walker auszeichnet. Wer diesen Titel trägt, wird unabhängig von seiner aktuellen Performance als kapitalvermögend betrachtet. Indem er dann – gemeinsam mit den anderen Trägern des Titels – das Vermögen anderer Anwärter beurteilt, hat er zugleich starken Einfluss darauf, welche Eigenschaften, Kompetenzen und Wissensbestände als kapitalrelevant erachtet werden, also auf Normierungsprozesse. Innerhalb des Feldes bedeutet das eine starke Machtposition.

Die Betrachtung des Kräftefeldes der Jugendkultur C Walk führt zwangsläufig zu einer eher strukturalistischen Deutung von Handlungen und Phänomenen. Das ist nur *eine* Perspektive, aus der heraus Handlungsmotive verständlich werden. Wertvoller werden die Erkenntnisse – beispielsweise für die Pädagogik –, wenn das Verständnis der Struktur des Handlungsfeldes mit dem konkreter Alltagsanforderungen an die Akteure und ihren Bewältigungsstrategien einhergeht. Dabei spielen bei den jungen C Walkers entwicklungsbedingt spezifische Handlungsaufgaben eine wichtige Rolle. Die beschriebene Struktur ihres Handlungsfeldes bildet gemeinsam mit der spezifischen Lebenslage der Akteure und mit gesellschaftlichen Normen, Werten und Rollenmodellen den Rahmen für Aneignungs- und Entwicklungsprozesse.

4 Dynamisierung von Aneignungs- und Entwicklungsprozessen

Die Teilnahme an der Jugendkultur des C Walk auf *YouTube* hat eine stark dynamisierende Wirkung auf Aneignungs- und Entwicklungsprozesse (vgl. Abbildung 64).

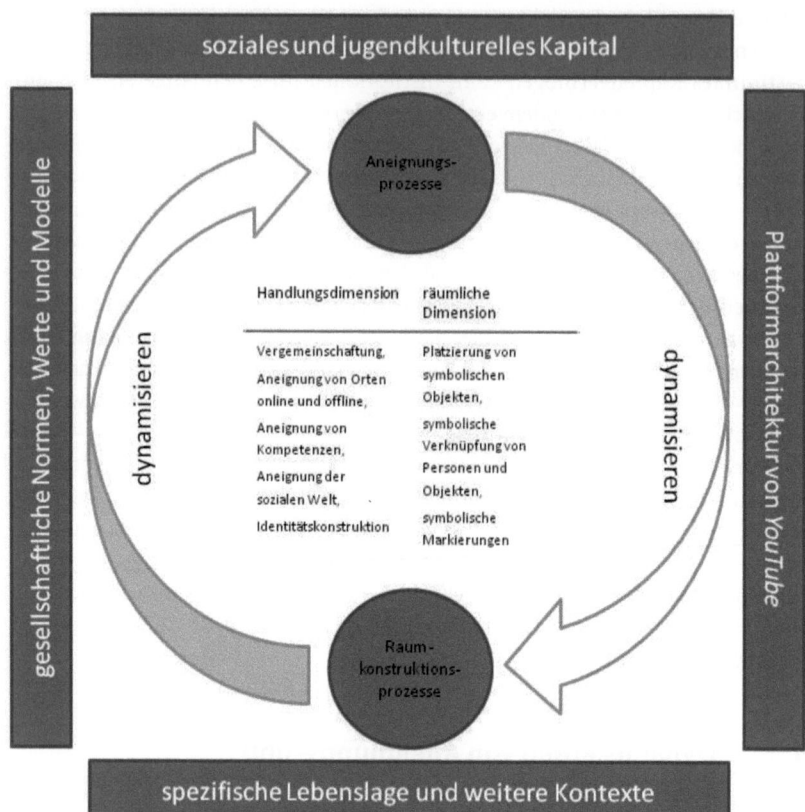

Abb. 64 Dynamisierungsspirale: Im C Walk auf *YouTube* dynamisieren Aneignungsprozesse die Erweiterung des Handlungsraumes. Mit der Erweiterung des Handlungsraumes gehen wiederum Aneignungsprozesse einher. Feldspezifische Kapitalarten, die Plattformarchitektur von *YouTube* sowie subjektspezifische und gesellschaftliche Kontexte bilden als ermöglichende und zugleich strukturierende Faktoren den Handlungsrahmen (© Christoph Eisemann).

5 Dynamisierung von Vergemeinschaftung

Entgegen dem häufig pauschal geäußerten Verdacht, Freizeitaktivität im Internet führe zwangsläufig zu Vereinsamung und sozialem Rückzug, wurde für den C Walk auf *YouTube* das Gegenteil festgestellt: Dort finden intensive Vergemein-

7 Zusammenfassung und Fazit

schaftungsprozesse statt. Das reicht von schwachen Verbindungen, die symbolisch dargestellt werden und als virtuelles soziales Kapital ihren eigenen Wert entfalten, über funktionale Online-Freundschaften und engere, verbindliche Beziehungen bis hin zu partnerschaftlichen Liebesbeziehungen. Um an bestimmten jugendkulturellen Praktiken im C Walk teilzunehmen, ist es notwendig, einer Gruppe von Tänzern, einer Crew, anzugehören. Man ist bestrebt, sich mindestens *einer* solchen anzuschließen, oder man sucht Gleichgesinnte, um eine eigene Crew zu gründen. Crews interagieren ähnlich wie Mannschaften im Sport – auch dabei werden neue Kontakte geknüpft. Bei Meetings oder gemeinsamen Ausflügen bilden sich sporadisch Gruppen. Und über all dem steht die verbindende Idee der C-Walk-Community, die ein Gefühl der Zugehörigkeit ermöglicht. Begünstigt wird die Dynamisierung der Vergemeinschaftung im C Walk auf *YouTube* von der Kommunikationsarchitektur der Videoplattform: Die Möglichkeit, auch schwache Verbindungen, zum Beispiel aus einmaligen Interaktionen, dauerhaft symbolisch darzustellen, und die strukturelle Bedeutung des Wertes, der sich aus einer großen Liste solcher Kontakte als virtuelles soziales Kapital ergibt, dynamisiert die lose Verknüpfung sehr unterschiedlicher Akteure aus zum Teil stark divergierenden Lebenszusammenhängen. Aus diesen schwachen Verbindungen werden nicht immer verbindliche soziale Kontakte. Und immer schwingt die – aufgrund sozialer Kontrollmechanismen innerhalb der Community jedoch recht geringe – Gefahr mit, dass sich ein Akteur auf Personen einlässt, die ihm Schaden zufügen könnten. Diese Verbindungen haben aber das Potential, die Diversität im eigenen Netzwerk zu erhöhen. Entlang des geteilten Interesses an jugendkulturellen Praktiken finden tatsächlich auch junge Menschen aus sehr unterschiedlichen Lebenskontexten zusammen. So bietet der C Walk ein Handlungsfeld für die Bearbeitung zentraler Entwicklungsaufgaben: für den Aufbau eines Freundeskreises mit Altersgenossen beiderlei Geschlechts und das Herstellen von tieferen Beziehungen ebenso so wie für das Aufnehmen noch engerer Beziehungen zu einer Partnerin oder einem Partner. Damit Beziehungen gefestigt und erhalten werden, muss **Beziehungsarbeit** geleistet werden. Keupp hat darauf hingewiesen, dass unter den aktuellen gesellschaftlichen Bedingungen und Anforderungen an die Identitätskonstruktion Beziehungsarbeit zunehmend an Bedeutung gewinnt, dass sie aber insbesondere unterprivilegierten und marginalisierten Gruppen schwerfällt (vgl. Keupp et al. 1997a, S. 20). *YouTube* mit seiner vom Code bestimmten Kommunikationsarchitektur, die von der Plattform gebotene Möglichkeit für alternative Ausdrucksweisen neben der sprachlichen sowie der C Walk als verbindendes Thema bilden die Basis für einen niederschwelligen Einstieg in die effektive Beziehungsarbeit in einer Community mit hoher sozialer Diversität. Videos als Tauschobjekte eignen sich besonders gut, um Verbundenheit und ein Gefühl der Nähe herzustellen: zwischen dem Autor eines Videos, dem oder den im Video gezeigten Akteuren und den am Tausch und der Rezeption Beteiligten.[180] Die vorliegende Studie zeigt, dass solche Verbindungen über das jugendkulturelle gesellschaftliche Teilfeld hinaus relevant werden können.

6 Dynamisierung der Aneignung physischer und sozialer Welt

Es mag überraschen, aber ausgerechnet die Teilnahme an der stark internet- und computerfokussierten Jugendkultur C Walk auf *YouTube* hat eine äußerst dynamisierende Wirkung auf die Aneignung der physischen und, damit verbunden, der sozialen Welt. Mit dem Symbolvorrat des C Walk werden physische Orte, die Außenstehenden keineswegs jugendfreundlich erscheinen, umgedeutet und entsprechend den Bedürfnissen der jungen Menschen funktionalisiert, denn C Walk-Drehs finden in der Regel im Freien statt. Auf der Suche nach Tanz- und Drehorten wird auch der triste Wohnblock, die kommerzialisierte Fläche der Fußgängerzone oder das graue Parkhaus zur geschätzten Bühne für den Straßentanz und zur urbanen Kulisse für C-Walk-Videos. Insofern stellt diese Jugendkultur auch eine kulturelle Anpassungsleistung dar. Sie dynamisiert die Erkundung und Aneignung der Welt draußen – ob auf dem Land oder in der Stadt und über alle ökologischen Zonen hinweg. Das **ökologische Zentrum** dient weiterhin als wichtiger Rückzugsraum. Ihm kommt die Funktion der Hinterbühne zu, die sich auch auf zugangsbeschränkte Online-Orte ausdehnt. So weitet sich diese Zone über den physikalischen Raum des Häuslichen hinaus aus. Problematisch wird es, wenn nicht genau erkennbar ist, welcher Raum welcher Öffentlichkeit zugänglich ist. Dabei überrascht das Verständnis von Privatheit: Privatsphäre ist nichts, das man hat und das es zu schützen gilt, sondern vielmehr etwas, das man aktiv herstellt, weil alles potentiell öffentlich ist. Hier liegt eine der großen Herausforderungen für junge Menschen, bei der sie Unterstützung brauchen: bei der Schaffung eines vor sozialem Druck geschützten Rückzugsraumes in einer Welt, in der sich alle ökologischen Zonen auch auf Online-Orte erstrecken und in der ein vorübergehendes Sich-Zurückziehen – auch von Teilen der eigenen Peer Group – immer schwieriger wird.

Die Videoplattform hilft dem Einzelnen dabei, sich Raum anzueignen, indem sie die physische Umwelt mit sozial relevanten Informationen anreichert. Das ist ab der Zone des **ökologischen Nahraums** relevant. Auch die bekannte Umgebung wird mittels zusätzlicher sozialer und jugendkultureller Informationen neu ent-

---

180 Die Wirksamkeit von Videos in der Beziehungsarbeit dynamisiert wiederum die Aneignung von Kompetenzen zur Videoproduktion.

deckt. Der Junge aus der Nachbarschaft, zu dem bisher kein Kontakt bestanden hatte und mit dem man keine Gemeinsamkeiten zu haben glaubte, erscheint vor dem Hintergrund des geteilten und online ausgedrückten Interesses am C Walk als neuer Gefährte. Die Suche nach Orten, die für Performances und für den Dreh von Videos geeignet sind, ermuntert zur Entdeckung der Welt mit einem neuen Blick. Besonders stark wirkt die Dynamisierung auf das Hinausstreben zu Orten der **ökologischen Peripherie:** Man erkundet sie gemeinsam und eignet sie sich als Gruppe an, zum Beispiel bei C-Walk-Meetings oder, mit zunehmendem Alter, bei Besuchen bei weiter entfernt, in einigen Fällen sogar im Ausland lebenden C-Walk-Freunden. Das kommt dem Streben nach mehr Weite und nach einer Ausdehnung des eigenen Erlebensraumes entgegen. Im gemeinsamen Erleben finden auch Ablösungsprozesse von den Eltern statt, man übt sich in Unabhängigkeit. An einigen Orten und ökologischen Ausschnitten, die sich junge Menschen mit dem C Walk aneignen, probieren sie neue soziale Rollen aus, beispielsweise als Tanztrainer in einem Jugendhaus oder in einer Tanzschule – auch solche Rollenübernahmen sind eine zentrale Entwicklungsaufgabe.

7 Dynamisierung der Aneignung von Kompetenzen

Neben der Aneignung des Räumlichen dynamisiert die Teilnahme an der Jugendkultur C Walk auch die **Aneignung spezifischer Kompetenzen** entlang subjektiver Interessen. Das gilt insbesondere für **Medienkompetenzen.** Erlernt werden unter anderem Aspekte der Codierung und Decodierung audiovisueller Texte. Konkret handelt es sich um technische und ästhetische Kompetenzen der Videoproduktion, des Videoschnittes, der Bildbearbeitung und des Einsatzes von Ton und Musik. Das ist weit über den C Walk hinaus relevant, beispielsweise auch im Hinblick auf die Qualifikation für einen späteren Beruf, die viele Teilnehmer bereits vor Augen haben. Allerdings setzt sich die Reproduktion eines Aspektes sozialer Ungleichheit auch im C Walk fort: Mädchen zeigen weniger Motivation als Jungen, sich vertiefende Medienkompetenzen anzueignen. Sie begründen das deterministisch und orientieren sich dabei an einem defizitären Bild von Weiblichkeit in Bezug auf Technik. Sie neigen dazu, fehlende Medienkompetenzen mit hohem Vermögen an sozialem Kapital zu kompensieren, das es ihnen ermöglicht, entsprechende Hilfeleistungen von männlichen Freunden vornehmen zu lassen und auf diese Weise die eigene soziale Stellung im Feld zu optimieren. Das kann als erfolgreiches Tauschhandeln in der Beziehungsarbeit interpretiert werden, andererseits aber auch als Abhängigkeitsverhältnis, das es aufzubrechen gilt. Denn je stärker Online- und Offline-Alltag miteinander verwoben sind und je tiefer mediale Inszenierungen in unsere Alltagswelt eindringen, desto wichtiger wird die Fähigkeit, sich kritisch mit Medieninhalten auseinanderzusetzen. Das gilt sowohl auf der Subjektebene als auch im Hinblick auf das Fortbestehen eines stabilen demokratischen Systems. Wer selbst Videos oder Fotos bearbeitet hat, kann besser einschätzen, welche Wirkungen beispielsweise Manipulationen am Bildmaterial hervorrufen oder welche subtilen Wirkungen sich mit Ton erzeugen lassen. Hier machen junge Menschen im jugendkulturellen Alltagshandeln Erfahrungen, an die bei der Förderung von Medienkritikfähigkeit angeknüpft werden kann. Eine kritische Reflexion findet ohne äußere Impulse selten statt; hierfür ist medienpädagogische Unterstützung gefragt. Sie kann umso besser gelingen, je stärker auf eigene Erfahrungen aus der Alltagswelt der Heranwachsenden Bezug genommen wird.

8 Identitätskonstruktion

Es wurde gezeigt, dass im C Walk auf *YouTube* Entwicklungsaufgaben bearbeitet werden, die für die Phase der Jugend und des frühen Erwachsenenalters besonders relevant sind. Das führt uns abschließend zu einem weiteren Aspekt der Entwicklung, mit dem die beschriebenen Prozesse eng verknüpft sind: der Auseinandersetzung mit und der Konstruktion von Identität. Sie wird dialogisch hergestellt: *YouTube* bietet mit seiner Plattformarchitektur eine ideale Umgebung für mediale Selbstdarstellungen und Feedback-Prozesse. Dabei werden, was die dargestellten Identitätsaspekte betrifft, in hohem Maße Anerkennung und Ablehnung ausgedrückt und erfahren, und wieder sind – neben der Orientierung an Normen, Werten und Rollenmodellen von außerhalb der Jugendkultur – die oben genannten Kapitalsorten relevant. Das Handeln und die Selbstdarstellung eines C Walkers werden an den bisherigen und den antizipierten Reaktionen der anderen ausgerichtet. Der Identitätsaspekt „C Walker" ist dabei nur einer unter zahlreichen anderen, die in unterschiedlichen sozialen Rollen im Alltag relevant sind. In der Lebensphase der aktiven C Walkers kann er zentral für das Identitätsgefühl sein. Besonders deutlich wird das bei der im C Walk auf *YouTube* zwangsläufig stattfindenden Auseinandersetzung mit einem in der Jugendphase besonders relevanten Identitätsaspekt: der Suche nach und der Einübung von **Geschlechterrollen**. Diese Studie zeigt deutlich, dass der jugendkulturelle Raum des C Walk – auch wenn er Identitätsarbeit in vielerlei Hinsicht ermöglicht – nicht von vornherein ein Freiraum für *jegliche* Identitätsexperimente ist. Mädchen und junge Frauen werden im C Walk zunächst mit der Zuschreibung eines passiven und zum Teil sexistisch verengenden weiblichen Rollenbildes konfrontiert, das von der Gesamtheit der überwiegend männlichen C Walkers reproduziert wird. Indem weibliche C Walkers trotzdem

7 Zusammenfassung und Fazit

aktiv an der Jugendkultur teilnehmen und dabei in einem männlich dominierten Feld voll von männlicher Symbolik agieren, definieren sie Weiblichkeit zwangsläufig anders – in einer Weise, die vom traditionellen, weiblichen Rollenverständnis und dem machistischen Rollenmodell im Hip Hop, der großen Einfluss auf den C Walk hat, in vielerlei Hinsicht abweicht und dieses aufbricht. Jungen und junge Männer haben nicht das Problem, auf eine passive Rolle reduziert zu werden. Sie sehen sich aber starkem sozialem Druck ausgesetzt, innerhalb der Jugendkultur einem nicht minder beschränkten machistischen Männlichkeitsideal gerecht zu werden, das seine Ursprünge im Gang-Leben US-amerikanischer Ghettos und im Hip Hop hat. Diese Rolle wird, mangels anerkannter alternativer Modelle im Feld, von den Betroffenen selbst reproduziert und kann zu Brüchen und Konflikten in deren Identitätskonstruktion führen. Solchen Rollenerwartungen sind weibliche und männliche C Walkers aber nicht passiv ausgeliefert – diese Sichtweise wäre zu deterministisch und würde nicht die Wirklichkeit des stattfindenden Alltagshandelns beschreiben. Dort finden nämlich neben Reproduktions- auch stetig Aufweichungsprozesse statt: Insbesondere die Anwesenheit von Mädchen und jungen Frauen in der jungendominierten Jugendkultur führt dazu, dass auch männliche Rollenklischees kritisch reflektiert werden, da die weiblichen C Walkers die symbolische Ordnung der traditionellen Geschlechterbinarität allein schon durch ihre aktive Teilnahme und das Einfordern einer aktiven Rolle irritieren. Weibliche C Walkers können eher als männliche Kritik an der männlichen Geschlechterrolle im C Walk üben, ohne dabei Gefahr zu laufen, ihre eigene Geschlechtsidentität zu dekonstruieren. Auch besonders statushohe Jungen und Männer im C Walk können Normierungsprozesse beeinflussen, weil ihnen aufgrund ihrer Stellung Respekt entgegengebracht wird, auch wenn sie stärker als andere von Normen abweichen – im Gegensatz zu Novizen im Feld, die sozialem Druck und normativen Anforderungen besonders stark ausgesetzt sind. Für sie stellt es eine Herausforderung dar, sich Respekt zu verschaffen und sich als Mann zu beweisen.

Die Teilidentität „C Walker" bietet für Jugendliche und junge Erwachsene eine Möglichkeit, je nach Lebenslage und Bedürfnissen und unter Berücksichtigung der im Feld geltenden Strukturen und Normen bestimmte Identitätsaspekte auszuprobieren. Das kann von Fall zu Fall anders ausgeprägt sein.

Verschiedene Identitätsaspekte im C Walk

Da ist einmal der Junge aus gutem Hause, der wohlbehütet in einem gutbürgerlichen Wohnviertel lebt und ein gutes Verhältnis zu seiner Familie pflegt, der gerne gärtnert und für seine Familie kocht. Im C Walk sucht er den Abstand zu seinem Herkunftsmilieu und die soziale Annäherung an Teile seiner Peer Group, zum Beispiel in seiner Realschulklasse. Er verschafft sich damit auch außerhalb der Jugendkultur eine coolere und härtere Außenwirkung und verringert symbolisch den sozialen Abstand zu einigen Klassenkameraden. Auf *YouTube* lernt er einen anderen C Walker kennen, der nur einige Häuser entfernt wohnt und der ein enger Freund wird.

Da ist außerdem der Junge mit tunesischen Wurzeln, der in recht einfachen Verhältnissen in einer hauptsächlich von Menschen mit Migrationshintergrund bewohnten Siedlung am Stadtrand lebt. Er erlebt im C Walk Zugehörigkeit und die Möglichkeit gemeinsamer Aktivitäten mit Jugendlichen aus anderen Stadtteilen. Die körperliche Aktivität im C Walk schätzt er sehr zum Abreagieren von Aggressionen. In seinem Umfeld gehören Gewalterfahrungen zum Alltag; er selbst hat sich früher Respekt verschafft, indem er Gewalt anwendete oder sich mit anderen Jugendlichen verbündete, die sich durch Gewaltanwendung Respekt verschafft hatten. Heute lehnt er Gewalt ab, und im C Walk hat er eine alternative Quelle für die Anerkennung durch andere gefunden.

Da ist auch die sensible junge Frau Maria, die sich mit viel Mühe auf das Abitur vorbereitet und die am C Walk neben der Vergemeinschaftung auch die Möglichkeit schätzt, eine andere weibliche Seite an sich zu entdecken: Ihr Ziel ist es, sich im C Walk, anders als in anderen Kontexten, nicht als besonders sexy und schön zu präsentieren, sondern im sportlichen Sinne zu zeigen, was sie kann.

9 Zum Schluss: C Walk auf *YouTube* – Leben mit dem Social Web

Der C Walk ist, vielleicht entgegen dem ersten Anschein, keine Gegenkultur zum Ausdruck einer starken Protesthaltung gegen gesellschaftliche Bedingungen, Normen und Werte. Eher gelingt es den C Walkers, sich mithilfe der jugendkulturellen Praktiken mit den gegebenen Verhältnissen zu arrangieren und ihrer Umwelt positive Seiten abzugewinnen. Zwar grenzen sie sich in symbolischer Weise deutlich von anderen Jugendkulturen und der Welt der Erwachsenen ab. Das geschieht aber im Rahmen des bestehenden Systems, dessen Vorzüge den jungen Menschen attraktiv erscheinen und das sie mit ihren jugendkulturellen Praktiken an sich nicht in Frage

7 Zusammenfassung und Fazit

stellen. Alle Teilnehmer dieser Studie äußern sich ausgesprochen positiv über den Nahraum, in dem sie in Deutschland leben. Sie fühlen sich diesem sehr verbunden und drücken das auch in ihren Videos und Kommentaren aus. So erfreulich dies ist und so positiv die Möglichkeit der Aneignung der Welt mit dem C Walk zu beurteilen ist, so wichtig ist es auch, den scheinbaren Einklang zu hinterfragen, in dem die jungen Menschen mit ihrer Umwelt aufwachsen: Denn diejenigen Teilnehmer, die – trotz ihres positiven Gefühls des Verortetseins im Nahraum – offenbar von einschränkenden strukturellen Zwängen besonders betroffen sind,[181] schreiben die Ursachen dafür eher sich selbst oder der familiären Situation als dem System zu. Zumindest im C Walk findet kein ernsthafter Protest gegen bestehende, strukturelle Verhältnisse statt. Die C Walkers versuchen stattdessen, sich im gesellschaftlichen Teilfeld C Walk eine günstige soziale Position zu verschaffen. Dabei eignen sie sich auch Kompetenzen an, die im gesamtgesellschaftlichen System gefragt sind, und ihre soziale Vernetzung kann ihnen auch über den C Walk hinaus hilfreich sein – dafür liefert diese Studie Hinweise. Ob sich der Erwerb von Kapital im jugendkulturellen Feld und die Aneignung von Kompetenzen und Raum dank der ermöglichenden Struktur des Mediendienstes *YouTube* auf lange Sicht tatsächlich günstig in anderen sozialen Feldern auswirkt, kann hier nicht abschließend geklärt werden.[182]

Die international anerkannte Internetforscherin Sherry Turkle setzt sich seit Jahren kritisch mit den sozialen und sozialpsychologischen Veränderungen durch Online-Medien auseinander. In ihrem kürzlich erschienenen Buch „Verloren unter 100 Freunden" (2012)[183] schränkt sie ihre früher sehr optimistische Einschätzung bezüglich der Möglichkeiten zur Identitätskonstruktion und zur Vergemeinschaftung im Internet stark ein, die sie in „Leben im Netz" (1998)[184] geäußert hatte: Sie warnt nun vor Prozessen der Vereinsamung in Gesellschaften,[185] in denen soziale Beziehungen in der physischen Welt als schwierig und potentiell verletzend empfun-

---

181 Beispielsweise leidet Maria, Tochter italienischer, in Deutschland getrennt lebender Eltern mit geringem Einkommen unter ihrer finanziellen Situation. In ihre Zukunftsträume mischen sich starke Sorgen und Unsicherheiten, weil sie ahnt, dass sie die gewünschte Selbstverwirklichung (geisteswissenschaftliches Studium, Familie, gesichertes Einkommen) nicht mit der als notwendig erachteten Existenzsicherung in Einklang bringen kann.
182 Um dies zu klären, wäre eine Ausweitung im Sinne einer Gesellschaftsanalyse notwendig. Zum Zeitpunkt der Berichtlegung hat Maria nach einer längeren Zeit der Studien- und Ausbildungsplatzsuche ein duales Studium bei einem Personaldienstleister begonnen und ist damit sehr zufrieden (Quelle: Telefonat am 1.11.2012).
183 Originaltitel „Together Alone" Turkle 2011.
184 Originaltitel „Life on the Screen" Turkle 1995.
185 Sie bezieht sie auf die US-amerikanische Gesellschaft.

den werden, während im Social Web mit geringerem Risiko scheinbar erfolgreich Nähe zu einer Vielzahl von Menschen aufgebaut und erhalten werden kann. Damit werden auch neuere Erkenntnisse aus der deutschsprachigen Internetforschung hinterfragt. Es stellt sich die Frage, ob hier zu oberflächlich geforscht wurde, bzw. zu früh der Schluss gezogen wurde, dass allein die Teilnahme an Praktiken im Social Web zu Vergemeinschaftung führe und langfristige Prozesse hin zu Vereinsamungstendenzen übersehen wurden. Im Bericht zur Studie „Heranwachsen mit dem Social Web" heißt es:

> „Während in der Frühzeit der Internet-Diffusion noch die Befürchtung herrschte, die technisch vermittelte Kommunikation würde Menschen isolieren, gilt inzwischen eher das Gegenteil: Isoliert ist, wer nicht am Social Web teilnimmt und auf den Netzwerken auf *SchuelerVZ* und *StudiVZ* oder in den ‚Buddy Lists' der Instant-Messenger-Dienste präsent ist." (Schmidt et al. 2009, S. 15)

Turkle zeigt anhand von Fallbeispielen, dass die gesellschaftliche Entwicklung der Ausweitung sozialer Praktiken ins Internet zu seelischer Entleerung und tatsächlicher Vereinsamung des Einzelnen führen kann, wenn die Chancen, die das mediale Umfeld bietet, bei gleichzeitiger intensiver Nutzung nicht verantwortungsvoll wahrgenommen werden. Die bei Abschluss der vorliegenden Studie verfügbaren Daten der Mediennutzungsforschung in Deutschland eignen sich nicht dazu, so tiefgehende Aspekte zu validieren oder zurückzuweisen, aber sie bestätigen zumindest die Alltagserfahrung, dass auch in unserer Gesellschaft die Relevanz des Social Web im Alltag junger Menschen seit Beginn der Arbeit an dieser Studie stets gewachsen ist und dass sich Kommunikation und Vergemeinschaftung zunehmend ins Internet verlagern. Fest steht: Das Internet, speziell das Social Web, verändert diese Gesellschaft. Es verändert die Art unserer Kommunikation, die Art, wie wir Gemeinschaft erleben und – die vorliegende Studie zeigt es deutlich – die Art, wie wir bestimmtes Wissen und bestimmte Kompetenzen erwerben. Spätestens seit den Ereignissen rund um die Umgestaltung des Stuttgarter Hauptbahnhofs und, für die Menschheit viel gewichtiger, im Arabischen Frühling steht fest, dass Menschen im Social Web unter bestimmten Bedingungen Einfluss auf die Politik ausüben können, ebenso wie auf die Ökonomie und darauf, welche Stimmen in der Öffentlichkeit gehört werden. Nicht zuletzt verändert das Social Web aber die Art, wie wir unser Selbst konstruieren und uns in der Welt verorten – insofern ist Turkles Warnung ernst zu nehmen. Ihr Buch, das auch Chancen aufzeigt, wäre fehlinterpretiert, würde man sich auf die negativen Aspekte beschränken und die Chancen verkennen, die das Social Web bietet. Die vorliegende Studie zeigt anhand des kleinen Teilbereichs einer Jugendkultur, dass das Social Web tatsächlich Potentiale und positive Aspekte für die Entwicklung von jungen Menschen und

7 Zusammenfassung und Fazit

deren Vergemeinschaftung bietet. Die Teilnahme am C Walk auf *YouTube* fördert Primärerfahrungen, die in der physischen Welt gemacht werden, sie verhindert diese nicht. Sie fördert die Aneignung von Orten im eigenen Umfeld und in der entfernteren Welt, statt den Einzelnen von der Welt draußen abzuschirmen oder an das eigene Zimmer und den Computer zu fesseln und in virtuelle Welten zu entführen. Sie fördert die Aneignung der ganz realen sozialen Welt, zum Teil über Milieugrenzen hinweg, und in manchen Fällen auch das Einüben ebenso realer sozialer Rollen. Das bedeutet zugleich auch die Übernahme von Verantwortung. Sie führt, auch langfristig, nicht zu Vereinsamung, sondern zum Aufbau von sozialem Kapital, das über das jugendkulturelle Feld hinaus wirksam sein kann. Sie fördert die Aneignung spezifischer Kompetenzen, die zum Teil vor allem in der Jugendkultur eine Rolle spielen, die aber stets Anknüpfungspunkte für die Vermittlung alltagsrelevanter Kompetenzen bieten, die junge Menschen heute entwickeln müssen, um im privaten Leben und im Beruf zu reüssieren. Insofern ist die jugendkulturelle Praktik des C Walk auf *YouTube* weit davon entfernt, zu einer Verdummung oder „digitalen Demenz" (Spitzer 2012) beizutragen (s. Hinführung). Die Jugendkultur ermöglicht es auch, positive Rückmeldungen in einem Feld zu erhalten, in dem erreichbare Fähigkeiten anerkennungswürdig sind – auch für junge Menschen, deren Lebenslage nicht die besten Voraussetzungen bietet, um im gesamtgesellschaftlichen, stark ökonomisch strukturierten Gefüge soziale Anerkennung zu generieren. Das funktioniert zumindest solange, wie Anerkennungspraktiken im Social Web weitgehend entkoppelt von der Macht ökonomischen Kapitals als Tauschwert möglich sind. Dem steht die Entwicklung entgegen, die zum Zeitpunkt der Berichtlegung mit der Einführung des bezahlten Besser-Platzierens von Meldungen in der Selbstdarstellung auf *Facebook* eingeläutet wird (vgl. o. V. 2012). Für den C Walk auf *YouTube* würde eine solche Käuflichkeit von Platzierungen zu Verschiebungen der Handlungsoptionen des Einzelnen in der Raumkonstruktion, der Identitätskonstruktion und der sozialen Verortung führen. Das Kräftefeld würde anders geordnet, wenn neben jugendkulturellem und sozialem Kapital ökonomisches Kapital an Bedeutung gewinnt.

Die Teilnahme an der Jugendkultur ist, so groß das Potential sein mag, keine Garantie für eine erfolgreiche Selbstsozialisation junger Menschen. Die Studie verdeutlicht, dass junge Menschen Unterstützung brauchen: beim Erwerb von Kompetenzen, insbesondere der kritischen Reflexion ihres medialen und sozialen Handelns. Beim Erwerb von spezifischen Fachkompetenzen, den sie selbst anstoßen, aber nicht oder nur bedingt alleine leisten können. Dazu gehören medienproduktive Kompetenzen ebenso wie das Erlernen von Fremdsprachen. Nicht zuletzt sind Hilfestellungen bei der kritischen Reflexion von Identitätsfindungsprozessen und der Übernahme von Rollenmodellen vonnöten, die im jugendkulturellen Feld nicht immer optimal ablaufen und zum Teil dysfunktional im Sinne einer Entwicklung hin zu mehr Handlungsfähigkeit und einem Gefühl von Identität sein können.

Glossar

Abonnement	Automatischer Bezug von neuen Videos oder Listeneinträgen eines anderen YouTube-Nutzers.
Battle	(Engl.) Wettkampf im >C Walk, in dem Tänzer gegeneinander antreten. Publikum entscheidet, wessen Leistung besser ist. Battles im C Walk finden offline an physischen Orten (häufig im öffentlichen Raum) oder an Online-Orten (häufig auf YouTube) statt. Im ersten Fall wird per Applaus, im zweiten Fall über Bewertungen darüber abgestimmt, wer gewonnen hat.
Blood	S. >Bloods.
Bloods	(Engl.) Name einer US-amerikanischen Straßengang. Ein Mitglied wird als >Blood bezeichnet.
C Walk	(Engl., kurz für Crip Walk) Straßentanz, der sich aus symbolischen Gesten entwickelt hat, die von den US-amerikanischen Gangs >Crips (Crip Walk) und >Bloods (Blood Walk) praktiziert werden (Original (OG) C Walk). Die heute existenten jugendkulturellen Differenzierungen des C Walk sind weltweit verbreitet, das Internet und YouTube spielen dafür eine wichtige Rolle.
C Walk Battle	S. >Battle.
Cookie	(Engl.) Datei, die an den Computer des Nutzers einer Internetseite gesendet und dort gespeichert wird. Sie ermöglicht die Wiederkennung des genutzten Browsers. In der Datei können Nutzereinstellungen und andere Informationen gespeichert werden.
Crew	(Engl.) Zusammenschluss von meist befreundeten C Walkers. Crews treten gelegentlich gegeneinander in Battles an.
Crip	S. >Crips.
Crips	(Engl.) Name einer US-amerikanischen Straßengang. Ein Mitglied wird als >Crip bezeichnet.
C-Walk-Video	Video, das von einem C Walker produziert und im Internet eingestellt wurde. Häufig einfach produzierter, mit dem Handy aufgenommer Film.
Dedication	(Engl., kurz für Dedication Video (Widmungs-Video).) Es handelt sich um Clips, die für eine persönlich bekannte oder verehrte Person öffentlich im Internet (zum Beispiel auf YouTube) eingestellt werden. Das Einstellen einer Dedication drückt ein hohes Maß an Anerkennung aus.
Favorit	Auf YouTube werden Videos als Favoriten bezeichnet, die von einem Nutzer als „Favorit" gekennzeichnet wurden. Dabei werden sie automatisch der Liste der Favoriten zugefügt (vgl. YouTube LLC 2011k).

Favorit	Auf YouTube werden Videos als Favoriten bezeichnet, die von einem Nutzer als „Favorit" gekennzeichnet wurden. Dabei werden sie automatisch der Liste der Favoriten zugefügt (vgl. YouTube LLC 2011k).
Gender Swapping	(Engl.) Das Einnehmen der Rolle eines anderen sozialen Geschlechts.
Happy Slapping	(Engl.) Körperverletzung unbekannter oder unbeteiligter Menschen wie Passanten, Mitschüler oder Lehrer als Freizeitspaß. Häufig werden die Angriffe gefilmt und im Internet veröffentlicht.
Happy-Slapping-Video	Video von einem Akt des >Happy Slapping. Häufig werden sie im Internet verbreitet.
Haters	(Engl., Plural) Nutzer sozialer Netzwerke, die sich einen Spaß daraus machen, andere Nutzer zu diffamieren, zu beschimpfen und zu beleidigen (s. a. >Flaming)
Hip Hop	(Engl.) Jugendkultur und Szene, die ihren musikalischen Ursprung in der Funk- und Soul-Musik hat. Der Hip Hop umfasst mehrere Musikstile und Jugendkulturen wie Rap, Djing, Breakdance, C Walk, Graffiti.
Hopper	(Engl.) Kurzform für Hip Hopper. Bezeichnung für jemanden, der sich der Jugendkultur des >Hip Hop zugehörig fühlt und dies entsprechend durch Musikrezeption, Kleidung etc. ausdrückt.
Kanal	Auf YouTube bezeichnet er „die Seite, die von allen YouTube-Besuchern angezeigt werden kann und unter anderem die Profilinformationen, Videos und Favoriten des Nutzers enthält." (YouTube LLC 2011k) S. auch „Konto".
Kanalkommentar	S. >Kommentar.
Kategorie	1. Auf YouTube: Zuordnungsklasse für Videos nach Themenbereichen. Videos werden dort nach folgenden Kategorien geordnet: „Alle", „Autos & Fahrzeuge", „Comedy", „Bildung", „Unterhaltung", „Film & Animation", „Spiele", „Tipps & Tricks", „Musik", „Nachrichten & Politik", „Nonprofit & Aktivismus", „Leute & Blogs", „Tiere", „Wissenschaft & Technik", „Sport" sowie „Reisen & Events" (2011k) 2.In der GTM: abstrahierte Konzepte, die aus dem Forschungsmaterial heraus emergieren. Das Bilden von Kategorien ist ein wichtiger Schritt bei der Generierung einer gegenstandsverankerten Theorie.
Kommentar	Auf YouTube Bezeichnung für einen „Textabschnitt, in dem Nutzer Informationen zu einem Video, Profil oder dem Kommentar eines anderen Nutzers posten können. Kommentare, die sich auf ein bestimmtes Video beziehen, können auf der Wiedergabeseite des Videos gepostet werden. Kommentare, die an bestimmte Nutzer gerichtet sind, können entweder bei einem Video oder auf dem Kanal des Nutzers gepostet werden." (2011k) S. a. >Videoantwort.

Konto	Auf YouTube Bezeichnung für den bei der Anmeldung generierten Bereich eines angemeldeten Nutzers, der Zugang zu allen Funktionen bietet. Teilweise wird der Begriff als Synonym für „Profil" und „Kanal" verwendet. „Es gibt verschiedene Typen von YouTube-Konten, die allen Nutzern zur Verfügung stehen: Comedian, Guru, Musiker, Regisseur, Reporter und YouTuber." (YouTube LLC 2011k) Die Typen „Politiker" und „Partner" sind Nutzern vorbehalten, die sich dafür bewerben und zugelassen werden. Ansonsten ist der Kontotyp vom Nutzer frei wählbar.
Konvergenz	„Medienkonvergenz beschreibt das Zusammenwachsen ehemals getrennter Medienbereiche und findet auf einer technischen und auf einer inhaltlichen Ebene statt. Technische Konvergenz bezieht sich auf das Zusammenlaufen von Übertragungswegen auf Basis der Digitalisierung medialer Daten, bspw. die Möglichkeit über das Internet oder das Handy fernzusehen oder Radio zu hören. Diese Perspektive der Konvergenz rückt insbesondere die multifunktionalen Medien Computer, Internet und Handy in das Blickfeld. Inhaltliche Konvergenz bezieht sich auf die Möglichkeit, einen Inhalt über verschiedenste Medien und mediale Tätigkeiten zu verfolgen." (Universität Leipzig 04.03.2012)
Metadaten	Auf YouTube bezeichnen Metadaten ergänzende Angaben zu einem Video wie Titel, Beschreibung, >Tags usw.
Mixtape	(Engl.) Im >C Walk: Video, das aus ausgewählten Ausschnitten verschiedener C-Walk-Videos zusammengestellt wurde.
Modul	Auf YouTube werden Elemente im Kanaldesign als Module bezeichnet. Zum Beispiel das Modul, in dem Abonnenten des eigenen Kanals angezeigt werden.
MOO	(Engl., kurz für „Multi-User Domain (MUD), Object Oriented") 1. >MUD, objektorientiert programmiert. 2. Kurz für „Master of Orion", ein Strategiespiel der Firma Simtex.
MUD	(Engl., kurz für Multi-User Dungeons; auch Multi-User Dimension und Multi-User Domain) Gewöhnlich textbasierte, in Echtzeit stattfindende virtuelle Spielwelt, in der mehrere Nutzer zur gleichen Zeit verbunden sind.
Partner	(Engl.) Laut YouTube: „Ersteller von Content, die zur Teilnahme an unserem Partnerschaftsprogramm eingeladen wurden. Hierzu zählen Unternehmen wie Sony Pictures oder Universal Music Group, Firmen aus dem Bereich der neuen Medien wie Mondo Media, Machinima oder Next New Networks sowie Ersteller von Hit-Videos im Web. Letztere sind Nutzer, die extrem beliebte Videos auf YouTube erstellt haben. YouTube-Partner können Videos von beliebiger Länge hochladen und diese monetarisieren, indem sie Anzeigen in ihnen schalten oder sie gegen eine Gebühr verleihen. Reguläre Nutzer können hingegen nur Videos hochladen, die maximal fünfzehn Minuten dauern, und mit diesen kein Geld verdienen." (YouTube LLC 2011b)

Playlist	(Engl.) Liste von ausgewählten Videos. Auf YouTube lassen sich unbegrenzt viele Listen von Videos anlegen, um diese später anzusehen, sie an andere Nutzer weiterzuleiten oder um sie in andere Internetseiten oder Weblogs einzubinden. Eine standardmäßig vordefinierte Playlist ist die Favoritenliste.
posten	(Engl.) Einstellen eines Videos, Textes oder anderen Inhalts auf einer Internetseite, zum Beispiel auf YouTube.
Real Life Battle	(Engl.) In der physischen Welt unter körperlicher Anwesenheit der Teilnehmenden veranstaltetes >Battle.
Snippet	(Engl.) C Walkers bezeichnen kurze Videos, die aus mehreren Videos zusammengefügt werden, als Snippet. Sie dienen dazu, einen Überblick über die eigenen C-Walk-Videos zu geben.
Tag	(Engl.) Schlagwort, mit dessen Hilfe ein Inhalt (hier ein Video) auf einer Internetseite gefunden werden kann.
taggen	(Engl., Verb) Einstellen eines Videos, Textes oder anderen Inhalts auf einer Internetseite, zum Beispiel auf YouTube.
Tagging	(Engl., Verb: to tag.) Verschlagwortung, s. a. >Tag.
Tournament	(Engl.) Im C Walk Wettbewerb zwischen vielen Tänzern.
Tryout	(Engl.) Im C Walk öffentliche Vorstellung eines C Walkers für die Aufnahme in einer >Crew.
Tutorial Video	(Engl.) YouTube-Video, in dem etwas erklärt wird, zum Beispiel ein Tanzschritt.
Videoantwort	Auf YouTube Bezeichnung für ein Video, das ein Nutzer als Reaktion auf ein anderes Video (eines anderen Nutzers) eingestellt hat (vgl. YouTube LLC 2011k).
Videokommentar	Unklare Bezeichnung. S. >Videoantwort und >Kommentar.
Videoplattform	Videoportal, Video-Community
Vorkommnis	Als Vorkommnis (im Material) wird der Verweis durch das Material auf ein Phänomen des beforschten Gegenstandes bezeichnet. Berichtet beispielsweise ein Teilnehmer im Forschungsgespräch davon, dass er aufgrund eines Umzugs seine wichtigsten Freunde verloren hat, wird dieser Sinnzusammenhang als ein Vorkommnis bezeichnet.
Warteschlange	Auf YouTube Bezeichnung für eine Liste von vorgemerkten Videos, um sie zu einem späteren Zeitpunkt derselben oder einer anderen Sitzung abzuspielen. Videos werden zur Liste hinzugefügt, indem auf das Zeichen „+" geklickt wird. Die Videos lassen sich später einzeln oder in Folge abrufen (vgl. YouTube LLC 2011k).
Webcam	(Engl., auch Livecam) Kamera, mit der sich Bilder direkt ins Internet übertragen lassen.
YouTube-Kommentar	S. >Kommentar.

Literatur- und Quellenverzeichnis

A Literatur sowie publizistische Quellen

Ackermann, Andreas (2000): Das virtuelle Universum der Identität. Überlegungen zu einer Ethnographie des Cyberspace. In: Schomburg-Scherff, Sylvia/Heintze, Beatrix (Hg.): Die offenen Grenzen der Ethnologie. Schlaglichter auf ein sich wandelndes Fach. Klaus E. Müller zum 65. Geburtstag. Frankfurt am Main: Verlag Otto Lembeck, S. 276-309.

Ahrens, Andrea (2009): Jenseits medialer Ortlosigkeit: Das Verhältnis von Medien, Jugend und Raum. In: Tully, Claus J. (Hg.): Multilokalität und Vernetzung: Beiträge zur technikbasierten Gestaltung jugendlicher Sozialräume. Weinheim/München: Juventa (Jugendforschung), S. 27-40.

Albrechtslund, Anders (2008): Online Social Networking as Participatory Surveillance. Online verfügbar unter http://www2.netvibes.com/joerissen#Welcome, zuletzt geprüft am 02.04.2008.

Anselm, Doris (2008): Internet-Mobbing: „Persönlichkeitsrechte gelten auch im Netz". Interview mit Medienrechts-Anwalt Tobias H. Strömer. In: ZEIT online, 21.10.2008. Online verfügbar unter http://www.zeit.de/online/2008/22/interview-mobbing, zuletzt geprüft am 17.03.2011.

Anselm, Sigrun (1997): Identifizierung und Selbstbehauptung. Überlegungen zu einer aktuellen Dimension des Anerkennungskonflikts. In: Keupp, Heiner/Höfer, Renate (Hg.): Identitätsarbeit heute. Perspektiven der Identitätsforschung. 1. Aufl. Frankfurt am Main: Suhrkamp, S. 135-148.

ARD/ZDF Medienkommission (Hg.): ard-zdf-onlinestudie.de. Internetseite zu den ARD/ZDF-Onlinestudien. Online verfügbar unter http://www.ard-zdf-onlinestudie.de/index.php?id=268, zuletzt geprüft am 02.04.2012.

Austin, John L. (1962): How to Do Things with Words. The William James Lectures delivered at Harvard University in 1955. Hg. v. Urmson, James Opie/Sbisa, Marina. 1. Aufl. Oxford: Clarendon Press.

Austin, John L./Savigny, Eike von (2007): Zur Theorie der Sprechakte. (How to do things with words). Bibliogr. erg. Ausg. 2002 [Nachdr.]. Stuttgart: Reclam (Universal-Bibliothek 9396).

Baacke, Dieter (1980): Der sozialökologische Ansatz zur Beschreibung und Erklärung des Verhaltens Jugendlicher. In: deutsche jugend, H. 11, S. 493-505.

Baacke, Dieter (1984): Die 6- bis 12jährigen. Einführung in Probleme des Kindesalters. Weinheim/Basel: Beltz (Beltz grüne Reihe).

Baacke, Dieter (Hg.) (1989): Qualitative Medienforschung. Konzepte und Erprobungen. Tübingen: Niemeyer (Medien in Forschung + [und] Unterricht: Serie A 29).
Baacke, Dieter (2000): Die 13- bis 18jährigen. Einführung in Probleme des Jugendalters. Unveränd. Nachdr. d. 7. Aufl. Weinheim/Basel: Beltz (Beltz-Taschenbuch 6: Pädagogik).
Baacke, Dieter/Vollbrecht, Ralf/Sander, Uwe (Hg.) (1990): Lebenswelten sind Medienwelten. Opladen: Leske & Buderich.
Barthelmes, Jürgen/Sander, Ekkehard (2001): Erst die Freunde, dann die Medien. Medien als Begleiter in Pubertät und Adoleszenz. München: Leske & Buderich (Medienerfahrungen von Jugendlichen 2).
Baym, Nancy K. (2000): Tune in, log on. Soaps, fandom, and online community. Thousand Oaks, Calif.: SAGE.
Beck, Ulrich (1986): Risikogesellschaft: Auf dem Weg in eine andere Moderne. Frankfurt am Main: Suhrkamp.
Becker, Barbara (2004): Selbst-Inszenierungen im Netz. In: Krämer, Sybille (Hg.): Performativität und Medialität. München: Wilhelm Fink Verlag, S. 413-429.
Belgrad, Jürgen/Niesyto, Horst (Hg.) (2001): Symbol: Verstehen und Produktion in pädagogischen Kontexten. Baltmannsweiler: Schneider (Ludwigsburger Hochschulschriften 22).
Belgrad, Jürgen/Niesyto, Horst (2001): Symbolverstehen und Symbolproduktion. In: Belgrad, Jürgen/Niesyto, Horst (Hg.): Symbol: Verstehen und Produktion in pädagogischen Kontexten. Baltmannsweiler: Schneider (Ludwigsburger Hochschulschriften, 22), S. 5-16.
Belliger, Andréa/Krieger, David J. (Hg.) (2006): Ritualtheorien: ein einführendes Handbuch. 3. Aufl. Wiesbaden: Verlag für Sozialwissenschaften.
Bergesen, Albert (2006): Die rituelle Ordnung. In: Belliger, Andréa/Krieger, David J. (Hg.): Ritualtheorien: ein einführendes Handbuch. 3. Aufl. Wiesbaden: Verlag für Sozialwissenschaften, S. 49-75.
Bernstein, Basil (Hg.) (1975): Sprachliche Kodes und soziale Kontrolle. Class, codes and control. 1. Aufl. Düsseldorf: Pädag. Verlag Schwann (Primäre Sozialisation, Sprache und Erziehung).
Böhm, Andreas (2009): Theoretisches Codieren: Textanalyse in der Grounded Theory. In: Flick, Uwe (Hg.): Qualitative Forschung: Ein Handbuch. 7. Aufl. Reinbek bei Hamburg: Rowohlt Taschenbuch Verlag (Rowohlts Enzyklopädie 55628), S. 475-485.
Böhnisch, Lothar/Münchmeier, Richard (Hg.) (1993): Pädagogik des Jugendraums: Zur Begründung und Praxis einer sozialräumlichen Jugendpädagogik. 2. Aufl. Weinheim/ München: Juventa.
Bohnsack, Ralf/Marotzki, Winfried/Meuser, Michael (Hg.) (2003): Hauptbegriffe qualitative Sozialforschung. Ein Wörterbuch. Opladen: Leske & Buderich (UTB Soziologie, Erziehungswissenschaft 8226).
Bohnsack, Ralf/Nentwig-Gesemann, Iris/Nohl, Arnd-Michael (2007): Die dokumentarische Methode und ihre Forschungspraxis. Grundlagen qualitativer Sozialforschung. (Springer 11776). Online verfügbar unter http://dx.doi.org/10.1007/978-3-531-90741-3.
Bourdieu, Pierre (1968): Sociologie de l'éducation. Paris: Centre National de la Recherche Scientifique.
Bourdieu, Pierre (1976): Entwurf einer Theorie der Praxis. Auf der ethnologischen Grundlage der kabylischen Gesellschaft. Frankfurt am Main: Suhrkamp.
Bourdieu, Pierre (1982): Ce que parler veut dire: L'économie des échanges linguistiques. Paris: Fayard.

A Literatur sowie publizistische Quellen

Bourdieu, Pierre (1983): Ökonomisches Kapital, kulturelles Kapital, soziales Kapital. Übersetzt von Reinhard Kreckel. In: Kreckel, Reinhard (Hg.): Soziale Ungleichheiten. Göttingen: Schwartz (Soziale Welt: Sonderband 2), S. 183-198.
Bourdieu, Pierre (1991a): Physischer, sozialer und angeeigneter physischer Raum. In: Wentz, Martin (Hg.): Stadt-Räume. Frankfurt am Main [u. a. O.]: Campus (Die Zukunft des Städtischen 2, 2), S. 25-34.
Bourdieu, Pierre (1991b): Sozialer Raum und Klassen. Espace social et genèse de classe. 2. Aufl. Frankfurt am Main: Suhrkamp (Taschenbuch Wissenschaft 500).
Bourdieu, Pierre (1992): Les règles de l'art: Genèse et structure du champ littéraire. Paris: Éd. du Seuil (Libre examen).
Bourdieu, Pierre (1993a): Soziologische Fragen. Questions de sociologie. 1. Aufl., dt. Erstausg. Frankfurt am Main: Suhrkamp (Edition Suhrkamp 1872 = N.F., 872).
Bourdieu, Pierre (1993b): Was sprechen heißt. Beitrag auf dem Kongress der AFEF, Limoges, 30. Oktober 1977. In: Bourdieu, Pierre: Soziologische Fragen. Questions de sociologie. 1. Aufl., dt. Erstausg. Frankfurt am Main: Suhrkamp (Edition Suhrkamp, 1872 = N.F., 872), S. 91-106.
Bourdieu, Pierre (2001): Die Regeln der Kunst: Genese und Struktur des literarischen Feldes. Les règles de l'art. 1. Aufl. Frankfurt am Main: Suhrkamp (Suhrkamp-Taschenbuch Wissenschaft 1539).
Bourdieu, Pierre (1979): Entwurf einer Theorie der Praxis. Auf der ethnologischen Grundlage der kabylischen Gesellschaft. [Titel der Originalausgabe (1972): Esquisse d'une théorie de la pratique, précédé de trois études d'ethnologie kabyle.] 2. Aufl. Frankfurt am Main: Suhrkamp, 2009.
Bourdieu, Pierre/Passeron, Jean-Claude (1970): La reproduction. Eléments pour une théorie du système d'enseignement. Paris: Ed. Minuit.
Bourdieu, Pierre/Passeron, Jean-Claude (1971): Die Illusion der Chancengleichheit. Stuttgart: Klett.
Bourdieu, Pierre/Passeron, Jean-Claude (1973): Grundlagen einer Theorie der symbolischen Gewalt. Frankfurt am Main: Suhrkamp.
Boyd, Danah (2008): Why Youth Love Social Network Sites. The Role of Networked Publics in Teenage Social Life. In: Buckingham, David (Hg.): Youth, Identity and Digital Media. Cambridge, Mass.: The MIT Press (The John D. and Catherine T. Macarthur Foundation series on digital media and learning), S. 119-142.
Brown, Eric (2011): New Video Page Launching Today. In: YouTube Biz Blog. YouTube's Partner and Advertiser Blog, 31.03.2011. Online verfügbar unter http://ytbizblog.blogspot.com/2010/03/new-video-page-launching-today.html, zuletzt geprüft am 04.03.2011.
Bruckman, Amy (2006): Teaching Students to Study Online Communities Ethically In: Hauptman/Robert (Hg.): Journal of Information Ethics. Jefferson NC: McFarland, S. 82-98.
Brüggen, Niels/Hartung, Anja (2007): Selbstinszenierung Jugendlicher in (virtuellen) Kontaktforen. In: Große-Loheide, Mike/Neuß, Norbert (Hg.): Körper. Kult. Medien. Inszenierungen im Alltag und in der Medienbildung. Bielefeld: Gesellschaft für Medienpädagogik und Kommunikationskultur (Schriften zur Medienpädagogik, 40), S. 143-152.
Brüggen, Niels/Wagner, Ulrike/Gebel, Christa (2009): Web 2.0 als Rahmen für Selbstdarstellung und Vernetzung Jugendlicher. Analyse jugendnaher Plattformen und ausgewählter Selbstdarstellungen von 14-20-Jährigen. Erster Teil der Studie „Das Internet als Rezeptions- und Präsentationsform für Jugendliche" im Auftrag der Bayrischen Landeszentrale für neue Medien (BLM). Unter Mitarbeit von Gerlicher, Peter/Vogel, Kristin. JFF – Institut

für Medienpädagogik in Forschung und Praxis. Online verfügbar unter http://www.jff. de/dateien/Bericht_Web_2.0_Selbstdarstellungen_JFF_2009.pdf.
Bryant, Tony (Hg.) (2010): The SAGE handbook of grounded theory. Grounded theory. Paperback ed. Los Angeles [u. a. O.]: SAGE.
Buckingham, David (Hg.) (2008): Youth, Identity and Digital Media. Cambridge, Mass.: The MIT Press (The John D. and Catherine T. Macarthur Foundation series on digital media and learning).
Bude, Heinz (2008): Die Ausgeschlossenen: das Ende vom Traum einer gerechten Gesellschaft. 1. Aufl. München: Hanser.
Burgess, Jean/Green, Joshua (2009): YouTube: Online Video and Participatory Culture. 1. publ. Cambridge [u. a. O.]: Polity Press.
Busemann, Katrin/Gscheidle, Christoph (2010): Web 2.0: Nutzung steigt – Interesse an aktiver Teilhabe sinkt. Ergebnisse der ARD/ZDF-Onlinestudie 2010. In: Media Perspektiven, H. 7/8, S. 359-368.
Busemann, Katrin/Gscheidle, Christoph (2012): Web 2.0: Habitualisierung der Social Communities. Ergebnisse der ARD/ZDF-Onlinestudie 2012. In: MediaPerspektiven, H. 7-8, S. 380-390.
Butler, Judith (1991): Das Unbehagen der Geschlechter. [Titel der Originalausgabe (1990): Gender Trouble.] 1. Aufl. Frankfurt am Main: Suhrkamp.
Butler, Judith (2004): Undoing Gender. New York/London: Routledge.
Butler, Judith (2009): Die Macht der Geschlechternormen und die Grenzen des Menschlichen. 1. Aufl. Frankfurt am Main: Suhrkamp.
Carstensen, Tanja (2009): Gender Trouble in Web 2.0. Gender Relations in Social Network Sites, Wikis and Weblogs. In: International Journal of Gender, Science and Technology, Vol. 1, No. 1. Online verfügbar unter http://genderandset.open.ac.uk/index.php/genderandset/article/view/18, zuletzt geprüft am 13.11.2009.
Cassirer, Ernst (1946): Language and Myth. Toronto: Courier Dover Publications.
Cassirer, Ernst (1956): Wesen und Wirkung des Symbolbegriffs. Darmstadt: Wissenschaftliche Buchgesellschaft.
Cassirer, Ernst (2009): Schriften zur Philosophie der symbolischen Formen. Hg. v. Lauschke, Marion. Hamburg: Meiner (Philosophische Bibliothek 604).
Castells, Manuel (2001): Der Aufstieg der Netzwerkgesellschaft. [Titel der Originalausgabe (1996): The rise of the network society.] Opladen: Leske & Buderich (Das Informationszeitalter 1).
Christ, Katmando (2007): „Heilig? Heilig ist im Hip-Hop nichts". Interview mit Derrick Parker. In: Süddeutsche Zeitung Magazin, H. 15. Online verfügbar unter http://sz-magazin.sueddeutsche.de/texte/anzeigen/2695, zuletzt geprüft am 23.03.2011.
CJ Mac (2011): C-Walk – It's a Way of Livin'. Dokumentarfilm. UNDA DOG Records & Films.
Decker, Jan-Oliver (2011): „Germany's Next Topmodel" – Inititiation durch Domestikation. Zur Konzeption der Person in Castingshows. In: Grimm, Petra/Zöllner, Oliver (Hg.): Medien – Rituale – Jugend. Perspektiven auf Medienkommunikation im Alltag junger Menschen. Stuttgart: Franz Steiner (Medienethik 9), S. 135-156.
Deinet, Ulrich (1993): Der konzeptionelle Kern: Raumaneignung. In: Böhnisch, Lothar/ Münchmeier, Richard (Hg.): Pädagogik des Jugendraums: Zur Begründung und Praxis einer sozialräumlichen Jugendpädagogik. 2. Aufl. Weinheim u. a.: Juventa, S. 57-66.
Deinet, Ulrich (Hg.) (2009): Sozialräumliche Jugendarbeit: Grundlagen, Methoden und Praxiskonzepte. 3., überarb. Aufl. Wiesbaden: Verlag für Sozialwissenschaften.

A Literatur sowie publizistische Quellen

Deinet, Ulrich/Icking, Maria (2009): Subjektbezogene Dimensionen der Aneignung. In: Deinet, Ulrich (Hg.): Sozialräumliche Jugendarbeit: Grundlagen, Methoden und Praxiskonzepte. 3., überarb. Aufl. Wiesbaden: Verlag für Sozialwissenschaften, S. 59-73.
DiMaggio, Paul/Hargittai, Eszter/Neuman, W. Russel/Robinson, John P. (2001): Social Implications of the Internet. In: Annual Review of Sociology, Jg. 27, S. 307336. Online verfügbar unter http://www.annualreviews.org/doi/pdf/10.1146/annurev.soc.27.1.307, zuletzt geprüft am 23.06.2011.
Dittler, Ullrich (Hg.) (2010): Zwischen Kompetenzerwerb und Mediensucht: Chancen und Gefahren des Aufwachsens in digitalen Erlebniswelten aus medienpsychologischer und medienpädagogischer Sicht. München: kopaed.
Dittler, Ullrich/Hoyer, Michael (Hg.) (2012): Aufwachsen in sozialen Netzwerken. Chancen und Gefahren von Netzgemeinschaften aus medienpsychologischer und medienpädagogischer Perspektive. München: kopaed.
Döring, Jörg (Hg.) (2008): Spatial turn. Das Raumparadigma in den Kultur- und Sozialwissenschaften. Bielefeld: transcript (Sozialtheorie).
Dörken-Kucharz, Thomas (Hg.) (2008): Medienkompetenz. Zauberwort oder Leerformel des Jugendmedienschutzes? Baden-Baden: Nomos.
Durkheim, Émile (1972): Erziehung und Soziologie. Übersetzt von Raymund Krisam. Düsseldorf: Schwann.
Durkheim, Émile (1912): Die elementaren Formen des religiösen Lebens. Les formes élémentaires de la vie religieuse. 1. Aufl. Frankfurt am Main: Suhrkamp, 1981.
Ebert, Lena/Feierabend, Sabine/Karg, Ulrike/Rathgeb, Thomas (2011): JIM Studie 2011. Jugend, Information, (Multi-)Media. Basisuntersuchung zum Medienumgang 12-bis 19- Jähriger. Unter Mitarbeit von Albrecht Kutteroff, Peter Behrens und Tina König et al. Hg. v. Medienpädagogischen Forschungsverbund Südwest. LFK/LMK. Online verfügbar unter http://www.mpfs.de/fileadmin/JIM-pdf07/JIM-Studie2007.pdf, zuletzt aktualisiert am 28.11.2007, zuletzt geprüft am 24.09.2008.
Ehlert, Gudrun/Funk, Heide/Stecklina, Gerd (Hg.) (2011): Wörterbuch Soziale Arbeit und Geschlecht. Weinheim/München: Juventa.
Eimeren, Birgit/Frees, Beate (2012): 76 Prozent der Deutschen online. Neue Nutzungssituationen durch mobile Endgeräte. Ergebnisse der ARD/ZDF-Onlinestudie 2012. In: MediaPerspektiven, H. 7-8, S. 362-379.
Eisemann, Christoph (2007): Mediensozialisation. Theoretische Überlegungen und Befunde der aktuellen Mediensozialisationsforschung. In: Ludwigsburger Beiträge zur Medienpädagogik, Jg. 10, H. 1. Online verfügbar unter http://www.ph-ludwigsburg.de/fileadmin/subsites/1b-mpxx-t-01/user_files/Online-Magazin/Ausgabe10/Inhalt10.pdf.
Eisemann, Christoph (28.11.2008): Audiovisuelle Selbstdarstellung auf YouTube. Posterpräsentation. Veranstaltung vom 28.11.2008, aus der Reihe „Tag des Wissenschaftlichen Nachwuchses" in Ludwigsburg. Veranstalter: Pädagogische Hochschulen Baden-Württembergs. Online verfügbar unter http://www.ph-ludwigsburg.de/fileadmin/subsites/9i-verw-t-01/user_files/Forschung/TdWN/TdwN_2008/15112008tdwn-Programm-kompakt.pdf.
Eisemann, Christoph (2008-2012): Forschungstagebuch. Unveröffentlichtes Manuskript.
Eisemann, Christoph (31.03.2008): Selbstdarstellung Jugendlicher im Internet-Videoforum Youtube (Arbeitstitel). Exposee im Antrag zur LGFG-Förderung eines Dissertationsvorhabens an die Forschungsförderungsstelle der PH Ludwigsburg.
Eisemann, Christoph (2008): Why do they tube? Aspekte zur Nutzung von Videoplattformen durch Jugendliche und junge Erwachsene. In: Ludwigsburger Beiträge zur Medienpä-

dagogik, Jg. 11, H. 1, S. 1-7. Online verfügbar unter http://www.ph-ludwigsburg.de/ fileadmin/subsites/1b-mpxx-t-01/user_files/Online-Magazin/Ausgabe11/Forschung11. pdf, zuletzt geprüft am 17.02.2009.

Eisemann, Christoph (2009): Gesprächsleitfaden. Version 9.2009.

Eisemann, Christoph (2011a): „Dedicated to my ⊠". Zur Ritualhaftigkeit des gegenseitigen Widmens von Videos auf YouTube. In: Grimm, Petra/Zöllner, Oliver (Hg.): Medien – Rituale – Jugend. Perspektiven auf Medienkommunikation im Alltag junger Menschen. Stuttgart: Franz Steiner (Medienethik 9), S. 125-134.

Eisemann, Christoph (2011b): Gesprächsleitfaden. Version 2.2011.

Eisemann, Christoph (2011c): Offenes Codieren in MAXQDA. Vorläufiges Arbeitsdokument. Unveröffentlichtes Manuskript.

Erikson, Erik H. (1974a): Das Problem der Ich-Identität. In: Erikson, Erik H.: Identität und Lebenszyklus. Drei Aufsätze. 2. Aufl. Frankfurt am Main: Suhrkamp (Taschenbuch Wissenschaft 16), S. 123-215.

Erikson, Erik H. (1974b): Identität und Lebenszyklus. Drei Aufsätze. 2. Aufl. Frankfurt am Main: Suhrkamp, 1974b (Taschenbuch Wissenschaft 16).

Erikson, Erik H. (1974c): Wachstum und Krisen der gesunden Persönlichkeit. In: Erikson, Erik H.: Identität und Lebenszyklus. Drei Aufsätze. 2. Aufl. Frankfurt am Main: Suhrkamp (Taschenbuch Wissenschaft 16), S. 55-122.

Fahlenbrach, Kathrin/Bartsch, Anne/Brück, Ingrid (Hg.) (2008): Medienrituale: Rituelle Performanz in Film, Fernsehen und Neuen Medien. Wiesbaden: VS Verlag für Sozialwissenschaften/GWV Fachverlage.

Faulstich-Wieland/Weber, Hannelore/Weber, Martina/Willems, Katharina (2004): Doing Gender im heutigen Schulalltag. Empirische Studien zur sozialen Konstruktion von Geschlecht in schulischen Interaktionen. Weinheim/München: Juventa.

Fisch, Martin/Gscheidle, Christoph (2008): Mitmachnetz Web 2.0: Rege Beteiligung nur in Communitys. Ergebnisse der ARD/ZDF-Onlinestudie 2008. In: Media Perspektiven, H. 7, S. 356-364. Online verfügbar unter http://www.daserste.de/service/studie08_4.pdf, zuletzt geprüft am 08.09.2008.

Fischer, Hans (Hg.) (1998a): Ethnologie. Einführung und Überblick. 4. überarb. Aufl. Berlin/Hamburg: Reimer (Ethnologische Paperbacks).

Fischer, Hans (1998b): Feldforschung. In: Fischer, Hans (Hg.): Ethnologie. Einführung und Überblick. 4. überarb. Aufl. Berlin/Hamburg: Reimer (Ethnologische Paperbacks), S. 73-92.

Fischer, Hans (1998c): Was ist Ethnologie? In: Fischer, Hans (Hg.): Ethnologie. Einführung und Überblick. 4. überarb. Aufl. Berlin/Hamburg: Reimer (Ethnologische Paperbacks), S. 3-20.

Fisherkeller, JoEllen (2001): VideoCulture in NEW YORK. In: Niesyto, Horst/Fisherkeller, JoEllen (Hg.): VideoCulture: Videoarbeit. Interkulturelle Kommunikation Schule. Donauwörth: Auer (Basisbaustein: Medienzeit), S. 66.

Flick, Uwe (1996): Psychologie des technisierten Alltags. Soziale Konstruktion und Repräsentation technischen Wandels in verschiedenen kulturellen Kontexten. Opladen: Westdeutscher Verlag (Beiträge zur psychologischen Forschung 28).

Flick, Uwe (2006): Qualitative Sozialforschung. Eine Einführung. 4. Aufl. Reinbek bei Hamburg: Rowohlt Taschenbuch Verlag (Rororo Rowohlts Enzyklopädie 55694).

Flick, Uwe (Hg.) (2009): Qualitative Forschung: ein Handbuch. 7. Aufl. Reinbek bei Hamburg: Rowohlt Taschenbuch Verlag (Rowohlts Enzyklopädie 55628).

A Literatur sowie publizistische Quellen

Flick, Uwe (2011): Qualitative Sozialforschung. Eine Einführung. 4. [sic!] Aufl. Reinbek bei Hamburg: Rowohlt Taschenbuch Verlag.

Franck, Georg (1998): Ökonomie der Aufmerksamkeit. Ein Entwurf. München/Wien: Carl Hanser.

Frees, Beate/Busemann, Katrin (2012): Internet goes Community. Grundlagen zur Internetnutzung von Teenagern. In: Dittler, Ullrich/Hoyer, Michael (Hg.): Aufwachsen in sozialen Netzwerken. Chancen und Gefahren von Netzgemeinschaften aus medienpsychologischer und medienpädagogischer Perspektive. München: kopaed, S. 15-27.

Fritsch, Hagen (2007): Non- und paraverbale Elemente in computervermittelter Kommunikation. Seminar: Kommunikation und Konfliktbewältigung in Organisationen. Hg. v. TU München, Lehrstuhl für Psychologie. Online verfügbar unter http://itooktheredpill. dyndns.org/stuff/studium/parachat.pdf, zuletzt geprüft am 23.05.2012.

Froelich, Margit/Grunewald, Michael/Taplik, Ursula (Hg.) (2007): Computerspiele: Faszination und Irritation. Frankfurt am Main: Brandes & Apsel.

Fröhlich, Arnold (1980): Handlungsorientierte Medienerziehung. Grundlagen für einen Lehrplan. Abhandlung zur Erlangung der Doktorwürde der Philosophischen Fakultät I der Universität Zürich.

Fuchs-Heinritz, Werner (2011): Abduktion. In: Fuchs-Heinritz, Werner/Klimke, Daniela/ Lautmann, Rüdiger/Rammstedt, Otthein/Stäheli, Urs/ Weischer, Chritoph/Wienold, Hanns (Hg.): Lexikon zur Soziologie. 5., überarb. Aufl. Wiesbaden: Verlag für Sozialwissenschaften, S. 11.

Fuchs-Heinritz, Werner/Klimke, Daniela/Lautmann, Rüdiger et al. (Hg.) (2011): Lexikon zur Soziologie. 5., überarb. Aufl. Wiesbaden: Verlag für Sozialwissenschaften.

Fuhs, Burkhard (2012): Digitale Freundschaften und mediatisierte Kinderwelten. In: Stapf, Ingrid/Lauber, Achim/Fuhs, Burkhard/Rosenstock, Roland (Hg.): Kinder im Social Web. Qualität in der KinderMedienKultur. Baden-Baden: Nomos (Jugendmedienschutz und Medienbildung 4), S. 103-123.

Funken, Christiane (2002): Digital Doing Gender. In: Münker, Stefan/Roesler, Alexander (Hg.): Praxis Internet. Kulturtechniken der vernetzten Welt. 1. Aufl. Frankfurt am Main: Suhrkamp (Edition Suhrkamp 2254), S. 158-181.

Geertz, Clifford (1987): Dichte Beschreibung: Beiträge zum Verstehen kultureller Systeme. 1. Aufl. Frankfurt am Main: Suhrkamp (Suhrkamp-Taschenbuch Wissenschaft 696).

Gerhards, Maria/Klinger Walter/Trump, Thilo (2008): Das Social Web aus Rezipientensicht. Motivation, Nutzung und Nutzertypen. In: Zerfaß, Ansgar/Welker, Martin/Schmidt, Jan (Hg.): Kommunikation, Partizipation und Wirkungen im Social Web. Köln: Herbert von Halem Verlag (Neue Schriften zur Online-Forschung 1: Grundlagen und Methoden. Von der Gesellschaft zum Individuum), S. 129-148.

Geulen, Dieter (2002a): Sozialisationstheoretische Ansätze. In: Krüger, Heinz-Hermann (Hg.): Handbuch Kindheits- und Jugendforschung. Opladen: Leske & Buderich (Handbücher), S. 83-98.

Geulen, Dieter (2002b): Subjekt, Sozialisation, „Selbstsozialisation". Einige kritische und einige versöhnliche Bemerkungen. In: Zeitschrift für Soziologie der Erziehung und Sozialisation, H. 2, S. 186-196.

Giddens, Anthony (1988): Die Konstitution der Gesellschaft: Grundzüge einer Theorie der Strukturierung. Frankfurt am Main [u. a. O.]: Campus (Theorie und Gesellschaft 1).

Giddens, Anthony (1999): Soziologie. 2., überarb. Aufl. Hg. v. Fleck, Christian. Graz [u. a. O.]: Nausner & Nausner.

Gildemeister, Regine/Robert, Günther (2011): Doing Gender. In: Ehlert, Gudrun/Funk, Heide/Stecklina, Gerd (Hg.): Wörterbuch Soziale Arbeit und Geschlecht. Weinheim/ München: Juventa, S. 95-98.
Glaser, Barney G. (1978): Theoretical Sensitivity. Mill Valley, Calif.: Sociology Press.
Glaser, Barney G. (1992): Emergence vs. Forcing. Basics of Grounded Theory Analysis. Mill Valley, Calif.: Sociology Press.
Glaser, Barney G./Strauss, Anselm L. (1967): The Discovery of Grounded Theory: Strategies for Qualitative Research. New York, NY: Aldine de Gruyter.
Glaser, Barney G./Strauss, Anselm L. (1998): Grounded Theory: Strategien qualitativer Forschung. Bern [u. a. O.]: Huber.
Goffman, Erving (2006): Interaktionsrituale. In: Belliger, Andréa/Krieger, David J. (Hg.): Ritualtheorien: ein einführendes Handbuch. 3. Aufl. Wiesbaden: Verlag für Sozialwissenschaften, S. 321-337.
Gold, Scott (2009): With crime in decline, a fragile sense of hope. In: Los Angeles Times, 07.06.2009. Online verfügbar unter http://www.latimes.com/news/local/la-me-southlarollout7-2009jun07,0,280768.story, zuletzt geprüft am 23.03.2011.
Granovetter, Mark S. (1973): The Strength of Weak Ties. In: American Journal of Sociology, Jg. 78, H. 6, S. 1360-1380. Online verfügbar unter http://sociology.stanford.edu/people/ mgranovetter/documents/granstrengthweakties.pdf, zuletzt geprüft am 5.9.2012.
Grimm, Petra/Rhein, Stefanie (2007): Slapping, Bullying, Snuffing! Zur Problematik von gewalthaltigen und pornografischen Videoclips auf Mobiltelefonen von Jugendlichen. Berlin: Vistas (Schriftenreihe der Medienanstalt Hamburg/Schleswig-Holstein 1).
Grimm, Petra/Rhein, Stefanie/Clausen-Muradian, Elisabeth (2008): Gewalt im Web 2.0. Der Umgang Jugendlicher mit gewalthaltigen Inhalten und Cyber-Mobbing sowie die rechtliche Einordnung der Problematik. unter Mitarbeit von Elisabeth Koch und Christoph Eisemann. Berlin: Vistas (Schriftenreihe der NLM 23).
Grimm, Petra/Zöllner, Oliver (Hg.) (2011): Medien – Rituale – Jugend. Perspektiven auf Medienkommunikation im Alltag junger Menschen. Stuttgart: Franz Steiner (Medienethik 9).
Gross, Peter (1985): Bastelmentalität. Ein ‚postmoderner' Schwebezustand. In: Schmid, Thomas (Hg.): Das pfeifende Schwein. Über weitergehende Interessen der Linken. Berlin: Wagenbach, S. 63-84.
Große-Loheide, Mike/Neuß, Norbert (Hg.) (2007): Körper. Kult. Medien. Inszenierungen im Alltag und in der Medienbildung. Bielefeld: Gesellschaft für Medienpädagogik und Kommunikationskultur (Schriften zur Medienpädagogik 40).
Haas, Sabine/Trump, Thilo/Gerhards, Maria/Klinger Walter (2007): Web 2.0: Nutzung und Nutzertypen. Eine Analyse auf der Basis quantitativer und qualitativer Untersuchungen. In: Media Perspektiven, H. 4, S. 215-222.
Hakken, David (1999): Cyborg@Cyberspace: An Ethnographer looks to the Future. London: Routledge.
Hammersley, Martyn/Atkinson, Paul (1995): Ethnography: Principles in Practice. 2. Aufl. London: Routledge.
Hammersley, Martyn/Atkinson, Paul (2007): Ethnography: Principles in Practice. 3. Aufl. London: Routledge.
Hasebrink, Uwe (2004): Konvergenz aus Nutzerperspektive. Das Konzept der Kommunikationsmodi. In: Hasebrink, Uwe/Mikos, Lothar/Prommer, Elisabeth (Hg.): Mediennutzung in konvergierenden Medienumgebungen. München: Verlag Reinhard Fischer, Bd. 1, S. 67-85.

A Literatur sowie publizistische Quellen

Hasebrink, Uwe/Mikos, Lothar/Prommer, Elisabeth (Hg.) (2004): Mediennutzung in konvergierenden Medienumgebungen. München: Verlag Reinhard Fischer, Bd.1.
Hauptman/Robert (Hg.) (2006): Journal of Information Ethics. Jefferson NC: McFarland.
Havighurst, Robert J. (1948): Developmental tasks and education. New York: David McKay.
Hayasaki, Erika (2002): Some Principals Ban Dance With Gang Ties. In: Los Angeles Times, 04.05.2002. Online verfügbar unter http://articles.latimes.com/2002/jun/04/local/me-dance4, zuletzt geprüft am 23.03.2011.
Heffernan/Virginia (2009): Uploading the Avant-Garde. In: The New York Times Magazine, 03.09.2009. Online verfügbar unter http://www.nytimes.com/2009/09/06/magazine/06FOB-medium-t.html?scp=1&sq=Jawed+Karim&st=nyt, zuletzt geprüft am 03.03.2011.
Heintz, Bettina/Nadai, Eva/Fischer, Regula/Ummel, Hannes (1997): Ungleich unter Gleichen. Studien zur geschlechtsspezifischen Segregation des Arbeitsmarktes. Frankfurt am Main/New York: Campus.
Heise Online (Hg.) (2008a): Google von YouTube-Werbeerlösen enttäuscht. Online verfügbar unter http://www.heise.de/newsticker/meldung/Zeitung-Google-von-YouTube-Werbeerloesen-enttaeuscht-185167.html, zuletzt aktualisiert am 01.01.2008, zuletzt geprüft am 18.03.2011.
Heise Online (Hg.) (2008b): YouTube startet Suchbegriff-Vermarktung. Online verfügbar unter http://www.heise.de/newsticker/meldung/YouTube-startet-Suchbegriff-Vermarktung-216791.html, zuletzt aktualisiert am 01.01.2008, zuletzt geprüft am 18.03.2011.
Heise Online (Hg.) (2011): YouTube holt sich Vertriebs-Know-how. Online verfügbar unter http://www.heise.de/newsticker/meldung/YouTube-holt-sich-Vertriebs-Knowhow-1203824.html, zuletzt aktualisiert am 18.03.2011, zuletzt geprüft am 18.03.2011.
Heuner, Ulf (Hg.) (2008): Klassische Texte zum Raum. 3. Aufl. Berlin: Parodos (Klassische Texte Parodos 2).
Hillmann, Karl-Heinz (2007): Wörterbuch der Soziologie. 5., vollst. überarb. und erw. Aufl. Stuttgart: Kröner.
Hine, Christine (2000): Virtual ethnography. London: SAGE.
Hine, Christine (2005): Virtual methods. Issues in social research on the internet. 1. Aufl. Oxford: Berg.
Hine, Christine (2007): Connective Ethnography for the Exploration of e-Science. In: Journal of Computer Mediated Communication, Jg. 12, H. 2, Artikel 14. Online verfügbar unter http://jcmc.indiana.edu/vol12/issue2/hine.html.
Hine, Christine (2008): Systematics as cyberscience: computers, change, and continuity in science. Cambridge, Mass. [u. a. O.]: MIT Press (Inside technology series).
Hipfl, Brigitte (2004): Mediale Identitätsräume. Skizze zu einem ‚spatial turn' in der Medien- und Kommunikationswissenschaft. In: Hipfl, Brigitte/Klaus, Elisabeth/Scheer, Uta (Hg.): Identitätsräume. Nation, Körper und Geschlecht in den Medien. Eine Topografie. Bielefeld: transcript, S. 16-50.
Hipfl, Brigitte/Klaus, Elisabeth/Scheer, Uta (2004a): Einleitung: Mediale Identitätsräume. In: Hipfl, Brigitte/Klaus, Elisabeth/Scheer, Uta (Hg.): Identitätsräume. Nation, Körper und Geschlecht in den Medien. Eine Topografie. Bielefeld: transcript, S. 9-15.
Hipfl, Brigitte/Klaus, Elisabeth/Scheer, Uta (Hg.) (2004b): Identitätsräume. Nation, Körper und Geschlecht in den Medien. Eine Topografie. Bielefeld: transcript.
Hoffmann, Dagmar/Merkens, Hans (2004): Einleitung. Die Sozialisationsperspektive in der Jugendforschung. In: Hoffmann, Dagmar/Merkens, Hans (Hg.): Jugendsoziologische Sozialisationstheorie. Impulse für die Jugendforschung. Weinheim/München: Juventa, S. 7-16.

Hoffmann, Dagmar/Merkens, Hans (Hg.) (2004): Jugendsoziologische Sozialisationstheorie. Impulse für die Jugendforschung. Weinheim/München: Juventa.
Hoffmann, Dagmar/Mikos, Lothar (Hg.) (2007): Mediensozialisationstheorien: Neue Modelle und Ansätze in der Diskussion. Wiesbaden: VS Verlag für Sozialwissenschaften/ GWV Fachverlage.
Höflich, Joachim R. (2009): In der Mitte der Stadt. Die Nutzung des Mobiltelefons auf einer Piazza. In: Tully, Claus J. (Hg.): Multilokalität und Vernetzung: Beiträge zur technikbasierten Gestaltung jugendlicher Sozialräume. Weinheim/München: Juventa (Jugendforschung), S. 77-90.
Holzkamp, Klaus (1986): Sinnliche Erkenntnis: historischer Ursprung und gesellschaftliche Funktion der Wahrnehmung. 5. Aufl. Frankfurt am Main: Athenäum Verlag GmbH (Athenäum-Taschenbücher 4100: Sozialwissenschaften, Psychologie).
Holzwarth, Peter (2008a): Integrationschancen im Kontext von Migration, Mediennutzung und Schule. Fotografie und Video als Zugang zu Lebenswelten von Kindern und Jugendlichen mit Migrationshintergrund. Dissertationsschrift (pdf), veröffentlicht als Holzwarth, Peter (2008): Migration, Medien und Schule. Fotografie und Video als Zugang zu Lebenswelten von Kindern und Jugendlichen mit Migrationshintergrund. München: kopaed (Medienpädagogische Praxisforschung 3).
Holzwarth, Peter (2008b): Migration, Medien und Schule. Fotografie und Video als Zugang zu Lebenswelten von Kindern und Jugendlichen mit Migrationshintergrund. München: kopaed (Medienpädagogische Praxisforschung 3).
Hoschka, Peter (1998): Social Web Program. Linking people through virtual environments. Institute for Applied Information Technology. GMD German National Research Center for Information Technology. Online verfügbar unter http://www.fit.fhg.de/~hoschka/Social%20Web.htm, zuletzt aktualisiert am 31.01.2007, zuletzt geprüft am 15.12.2010.
Hugger, Kai-Uwe (2009): Junge Migranten online: Suche nach sozialer Anerkennung und Vergewisserung von Zugehörigkeit. 1. Aufl. Wiesbaden: Verlag für Sozialwissenschaften (Medienbildung und Gesellschaft 9).
Hugger, Kai-Uwe (Hg.) (2010): Digitale Jugendkulturen. 1. Aufl. Wiesbaden: Verlag für Sozialwissenschaften.
Hurrelmann, Klaus (2002a): Einführung in die Sozialisationstheorie. 8., vollst. überarb. Aufl. Weinheim/Basel: Beltz (Beltz-StudiumKultur und Gesellschaft).
Hurrelmann, Klaus (2002b): Selbstsozialisation oder Selbstorganisation? Ein sympathisierender, aber kritischer Kommentar. In: ZSE. Zeitschrift für Soziologie der Erziehung und Sozialisation, Jg. 22, H. 2, S. 155-166.
Hurrelmann, Klaus (Hg.) (2008): Handbuch Sozialisationsforschung. 7., vollst. überarb. Aufl. Weinheim/Basel: Beltz (Pädagogik).
Imort, Peter/Niesyto, Horst/Müller, Renate (Hg.) (2009): Medienästhetik in Bildungskontexten. München: kopaed (Medienpädagogik interdisziplinär 7).
Johns, Mark D./Chen, Shing-Ling Sarina/Hall, G. Jon (Hg.) (2004): Online Social Research. Methods, Issues, & Ethics. New York, NY: Lang (Digital formations 7).
Jörissen, Benjamin (2012): Medienbildung und das Social Web: Rahmenbedingungen zukunftsoffener Medienbildungsarbeit und Bedingungen vernetzter Sozialität. In: Stapf, Ingrid/Lauber, Achim/Fuhs, Burkhard/Rosenstock, Roland (Hg.): Kinder im Social Web. Qualität in der KinderMedienKultur. Baden-Baden: Nomos (Jugendmedienschutz und Medienbildung 4), S. 53-69.

A   Literatur sowie publizistische Quellen

Jörissen, Benjamin/Marotzki, Winfried (2008): Online-Communities und Social Networking. Neue Entwicklungsrichtungen im Rahmen des Web 2.0. In: Meyer, Torsten/Scheibel, Michael/Münte-Goussar, Stephan/Meisel, Timo, Schawe, Julia (Hg.): Bildung im Neuen Medium. Wissensformation und digitale Infrastruktur. Münster/New York/München/Berlin: Waxmann, S. 150-165.

Kammerl, Rudolf (2005): Internetbasierte Kommunikation und Identitätskonstruktion. Selbstdarstellung und Regelorientierung 14- bis 16-jähriger Jugendlicher. Hamburg: Verlag Dr. Kovac.

Kaumanns, Ralf/Siegenheim, Veit/Neumüller, Gerald/Krautsieder, Martin (2008): Videoportale in Deutschland. Im Spannungsfeld zwischen Fernsehen und Internet. Hg. v. Accenture/SevenOne Media. Online verfügbar unter http://www.accenture.com/SiteCollectionDocuments/Local_Germany/PDF/VideoportaleinDeutschland.pdf, zuletzt geprüft am 09.05.2012.

Keilhacker, Martin/Keilhacker, Margarete (1953): Jugend und Spielfilm. Erlebnisweisen und Einflüsse. Stuttgart: Klett.

Kelle, Udo (2007): Theoretisches Vorwissen und Kategorienbildung in der „Grounded Theory". In: Kuckartz, Udo/Dresing, Thorsten/Grunenberg, Heiko (Hg.): Qualitative Datenanalyse: computergestützt. Methodische Hintergründe und Beispiele aus der Forschungspraxis. 2., überarb. u. erw. Aufl. Wiesbaden: VS Verlag für Sozialwissenschaften/GWV Fachverlage, S. 32-49.

Kessl, Fabian (Hg.) (2010): Sozialraum: eine Einführung. 2., durchges. Aufl. Wiesbaden: Verlag für Sozialwissenschaften (Lehrbuch 4).

Kessl, Fabian/Reutlinger, Christian (Hg.) (2008): Schlüsselwerke der Sozialraumforschung: Traditionslinien in Text und Kontexten. Wiesbaden: VS Verlag für Sozialwissenschaften | GWV Fachverlage.

Kessl, Fabian/Reutlinger, Christian (2008): Zur Archäologie der Sozialraumforschung. Eine Einleitung. In: Kessl, Fabian/Reutlinger, Christian (Hg.): Schlüsselwerke der Sozialraumforschung: Traditionslinien in Text und Kontexten. Wiesbaden: VS Verlag für Sozialwissenschaften/GWV Fachverlage, S. 9-21.

Keupp, Heiner (1997): Diskursarena Identität: Lernprozesse in der Identitätsforschung. In: Keupp, Heiner/Höfer, Renate (Hg.): Identitätsarbeit heute: klassische und aktuelle Perspektiven der Identitätsforschung. 1. Aufl. Frankfurt: Suhrkamp (Suhrkamp-Taschenbuch Wissenschaft 1299), S. 11-39.

Keupp, Heiner (Hg.) (1999): Identitätskonstruktionen: das Patchwork der Identitäten in der Spätmoderne. Reinbek bei Hamburg: Rowohlt Taschenbuch (Rowohlts Enzyklopädie 55634).

Keupp, Heiner/Höfer, Renate (Hg.) (1997a): Identitätsarbeit heute. Perspektiven der Identitätsforschung. 1. Aufl. Frankfurt am Main: Suhrkamp.

Keupp, Heiner/Höfer, Renate (Hg.) (1997b): Identitätsarbeit heute: klassische und aktuelle Perspektiven der Identitätsforschung. 1. Aufl. Frankfurt am Main: Suhrkamp (Suhrkamp-Taschenbuch Wissenschaft 1299).

Kneidinger, Bernadette (2012): Beziehungspflege 2.0. Interaktions- und Bindungsformen der „Generation Facebook". In: Dittler, Ullrich/Hoyer, Michael (Hg.): Aufwachsen in sozialen Netzwerken. Chancen und Gefahren von Netzgemeinschaften aus medienpsychologischer und medienpädagogischer Perspektive. München: kopaed, S. 79-91.

Kompetenzzentrum Informelle Bildung (Hg.) (2007): Grenzenlose Cyberwelt? Zum Verhältnis von digitaler Ungleichheit und neuen Bildungszugängen für Jugendliche. Wiesbaden: Verlag für Sozialwissenschaften.

Krachten, Christoph/Hengholt, Carolin (2011): YouTube. Erfolg und Spaß mit Online-Videos. Heidelberg: dpunkt-Verlag.

Krämer, Sybille (Hg.) (2004): Performativität und Medialität. München: Wilhelm Fink Verlag.

Krappmann, Lothar (1997): Die Identitätsproblematik nach Erikson aus einer interaktionistischen Sicht. In: Keupp, Heiner/Höfer, Renate (Hg.): Identitätsarbeit heute. Perspektiven der Identitätsforschung. 1. Aufl. Frankfurt am Main: Suhrkamp, S. 66-92.

Kraus, Wolfgang (1996): Das erzählte Selbst. Die narrative Konstruktion von Identität in der Spätmoderne. Pfaffenweiler: Centaurus-Verlag-Ges. (Münchner Studien zur Kultur- und Sozialpsychologie 8).

Kreckel, Reinhard (Hg.) (1983): Soziale Ungleichheiten. Göttingen: Schwartz (Soziale Welt: Sonderband 2).

Krotz, Friedrich (2005): Neue Theorien entwickeln. Eine Einführung in die Grounded Theory, die Heuristische Sozialforschung und die Ethnographie anhand von Beispielen aus der Kommunikationsforschung. Köln: Halem.

Krüger, Heinz-Hermann (Hg.) (2002): Handbuch Kindheits- und Jugendforschung. Opladen: Leske & Buderich (Handbücher).

Kuckartz, Udo/Dresing, Thorsten/Grunenberg, Heiko (Hg.) (2007): Qualitative Datenanalyse: computergestützt. Methodische Hintergründe und Beispiele aus der Forschungspraxis. 2., überarb. u. erw. Aufl. Wiesbaden: VS Verlag für Sozialwissenschaften/GWV Fachverlage.

Kutscher, Nadia (2009): Virtuelle Räume Jugendlicher – die Wirkmacht kulturellen Kapitals bei der Nutzung des Internet. In: Tully, Claus J. (Hg.): Multilokalität und Vernetzung: Beiträge zur technikbasierten Gestaltung jugendlicher Sozialräume. Weinheim/München: Juventa (Jugendforschung), S. 157-173.

Lachmann, Rolf (2000): Susanne K. Langer. Die lebendige Form menschlichen Fühlens und Verstehens. München: Fink.

Lamb, Gina (2001): VideoCulture in Los Angeles. In: Niesyto, Horst/Fisherkeller, JoEllen (Hg.): VideoCulture: Videoarbeit. Interkulturelle Kommunikation Schule. Donauwörth: Auer (Basisbaustein Medienzeit), S. 65.

Lange, Patricia (4.09.2006): What is your claim to flame? In: first monday. peer reviewed journal on the Internet, H. 11. Online verfügbar unter http://firstmonday.org/issues/issue11_9/lange/index.html, zuletzt geprüft am 23.06.2008.

Lange, Patricia (2007): Commenting on Comments. Investigation Responses to Antagonism on YouTube. SfAA Paper 2007, Society for Applied Anthropology Conference. Online verfügbar unter http://anthropology.usf.edu/cma/Lange-SfAA-Paper-2007.pdf, zuletzt aktualisiert am 17.04.2007, zuletzt geprüft am 28.05.2008.

Lange, Patricia (2009): Videos of Affinity on YouTube. In: Snickars, Pelle/Vonderau, Patrick (Hg.): The YouTube Reader. Stockholm: National Library of Sweden (Mediehistoriskt arkiv 12), S. 70-88.

Langer, Susanne K. (1942): Philosophy in a New Key. 1. Aufl. Cambridge, Mass.: Harvard University Press.

Langer, Susanne K. (1955): "Expressive Language" and the Expressive Function of Poetry. In: Werner, Heinz (Hg.): On Expressive Language. Worcester: Clark University Press, S. 3-9.

Langer, Susanne K. (1957): Problems of Art. Ten Philosophical Lectures. New York: Scribner's Sons.

A Literatur sowie publizistische Quellen

Langer, Susanne K. (1965): Philosophie auf neuem Wege. Das Symbol im Denken, im Ritus und in der Kunst. [Titel der Originalausgabe (1942): Philosophy in a New Key]. Frankfurt am Main: Fischer-Taschenbuch-Verlag
Lauria, Peter (2006): Video Venom. Poplular posters revolt against YouTube. In: New York Post, 12.11.2006. Online verfügbar unter http://www.nypost.com/p/video_venom_popular_posters_revolt_0UEon21XJ1vIvS75MsOCgJ, zuletzt geprüft am 03.03.2011.
Leach, Edmund R. (1954): Political Systems of Highland Burma: A Study of Kachin Social Structure. London: Bell and Sons.
LeBesco, Kathleen (2004): Managing Visibility, Intimacy, and Focus in Online Critical Ethnography. In: Johns, Mark D./Chen, Shing-Ling Sarina/Hall, G. Jon (Hg.): Online Social Research. Methods, Issues, & Ethics. New York, NY: Lang (Digital formations 7), S. 63-80.
Lefèbvre, Henri (1974): La production de l'espace. Paris: Anthropos.
Leibniz, Gottfried W. (Hg.) (1715/1717a): Hauptschriften zur Grundlegung der Philosophie. Neuausg., hg. v. Cassirer, Ernst (1996). Hamburg: Meiner (Philosophische Bibliothek 1).
Leibniz, Gottfried W. (1715/1717b): Streitschriften zwischen Leibniz und Clarke. In: Ders. (Hg.): Hauptschriften zur Grundlegung der Philosophie. Neuausg., hg. v. Cassirer, Ernst (1996). Hamburg: Meiner (Philosophische Bibliothek 1), S. 120-241.
Leiner, Dominik J. (2012): Der Nutzen sozialer Online-Netzwerke. In: Dittler, Ullrich/Hoyer, Michael (Hg.): Aufwachsen in sozialen Netzwerken. Chancen und Gefahren von Netzgemeinschaften aus medienpsychologischer und medienpädagogischer Perspektive. München: kopaed, S. 111-128.
Leontjev, Aleksej N. (1984): Der allgemeine Tätigkeitsbegriff. In: Viehweger, Dieter (Hg.): Grundfragen einer Theorie der sprachlichen Tätigkeit. Stuttgart: Kohlhammer, S. 13-30.
Leontjev, Aleksej N. (1985): Probleme der Entwicklung des Psychischen. 6. Aufl. Berlin: Verlag Volk u. Wissen.
Lersch, Edgar (2008): Historische Ritualforschung in ihrem Verhältnis zu Medienritualen. Eine kulturhistorische (Selbst-)Vergewisserung. In: Fahlenbrach, Kathrin/Bartsch, Anne/Brück, Ingrid (Hg.): Medienrituale: Rituelle Performanz in Film, Fernsehen und Neuen Medien. Wiesbaden: VS Verlag für Sozialwissenschaften/GWV Fachverlage, S. 71-81.
Lindlof, Thomas R./Shatzer, Milton J. (1998): Media ethnography in virtual space: Strategies, limits, and possibilities. In: Journal of broadcasting & electronic media, H. 2, S. 170-189.
Lischka, Konrad (2012): Urteil im Gema-Streit. YouTube muss alle neuen Uploads prüfen. In: spiegel online, 20.04.2012. Online verfügbar unter http://www.spiegel.de/netzwelt/netzpolitik/0,1518,druck-828801,00.html, zuletzt geprüft am 09.05.2012.
Löw, Martina (2001): Raumsoziologie. 1. Aufl. Frankfurt am Main: Suhrkamp (Suhrkamp-Taschenbuch Wissenschaft 1506).
Löw, Martina/Steets, Silke/Stoetzer, Sergej (2008): Einführung in die Stadt und Raumsoziologie. 2., aktualisierte Aufl. Opladen: Budrich (UTB 8348: Soziologie).
Madden, Mary (2007): Online Video. Supported by MacArthur Foundation. Online verfügbar unter http://www.pewinternet.org/pdfs/PIP_Online_Video_2007.pdf, zuletzt aktualisiert am 23.07.2007, zuletzt geprüft am 24.09.2008.
Malinowski, Bronislaw (1922): Argonauts of the Western Pacific. London: Routledge & Kegan Paul Ltd.
Malinowski, Bronislaw (1922): Argonauten des westlichen Pazifik: ein Bericht über Unternehmungen und Abenteuer der Eingeborenen in den Inselwelten von Melanesisch-Neuguinea. Frankfurt am Main: Syndikat, 1984 (Taschenbücher Syndikat 26).

Malinowski, Bronislaw/Reiwald, Paul (1985): Eine wissenschaftliche Theorie der Kultur und andere Aufsätze. Malinowski und die Ethnologie. 2. Aufl. Frankfurt am Main: Suhrkamp (Suhrkamp-Taschenbuch Wissenschaft 104).

Markham, Annette N. (1998): Life online. Researching real experience in virtual space. Walnut Creek, Calif.: Altamira Press (Ethnographic alternatives book series 6).

Markham, Annette N./Baym, Nancy K. (Hg.) (2009): Internet inquiry. Conversations about method. Los Angeles: SAGE.

Marotzki, Winfried (2008): Multimediale Kommunikationsarchitekturen. Herausforderungen und Weiterentwicklungen der Forschungen im Kulturraum Internet. In: Medienpädagogik. Zeitschrift für Theorie und Praxis 14: Qualitative Forschung in der Medienpädagogik.

Marotzki, Winfried (2003): Online-Ethnografie. In: Bohnsack, Ralf/Marotzki, Winfried/Meuser, Michael (Hg.): Hauptbegriffe qualitative Sozialforschung. Ein Wörterbuch. Opladen: Leske & Buderich (UTB Soziologie/Erziehungswissenschaft 8226), S. 129-130.

Maurer, Björn (2001): Den Alltag neu erleben. Förderung ästhetischer Kreativität durch Videoarbeit. In: Niesyto, Horst/Fisherkeller, JoEllen (Hg.): VideoCulture: Videoarbeit. Interkulturelle Kommunikation Schule. Donauwörth: Auer (Basisbaustein: Medienzeit), S. 19-26.

McKenna, Katelyn Y. A./Buffardi, Laura/Seidman, Gwendolyn (2005): Selbstdarstellung gegenüber Freunden und Fremden im Netz. In: Renner, Karl-Heinz/Schütz, Astrid/Machilek, Franz (Hg.): Internet und Persönlichkeit. Differentiell-psychologische und diagnostische Aspekte der Internetnutzung. Göttingen [u. a. O.]: Hogrefe, S. 175-188.

Mead, Margaret (1928): Coming of age in Samoa. Oxford: Morrow.

Medienpädagogischer Forschungsverbund Südwest (Hg.) (2007): JIM Studie 2007. Jugend, Information, (Multi-) Media. Basisuntersuchung zum Medienumgang 12-bis 19-Jähriger. Unter Mitarbeit von Kutteroff, Albrecht/Behrens, Peter/König, Tina et al. LFK/LMK. Online verfügbar unter http://www.mpfs.de/fileadmin/JIM-pdf07/JIM-Studie2007.pdf, zuletzt aktualisiert am 28.11.2007, zuletzt geprüft am 24.09.2008.

Medienpädagogischer Forschungsverbund Südwest (Hg.) (2011): JIM-Studie 2011. Jugend, Information, (Multi-)Media. Basisuntersuchung zum Medienumgang 12- bis 19-Jähriger. Stuttgart.

Meister, Dorothee/Herzig, Bardo/Moser, Heinz/Niesyto, Horst (2010a): Medienkompetenz im Zeitalter des Web 2.0. Editorial. In: Meister, Dorothee/Moser, Heinz/Niesyto, Horst (Hg.): Jahrbuch Medienpädagogik: Medienkompetenz und Web 2.0. Wiesbaden: VS Verlag für Sozialwissenschaften/GWV Fachverlage, S. 9-16.

Meister, Dorothee/Meise, Bianca/Neudert, Sieglinde (2009): Das Handy als Technologie sozialer Raumaneignung Jugendlicher. Empirische Befunde zum Medienhandeln Jugendlicher. In: Tully, Claus J. (Hg.): Multilokalität und Vernetzung: Beiträge zur technikbasierten Gestaltung jugendlicher Sozialräume. Weinheim/München: Juventa (Jugendforschung), S. 41-58.

Meister, Dorothee/Moser, Heinz/Niesyto, Horst (Hg.) (2010b): Jahrbuch Medienpädagogik: Medienkompetenz und Web 2.0. Wiesbaden: VS Verlag für Sozialwissenschaften/GWV Fachverlage.

Meyer, Torsten/Scheibel, Michael/Münte-Goussar, Stephan, et al. (Hg.) (2008): Bildung im Neuen Medium. Wissensformation und digitale Infrastruktur. Münster/New York/München/Berlin: Waxmann.

Michel, Burkard (2006): Bild und Habitus: Sinnbildungsprozesse bei der Rezeption von Fotografien. 1. Aufl. Wiesbaden: Verlag für Sozialwissenschaften.

A Literatur sowie publizistische Quellen

Mikos, Lothar/Neumann, Norbert (Hg.) (2002): Wechselbeziehungen. Medien – Wirklichkeit – Erfahrung. Berlin: Vistas.

Misoch, Sabina (2004): Identitäten im Internet. Selbstdarstellung auf privaten Homepages. Konstanz: UVK.

Moser, Heinz (2012): Instrumentenkoffer für die Praxisforschung. Eine Einführung. Freiburg im Breisgau: Lambertus-Verlag.

Müller, Renate (Hg.) (2002): Wozu Jugendliche Musik und Medien gebrauchen: jugendliche Identität und musikalische und mediale Geschmacksbildung. Weinheim/München: Juventa.

Münker, Stefan/Roesler, Alexander (Hg.) (2002): Praxis Internet. Kulturtechniken der vernetzten Welt. 1. Aufl., Orig.-Ausg. Frankfurt am Main: Suhrkamp (Edition Suhrkamp 2254).

Newton, Isaac (1687): Mathematische Grundlagen der Naturphilosophie. Philosophiae naturalis principia mathematica. Hg. v. Dellian, Ed. Hamburg: Meiner, 1988 (Philosophische Bibliothek 394).

Niesyto, Horst (1991): Erfahrungsproduktion mit Medien. Selbstbilder – Darstellungsformen – Gruppenprozesse. Weinheim/München: Juventa (Edition soziale Arbeit).

Niesyto, Horst (2001a): Jugendforschung mit Video. Formen, Projekte und Perspektiven eines Forschungsansatzes. In: Niesyto, Horst (Hg.): Selbstausdruck mit Medien. Eigenproduktionen mit Medien als Gegenstand der Kindheits- und Jugendforschung. München: kopaed, S. 89-102.

Niesyto, Horst (2001b): Qualitative Jugendforschung und symbolischer Selbstausdruck. In: Belgrad, Jürgen/Niesyto, Horst (Hg.): Symbol: Verstehen und Produktion in pädagogischen Kontexten. Baltmannsweiler: Schneider (Ludwigsburger Hochschulschriften 22), S. 55-73.

Niesyto, Horst (Hg.) (2001c): Selbstausdruck mit Medien. Eigenproduktionen mit Medien als Gegenstand der Kindheits- und Jugendforschung. München: kopaed.

Niesyto, Horst (2001d): VideoCulture. Gegenstand, Methoden, Ergebnisse. In: Niesyto, Horst (Hg.): Selbstausdruck mit Medien. Eigenproduktionen mit Medien als Gegenstand der Kindheits- und Jugendforschung. München: kopaed, S. 157-172.

Niesyto, Horst (2002): Medien und Wirklichkeitserfahrungen. Symbolische Formen und soziale Welten. In: Mikos, Lothar/Neumann, Norbert (Hg.): Wechselbeziehungen. Medien – Wirklichkeit – Erfahrung. Berlin: Vistas, S. 29-54.

Niesyto, Horst (2004): Kritische Anmerkungen zum Konzept „medialer Selbstsozialisation". In: Ludwigsburger Beiträge zur Medienpädagogik, H. 5, S. 10-12. Online verfügbar unter http://www.ph-ludwigsburg.de/fileadmin/subsites/1b-mpxx-t-01/user_files/Online-Magazin/Ausgabe5/Schwerpunkt5.pdf, zuletzt geprüft am 13.01.2011.

Niesyto, Horst (2006): Filmverstehen als Bestandteil des Pädagogik-Studiums. In: Niesyto, Horst/Barg, Werner/Schmolling, Jan (Hg.): Jugend:Film:Kultur. Grundlagen und Praxishilfen für die Filmbildung. München: kopaed, S. 117-155.

Niesyto, Horst (20.12.2007): Antrag auf Forschungsförderung. Methodische Zugänge zur Selbstdarstellung Jugendlicher auf YouTube. Unter Mitarbeit von Christoph Eisemann.

Niesyto, Horst (2007a): Eigenproduktionen mit Medien als Gegenstand medienpädagogischer Praxisforschung. In: Sesink, Werner/Kerres, Michael/Moser, Heinz (Hg.): Medienpädagogik. Standortbestimmung einer erziehungswissenschaftlichen Disziplin. Wiesbaden: Verlag für Sozialwissenschaften (Jahrbuch Medienpädagogik 6), S. 222-245.

Niesyto, Horst (2007b): Kritische Anmerkungen zu Theorien der Mediennutzung und -sozialisation. In: Hoffmann, Dagmar/Mikos, Lothar (Hg.): Mediensozialisationstheorien:

Neue Modelle und Ansätze in der Diskussion. Wiesbaden: VS Verlag für Sozialwissenschaften/GWV Fachverlage, S. 47-65.

Niesyto, Horst (2007c): Medienpädagogische Erfahrungen im EU-Projekt CHICAM. In: Niesyto, Horst/Holzwarth, Peter/Maurer, Björn (Hg.): Interkulturelle Kommunikation mit Foto und Video. Ergebnisse des EU-Projekts CHICAM „Children in Communication about Migration"; mit einem Methodenteil für mediengestützte Forschungsprojekte von Studierenden. München: kopaed (Medienpädagogische Praxisforschung 2), S. 57-79.

Niesyto, Horst (2009): Medienästhetik und Eigenproduktionen mit Video. Befunde aus der Jugendvideoarbeit mit Jugendlichen in Hauptschulmilieus. In: Imort, Peter/Niesyto, Horst/Müller, Renate (Hg.): Medienästhetik in Bildungskontexten. München: kopaed (Medienpädagogik interdisziplinär 7), S. 45-58.

Niesyto, Horst (2011a): Kriterien für die deskriptive Filmanalyse (Formanalyse). Lehrmaterial der Abteilung Medienpädagogik, PH Ludwigsburg. Unveröffentlichtes Manuskript.

Niesyto, Horst (2011b): Leitfaden Videofilmanalyse. Lehrmaterial der Abteilung Medienpädagogik, PH Ludwigsburg. Unveröffentlichtes Manuskript.

Niesyto, Horst (2011c): Sequenz-Protokoll (Vorlage). Lehrmaterial der Abteilung Medienpädagogik, PH Ludwigsburg. Unveröffentlichtes Manuskript.

Niesyto, Horst/Barg, Werner/Schmolling, Jan (Hg.) (2006): Jugend:Film:Kultur. Grundlagen und Praxishilfen für die Filmbildung. München: kopaed.

Niesyto, Horst/Fisherkeller, JoEllen (Hg.) (2001): VideoCulture: Videoarbeit. Interkulturelle Kommunikation Schule. Donauwörth: Auer (Basisbaustein: Medienzeit).

Niesyto, Horst/Holzwarth, Peter/Maurer, Björn (Hg.) (2007): Interkulturelle Kommunikation mit Foto und Video. Ergebnisse des EU-Projekts CHICAM („Children in Communication about Migration"); mit einem Methodenteil für mediengestützte Forschungsprojekte von Studierenden. München: kopaed (Medienpädagogische Praxisforschung 2).

Oerter, Rolf/Montada, Leo (2002): Entwicklungspsychologie. 5. Aufl. Weinheim/ Basel: Beltz.

Oerter, Rolf/Montada, Leo (2008): Entwicklungspsychologie. 6. Aufl. Weinheim/ Basel: Beltz.

Pannier, Jeldrik/Pannier, Stefanie (2012): Analyse der Einflüsse auf die Produktion visueller Kommunikation (Arbeitstitel). Dissertationsschrift. Pädagogische Hochschule Ludwigsburg.

Parzer, Michael (Hg.) (2004): Musiksoziologie remixed. Impulse aus dem kulturwissenschaftlichen Diskurs. Wien: extempore.

Putnam, Robert D. (2000): Bowling Alone. The Collapse and Revival of American Community. New York: Simon & Schuster.

Rammert, W./Schubert, C. (Hg.) (2006): Technografie. Zur Mikrosoziologie der Technik. Frankfurt am Main/New York: Campus.

Rappaport, Roy A. (2006): Ritual und performative Sprache. In: Belliger, Andréa/Krieger, David J. (Hg.): Ritualtheorien: ein einführendes Handbuch. 3. Aufl. Wiesbaden: Verlag für Sozialwissenschaften, S. 191-210.

Reitsamer, Rosa (2011a): Distinktionspraktiken von DJs im Kontext der Transnationalisierung jugendkultureller Musikszenen. Vortrag auf der internationalen Bourdieu-Tagung „Klassen, Kultur und Herrschaft". Veranstaltung vom 7.-8.10.2011 in Freiburg im Breisgau. Veranstalter: Institut für Soziologie, Kooperationspartner: Centre Marc Bloch/Fondation Bourdieu, Universität Duisburg Essen/Universität Sankt Gallen.

Reitsamer, Rosa (2011b): The DIY Careers of Techno and Drum 'n' Bass DJs in Vienna. In: Dancecult. Journal of Electronic Dance Music Culture, Jg. 3, H. 1, S. 28-43. Online verfügbar unter http://dancecult.net, zuletzt geprüft am 28.12.2011.

A Literatur sowie publizistische Quellen

Renner, Karl-Heinz/Schütz, Astrid/Machilek, Franz (Hg.) (2005): Internet und Persönlichkeit. Differentiell-psychologische und diagnostische Aspekte der Internetnutzung. Göttingen [u. a. O.]: Hogrefe.

Reutlinger, Christian (2008): Sozialisation in räumlichen Umwelten. In: Hurrelmann, Klaus (Hg.): Handbuch Sozialisationsforschung. 7., vollst. überarb. Aufl. Weinheim/Basel: Beltz (Pädagogik), S. 333-350.

Reutlinger, Christian/Fritsche, Caroline/Lingg, Eva (Hg.) (2010): Raumwissenschaftliche Basics: Eine Einführung für die Soziale Arbeit. Opladen: Verlag für Sozialwissenschaften.

Rhein, Stefanie (2011): „Erst einmal wieder einen großen Dank an alle Kommischreiber – Ihr habt ja keine Ahnung, wie happy Ihr mich macht". Fans und ihre Mediennutzung. In: Grimm, Petra/Zöllner, Oliver (Hg.): Medien – Rituale – Jugend. Perspektiven auf Medienkommunikation im Alltag junger Menschen. Stuttgart: Franz Steiner (Medienethik 9), S. 99-124.

Rheingold, Howard (1998): Virtual Community. Homesteading on the electronic frontier. Electronic version. Online verfügbar unter http://www.rheingold.com/vc/book/, zuletzt geprüft am 29.04.2008.

Rodenhausen, Frank (2012): Spontane Mitfahrgelegenheit. Artikel vom 14.03.2012. Online verfügbar unter http://www.stuttgarter-zeitung.de/inhalt.rems-murr-kreis-spontane-mitfahrgelegenheit.49c8d06c-cd36-4954-bfab-b31fb1516f60.html, zuletzt geprüft am 21.03.2012.

Röll, Franz-Josef (2010): Web 2.0 als pädagogische Herausforderung. In: Meister, Dorothee/Moser, Heinz/Niesyto, Horst (Hg.): Jahrbuch Medienpädagogik: Medienkompetenz und Web 2.0. Wiesbaden: VS Verlag für Sozialwissenschaften/GWV Fachverlage, S. 201-220.

Sampson, Edward E. (1985): The decentralization of identity. Toward a revised concept of personal social order. In: American Psychologist, Jg. 40, H. 11, S. 1203-1211.

Saussure, Ferdinand de (2001): Grundfragen der allgemeinen Sprachwissenschaft. 3. Aufl. Hg. v. Bally, Charles/Sechehaye, Albert. Berlin/New York: De Gruyter (De-Gruyter-Studienbuch).

Schipper, Claudia (2012): Freundschaftsbeziehungen in sozialen Online-Netzwerken am Beispiel von StudiVZ. In: Dittler, Ullrich/Hoyer, Michael (Hg.): Aufwachsen in sozialen Netzwerken. Chancen und Gefahren von Netzgemeinschaften aus medienpsychologischer und medienpädagogischer Perspektive. München: kopaed, S. 93-128.

Schmid, Thomas (Hg.) (1985): Das pfeifende Schwein. Über weitergehende Interessen der Linken. Berlin: Wagenbach.

Schmidt, Jan-Hinrik/Paus-Hasebrink, Ingrid/Hasebrink, Uwe (Hg.) (2009): Heranwachsen mit dem Social Web. Zur Rolle von Web 2.0-Angeboten im Alltag von Jugendlichen und jungen Erwachsenen. Kurzfassung des Endberichts für die Landesanstalt für Medien Nordrhein-Westfalen (LfM). Unter Mitarbeit von Claudia Lampert. Online verfügbar unter http://www.hans-bredow-institut.de/webfm_send/367.

Schomburg-Scherff, Sylvia/Heintze, Beatrix (Hg.) (2000): Die offenen Grenzen der Ethnologie. Schlaglichter auf ein sich wandelndes Fach. Klaus E. Müller zum 65. Geburtstag. Unter Mitarbeit von Duelke, Britta et al. Frankfurt am Main: Verlag Otto Lembeck.

Schönauer, Annika (2004): Musik, Lebensstil und Distinktion. Pierre Bourdieu und Gerhard Schulze im Kontext der deutschsprachigen Lebensstilforschung. In: Parzer, Michael (Hg.): Musiksoziologie remixed. Impulse aus dem kulturwissenschaftlichen Diskurs. Wien: extempore, S. 17-38.

Schorb, Bernd (2007): Medienaneignung und kontextuelles Verstehen. Welche Implikate ergeben sich aus dem Konstrukt der Medienaneignung für die Medienforschung? In: Wirth, Werner (Hg.): Dynamisch-transaktional denken: Theorie und Empirie der Kommunikationswissenschaft. Für Werner Früh. Köln: von Halem, S. 254-263.

Schorb, Bernd (Hg.) (2012): Klangraum Internet. Report des Forschungsprojektes Medienkonvergenz Monitoring zur Aneignung konvergenter Hörmedien und hörmedialer Online-Angebote durch Jugendliche zwischen 12 und 19 Jahren. Online verfügbar unter http://www.uni-leipzig.de/mepaed/sites/default/files/dok/Report_Klangraum%20Internet_0.pdf, zuletzt geprüft am 5.9.2012.

Schorb, Bernd/Keilhauer, Jan/Würfel, Maren/Kießling, Matthias (2008): Medienkonvergenz Monitoring Report 2008. Jugendliche in konvergenten Medienwelten, zuletzt aktualisiert am 25.09.2008, zuletzt geprüft am 25.09.2008.

Schorb, Bernd/Theunert, Helga (2004): Sozialisation mit Medien: Interaktion von Gesellschaft – Medien – Subjekt. In: Hoffmann, Dagmar/Merkens, Hans (Hg.): Jugendsoziologische Sozialisationstheorie. Impulse für die Jugendforschung. Weinheim/München: Juventa, S. 203-219.

Schreier, Helmut (Hg.) (1986): Erziehung durch und für Erfahrung. John Dewey. Stuttgart: Klett-Cotta.

Schulz, Pit (2001): Produktion von Videofilmen. Symbolorientierte videoästhetische Einführung. Förderung des Symbolischen Ausdrucks. In: Niesyto, Horst/Fisherkeller, JoEllen (Hg.): VideoCulture: Videoarbeit. Interkulturelle Kommunikation Schule. Donauwörth: Auer (Basisbaustein: Medienzeit), S. 13-18.

Schulze, Gerhard (1992): Die Erlebnisgesellschaft: Kultursoziologie der Gegenwart. Frankfurt am Main [u. a. O.]: Campus.

Senft, Theresa (2008): Camgirls. Webcams, Livejournals And The Personal As Political In The Age Of The Global Brand. New York, NY: Peter Lang.

Sesink, Werner/Kerres, Michael/Moser, Heinz (Hg.) (2007): Medienpädagogik. Standortbestimmung einer erziehungswissenschaftlichen Disziplin. Wiesbaden: Verlag für Sozialwissenschaften (Jahrbuch Medienpädagogik 6).

Snickars, Pelle/Vonderau, Patrick (Hg.) (2009): The YouTube Reader. Stockholm: National Library of Sweden (Mediehistoriskt arkiv 12).

Soja, Edward W. (1996): Thirdspace. Journeys to Los Angeles and other real-and-imagined places. Malden, Mass. [u. a. O.]: Blackwell Publishers.

Sookee (2011): Gender-Diskurse im HipHop. Vortrag beim XI. HdM-Symposium zur Medienethik „Gender-Diskurse in den Medien". Veranstaltung vom 6.12.2011. Stuttgart.

Speck, Hendrik (2009): Profiling YouTube. The Images and the Audience. Die Sozial- und Kommunikationsstruktur sozialer Netzwerke. Vortrag bei der Tagung „Amateure im Web 2.0" am 24.04.2009. IBM Forum Wien. Online verfügbar unter https://digiom.wordpress.com/2009/04/21/amateure-im-web-20-tagung-am-242504/, zuletzt geprüft am 04.04.2012.

Spitzer, Manfred (2012): Digitale Demenz: wie wir uns und unsere Kinder um den Verstand bringen. München: Droemer.

Stapf, Ingrid/Lauber, Achim/Fuhs, Burkhard et al. (Hg.) (2012): Kinder im Social Web. Qualität in der KinderMedienKultur. Baden-Baden: Nomos (Jugendmedienschutz und Medienbildung 4).

Staun, Harald (2012): Mein Kopf gehört mir. Manfred Spitzers „Digitale Demenz". In: faz.net, 10.09.2012. Online verfügbar unter http://www.faz.net/aktuell/feuilleton/debat-

A   Literatur sowie publizistische Quellen

ten/manfred-spitzers-digitale-demenz-mein-kopf-gehoert-mir-11883726.html, zuletzt geprüft am 25.09.2012.
Steinfield, Charles/Ellison, Nicole B./Lampe, Cliff (2008): Social capital, self-esteem, and use of online social network sites: A longitude analysis. In: Journal of Applied Developmental Psychology, Jg. 29, H. 6, S. 434-445.
Strauss, Anselm L./Corbin, Juliet M. (1996): Grounded theory: Grundlagen qualitativer Sozialforschung. Basics of qualitative research. Weinheim: Psychologie-Verlags-Union.
Strübing, Jörg (2006): Webnografie? Zu den methodischen Voraussetzungen einer ethnografischen Erforschung des Internets. In: Rammert, W./Schubert, C. (Hg.): Technografie. Zur Mikrosoziologie der Technik. Frankfurt am Main/New York: Campus, S. 249-273.
Süss, Daniel (2004): Mediensozialisation von Heranwachsenden: Dimensionen – Konstanten – Wandel. 1. Aufl. Wiesbaden: VS Verlag für Sozialwissenschaften.
Süss, Daniel (2007): Mediensozialisation zwischen gesellschaftlicher Entwicklung und Identitätskonstruktion. In: Hoffmann, Dagmar/Mikos, Lothar (Hg.): Mediensozialisationstheorien: Neue Modelle und Ansätze in der Diskussion. Wiesbaden: VS Verlag für Sozialwissenschaften/GWV Fachverlage, S. 109-130.
Sutter, Tilmann (2010): Medienkompetenz und Selbstsozialisation im Kontext Web 2.0. In: Meister, Dorothee/Moser, Heinz/Niesyto, Horst (Hg.): Jahrbuch Medienpädagogik: Medienkompetenz und Web 2.0. Wiesbaden: VS Verlag für Sozialwissenschaften/GWV Fachverlage, Bd. 8, S. 41-58.
Tambiah, Stanley J. (2006): Eine performative Theorie des Rituals. In: Belliger, Andréa/Krieger, David J. (Hg.): Ritualtheorien: ein einführendes Handbuch. 3. Aufl. Wiesbaden: Verlag für Sozialwissenschaften, S. 225-248.
Theunert, Helga/Schorb, Bernd (1989): Videoproduktionen mit Jugendlichen als qualitative Forschungsmethode. In: Baacke, Dieter (Hg.): Qualitative Medienforschung. Konzepte und Erprobungen. Tübingen: Niemeyer (Medien in Forschung und Unterricht: Serie A, 29), S. 279-304.
Theunert, Helga/Wagner, Ulrike (2008): Neue Wege durch die konvergente Medienwelt. Eine Untersuchung zur konvergenzbezogenen Medienaneignung von 11- bis 17-Jährigen. In: Dörken-Kucharz, Thomas (Hg.): Medienkompetenz. Zauberwort oder Leerformel des Jugendmedienschutzes? Baden-Baden: Nomos, S. 117-128.
Theunert, Helga/Wagner, Urike (2007): Neue Wege durch die konvergente Medienwelt. Eine Untersuchung zur konvergenzbezogenen Medienaneignung von 11- bis 17-Jährigen. In: merz medien+erziehung, Jg. 51, H. 1/07, S. 42-50.
Tillmann, Angela (2008): Identitätsspielraum Internet. Lernprozesse und Selbstbildungspraktiken von Mädchen und jungen Frauen in der virtuellen Welt. Weinheim/München: Juventa (Geschlechterforschung).
Tillmann, Angela (2010): Girls_Spaces: Mädchen-Szenen und Mädchen-Räume im Internet. In: Hugger, Kai-Uwe (Hg.): Digitale Jugendkulturen. 1. Aufl. Wiesbaden: VS Verlag für Sozialwissenschaften, S. 237-249.
Tully, Claus J. (Hg.) (2009): Multilokalität und Vernetzung: Beiträge zur technikbasierten Gestaltung jugendlicher Sozialräume. Weinheim/München: Juventa (Jugendforschung).
Turacek, Oliver/Roters, Gunnar: Wirtschaftlich positive Bilanz für die deutsche Videobranche. Videomarkt und Videonutzung 2011. In: MediaPerspektiven, 6/2012, S. 308-316.
Turkle, Sherry (1995): Life on the Screen. Identity in the Age of the Internet. New York: Simon & Schuster.

Turkle, Sherry (1997): Life on the Screen. Identity in the Age of the Internet. New York, NY: Touchstone.
Turkle, Sherry (1998): Leben im Netz. Identität in Zeiten des Internet. 1. Aufl. Reinbek bei Hamburg: Rowohlt Verlag.
Turkle, Sherry (2005): The second self: computers and the human spirit. 20. anniversary edition. Cambridge, Mass. [u. a. O.]: MIT Press.
Turkle, Sherry (2011): Alone together: why we expect more from technology and less from each other. New York: Basic Books.
Turkle, Sherry (2012): Verloren unter 100 Freunden. Wie wir in der digitalen Welt seelisch verkümmern. München: Riemann Verlag.
Turkle, Sherry/Sandbothe, Mike (1996): Die Männer sind nicht allein am Computer, auch die Frauen haben Lust im Cyberspace. In: TAZ, 19.03.1996, S. 14-15. Online verfügbar unter http://www.sandbothe.net/55.html, zuletzt geprüft am 06.03.2012.
van Eimeren, Birgit/Frees, Beate (2007): Internetnutzung zwischen Pragmatismus und YouTube-Euphorie. ARD/ZDF-Online-Studie 2007. In: Media Perspektiven, H. 8, S. 362-378.
van Eimeren, Birgit/Frees, Beate (2008a): Bewegtbildnutzung im Internet. Ergebnisse der ARD/ZDF-Online-Studie 2008. In: Media Perspektiven, H. 7, S. 350-355. Online verfügbar unter http://www.daserste.de/service/studie08_3.pdf, zuletzt geprüft am 08.09.2008.
van Eimeren, Birgit/Frees, Beate (2008b): Internetverbreitung: Größter Zuwachs bei Silver-Surfern. Ergebnisse der ARD/ZDF-Online-Studie 2008. In: Media Perspektiven, H. 7, S. 330-344. Online verfügbar unter http://www.daserste.de/service/studie08_1.pdf, zuletzt geprüft am 08.09.2008.
Viehweger, Dieter (Hg.) (1984): Grundfragen einer Theorie der sprachlichen Tätigkeit. Unter Mitarbeit von Judin, E. G./Leontjev, Aleksej A./Leontjev, Aleksej N. Stuttgart: Kohlhammer.
Wagner, Ulrike (Hg.) (2008): Medienhandeln in Hauptschulmilieus. Mediale Interaktion und Produktion als Bildungsressource. München: kopaed.
Wagner, Ulrike/Eggert, Susanne (2007): Quelle für Information und Wissen oder unterhaltsame Action? Bildungsbenachteiligung und die Auswirkungen auf den Medienumgang Heranwachsender. In: merz medien+erziehung, H. 5, S. 15-23.
Wanhoff, Thomas G. (2012): Von Freundschaften zu Fans und Friends. In: Dittler, Ullrich/Hoyer, Michael (Hg.): Aufwachsen in sozialen Netzwerken. Chancen und Gefahren von Netzgemeinschaften aus medienpsychologischer und medienpädagogischer Perspektive. München: kopaed, S. 61-78.
Weingarten, Susanne (2005): Tanz als Aufschrei. In: Die ZEIT, Ausgabe 44, 27.10.2005. Online verfügbar unter http://www.zeit.de/2005/44/Tanz?page=1, zuletzt geprüft am 23.03.2011.
Welker, Martin/Werner, Andreas/Scholz, Joachim (2005): Online-Research. Markt- und Sozialforschung mit dem Internet. 1. Aufl. Heidelberg: dpunkt-Verlag.
Wellman, Berry (2001): Physical Place and Cyberplace: The Rise of Personalized Networking. In: International Journal of Urban and Regional Research, Jg. 25, H. 2, S. 227-252. Online verfügbar unter http://homes.chass.utoronto.ca/~wellman/publications/individualism/ijurr3a1.htm, zuletzt geprüft am 05.01.2011.
Wentz, Martin (Hg.) (1991): Stadt-Räume. Frankfurt am Main [u. a. O.]: Campus (Die Zukunft des Städtischen 2).
Werner, Heinz (Hg.) (1955): On Expressive Language. Worcester: Clark University Press.
West, Candance/Zimmerman, Don H. (1987): Doing Gender. In: Gender & Society, H. 1, S. 125-151.

Winter, Jana (2006): He got googled. Web-vid whiz's journey from garage geek to $1.65 bil man. In: New York Post, 10.10.2006. Online verfügbar unter http://www.nypost.com/p/news/bil_got_googled_web_vid_whiz_journey_qpP1ySnQB8xsKv1Z41phTJ, zuletzt geprüft am 03.03.2011.

Wirth, Werner (Hg.) (2007): Dynamisch-transaktional denken: Theorie und Empirie der Kommunikationswissenschaft. für Werner Früh. Köln: von Halem.

Witzke, Margrit (2004): Identität, Selbstausdruck und Jugendkultur. Eigenproduzierte Videos Jugendlicher im Vergleich mit ihren Selbstaussagen. Ein Beitrag zur Jugend(kultur)forschung. München: kopaed.

Witzke, Margrit/Müller, Renate (2001): Der Ton macht die Musik. Musik in Video-Eigenproduktionen. In: Niesyto, Horst/Fisherkeller, JoEllen (Hg.): VideoCulture: Videoarbeit. Interkulturelle Kommunikation Schule. Donauwörth: Auer (Basisbaustein Medienzeit), S. 33-37.

Zaremba, Jutta (2007): Gender und Games: Virtuelle Frauenfiguren und ihre Fankulturen. In: Froelich, Margit/Grunewald, Michael/Taplik, Ursula (Hg.): Computerspiele: Faszination und Irritation. Frankfurt am Main: Brandes & Apsel, S. 60-89.

Zeiher, Hartmut J/Zeiher, Helga (1998): Orte und Zeiten der Kinder. Soziales Leben im Alltag von Großstadtkindern. 2. Aufl. Weinheim/München: Juventa (Kindheiten 3).

Zerfaß, Ansgar/Welker, Martin/Schmidt, Jan (Hg.) (2008): Kommunikation, Partizipation und Wirkungen im Social Web. Köln: Herbert von Halem Verlag (Neue Schriften zur Online-Forschung 1: Grundlagen und Methoden: Von der Gesellschaft zum Individuum).

Zinnecker, Michael (2002): Wohin mit dem „strukturlosen Subjektzentrizismus"? Eine Gegenrede zur Entgegnung von Ulrich Bauer. In: Zeitschrift für Soziologie der Erziehung und Sozialisation, Jg. 22, H. 2, S. 143-154.

Zurawski, Nils (2000): Virtuelle Ethnizität. Studien zu Identität, Kultur und Internet. Frankfurt am Main: Europäischer Verlag der Wissenschaften.

B Weitere Internetquellen

Coates, Tom (2005): An addendum to a definition of Social Software. Eintrag vom 05.01.2005 im Weblog plasticbag.org. Online verfügbar unter http://www.plasticbag.org/archives/2005/01/an_addendum_to_a_definition_of_social_software/, zuletzt geprüft am 04.01.2011.

Deinet, Ulrich: „Aneignung" und „Raum". Zentrale Begriffe des sozialräumlichen Konzepts. Fachhochschule Düsseldorf Fachbereich Sozial- und Kulturwissenschaften. Online verfügbar unter http://www.sozialraum.de/deinet-aneignung-und-raum.php, zuletzt geprüft am 05.10.2011.

ethority GmbH & Co KG (2010): Social Media Prisma. Online verfügbar unter http://www.ethority.de/weblog/social-media-prisma/, zuletzt geprüft am 04.01.2011.

flaph/markyboo (2011): www.cwalkinside.de. Internet-Forum. Online verfügbar unter http://markyboo.alfahosting.org/cwalkinside.de/, zuletzt geprüft am 29.03.2011.

Florida Department of Corrections (Hg.) (2011): L.A. Based Gangs. Gang and Security Threat Group Awareness. Online verfügbar unter http://www.dc.state.fl.us/pub/gangs/la.html, zuletzt geprüft am 21.03.2011.

Frumar, Julian/Kofman, Igor (2010): The Video Page Gets a Makeover. In: Broadcasting Ourselves. The Official YouTube Blog, 21.01.2010. Online verfügbar unter http://youtube-global.blogspot.com/2010/01/video-page-gets-makeover.html, zuletzt geprüft am 04.03.2011.

Gesellschaft für Medienpädagogik und Kommunikationskultur (Hg.) (2012): Kompetenz statt Demenz. Linksammlung zu Manfred Spitzers „Digitale Demenz". Online verfügbar unter http://www.gmk-net.de/fileadmin/pdf/linksammlung_kompetenz_statt_demenz.pdf, zuletzt geprüft am 27.09.2012.

Google Inc. (2011a): Deaktivieren der Personalisierung des Suchverlaufs. Online verfügbar unter http://www.google.com/support/accounts/bin/answer.py?answer=54048, zuletzt geprüft am 07.03.2011.

Google Inc. (2011b): Download-Möglichkeit für das Plug-in zur Deaktivierung des Cookies für Anzeigeneinstellungen. Online verfügbar unter http://www.google.com/ads/preferences/html/opt-out.html, zuletzt aktualisiert am 11.04.2010, zuletzt geprüft am 15.03.2011.

Google Inc. (2011c): Info zum Webprotokoll: Grundlagen. Online verfügbar unter http://www.google.com/support/accounts/bin/answer.py?answer=54068&hl=de, zuletzt aktualisiert am 07.03.2011, zuletzt geprüft am 07.03.2011.

Google Inc. (2011d): Werbung und Datenschutz. Online verfügbar unter http://www.google.com/privacy/ads/, zuletzt aktualisiert am 09.03.2011, zuletzt geprüft am 15.03.2011.

Google Press Center (Hg.) (2006): Google To Acquire YouTube for $1.65 Billion in Stock. Google Inc. Online verfügbar unter http://www.google.com/press/pressrel/google_youtube.html, zuletzt aktualisiert am 09.10.2006, zuletzt geprüft am 03.03.2011.

Harmant, Michel (Hg.) (2006): Cluny sur Ipad. In: Arts et Métiers Magazine, 2006. Online verfügbar unter http://www.artsetmetiersmagazine.com/actualites/evenements/cluny_sur_ipad, zuletzt geprüft am 23.03.2012.

Heidenreich, Stefan (2008): Ich habe keinen Fernseher. Interview mit Hendrik Speck über eine Studie zu YouTube. Weblog-Eintrag vom 26.09.2008. Hg. v. Heidenreich, Stefan, Hubert Burda Stiftung. Online verfügbar unter http://www.iconicturn.de/iconicturn/home/?tx_aicommblog_pi1%5BshowUid%5D=120&cHash=77561e14cb.

Initiative „Keine Bildung ohne Medien" (Hg.): Zur Kontroverse um das Buch von Manfred Spitzer ‚Digitale Demenz'. Pressemitteilung. Online verfügbar unter http://www.keine-bildung-ohne-medien.de/, zuletzt geprüft am 25.09.2012.

Karim, Jawed/Lapitsky, Yakov (2005): Me at the zoo. Erstes Video auf YouTube, aufgenommen von Yakov Lapitsky im Zoo von San Diego, hochgeladen von Jawed Karim. Online verfügbar unter http://www.youtube.com/watch?v=jNQXAC9IVRw, zuletzt geprüft am 03.03.2011.

Knorr, Eric (2003): The Year of Web Services. Online verfügbar unter http://www.cio.com/article/32050/2004_The_Year_of_Web_Services, zuletzt geprüft am 15.12.2010.

MediaLive International and O'Reilly Media, Inc (2004): Web 2.0 Conference. Internetseite. Online verfügbar unter http://conferences.oreillynet.com/web2con/, zuletzt geprüft am 15.12.2010.

Medienpädagogischer Forschungsverbund Südwest (Hg.): mpfs.de. Internetseite des Medienpädagogischen Forschungsverbundes Südwest. Unter Mitarbeit von Landeszentrale für Medien und Kommunikation Rheinland-Pfalz/Landesanstalt für Kommunikation Baden-Württemberg/SWR Medienforschung und Zeitungs Marketing Gesellschaft/

B Weitere Internetquellen

LFK/LMK. Online verfügbar unter http://www.mpfs.de/index.php?id=5, zuletzt geprüft am 02.04.2012.
Morales, Gabe (2011): Crips. Gang Prevention Services. Online verfügbar unter http://www.gangpreventionservices.org/crips.asp, zuletzt geprüft am 21.03.2011.
Murphy, Kim/Kim, Victoria/Feldman, Paul/Blume, Howard/Katz, Jesse/Winton, Richard/Blankstein, Andrew/Gold, Scott/Quinones, Sam/Faturechi, Robert/Hennessy-Fiske, Molly: Articles about Crips Gang. Zusammenstellung von Zeitungsarktikeln. In: Los Angeles Times. Online verfügbar unter http://articles.latimes.com/keyword/crips-gang, zuletzt geprüft am 23.03.2011.
National Gang Intelligence Center (2009): National Gang Threat Assessment 2009. Appendix B: Street Gangs. The United States Department of Justice. Online verfügbar unter http://www.justice.gov/ndic/pubs32/32146/appb.htm, zuletzt geprüft am 21.03.2011.
O'Reilly, Tim (2005): What Is Web 2.0? Hg. v. O'Reilly Media. Online verfügbar unter http://oreilly.com/pub/a/web2/archive/what-is-web-20.html?page=1, zuletzt aktualisiert am 30.09.2005, zuletzt geprüft am 15.12.2010.
o. V. (o. J.a): www.danceorigin.com. Krumping. Online verfügbar unter http://www.danceorigin.com/category/articles/krumping, zuletzt aktualisiert am o. J., zuletzt geprüft am 23.03.2011.
o. V. (o. J.b): www.danceorigin.com. How to Cwalk: The V-move. Online verfügbar unter http://www.danceorigin.com/articles/cwalk/how-to-cwalk-the-v-move.html, zuletzt aktualisiert am o. J., zuletzt geprüft am 23.03.2011.
o. V. (o. J.c): www.danceorigin.com. The Popping Dictionary. Online verfügbar unter http://www.danceorigin.com/articles/popping/the-popping-dictionary.html, zuletzt aktualisiert am o. J., zuletzt geprüft am 23.03.2011.
o. V. (2012): Aufmerksamkeit für 5 Euro: Facebook führt bezahlte Posts ein. In: netzwelt.de. Online verfügbar unter http://www.netzwelt.de/news/94064-facebook-prominente-post-platzierung-kostet-knapp-5-euro.html, zuletzt geprüft am 7.11.2012.
o. V. (2012): Das große Sterben der deutschen Facebook-Konkurrenz. Hg. v. Welt.de. Online verfügbar unter http://www.welt.de/wirtschaft/webwelt/article13858828/Das-grosse-Sterben-der-deutschen-Facebook-Konkurrenz.html, zuletzt aktualisiert am 09.02.2012, zuletzt geprüft am 06.03.2012.
Peralta, Stacy: Crips and Bloods: Made in America. Dokumentarfilm: Verso Entertainment/Balance Vector Productions.
PimpMyWalk.com (2010): What is the C Walk? Online verfügbar unter http://www.pimpmywalk.com/what-is-the-cwalk.html, zuletzt aktualisiert am 20.03.2010, zuletzt geprüft am 23.03.2011.
Sookee/Tapete (2010): Pro Homo. Musikvideo. Titel aus dem Album „Quing" von Sookee. Hg. v. SPRINGSTOFF. Online verfügbar unter http://www.youtube.com/watch?v=l2P-taV4w_EQ, zuletzt geprüft am 20.02.2012.
Street Gangs Resource Center (2011): Crip Gangs in Los Angeles County. Online verfügbar unter http://www.streetgangs.com/crips, zuletzt aktualisiert am 21.03.2011, zuletzt geprüft am 21.03.2011.
Th3Archit3ch (2009): Protest the new YouTube channel design!! YouTube-Video. Online verfügbar unter http://www.youtube.com/user/mhatsko#p/u/1/GGUpVythWmA, zuletzt geprüft am 9.11.2012.

The Frances Farmers Revenge Web Portal (2010): Guide To Gang Signs. Online verfügbar unter http://www.francesfarmersrevenge.com/stuff/archive/oldnews6/signs.htm, zuletzt aktualisiert am 14.03.2010, zuletzt geprüft am 23.03.2011.

Universität Leipzig (2012) (Hg.): Medienkonvergenz Monitoring. Internetseite mit Projektinformationen. Unter Mitarbeit von Schorb, Bernd (Leiter)/Kuttner, Claudia/Jünger, Nadine. Hg. v. Professur für Medienpädagogik und Weiterbildung am Institut für Kommunikations-und Medienwissenschaft. Online verfügbar unter http://www.uni-leipzig. de/mepaed/medienkonvergenz-monitoring/, zuletzt geprüft am 04.03.2012.

Omeirat, Walid (2011a) (Hg.): killoff.de. Locking. Online verfügbar unter http://killoff.de/blog/streetdance-lexikon/locking.html, zuletzt geprüft am 23.03.2011.

Omeirat, Walid (Hg.) (2011b): killoff.de. Popping. Online verfügbar unter http://killoff.de/blog/streetdance-lexikon/popping.html, zuletzt geprüft am 23.03.2011.

Omeirat, Walid (Hg.) (2011c): killoff.de. Krumping. Online verfügbar unter http://killoff.de/blog/streetdance-lexikon/krumping.html, zuletzt geprüft am 23.03.2011.

Omeirat, Walid (Hg.) (2011d): killoff.de. Was ist Streetdance? Online verfügbar unter http://killoff.de/blog/streetdance-lexikon/was-ist-streetdance.html, zuletzt aktualisiert am 23.03.2011, zuletzt geprüft am 23.03.2011.

Wesch, Michael (2008): Digital Ethnography. Website. Hg. v. Wesch, Michael. Online verfügbar unter http://mediatedcultures.net/ksudigg/, zuletzt geprüft am 30.09.2008.

Wikipedia (2011a): Bloods und Crips. Online verfügbar unter http://de.wikipedia.org/wiki/Bloods_und_Crips, zuletzt aktualisiert am 21.03.2011, zuletzt geprüft am 22.03.2011.

Wikipedia (2011b): Crip Walk. Online verfügbar unter http://de.wikipedia.org/wiki/Crip_Walk, zuletzt aktualisiert am 15.03.2011, zuletzt geprüft am 23.03.2011.

Wikipedia (2011c): Jerk (Raptanz). Online verfügbar unter http://de.wikipedia.org/wiki/Jerk_(Raptanz), zuletzt aktualisiert am 26.03.2011, zuletzt geprüft am 29.03.2011.

Wikipedia (2011d): Krumping. Online verfügbar unter http://de.wikipedia.org/wiki/Krumping, zuletzt aktualisiert am 02.03.2011, zuletzt geprüft am 23.03.2011.

Wikipedia (2011e): Popping. Online verfügbar unter http://de.wikipedia.org/wiki/Popping, zuletzt aktualisiert am 16.03.2011, zuletzt geprüft am 23.03.2011.

YouTube LLC (2006): A Message from Chad and Steve. The YouTube founders talk about the Google acquisition. Pressemitteilung in Form eines Videos vom 09.10.2006. Online verfügbar unter http://www.youtube.com/watch?v=QCVxQ_3Ejkg, zuletzt geprüft am 18.10.2009.

YouTube LLC (Hg.) (2011): Nutzungsbedingungen. Online verfügbar unter http://www.youtube.com/t/terms, zuletzt geprüft am 11.03.2011.

YouTube LLC (Hg.) (2008): YouTube – YouTube Insight Overview. Video auf YouTube. Erklärung der Funktion YouTube Insight. Online verfügbar unter http://de.youtube.com/watch?v=Xo6HBKTyIzQ, zuletzt geprüft am 06.10.2008.

YouTube LLC (Hg.) (2011a): Allgemeine Informationen zur Durchsetzung der Richtlinien. Online verfügbar unter http://www.google.com/support/youtube/bin/answer.py?hl=-de&answer=92486, zuletzt aktualisiert am 28.02.2011, zuletzt geprüft am 07.03.2011.

YouTube LLC (Hg.) (2011b): „Erlaubnis der Verwendung von Material von Videoeigentümer zu erteilen." Online verfügbar unter http://www.youtube.com/t/faq, zuletzt geprüft am 18.03.2011.

YouTube LLC (Hg.) (2011c): Häufig gestellte Fragen. Online verfügbar unter http://www.youtube.com/t/faq, zuletzt geprüft am 07.03.2011.

B Weitere Internetquellen 349

YouTube LLC (Hg.) (2011d): How to upload a video to YouTube. Online verfügbar unter http://www.google.com/support/youtube/bin/answer.py?hl=en&answer=57924, zuletzt aktualisiert am 11.02.2011, zuletzt geprüft am 09.03.2011.
YouTube LLC (Hg.) (2011f): Statistik. Online verfügbar unter http://www.youtube.com/t/press_statistics, zuletzt geprüft am 03.03.2011.
YouTube LLC (Hg.) (2011g): Video length for uploading. Online verfügbar unter http://www.google.com/support/youtube/bin/answer.py?hl=en&answer=71673, zuletzt aktualisiert am 28.01.2011, zuletzt geprüft am 09.03.2011.
YouTube LLC (Hg.) (2011h): Wahrung des Datenschutzes. Online verfügbar unter http://www.google.com/support/youtube/bin/answer.py?hl=de&answer=126263, zuletzt geprüft am 14.03.2011.
YouTube LLC (Hg.) (2011i): Werbung und du. Online verfügbar unter http://www.youtube.com/t/interest_based_ads, zuletzt geprüft am 15.03.2011.
YouTube LLC (Hg.) (2011j): YouTube Trends. Online verfügbar unter http://il.youtube.com/user/Trends, zuletzt geprüft am 04.03.2011.
YouTube LLC (Hg.) (2011k): YouTube-Glossar. Online verfügbar unter http://www.google.com/support/youtube/bin/topic.py?topic=16550, zuletzt geprüft am 07.03.2011.
YouTube LLC (Hg.) (2012a): Broadcasting Ourselves;). The Official YouTube Blog. Online verfügbar unter http://youtube-global.blogspot.de/2011/12/get-more-into-what-you-love-on-youtube.html, zuletzt geprüft am 09.05.2012.
YouTube LLC (Hg.) (2012b): Hochladen von längeren Videos. Hilfe-Seite. Online verfügbar unter http://support.google.com/youtube/bin/static.py?hl=de&topic=1719825&guide=1719823&page=guide.cs&answer=71673.
YouTube LLC (Hg.) (2012c): YouTube Movies. Hilfe-Seite. Online verfügbar unter http://support.google.com/youtube/bin/topic.py?hl=de&topic=1316015, zuletzt geprüft am 10.05.2012.
Yuneshik (2010): crown walk. Hg. v. Urban Dictionary. Online verfügbar unter http://www.urbandictionary.com/define.php?term=crown%20walk, zuletzt aktualisiert am 26.01.2010, zuletzt geprüft am 29.03.2011.

MIX
Papier aus verantwortungsvollen Quellen
Paper from responsible sources
FSC® C105338

If you have any concerns about our products,
you can contact us on
ProductSafety@springernature.com

In case Publisher is established outside the EU,
the EU authorized representative is:
**Springer Nature Customer Service Center GmbH
Europaplatz 3, 69115 Heidelberg, Germany**

Printed by Libri Plureos GmbH
in Hamburg, Germany